Peter Kehm
Vorübergehend lebenslänglich …

LEBENDIGE VERGANGENHEIT

Zeugnisse und Erinnerungen

Schriftenreihe des Württ. Geschichts- und Altertumsvereins

Herausgegeben und redigiert von

Hans-Martin Maurer

14. Band

Peter Kehm

Vorübergehend lebenslänglich …

Ganz persönliche Erinnerungen
aus 40 Rundfunkjahren – und einigen davor

1990

W. KOHLHAMMER VERLAG STUTTGART

CIP-Titelaufnahme der Deutschen Bibliothek

Kehm, Peter: Vorübergehend lebenslänglich ...: ganz persönliche
Erinnerungen aus 40 Rundfunkjahren – und einigen davor /
Peter Kehm. – Stuttgart: Kohlhammer, 1990
(Lebendige Vergangenheit; Bd. 14)
ISBN 3-17-011177-9
NE: GT

Gedruckt mit freundlicher Unterstützung
des Süddeutschen Rundfunks

Umschlagbild: Die amerikanische Besatzungsmacht
holt ihre Flagge auf dem Funkhaus ein (22. Juli 1949).
Signal für eine neue Rundfunkepoche.
„Radio Stuttgart" wird zur Anstalt des öffentlichen Rechts
mit dem Namen „Süddeutscher Rundfunk".

Kommissionsverlag: W. Kohlhammer GmbH, Stuttgart
Satz und Druck: Gulde-Druck GmbH, Tübingen
Printed in Germany

Inhalt

Für Unterstützung und Hilfe bei der Herausgabe
dankt der Autor den Herren

Intendant Hermann Fünfgeld
Hans-Jürgen Schultz
Martin Blümcke und
Dr. Edgar Lersch
beim Süddeutschen Rundfunk

sowie dem Vorsitzenden
des Württembergischen
Geschichts- und Altertumsvereins
Herrn Prof. Dr. Hans-Martin Maurer

Entree

„OK. Sie können morgen anfangen. Sie bekommen 312 Mark im Monat. Wenn Sie uns nicht gefallen, können Sie wieder gehen. Wenn wir Ihnen nicht gefallen, auch. That's it!"

Diese knappen, das arbeitsrechtlich Wesentliche enthaltenden Worte, gesprochen in gebrochenem Deutsch von Captain Fred G. Taylor, Administrative Officer von „Radio Stuttgart", dem Sender der US-Militärregierung, beendeten am 25. Januar 1946 das Einstellungsgespräch, mit dem meine Tätigkeit für den Rundfunk begann. Das heißt: streng genommen begann sie erst acht Tage später, am 1. Februar. Ich hatte mir nämlich erlaubt, dem Schlußwort des Offiziers eigenmächtig eine zivile Bitte folgen zu lassen: Da ich derzeit bei den Eltern in Stuttgart zu Besuch, eigentlich aber noch in München wohnhaft sei, erbäte ich einen Aufschub von wenigen Tagen, der es mir erlauben würde, zu dem einen Anzug, den ich anhatte, noch die zweite Hose, die ich besaß, und ein paar weitere Utensilien des täglichen Bedarfs – es waren wenig genug – vor Dienstbeginn herbeizuholen. Dieser Wunsch, bescheiden, wenn auch in mäßigem Schulenglisch vorgetragen, führte die Verhandlung in eine ernste Krise. Nicht nur legte Captain Taylor die Stirn in strenge, das ohnehin Abweisende seines Mienenspiels noch unterstreichende Falten, auch Mr. Arthur Shaffer, einer der für das Programm zuständigen Kontroll-Offiziere und noch dazu derjenige, dem ich die Chance, mich vorzustellen, verdankte, gab seinem Unmut Ausdruck, indem er nach einem ungnädigen Blick auf den eigenwilligen Bewerber zu Fred G. Taylor gewandt die Worte sprach: „What do you think about this guy? We offer him a job, and he wants to go to Munich to pick up his clothes!?" Spannungsgeladene Sekunden. Endlich die Erlösung: „All right", sagte Shaffer, „am 1. Februar in der anderen Hose!" Ich war beim Rundfunk. Vorübergehend, wie ich dachte. Denn nicht zum Rundfunk wollte ich, ich wollte zum Theater.

Nach glücklich absolviertem Studium im Kriege, einem kriegsbedingt kurzen Intermezzo als Dramaturgie- und Regie-Assistent in Frankfurt am Main, glimpflich abgelaufener Gefangenschaft, sollte das Leben beginnen, in doppeltem Sinne: befreit von den Finsternissen der vergangenen zwölf Jahre, bereit für die Entfaltung der Kräfte im angestrebten Beruf. Aber so einfach war das nicht. Auch die Theaterlandschaft war zerstört, auch hier begann das Leben, begannen die Spielstätten, begannen die Ensembles sich erst langsam zu finden und zurechtzufinden. Etliche Anfragen, Bewerbungen, Nachfragen blieben unbeantwortet, andere, vor allem eine in

Heidelberg, wo Gustav Hartung, Protagonist modernen Theaters vor 1933, die „Kammerspiele" leitete, zeitigten bedauernde Absagen.

Mila Kopp, die große, damals nach Stuttgart zurückgekehrte, unserer Familie freundschaftlich verbundene Schauspielerin, war es, die fürs erste sich erbot, einen Kontakt zu „Radio Stuttgart" herzustellen, wo sie bereits in Hörspielproduktionen und sonstigen Aufgaben tätig war. Bis zum Beginn der neuen Spielzeit im Sommer, so meinte sie, könne man ja beim Radio überwintern. Mr. Arthur Shaffer, der, selbst ein Mann des Theaters, Mila Kopp bewunderte, verehrte, fand sich sogleich bereit, den von ihr empfohlenen Adepten zu empfangen. Mit dem geschilderten Ergebnis. Ich war beim Rundfunk. Und stand, noch ehe der Beruf begonnen (und ohne es zu wissen) an einem Wendepunkt. Der Rückblick auf die Zukunft muß von da aus seinen Anfang nehmen.

Stuttgarter Theaterkinder. Nebst einigen Bemerkungen über Theater damals

Der Drang zur Bühne kam nicht von ungefähr. Ich entstamme einer Theaterfamilie. Beide Eltern waren Schauspieler, mein Vater Albert Kehm auch Regisseur, Oberspielleiter in Straßburg, von 1914 bis 1920 Direktor des Stadttheaters in Bern, wo 1918 meine Schwester Lore zur Welt kam, und von 1920 bis 1933 Intendant (ab 1925 Generalintendant) der Württembergischen Landestheater, wie die vormals Königlichen Hof- und späteren Staatstheater damals hießen. Der Hofbühnen hochangesehener Chef, Generalintendant Exzellenz Baron Joachim Gans Edler Herr zu Putlitz, war im November 1918 mit dem Ende der Monarchie von seinem Amt zurückgetreten. Nach anderthalb Jahren einer interimistischen Theaterleitung unter dem Intendanzrat Victor Stephany trat mein Vater, geborener Stuttgarter und damals 39 Jahre alt, im Sommer 1920 die Nachfolge des erlauchten Vorgängers an, unter dessen Ägide die neuen Theater, Großes und Kleines Haus, von Max Littmann erbaut und 1912 eröffnet worden waren.

In diesem Sommer, am 3. August 1920, wurde ich in Stuttgart geboren. Was ich in meiner Geburtsstadt zuerst erblickte, müssen hochherrschaftliche Gemächer im königlichen Schloß gewesen sein. Dies verbindet mich mit dem im April des gleichen Jahres in Stuttgart geborenen und im gleichen Schloß wohnhaften Bundespräsidenten Richard von Weizsäcker. Ob wir uns kriechend in den Gemächern oder auf dem Hof begegnet sind? Die ungewöhnliche Behausung war meinem Vater angesichts der herrschenden Wohnungsnot vorübergehend zugewiesen worden, bevor wir im Hause Neckarstraße 5 Wohnung bezogen, einem Palazzo im venezianischen Stil, den es von der Lagune – man weiß nicht recht, wieso – an den unweit vorbeifließenden Nesenbach verschlagen hatte. Immerhin gab es an der Neckarstraße damals noch ein paar ähnliche Zeugen architektonischen Weltbürgertums einer Stuttgarter Signoria aus dem 19. Jahrhundert. Das Haus verfügte in seinen Tiefen über Kellerräume, in denen man sich Staatsgefangene der Republik von San Marco, dem Tageslicht für immer entzogen, recht gut vorstellen konnte. Im dritten, obersten Stockwerk, das wir bewohnten, gab es ein geheimnisvolles mit Plüsch ausgeschlagenes Kabinett, in dem König Karl von Württemberg, im Kreise um seinen jungen amerikanischen Günstling Woodcock, spiritistischen und möglicherweise noch anderen heikleren Neigungen gefrönt haben soll.

Von der Wohnung öffnete sich zur Hofseite hin der Austritt auf einen über dem hinten angrenzenden Hause angelegten Dachgarten, dessen Zierde ein Glashaus war, und von dem aus man auf die Kulissengebäude der Theater und den daran entlangführenden Fahrweg blicken konnte, der zum Reitweg wurde, etwa wenn Graf Peter Homonay (oder richtiger: dessen Darsteller) aus dem „Zigeunerbaron" sich auf seinen Auftritt auf der Bühne hoch zu Roß vorbereitete. Obermedizinalrat Dr. Felix von Gußmann, der Leibarzt des letzten Königs und auch jetzt noch Theaterarzt, sowie Oberregierungsrat Otto Paul, Verwaltungsdirektor der Theater, waren die weiteren Bewohner des imposanten Hauses, das im Zweiten Weltkrieg zerstört worden ist und an dessen ungefährem Standort später längere Zeit hindurch eine Tankstelle zu bewundern war, bevor die Front des neuen Kulissengebäudes unverkleidet, aber deshalb nicht eben schöner, hervortrat. Das alte Haus war durch eine Toreinfahrt mit dem Gebäude des Großen Hauses verbunden. Von den Südfenstern blickte man auf den Künstlereingang mit dem davor gelegenen Schicksalsbrunnen. Mein Vater erreichte sein Büro im Verwaltungtrakt durch einen rückwärtigen Ausgang mit wenigen Schritten über den Hof und durch das Kulissengebäude. Auf demselben Wege gelangten wir in die dem Intendanten vorbehaltenen Logen in den beiden Theatern. Man verließ die Wohnung, zehn Minuten bevor sich der Vorhang hob, kurz nachdem er gefallen, der Applaus beendet, war man zu Hause. Das Haus gehörte gleichsam zum Theater, das Theater zum Hause. Und das in jedem Sinne. Das Leben der Eltern, aber auch das der Kinder, war vom Theater bestimmt, mit ihm verflochten, von ihm geprägt.

Denn auch die Mutter war Schauspielerin gewesen – „mit Leib und Seele", der Ausdruck traf bei ihr wahrhaftig in voller Bedeutung zu. Sie war eine starke künstlerische Natur. Mit unserem Vater war sie schon früher, in Straßburg, zusammen im Engagement gewesen, und auch nach der Verheiratung 1914 gehörte sie dem Ensemble des Berner Stadt-Theaters an, dessen Direktor unser Vater in diesem Jahr geworden war. Dort war sie auch in einer früheren Spielzeit schon tätig gewesen. Vom Typ und Rollenfach her verkörperte sie gleichsam in Reinkultur die „Sentimentale" und „jugendliche Heldin", und sie muß eine Darstellerin von großer Ausstrahlungskraft gewesen sein. Noch viele Jahre später, wenn wir in die Schweiz und nach Bern kamen, wohin es die Eltern in den Ferien immer wieder zog, konnten auch wir Kinder die Anhänglichkeit und Verehrung spüren, die Berner Theaterfreunde ihr wie dem Vater bewahrt hatten.

In Stuttgart trat sie nicht auf. Mein Vater wollte Komplikationen von vornherein vermeiden, die etwa daraus hätten entstehen können, daß die Gattin des neuen Intendanten zugleich auch als Schauspielerin hervortrat. Und sie folgte ihm in dieser Auffassung. Schweren Herzens. Denn sie opferte ihren Beruf und wohl auch eine Berufung. Ich glaube, sie ist damit ihr Leben lang nicht eigentlich ins reine gekommen. Die Rolle als Hausfrau und Mutter, und selbst auch die – gesellschaftlich ja nicht geringe – der Gattin des Stuttgarter Generalintendanten waren ihr zu wenig. Ihr Leben war im Grunde unerfüllt, und sie war oft unglücklich, ließ es jedoch den Kindern gegenüber an Zuwendung und Fürsorge nicht fehlen. Ihr schauspielerisches Temperament setzte sich aber auch im täglichen Leben immer wieder unverkennbar durch, kleinere und größere Konflikte des Alltags schürzten sich ihr zu dramatischen Knotungen, heftige Ausbrüche kennzeichneten den Höhepunkt, dem Peripetie und Katharsis nach allen Regeln ihrer geliebten Kunst folgten. Der deutschen Bühne ist an ihr, davon waren viele überzeugt, eine Darstellerin verlorengegangen, die von sich reden gemacht hätte.

Meine Schwester und ich besuchten die Freie Waldorfschule, damals noch weit und breit die einzige ihrer Art. Den Gründervater Rudolf Steiner haben wir zwar nicht mehr erlebt, das Kollegium der Lehrer aber bestand so gut wie ausnahmslos aus Mitarbeitern und Mitstreitern der ersten Stunde, darunter Persönlichkeiten, um die jede Schule, gleich welcher Art, die Stuttgarter Waldorfschule beneiden konnte. Beseelt von pädagogischem Eros, von der Vision einer Erziehung zur Lebenstüchtigkeit in einer sozial erneuerten Gesellschaft, standen sie – einer wie der andere, wenn auch von ganz unterschiedlicher Individualität – fest auf dem Grunde einer, wie man inzwischen wohl sagen darf, fortgeschrittenen Erkenntnis von der Heranbildung junger Menschen. Und praktizierten sie konsequent. Natürlich war diese Pädagogik verflochten mit der Anthroposophie, und auch deren religiöse Ausprägung in der Christengemeinschaft war in der Schule wie im Kollegium vielfach vertreten. Unmittelbaren Ausdruck im Unterricht fand dies nicht. Unsere Eltern waren nicht Anthroposophen, eine engere Bindung als die pädagogisch-schulische ist auch bei uns Kindern nicht eingetreten. Die Schule verdankte ihre Entstehung ja auch keineswegs nur einer weltanschaulichen, sondern mindestens gleichgewichtig einer sozialreformerischen Initiative, zu der sich mit Steiner der Vorstand der Waldorf-Astoria-Zigarettenfabrik, Commerzienrat Emil Molt, verbunden hatte. Er dachte an die Kinder seiner Arbeiter, für sie und ihresgleichen sollte die Schule entstehen, sollte ein neuer Begriff von humaner Bildung wirksam werden. Der freundliche ältere Herr war uns Schülern eine vertraute Erscheinung bei besonderen Gelegenheiten, den monatlichen Schulfeiern, aber auch im Schul-Alltag.

Zur Schule, zu dieser wie später zu anderen, staatlichen, bin ich gleichwohl niemals gerne gegangen, was an der Waldorfschule am allerwenigsten gelegen haben kann, eher an einer früh sich zeigenden Neigung zur Absonderung und Distanz. Ich war ein innerlich scheuer Knabe. Trotzdem hatte ich Freunde, Schulfreunde und andere Spielgefährten. Einer davon, Sohn eines in der Neckarstraße gegenüber wohnenden Arztes (und Nachfolger des Obermedizinalrates von Gußmann als Theaterarzt), war mein Kompagnon bei Streifzügen durch die hinter unserem Wohnhaus gelegenen Kulissenmagazine. Der Reiz solcher Unternehmungen bestand im Erklimmen von Dekorationsteilen, etwa Sarastros Sonnentempel, mit anschließender Traversierung weiterer Bestände bis zu einem versteckten Rastplatz. Eines Tages fanden wir den Rückzug abgeschnitten. Die „Zauberflöte" stand auf dem Spielplan, die Tempelsäule, deren Inneres den Abstieg (wie den Aufstieg) ermöglichte, war auf die Bühne gebracht worden. Nur mit Mühe gelang die Rückkehr über einen weit entfernten Teil der „Wolfsschlucht".

Die ersten Zeugnisse, die in der Waldorfschule ja keine Zensuren, sondern sorgfältig formulierte Beurteilungen des Schülers enthielten, ließen nicht gerade erkennen, was man als „Engagement" hätte bezeichnen können. Und auch von Fleiß war
nicht die Rede. Gegen Ende der Stuttgarter Schulzeit, bevor wir 1933 Stuttgart
verließen, war mein Vater unzufrieden mit dem Sohn und mit der Schule. Grund: ich
beherrschte in der 6. Klasse (und also der Grundschule lang entwachsen) weder das
kleine noch das große Einmaleins. Und habe es nie mehr gelernt – wenigstens nicht
so, wie mein Vater es als selbstverständliches Pensum eines ordentlichen Bildungs-
ganges erwartete, ebenso selbstverständlich selbst beherrschte und gleichsam ohne
Besinnung herzusagen wußte.

Die ersten Theatereindrücke als Zuschauer hatten wir Kinder – sozusagen bestim-
mungsgemäß – in den Kindervorstellungen. Solche gab es an den Landestheatern
regelmäßig. Zu den gern und sorgsam wahrgenommenen Verpflichtungen der
Staatsbühnen gehörte es nämlich damals, alljährlich zur Adventszeit eine Märchen-
aufführung für die Kleinen unter den Theaterbesuchern auf die Bühne zu bringen,
geschöpft entweder aus dem unverwüstlichen Märchenschatz der Brüder Grimm
oder freigeschaffen von freundlichen, dem kindlichen Gemüte zugewandten, vielleicht auch wahlverwandten Stückeschreibern, von deren Produkten einige geradezu den Ruf oder doch wenigstens die Aufführungszahlen deutscher Klassiker erreicht haben. „Aschenbrödel", „Dornröschen", „Peterchens Mondfahrt", „Der
singende Pfennig" – das sind einige Titel solcher Hervorbringungen, die an den
Sonn- und Feiertagen zwischen Anfang Dezember und Mitte Januar viele deutsche
Bühnen und auch die des alten Stuttgarter Kleinen Hauses bevölkerten. Für viele
kleine Stuttgarter von damals mag es ein Festerlebnis von besonderer Art gewesen
sein, in jeder Saison eine dieser Märchenvorstellungen zu sehen. Ich – zunächst zur
staunenden Verwunderung, später zum kaum verhohlenen Entsetzen meiner Eltern
– besuchte alle, wobei sich mitunter zeitliche Engpässe ergaben, wenn die Vormit-
tagsvorstellung um 1 Uhr endete und die Nachmittagsvorstellung vielleicht schon
um 1/2 3 Uhr wieder begann. Von der Loge meines Vaters aus verfolgte ich mit
kritischer Aufmerksamkeit jede Phase des sich wiederholenden Spiels und wußte
nicht selten von unliebsamen Abweichungen im szenischen Ablauf oder im Text,
den ich so etwa nach dem fünften Mal auswendig kannte, zu berichten. Einmal ging
ich dazu über, solche Fehler in der Vorstellung selbst öffentlich und laut zu rügen,
was zu vorübergehendem väterlich verordneten Entzug führte. Die meisten dieser
Märchenspiele aber sah ich an die 20 Mal, und ich habe dabei ganz offenbar das
Vermögen, häufiger Wiederholung des Gleichen standzuhalten, in einer Weise
entwickelt, die mir bei meiner späteren Tätigkeit im Rundfunk recht sehr zustatten
gekommen ist. Heute bestünde zu solch kindlichem Vorpraktikum an den Staatstheatern kaum noch Gelegenheit. Weihnachtsmärchen gehören der Vergangenheit
an. Einzig in der Oper behaupten „Hänsel und Gretel", von Meister Engelbert
Humperdinck 1893 unter Musik gesetzt, unbestritten ihren Platz im vorweihnacht-
lichen Spielplan. Weil die Geschichte mit Weihnachten eigentlich nichts zu tun hat,

sang damals am Ende die Besucherschaft, begleitet vom Orchester, das Lied „Stille Nacht, Heilige Nacht".

Von Kinder- und Jugendtheater ist heute zwar viel und erbittert die Rede – unlängst konnte man einer Umfrage unter deutschen Intendanten (in der Zeitschrift des Deutschen Bühnenvereins) entnehmen, daß einige von ihnen, da es ein befriedigendes Angebot separater Jugendbühnen wegen mangelnder Subvention nicht gäbe, sich lieber ganz verweigerten als denen, die dafür verantwortlich seien, durch einzelne Vorstellungen ein Alibi zu liefern. Wahrhaftig ein Standpunkt von tiefer deutscher Gründlichkeit. Mein Vater und andere Theaterdirektoren seiner Zeit hätten sich darüber sehr gewundert. Ihnen wäre es aus dem Verständnis ihres Metiers heraus geradezu abenteuerlich vorgekommen, ihr Publikum von übermorgen aus welchen Erwägungen auch immer links liegen zu lassen. Grundsatzdebatten ums Theater und seine gesellschaftliche Funktion gab es damals kaum – schon gar keine, die am Ende dazu geführt hätte, daß der Vorhang nicht aufging. Kindervorstellungen waren dazu bestimmt, das Theater bei den Kleinsten als einen Ort einzuführen und verlockend zu machen, an dem die Phantasie regiert. Erwachsene waren bemüht, Kindern kindliches Vergnügen zu bereiten, nicht ihnen zu zeigen, wie wenig vergnüglich es ist, erwachsen zu werden. Die reale Erlebniswelt der Kinder konnte dabei durchaus auch einmal vorkommen. Erich Kästners „Emil und die Detektive", in Stuttgart von den Schauspielern des Ensembles, also von Erwachsenen vorgeführt, waren ein prominentes und viel bejubeltes Beispiel hierfür.

Allmählich erweiterte sich das Repertoire für die jugendlichen Zuschauer in der Intendanten-Loge, meine Schwester und mich. Sehr früh schon erlebten wir – gleichfalls mehr als einmal – die „Zauberflöte" (damals in einer seit langem und über Jahre hinweg höchst reizvollen Ausstattung von Bernhard Pankok, dem Direktor der Stuttgarter Kunstakademie), den „Freischütz", aber auch „Fidelio", „Lohengrin", die „Meistersinger", „Aida", im Schauspiel „Wilhelm Tell", den „Urgötz", „Katharina Knie" und manch weitere Aufführung aus dem klassischen oder damals modernen Repertoire. Am Silvesterabend gab es Jahr für Jahr die „Fledermaus", zur Abwechslung auch einmal „Orpheus in der Unterwelt", beides effektvoll dirigiert von Hans Swarowsky, dem späterhin berühmten Wiener Mentor einer ganzen Generation von Dirigenten, damals erster Kapellmeister in Stuttgart. Ihn löste Franz Konwitschny ab, späterhin Frankfurter Generalmusikdirektor und nach dem Kriege Chef des Leipziger Gewandhauses. Überhaupt gehörte die Operette, soweit sie sich dem klassischen Begriff zurechnen ließ, zum ständigen Repertoire im Landestheater. Der „Zigeunerbaron" figurierte von Spielzeit zu Spielzeit so unabdingbar im Spielplan wie „Carmen", aber auch die Erfolgsautoren der zeitgenössischen Operette, Franz Lehár, Emmerich Kálmán oder Leo Fall, hatten Zutritt. In Lehars „Paganini" gastierte Richard Tauber und riß zu Beifallsstürmen hin, wenn er, zu Sonderpreisen, vorn an der Rampe den Damen der schwäbischen Hautevolée gestand, daß er „die Frauen" – nämlich sie, meinten sie – „gern geküßt habe". Er machte das aber auch hinreißend. Und Beifallsstürme waren damals, notabene, weit weniger wohlfeil als heute. Unter den Familienfotos befand sich eines, auf dem der Gefeierte, mit Monokel und dem ihm eigenen strahlenden Lächeln meiner Schwester und mir am Schicksalsbrunnen die Wangen tätschelt.

Noch ein anderer „Weltstar" dieser Jahre hat sich mir in der Erinnerung unauslöschlich eingeprägt: Anna Pawlowa. Es dürfte 1928 gewesen sein, als sie an einem oder zwei Abenden im Großen Haus gastierte – in einem jener Nummernprogramme, wie sie für Tournées der „Assolutissima" damals zusammengestellt wurden, in dem auch der „sterbende Schwan" nicht fehlte. Schwer zu sagen, wovon der bezwingende Zauber ausging, schwer, weil er sich nicht in Worte und Begriffe fassen läßt. Die ganze Person, in jeder Bewegung jede Sekunde, war es, die den Beschauer, den 8jährigen wie den 80jährigen, atemlos gefangennahm. Ich war hingerissen, konnte die folgende Nacht kein Auge zutun. In einem Notizbuch, das ich lange besessen habe, fanden sich Seite für Seite in kindlicher Schrift die Worte „Anna Pawlowa ist wunderbar zu sehen" – einmal, zehnmal, fünfzigmal.

Das Ballett im übrigen spielte an den Stuttgarter Landestheatern damals eine untergeordnete Rolle. Die Truppe verfügte zwar über tüchtige Tänzer, es gab auch einzelne hervorragende Begabungen wie die entzückende junge Ballerina Suse Rosen (die 1933 wegen jüdischer Abstammung das Ensemble verlassen mußte), es gab auch ganze Ballettabende – „Coppélia" von Delibes oder die „Puppenfee" von Josef Bayer sind mir in Erinnerung –, zu einer eigenständigen Sparte neben Oper, Schauspiel und Operette konnten die Anstrengungen, schon auch aus materiellen Gründen, sich nicht verdichten. Einige Jahre hindurch beherrschte unter der Ballettmeisterin Edith Walcher ein Ableger des damals modernen Ausdruckstanzes Wigmanscher Prägung das Bild, bevor dann unter der vorzüglichen Lina Gerzer wieder die strenge klassische Schule Einzug hielt. Ganz überwiegend versahen die Tänzer ihre Aufgaben im Opernrepertoire und in der Operette; abgesehen vom Venusberg im „Tannhäuser" konnte man die Damen und Herren hauptsächlich am Nil (in der „Aida"), in Sevilla (bei „Carmen") oder in der Pußta (bei Emmerich Kálmán oder Franz Lehár) bewundern.

Vom Operetten-Genre ist auch der erste Fall von weiblicher Verführung ausgegangen, in den ich verwickelt war, mit elf oder zwölf Jahren; gänzlich unanstößig, wie gleich versichert sei, wenn auch nicht einfach harmlos. Es handelte sich um die „Schöne Helena", genauer um deren Darstellerin in Offenbachs Opera bouffe, eine damals noch junge, späterhin berühmte Sängerin, in die der Knabe sich verliebte. Ein „fall in love", das nicht auf ihre Stimme zurückzuführen war – die war zwar schön und voll von zauberhaften Obertönen –, doch was den Knaben traf, war mehr ihr Leib. Den zeigte sie in einem Duett des zweiten Aktes fast unverhüllt dem Griechen Paris wie auch dem Publikum. (Ein kühner Regieeinfall. Der nackte Darsteller auf der Bühne gehörte damals noch nicht zum gängigen Inventar.) Beim zweiten Besuch, zu dem ich Zutritt in die Loge mir erbettelt habe, geblendet offenbar vom ersten Anschauen, war auch der Hausarzt der Familie zugegen, und er gab danach, wie ich hörte, den Eltern zu bedenken, ob dieses Stück in solcher Inszenierung etwas für ansonsten wohlbehütete Knaben sei. Der Ahnungsvolle. Zwar die Erkenntnis, was Mann und Frau seien, war und blieb mir vorerst noch verschlossen. Aber eine gewisse Sensibilisierung – wie man heute so schön sagt – war fraglos eingetreten. Der Wagen stand, der Motor aber war gleichsam angeworfen. Sie übrigens war Autofahrerin, eine von damals nicht sehr vielen. Ihr Wagen, wenn sie abends sang, war unter dem Fenster meines Schlafzimmers geparkt. Am Schicksalsbrunnen. Ich kannte den Spielplan, kannte Beginn und Ende der Vorstellung oder ihre Auftritte, als Kind der Praxis kalkulierte ich den Beifall, die Garderobe und wartete den Augenblick, in dem sie aus dem Künstlereingang trat und sich in ihren Wagen setzte, mit verbissener Geduld heran, um mich danach zufrieden der verdienten Ruhe hinzugeben. Von den nächtlichen Eskapaden – vor allem bei längeren Vorstellungen – am nächsten Morgen noch etwas ermüdet, machte ich mich mit meiner Schwester auf den Weg zur Schule. Die persönlichen Begegnungen mit der Angebeteten verliefen übrigens stets enttäuschend, was ersichtlich davon herrührte, daß sie in Unkenntnis meiner Gefühle und natürlich weit entfernt, solche zu vermuten, – ohne die erhoffte Feinfühligkeit also – keine Anzeichen einer Erwiderung verspüren ließ. Auch irritierte mich bei „Helena" der Anklang an ein vulgär sächsisches Idiom.

Theater damals – zwischen ihm und seinem Publikum bestand ein unmittelbares, ungebrochenes, im Grunde naives Verhältnis, ganz in der Tradition des 19. Jahrhunderts. Die ferne Vergangenheit war näher als die gar nicht so ferne Zukunft, Goethes Hoftheater 130 Jahre davor näher als die Vexierspiele modernen Regietheaters 30 Jahre später. In der Oper folgte das Publikum in vollem Ernst und mit der von den Autoren intendierten Erschütterung (oder Erheiterung) dem „Evangelimann", dem „Nachtlager von Granada", der „Martha", „Undine", dem „Waffenschmied" sowie zahlreichen anderen Werken, die vom Spielplan verschwunden sind, weil ihnen, so wie sie sind, kein gleichgestimmtes Gemüt mehr antwortet. Damals fand sich die unbeschädigte Seele des bürgerlichen Opernliebhabers darin aufs Wahrhaftigste getroffen. Es bedurfte keines Augenzwinkerns bei ihrer Interpretation. Ansätze bemerkenswerter Regiearbeit gab es in der Oper unter dem Oberspielleiter Otto Erhardt gleichwohl. Im Kontext der Händel-Renaissance dieser Jahre war „Ariodante" in den Dekorationen von Willi Baumeister ein viel besprochenes Beispiel. Ansonsten aber ereignete sich Regietheater fast ausschließlich in Berlin, kaum in der Provinz. Theater als autonome Kunst im Umgang mit der „Vorlage", den Regisseur als schrankenlosen Herrscher über Stück und Zuschauer, dem beide auf Gedeih und Verderb überantwortet sind – sie gab es nicht. Und auch der Bühnenbildner, der den „Durchblick" lehrt (oder verstellt), war unbekannt. Die selbstgewisse Überzeugung Alfred Kerrs, des Berliner Kritikerpapstes vor und nach dem Ersten Weltkrieg, das Verdienst so manchen Stückes sei es einzig, Anlaß seiner Kritik geworden zu sein, war auf der Bühne, im Verhältnis zwischen Stück und Regisseur, noch nicht – wie heute – nachvollzogen. Die Klassiker waren die Klassiker – so wie man sie seit Menschengedenken kannte. Die Auseinandersetzung mit ihnen fand im Kopfe der Zuschauer statt. (Oder auch nicht – natürlich.) Die Gegenwart manifestierte sich in den Schauspielern; ihr Lebensgefühl, ihr Stil allein vermittelte das „Heute", offenbarte Zeitlosigkeit und Fortdauer in den Texten von Gestern. (Oder auch nicht.) Die Dramen der Klassiker standen viele Jahre in der gleichen Inszenierung auf dem Spielplan. „Wilhelm Tell" war unbezweifelbar von Schiller und spielte in der Schweiz; hinter dem „lächelnden See", der zum Bade lud, hing ein Prospekt, auf dem so etwas wie die Mythenstöcke, jedenfalls Berge und als solche deutlich erkennbar, gemalt waren. Es herrschte stillschweigendes Einverständnis, daß der Prospekt ein Prospekt, das Bühnenbild etwas sei, das auf unkomplizierte Weise zeigt, in welcher Umgebung das Drama, dem zu folgen man gekommen war, sich abspielte. Die „dramatis personae", die Handelnden, leicht identifizierbar auch sie, sprachen den Text so, wie er sich dem einfacheren Gemüt mit einer gewissen Unwiderstehlichkeit aufdrängte und vom Dichter allem Anschein nach auch gedacht war. Der Zuschauer gewann sein Vergnügen schlicht und einfach aus der Sinnfälligkeit, zu der die Akteure einem Stück, seinen Gedanken, den Vorgängen auf der Bühne verhalfen. Eine anspruchslose Gesellschaft, scheint uns heute. Da sie auch nach dem verlorenen Krieg noch wenig Anlaß sah, sich selbst gründlich infrage zu stellen, fehlte auch der Antrieb, dies mit der Vergangenheit zu tun. Trotzdem empfand sie ihr Theater als lebendig. Und das nicht zu unrecht. Es waren künstlerisch bewegte, politisch aufgeregte, am Ende bedrückende Jahre.

Die Württembergischen Landestheater waren in der Theaterlandschaft der zwanziger und beginnenden dreißiger Jahre eine geachtete Bühne. Nimmt man einmal eine Bewertungsskala an, wie sie damals hätte gelten können (und in Fachkreisen in etwa galt), so rangierten an der Spitze der staatlichen Bühnen in Deutschland die Staatstheater in Berlin, Dresden und München, in Österreich das Burgtheater und die Wiener Staatsoper. Stuttgart stand zusammen mit einer Reihe von renommierten städtischen Theatern, etwa denen von Frankfurt, Köln, Hamburg, Düsseldorf und Breslau, in der zweiten Reihe, gefolgt von den ehemaligen Hofbühnen wie Karlsruhe, Hannover, den städtischen Theatern in Nürnberg oder Leipzig. Das ist natürlich approximativ und cum grano salis im einzelnen zu nehmen, Schwankungen waren eingeschlossen. Neben den Staatsbühnen gab es in der ersten Reihe hochrenommierte Privattheater, angefangen mit den Berliner Reinhardt-Bühnen, den Hamburger und Münchener Kammerspielen, dem Düsseldorfer oder Frankfurter Schauspiel. Auch Claudius Kraushaars Stuttgarter Schauspielhaus in der Kleinen Königstraße stand durchaus in einem ernstzunehmenden Konkurrenz- und Ergänzungsverhältnis zum Schauspiel der Landestheater. Charakteristisch für die Periode zwischen dem Ende des Ersten Weltkriegs und dem Hereinbrechen des „Dritten Reiches" war eine weitreichende Kontinuität, was die Persönlichkeiten an der Spitze der Institute anbelangt, – nicht viel anders als es für viele Hofbühnen gegolten hatte. Die Intendanten waren nun aber nicht mehr Kavaliere aus dem Hofstaat der Majestäten; es waren mehr und mehr die Praktiker aus dem Theater selbst, die in solche Positionen einrückten und sich dort oft lange Zeit hindurch behaupteten, nicht wenige während der ganzen Republik, einige sogar darüber hinaus. Die künstlerische (wie auch geschäftliche) Leitung der Institute ebenso wie die Verantwortung hierfür lag gänzlich und ungeteilt bei ihnen. Ihre wichtigsten Mitarbeiter waren als „künstlerische Vorstände" Generalmusikdirektor, Oberspielleiter und Dramaturgen für Oper und Schauspiel, Bühnen- und Kostümbildner, die in der Regel mit dem Hausregisseur alle neuen Inszenierungen besorgten, und schließlich der technische Direktor. Sie bildeten mit dem Intendanten das „Regiekollegium", das in Stuttgart allwöchentlich tagte. Natürlich gab es unter den künstlerischen Vorständen manche Persönlichkeit, die das Gesicht einer Bühne entscheidend und manchmal noch vor dem Intendanten prägte. Bruno Walter in München war dafür ein Beispiel.

Theatergeschichte, die das Eigentliche, Wesentliche: die Aufführung nämlich festzuhalten vermöchte, gibt es nicht. Jede dieser Aufführungen an jedem Abend gehört am Morgen darauf der Erinnerung. Unwiederbringlich. Und das Erinnern verschwindet mit denen, die gespielt, gesungen, zugeschaut und zugehört haben. Was bleibt, ist ein Gerüst aus Namen, Daten, Werktiteln, Aufführungszahlen. Dazu ein paar Bilder, Schallplatten, schriftlich festgehaltene persönliche Erinnerungen und Rezensionen (also gleichfalls persönliche Erinnerungen), neuerdings auch einzelne Fernsehaufzeichnungen.

Gleichwohl wird fleißig Theatergeschichte geschrieben, dokumentiert, analysiert, bewertet – besonders aus Anlaß von Jubiläen. Wobei nicht selten die Verhältnisse von ehedem aus dem Blickwinkel von heute betrachtet werden. Die Gegenwart holt die Vergangenheit ein, sozusagen. Das „Profil", nämlich Bedeutung und Stellenwert eines Hauses, werden gemessen – heute wie damals – an Uraufführungen, heute aber – anders als damals – zudem und fast mehr noch an neuen Inszenierungen, am Versuch also zeitgenössischer Interpretation eines überkommen, sich mehr und mehr verengenden Repertoires. Uraufführungen gab es damals gar nicht wenige in Stuttgart. Während der Amtszeit meines Vaters von 1920 bis 1933 mehr als 50 im Schauspiel, eine pro Jahr mindestens in der Oper. Dennoch (oder eben deshalb) waren sie weit selbstverständlicher als heute. Im Vordergrund für den Rezipienten stand und maßgeblich für das künstlerische Gesicht (welchen Begriff ich dem bloßen „Profil" vorziehe) war in der Oper durchaus der Umfang wie der qualitative Standard der Wiedergabe eines traditionellen, in großer Breite präsenten Repertoires, dargeboten ganz überwiegend nicht anders als schon in vielen vorhergegangenen Jahren, ohne „hinterfragt", „interpretiert" oder auch uminterpretiert zu werden. Die Gegenwart, der zeitgenössische Komponist und Autor, war über Uraufführungen hinaus präsent, weil, anders als in der Regel heute, anderswo uraufgeführte Werke auch von größeren Bühnen nachgespielt wurden, was bei der Profilsuche meist übersehen wird. Das Gesicht eines Spielplans, gerade auch bei den größeren Häusern der zweiten Reihe, und erst recht bei den kleineren und kleinen Bühnen, läßt sich ohne diese Komponente aber schlecht ausmachen. In Stuttgart gab es in der Oper in dem genannten Zeitraum rund 30 solcher Erstaufführungen. Die Hemmschwelle, die das Interesse am Zeitgenössischen ganz auf die Uraufführung fixiert und folglich weitere Inszenierungen am anderen Ort, wie sehr das Werk es vielleicht auch verdient hätte, verhindert, – sie war damals noch nicht wirksam. Verleger heute wissen davon – und von den wenigen illustren Ausnahmen – ein Lied zu singen. Damals gehörten die zweite, dritte oder auch sechste und siebte Inszenierung eines anderswo uraufgeführten Werks zum selbstverständlichen Unternehmen in einem Spielplan, der etwas auf sich hielt, und dessen Zweck nicht in der Pflege des eigenen Profils mit Hilfe führender Kritiker gesehen wurde, sondern schlicht und einfach in der Verpflichtung, das eigene Publikum mit einem möglichst breiten Ausschnitt aus dem dramatischen und musikdramatischen Schaffen der Gegenwart bekannt zu machen. Neben der Pflege des klassischen Repertoires, versteht sich. Wobei diese das gesamte 19. Jahrhundert sowie auch Werke einschloß, denen man das Epitheton „klassisch" wohl hauptsächlich deshalb zuerkannte, weil man sich an sie gewöhnt hatte und sie gerne hörte. Und so fanden sich in einem Opern-Spielplan, der beständig und nebeneinander an die 60 Werke umfaßte, außer dem „Fidelio", dem „Freischütz", Glucks „Orpheus und Eurydike", den vertrauten Werken Mozarts (ohne die damals wenig verstandene „Cosi fan tutte"), Wagners und Verdis, beständig auch „Bohème", „Tosca", „Butterfly", Gounods „Margarethe", Eugen d'Alberts „Tiefland", neben Lortzings Spielopern, der „Undine" sowie den „Lustigen Weibern von Windsor" auch Aubers „Fra Diavolo" oder die „Regimentstochter" von Donizetti. Auch im Schauspiel hielten sich Inszenierungen – vor allem Klassiker, „Faust" oder besagter „Wilhelm Tell" – über mehrere Spielzeiten auf der Bühne des Kleinen Hauses.

Ohne das ständige, am Orte täglich verfügbare Ensemble wäre es nicht möglich gewesen, einen derart vielgestaltigen, tiefgestaffelten Spielplan zu realisieren und aufrechtzuerhalten. Daß es ihn heute nicht mehr gibt, liegt – umgekehrt – daran, daß es ein solches Ensemble nicht mehr gibt.

Das Ensemble – wieviel Tränen sind ihm seitdem nachgeweint, wieviel Nänien gesungen worden. Und tatsächlich: Theater damals – für seine Zuschauer und Zuhörer war es identisch mit dem Ensemble, aus dem heraus es lebte und für sie Gestalt gewann. Und auch sie, die Zuschauer, gehörten im Grunde dazu, eine meist harmonisch gestimmte Familie, man kannte, schätzte, liebte seine Komödianten und hätte freiwillig niemals von ihnen gelassen. Die Rolle war immer auch der Schauspieler: Gretchen in Stuttgart Mila Kopp, Faust Christian Kayssler, Mephisto Fritz Wisten. Tragödie, Komödie, Schwank – sie spielten in der Familie. Intendanten kamen und gingen auch damals von Zeit zu Zeit. Der Gedanke, ein Intendant, wenn er ging, könne auch gleich das ganze Ensemble mitnehmen und der neue, wenn er kam, anstelle des vorhandenen lieber sein eigenes mitbringen, wäre als Ausgeburt einer perversen Phantasie erschienen. Eine derart unverantwortliche Störung des Familienfriedens wäre im Ernst niemanden eingefallen.

Dabei hatte es das ja früher durchaus gegeben. Die Truppe, die mit dem Prinzipal verbunden in toto den Ort und ihr Publikum wechselt, war das Modell der vorklassischen Periode bis weit ins bürgerliche 18. Jahrhundert hinein. Erst zum Ausgang dieses Jahrhunderts, 150 Jahre vor dem beschriebenen Zeitraum, waren die Truppe zum ständigen „Ensemble", die Fahrenden zu Hofschauspielern geworden, über die ein ortsfester Intendant wachte. Heute ist der Prinzipal zurückgekehrt, die Truppe setzt sich, mit ihm, wieder in Bewegung. Mit dem Unterschied, daß dies nicht auf eigene Rechnung geschieht. Die Wanderschaft ist subventioniert. Zurück bleibt das Publikum und harrt dem nächsten Prinzipal, der nächsten Truppe entgegen.

Einen Anklang an die früheren Verhältnisse, immerhin, kann man im Ballett, zum Beispiel in Stuttgart, finden. Hier gibt es noch Repertoirebildung, gibt es einen Spielplan, der von der Truppe, dem Ballett-„Ensemble" eben, getragen, über Jahre hinweg mit den gleichen Produktionen in gleicher Qualität der Wiedergabe aufzuwarten vermag und nicht zuletzt daraus seinen Ruf und seine Reputation herleitet.

Der gleichmäßige Standard durch das feste Ensemble – daran war der Theaterbesucher von damals gewöhnt, in der Oper wie im Schauspiel gleichermaßen. Schon in den seiner Stuttgarter Tätigkeit vorangehenden Jahren als Direktor des Berner Stadt-Theaters hatte sich mein Vater den Ruf erworben, ein besonderes Gespür für karriere-verdächtige Talente unter Schauspielern und auch Sängern zu besitzen. Und tatsächlich waren solche Karrieren in diesen Stuttgarter Jahren ein Signum für Stellung und Stellenwert der Landestheater. Dafür standen (und werden bis heute immer wieder gerne – wenn auch meist ohne Bezug auf die Verantwortlichen – genannt) Namen wie Hildegard Ranczak und Margarete Teschemacher (meine „Schöne Helena" übrigens), Heinrich Rehkemper, Willi Domgraf-Fassbaender, Ludwig Suthaus in der Oper, Berta Drews, Mila Kopp, Fritz Wisten, Christian Kayssler, Rudolf Fernau im Schauspiel – um nur die bekanntesten zu nennen. Stuttgart ist für viele von ihnen die letzte Station vor dem endgültigen Durchbruch in die deutsche und oft auch die internationale Elite gewesen, auf einem künstlerischen Weg, der sie nach Berlin, Dresden oder München geführt hat. Signifikant war aber natürlich auch, daß sie in der schwäbischen Metropole eben nur einige Jahre auf diesem Weg verbrachten – Folge der Tatsache, daß der Platz Stuttgart materiell wie ideell mit den Instituten der ersten Kategorie für dauernd nicht mithalten konnte. Der Umsicht und dem Geschick des Intendanten blieb es überlassen, für Ersatz zu sorgen – paradoxerweise möglichst für einen, der wiederum die Anzeichen für den Aufstieg in die allererste Etage und also für baldiges Weiterziehen an sich trüge.

Für manche hervorragende Sänger und Schauspieler aber blieb Stuttgart auch der langjährige, wenn nicht endgültige Ort ihrer Tätigkeit. Im Opern-Ensemble waren es unter anderen die hochdramatischen Sopranistinnen Margarete Bäumer und Maria Rösler-Keuschnigg (eine bildschöne Frau, die leider häufig absagte, weil sie unter unsäglichem Lampenfieber litt, der ergreifendste „Fidelio", die beseeltste Brünhilde, die man sich denken kann), die „jugendlich-dramatischen" Anita Oberländer und Vally Brückl, die Altistin Magda Strack (in Stimme und Erscheinung ein idealer „Adriano" im „Rienzi"), die Koloratursopranistinnen Rhoda von Glehn und Irma Roster, die Heldentenöre Rudolf Ritter und Fritz Windgassen (der erstere mit einer außergewöhnlich schönen Stimme begabt, deretwegen auch in Bayreuth zu Gast, darstellerisch aber leider ein ziemlich statuarischer „Held", der zweite, Vater

Wolfgang Windgassens, trotz einer Kriegsverletzung am Bein ein exzellenter, hoch-
intelligenter Sängerdarsteller und eine glänzende Bühnenerscheinung), der Helden-
bariton Hermann Weil (seit Putlitz' Zeiten in Stuttgart und noch 1932 ein hinreißen-
der „Graf Luna" im „Troubadour", als welcher er einmal einsprang), die Bassisten
Otto Helgers, Reinhold Fritz und Hermann Horner (der letztere mit einer der
edelsten Baßstimme begabt, die ich gehört habe). Im Schauspiel waren es Emmy
Remolt (gleichfalls schon unter Putlitz im Ensemble, eine ganz „moderne" Schauspielerin von ergreifender Schlichtheit), Elsa Pfeiffer (schwerhörig von früh an,
gleichwohl noch in vorgerückten Jahren als „Adelheid" im „Götz von Berlichingen"
ebenso überzeugend wie als „Mademoiselle Docteur", attraktive Spionin in H. R.
Bernstorff gleichnamigem Reißer, der uns heute kaum noch auf der Bühne, dafür
aber auf dem Bildschirm begegnen würde), der „Heldenvater" und ehemals „schwere Held" Egmont Richter („Wilhelm Tell" für eine ganze Generation), die „Komi-
ker" Waldemar Franke, Ferry Dittrich und Max Marx (der letztere unstreitig ein
Spitzenvertreter seines Genres, eines der jüdischen Ensemblemitglieder, die 1933
sofort entfernt wurden).

Alle die Genannten, in Oper wie im Schauspiel, bildeten zusammen mit vielen
anderen ein Ensemble von großer Homogenität, das so aufeinander eingespielt war,
daß am Ende, quer durch den Spielplan, ein Eindruck hoher, ausgeglichener Qualität sich herstellte. Gewiß gab es von Spielzeit zu Spielzeit auch „Schwachpunkte" –
wir Kinder kannten sie schon aus dem Mienenspiel unseres Vaters, – aber der
durchschnittliche Standard der Aufführungen war gleichmäßiger und eher höher als
20 oder 30 Jahre später. In der Oper lag dies, abgesehen von der gleichbleibenden
Besetzung, nicht zuletzt auch daran, daß selbstverständlich der Dirigent einer
Premiere auch die elfte oder neunzehnte Aufführung dirigierte. Und das galt auch
für den Generalmusikdirektor. Sänger, Opernregisseur und Dirigent vertraten noch
ein durchaus seßhaftes, nicht ein ambulantes Gewerbe. Schon gar nicht kannte man
den Jet-Tourismus von heute. Der D-Zug hätte ihn kaum zum Blühen gebracht. Der
machte gerade noch das Einspringen des Kollegen aus München im Krankheitsfalle
möglich, – und auch das nicht immer. Solche Seßhaftigkeit, auch sie ermöglichte erst
den Spielplan von damals mit der großen Mannigfaltigkeit von „Produktionen", die
über mehrere Spielzeiten hinweg zur Verfügung standen oder einfach „standen",
wie es im Fachjargon hieß. Das waren, wie gesagt, über Jahre hinweg die gleichen
Inszenierungen; die Interpretationen von heute sind sicherlich oft interessanter. Die
kontinuierliche Präsenz der Werke aber hatte auch etwas für sich. Ein Theaterleiter
von damals wäre höchst erstaunt gewesen, welch offenbar ungewöhnlicher Anstrengungen es heute bedarf, auch nur ein Stück der Wagnerschen Ring-Tetralogie für
einige Vorstellungen auf die Bühne zu bringen. Damals gab es in Stuttgart in jeder
Spielzeit zwei vollständige zyklische Aufführungen (jeweils Samstag, Sonntag, Mitt-
woch und wieder Sonntag, einmal im Herbst, einmal im Frühjahr) ebenso wie zwei
Aufführungen des „Parsifal" am Ostersonntag und Ostermontag. Und für jedes
dieser Werke gab es im ständigen Ensemble eine doppelte Besetzung der Hauptpar-

tien. Die Württembergischen Landestheater waren darüberhinaus die einzige Opernbühne, die – zu Wagners 50. Todesjahr in der Spielzeit 1932/33 – sämtliche Werke des Meisters von den „Feen" über das „Liebesverbot" und „Rienzi" bis zum „Parsifal" im Spielplan hatte und aus diesem Anlaß zyklisch aufgeführt hat.

Einen Höhepunkt in der Schauspielarbeit dieser Jahre habe ich gleichfalls gut in Erinnerung. Im 100. Todesjahr Goethes, 1932, gab es unter anderem eine Aufführung des „Clavigo", die weit über Stuttgart hinaus von sich reden machte. Unter der Regie des Oberspielleiters Friedrich Brandenburg spielten Mila Kopp die „Marie", Rudolf Fernau den „Clavigo", Christian Kayssler den „Beaumarchais" und Kurt Junker den „Carlos". Die Inszenierung wurde neben anderen Goethe-Aufführungen der führenden deutschen Schauspielbühnen in Weimar, bei einem Theatertreffen in Sachen Goethe sozusagen, gezeigt und hat – bei dieser Besetzung nicht verwunderlich – auch dort Furore gemacht. Ein Goethe-Triumph aus der Provinz.

„Provinziell" war eine solche Aufführung so wenig wie in der Oper eine „Bohème", in der Margarete Teschemacher die „Mimi", Ludwig Suthaus den „Rudolph" sang, Franz Konwitschny dirigierte. Und es waren dies ja keine Ausnahme-Besetzungen, die Protagonisten gehörten zum Ensemble und standen, wie im „Clavigo" oder der „Bohème", so auch in zahlreichen anderen Rollen und Partien Abend für Abend auf der Bühne.

Man muß deshalb den Begriff der „Provinz", der sich – damals wie heute – gern abschätzig in die Betrachtung einschleicht, mit großer Vorsicht und sehr differenziert handhaben, weil er die Wirklichkeit sonst leicht entstellt. Für eine Beurteilung der Bühnen und ihrer Leistungsfähigkeit von einem gewissen Level, etwa den vorher bezeichneten Häusern an, taugt er nur sehr begrenzt. Stuttgart als Stadt war im Deutschen Reich verglichen mit der Hauptstadt Berlin, aber auch mit den Weltstädten Dresden, München, Hamburg oder den Zentren der Großindustrie an Rhein und Ruhr gewiß „Provinz", wenn man darunter alle Beschränkungen und Selbstbeschränkungen versteht, denen der Schwabe sich – weltoffen, aber introvertiert, neugierig, jedoch mißtrauisch – ganz offenbar mit Lustgewinn unterwirft. Eine große Kleinstadt. Das kennzeichnete auch das Verhältnis zum Theater. Während in Dresden und München die Munifizenz der Königshäuser auch in den republikanischen Einrichtungen nachwirkte, ließen die schwäbischen Demokraten ihrem Drang, später dem Zwang zur Sparsamkeit weit gewissenhafteren Lauf. Die Aera des Barons von Putlitz unter seinem königlichen Herrn, Wilhelm II., bezeichnete hier eher die Ausnahme. Und selbst dabei sind Zweifel erlaubt, ob, wenn nicht 1902 das alte Hoftheater abgebrannt wäre, es jemals zu jener Umgestaltung ins Großzügige gekommen wäre, die Max Littmanns Theaterbauten verkörpern und die von da aus geradezu zwangsläufig auch künstlerisch bewirkt wurde. Kein Zweifel, Stuttgart hatte nach 1912 die schönsten, zweckmäßigsten neuen Theater in Deutschland. Die Stuttgarter wußten das zu schätzen. Trotzdem war damit noch nicht über Nacht aus Stuttgart eine Theaterstadt, aus der anhänglichen Theatergemeinde ein theaterbesessenes Publikum geworden, wie es in München, Dresden oder Wien vor den Vorhang drängte. Die Theater in der schwäbischen Metropole hatten es schwerer als anderswo, Vertrauen und Zuspruch ihrer Besucher zu gewinnen und zu bewahren. Ein eigenwillig-konservativer Grundzug, der sich auch im schwäbischen Liberalismus verbirgt, war dabei mit im Spiele und bei der Spielplangestaltung in Rechnung zu stellen. Die Württembergischen Landestheater als entschlossene Vorreiter beispielsweise progressiven Musiktheaters wären damals meinem Vater ebenso abwegig erschienen wie dem Publikum. Ausnahmen und Ausnahmepersönlichkeiten (wie Busch, Baumeister, Schlemmer) bestätigen die Regel – bestätigen aber auch die Chancen, die mit ihrem Wirken gegeben waren. Wenn es ein Zeichen von „Provinz" ist, daß sie sich nicht an die Spitze von neuen Entwicklungen und Strömungen zu setzen pflegt, sondern diese erst mehr oder weniger zögernd nachvollzieht, so war Stuttgart – waren aber auch die anderen ehemaligen Hofbühnen – „Provinz". Die Schlachten um das Neue in der Kunst wurden in der Reichshauptstadt, wurden in Stuttgart nur vereinzelt geschlagen. Aber es gab sie. So daß auch derjenige nicht einfach vor leeren Blättern steht, der zum Beleg künstlerischer Fruchtbarkeit nach Theaterskandalen sucht, die von sich reden machten. Stuttgart hatte unter meinem Vater diesbezüglich durchaus Nennenswertes zu bieten. Meistgenannt und, so gesehen, am spektakulärsten der Skandal um Paul Hindemiths Opernerstlinge, die beiden Einakter „Mörder, Hoffnung der Frauen" (nach Oskar Kokoschka) und das „Nusch-Nuschi" (nach Franz Blei), die am 4. Juni 1921 zur Uraufführung kamen und, wie vom Komponisten beabsichtigt, gleich mehrere Tabus auf einmal verletzten, am schmerzhaftesten das „gesunde Volksempfinden" (so jedenfalls der Kritiker des Stuttgarter „Neuen Tagblatts") in punkto Sittlichkeit. Weshalb sie durch kultusministeriellen Eingriff vom Spielplan verschwanden, ebenso wie des schwäbischen Expressionisten Hermann Essig Pfarrerskomödie „Kuhhandel", die wenige Tage später einen Skandal im Schauspiel hervorrief – nach der sittlichen Entrüstung die klerikale Aufregung. Eine „Theaterkrise" stand im Raum, der mein Vater, nachdem er anstelle des „Kuhhandels" spaßeshalber Kotzebues „Die deutschen Kleinstädter" hatte spielen lassen, ernsthaft dadurch begegnete, daß er zusammen mit Generalmusikdirektor Fritz Busch, dem Initiator der Hindemith-Uraufführungen, und Fritz Holl, dem Regisseur des Schauspiels, seinen Rücktritt anbot. Der wurde nicht angenommen. Ende der Turbulenzen für diesmal. Die waren nun gewiß „provinziell". Daß sie zum Weggang Fritz Buschs aus Stuttgart beigetragen haben, kann nach der Schilderung in seinen Lebenserinnerungen, in denen er ja den Reaktionen auf das „Nusch-Nuschi" teilweise eine gewisse Berechtigung zuspricht, kaum gesagt werden. Leichter gemacht haben sie ihm den Entschluß vielleicht doch. Aus der Erzählung meines Vaters ist mir in Erinnerung, wie auf einem ausgedehnten Spaziergang in den ans Theater grenzenden „Anlagen" Fritz Busch ihm von dem an ihn ergangenen Angebot berichtete, Generalmusikdirektor in Dresden zu werden, und wie er, obschon sie beide ein gutes menschliches Verhältnis verbunden habe, doch auch ein paar enttäuschende Bemerkungen über Stuttgarter Verhältnisse einflocht. Ausschlaggebend aber war, was der geniale Mann in einem hübschen Vergleich ausdrückte: nämlich „der Wunsch des Musikers, statt auf einer guten Tiroler Geige in Zukunft auf einer Stradivarius zu spielen". Dem widersprechen zu wollen, wäre meinem Vater wie auch dem zuständigen Theaterreferenten nicht nur vergeblich, sondern auch unredlich erschienen. Im Jahr darauf war Busch in Dresden. (Daß es 30 Jahre danach einen Versuch gab, ihn noch einmal für Stuttgart zu gewinnen, ist vermutlich kaum bekannt. Es war 1951, als Walter Erich Schäfer mir die Frage vorlegte, ob bei Verhandlungen mit Busch auch von einer „Doppelverpflichtung", die das Rundfunk-Sinfonie-Orchester einschlösse, die Rede sein könne. Ich bejahte sofort. Wir hätten die Form für eine derartige Verpflichtung, wie auch immer, mit Sicherheit gefunden. Ob Schäfers Verhandlungen weiter gediehen sind – und wieweit, weiß ich nicht mehr zu sagen. Fritz Busch starb bald darauf, im September 1951.)

Im Januar 1924 dann der erste politische, nationalistisch initiierte Theaterskandal: hervorgerufen durch die Marseillaise in „Dantons Tod" von Büchner. Georg Schmückle, Staatsanwalt, Nationalsozialist früher Stunde, Erzähler, Lyriker, Dramatiker aus gleicher Gesinnung (Vater übrigens des zu Nato-Ehren gelangten Bundeswehr-Generals Gerd Schmückle), erklärte den für die Aufführung verantwortlichen Beamten (!) für einen „Mann, dem jedes Gefühl für nationale Ehre abgeht". Beleidigungsklage, „Danton-Prozeß", den übrigens mein Vater (im Gegensatz zu anderen Darstellungen) vor dem Stuttgarter Landgericht nicht gewann, sondern verlor. Wie auch anders bei der Justiz im Staat von Weimar?

Der vierte (und letzte), jetzt schon rein nazistisch organisierte Tumult hat sich mir – ohne daß ich ihn im Theater selbst erlebt hätte – vom Reflex im Elternhaus her eingeprägt. Er ereignete sich im Oktober 1930, kurz nach der Reichstagswahl, in der die NSDAP über 100 Mandate gewonnen hatte und, solchermaßen beflügelt, nach einer Gelegenheit suchte, sich auch „kulturell" in Szene zu setzen. Zum Anlaß genommen wurde, auf entsprechende Hinweise aus dem Theater selbst, das Stück „Schatten über Harlem" des zuerst in New York, dann in Berlin lebenden und schreibenden russischen Emigranten Ossip Dymow – ein frühes Stück in der Tat über und gegen Rassismus. Der „Skandal" ging keineswegs spontan vom Publikum aus, sondern war organisiert und erstreckte sich auch auf die Umgebung des Theaters, wo Besucher beschimpft und belästigt wurden. Die Premiere muß an einem Samstag gewesen sein. Meine Erinnerung betrifft den nächsten Morgen, als mein Vater noch im Schlafzimmer den Telefonanruf des Polizeipräsidenten Klaiber empfing, der sich äußerst ungehalten über das Stück äußerte, sich quasi beim Intendanten beklagte, daß dieser mit dessen Aufführung zu solcher Unruhe Anlaß gegeben hatte, und offenbar nicht verschwieg, daß er aus polizeilicher Sicht es lieber hätte, wenn keine weiteren Aufführungen stattfänden. Mein Vater war äußerst betroffen, ich höre ihn immer wieder versichern, daß dies aus seiner Sicht ein wichtiges, ein menschlich schönes Stück sei, dessen Ablehnung ihm ganz unverständlich war. Der Polizeipräsident war übrigens zu ängstlich. Eine weitere Vorstellung verlief ohne Störung, bevor auch diese Aufführung auf Geheiß des Kultusministeriums vom Spielplan abgesetzt wurde.

Wirtschaftlich hatte das Theater in den 14 Jahren der Republik von Weimar

24

meistens zu kämpfen, – nicht nur in Stuttgart. Lediglich für die zweite Hälfte der zwanziger Jahre mit ihrer relativen wirtschaftlichen Stabilisierung kann von einigermaßen normalen Verhältnissen gesprochen werden. Davor sorgten die politischen Wirren des Nachkriegs und bis Ende 1923 die Inflation für Unberechenbarkeit, und mit der Depression, von 1929/30 an, wurde die Lage zunehmend desolat. Kein Wunder, daß die schwäbische Maxime „Was brauchet mir Kunscht? Mir brauchet Krombiere!" im Staate Württemberg und seiner Metropole besonders virulent wurde. Erstaunlich, daß der Betrieb bei sinkenden Besucherzahlen und drastisch gekürzten Subventionen überhaupt aufrechterhalten werden konnte. (Die Oper zu schließen, wurde ernsthaft erwogen.) Über einen zahlenmäßig beschränkten Stamm von Abonnenten hinaus wurde der Theaterbesuch immer deutlicher zu einem „Extra", das man sich in so schlechten Zeiten nur noch selten (oder auch gar nicht mehr) gönnte. Es gab einzelne Abende, an denen der besorgte Blick aus der Intendantenloge auf ein Parkett traf, das mit spärlichen Inseln von Zuschauern durchsetzt, ansonsten aber leer sich darbot. In den Rängen hinten und oben war das Bild etwas belebter. Karten an der Abendkasse waren leicht zu erhalten. Schlangen gab es keine. Ausverkaufte Häuser hatten etwas Sensationelles. Abend für Abend wurden unserem Vater, wenn er (wie meist) im Theater anwesend war, frisch von der Kasse auf einem Zettel die Einnahmen im Großen und Kleinen Haus in die Loge (oder ins Büro) mitgeteilt. Nur selten lösten sie ein freudig überraschtes Mienenspiel aus. 1931, angesichts erneuter, besonders einschneidender Abstriche beim staatlichen Zuschuß im Gefolge der Brüningschen „Notverordnungen" und damit verbundener Gagenkürzungen, verzichtete unser Vater auf einen beträchtlichen Teil seiner Bezüge, um seinen Mitarbeitern mit gutem Beispiel voranzugehen. Es herrschte wahrhaftig Not. Und die Verordnungen vermochten allenfalls dafür zu sorgen, daß das Bewußtsein davon nicht auf die Ärmsten beschränkt blieb, sondern zum allgemeinen wurde.

Am 30. Januar 1933 mittags schickte mich mein Vater zu einem nahegelegenen Zeitungskiosk, um das „Extra-Blatt" zu besorgen, das die Ernennung Hitlers zum Reichskanzler meldete. Er, der Zeit seines Lebens ein überzeugter Demokrat gewesen ist, war aufs tiefste niedergeschlagen. Mit den Reichstagswahlen vom 5. März und der dadurch ausgelösten politischen Gleichschaltung in den Ländern des Reichs wurde das Ende unserer Stuttgarter Jahre besiegelt. Und nicht nur dies, bekanntlich. Nichts mehr war von da an so, wie es bisher gewesen war. Als am Tag nach den Wahlen ein SA-Trupp vor dem Theater erschien, um auch hier wie auf allen öffentlichen Gebäuden die Hakenkreuzfahne zu hissen, entfernte sich mein Vater aus seinem Büro, um wenigstens zu vermeiden, daß dies in seiner Anwesenheit und anscheinend mit seiner stillschweigenden Duldung geschah. Sein Stellvertreter, der Verwaltungsdirektor Oberregierungsrat Otto Paul, ein alter Herr von unverkennbar schwäbischer Originalität, empfing nach Verständigung mit meinem Vater die hochgemuten Fahnenhisser und tat ihnen, nachdem sie ihre Absicht bekundet, den Bescheid: „Also, wenn se müsset, na ganget'se und hisset'se!"

Ende März wurde unser Vater zum neuen nationalsozialistischen Kultusminister und Ministerpräsidenten Mergenthaler gerufen, der ihm eröffnete, er biete für die Führung der Theater in nationalsozialistischem Geist nach Auffassung der neuen Regierung nicht die Gewähr. Womit er recht hatte. Im Vorzimmer wartete bereits der Nachfolger. Ich traf, aus der Schule kommend, meinen Vater zu Hause. „Ja, lieber Peter", sagte er, „nun werden wir nicht mehr lange in Stuttgart sein." Ende Mai verließen wir die Wohnung, die Theater, die Stadt.

Daß die Stuttgarter Theater dem Intendanten Kehm auf Dauer ein besonders ehrendes Andenken bewahrt hätten, kann man nicht sagen – von einer freundlichen und sachkundigen Würdigung in der Festschrift zur Eröffnung des neuerbauten „Kleinen Hauses" 1962 einmal abgesehen. In Walter Erich Schäfers, des bedeutenden und glücklichen Nachfolgers Erinnerungen taucht zwar – ungenannt – die Person, nicht aber der Name des Vorgängers auf, dessen Schauspieldramaturg er mehrere Jahre gewesen ist. Eine „Dokumentation" in der zur 75-Jahr-Feier der Littmann-Bauten erschienenen Retrospektive weiß nichts davon, daß der 1933 aus dem Amt Entfernte nach dem Kriege in der Spielzeit 1945/46 unter unsäglichen Mühen den Theaterbetrieb an seiner alten Wirkungsstätte wieder in Gang gesetzt hat, bevor er sich endgültig zurückzog.

In den Park-Anlagen vor dem Theater, an einzelnen Wegabschnitten, kann man die Namen von Künstlern lesen, deren Wirken an verantwortlicher Stelle für die Stuttgarter Staatsbühnen seit 1912 von besonderer Bedeutung gewesen ist. Der Name des Intendanten, der sie – als einziger – in den Jahren der Republik geleitet und ihnen in dieser Zeit hohes Ansehen bewahrt hat, ist nicht darunter.

Einzelgänger. Jugend in Hitlers Reich

„Nichts mehr war von da an so, wie es bis dahin gewesen war." Mit dem 30. Januar 1933 begann das nationalsozialistische „Dritte Reich", das zwölf Jahre und drei Monate später zusammenbrach. Stimmt das so, wie es dasteht? War es wirklich so? Es stimmt für den Betrachter danach, nicht für den Anfang. Der ließ nur wenige ahnen, wohin die Reise ging. Der Januar 33 wußte nichts vom Mai 45.

Mein Vater, so steht es im vorigen Kapitel, war ein überzeugter Demokrat. Unbeirrbar. Seine Überzeugung wurzelte in der Geschichte seines württembergischen Geburtslandes, in den starken freiheitlich-demokratischen Impulsen, die von hier wie vom badischen Nachbarland ausgegangen waren. Mit dem linken Parteienspektrum hatte er nichts im Sinn, wenn er auch einem Mann wie Friedrich Ebert, dem ersten Reichspräsidenten, die allergrößte Hochachtung entgegenbrachte. Er wählte in Württemberg die Demokratische Volkspartei, im Reich die Demokraten, zu Lebzeiten Stresemanns auch einmal die Deutsche Volkspartei. Hitler war ihm ein Greuel von Anfang an. Soweit ich zurückdenken kann – es gab nur leidenschaftlich vorgebrachte Äußerungen des Abscheus über einen Mann, den er mit seinen Spießgesellen als politischen Abschaum betrachtete und in dessen Heraufkommen er, kompromißlos, nichts anderes sah als ein drohendes Verhängnis. Ich weiß von heftigen Auseinandersetzungen mit Freunden und anderen, die ihm in dieser „krassen" Beurteilung nicht folgen mochten. Einer von diesen ist der Komponist Hans Pfitzner gewesen, dem Elternhaus persönlich und der Stuttgarter Oper unter meinem Vater künstlerisch eng verbunden, kein „Nazi", bewahre, aber ein national Gesinnter, politisch Unzufriedener, dem jedenfalls ein „Umschwung", was immer er darunter verstehen mochte, verheißungsvoller erschien als der unveränderte Fortbestand der Republik von Weimar.

Die menschliche und künstlerische Verbundenheit zerbrach darüber übrigens nicht. Wir Kinder nannten den unbequemen, oftmals aggressiven, im Grunde unendlich gutherzigen Mann unseren „Onkel Pfitzner". Ein Indianerbuch mit seiner Widmung habe ich lange bewahrt.

Die Ablehnung des „Nationalsozialismus", bei unserer Mutter gleichermaßen ausgeprägt, war gewiß weitgehend auch eine instinktive. Mein Vater war zwar ein politisch interessierter Staatsbürger mit demokratischem Selbstbewußtsein – politisch aktiv, auch im Sinne eines ausgeprägten Interesses an politischen Programmen, war er nicht. Über Hitlers „Mein Kampf" war er in wesentlichen Zügen unterrichtet, das Buch gelesen hatte er meines Wissens nicht. Die Lektüre wäre vermutlich daran gescheitert, daß der Inhalt ihn allzusehr angewidert hätte. Auf mich übertragen hat sich sehr früh die Abscheu gegenüber dem Braun der Nazi-Uniformen. Sie waren mir immer widerwärtig. Wir übertrugen offensichtlich eine ästhetisch motivierte Abneigung auf die, die sich so zur Schau stellten.

Kein Zweifel, diese entschiedene und jederzeit vernehmlich bekundete Einstellung unseres Vaters (verbunden mit seinem beruflichen Schicksal) prägte die Kinder, machte sie immun gegen eine sogenannte „Weltanschauung", die jetzt, vom Frühjahr 1933 an, mit Vehemenz anbrandete und die – unsinnig, es verdrängen zu wollen – auch eine wirkungsmächtige Versuchung für junge Menschen gewesen ist, denen sie sich in idealistischem Schein präsentierte. Es ist redlich, sich zu fragen, ob denn alles gleich ausgesehen hätte und im Persönlichen gleichermaßen verlaufen wäre, wenn diese Prägung durch das Elternhaus auch nur ein wenig anders, etwas weniger entschieden, um eine Nuance anpassungsbereiter gewesen wäre, als sie tatsächlich gewesen ist. Das hätte wie bei unendlich vielen Altersgenossen ja noch nicht bedeutet, daß man ein strammer Nationalsozialist gewesen wäre, sondern nur, daß man frei von Urteilen, die damals, streng genommen, bis zu einem gewissen Grad und Zeitpunkt auch Vor-Urteile waren, der neuen Bewegung nach bestem Vermögen eine Chance gegeben, die eigene Unterstützung nicht versagt hätte. Viele, die meisten, waren bereit, ihr mehr zu geben. Das ist ein Faktum, das aus der Sicht junger Menschen 50 Jahre danach zu Verwirrung, Unverständnis, Irritation im Verhältnis zu den Vätern geführt hat. Wie konnten sie, die Jungen von damals, wie konnten deren Väter den braunen Rattenfängern folgen? In der Frage verbirgt sich eine verkürzte Optik. Sie projiziert Hitler, den Entlarvten, den Geschlagenen von 1945 in die Szene von 1933; die verhangene Zukunft, suggeriert sie, war Gegenwart; wer nur wollte, mußte sehen, am Anfang stand das Ende. Das aber, ersichtlich, war nicht so. In den beginnenden 30er Jahren richtete sich die Hoffnung einer stetig zunehmenden Zahl unter den Deutschen – eine verzweifelte Hoffnung großenteils – auf eine Wende, die einen von allen empfundenen Zustand der Not zu beenden versprach. Daß ihr politisches Urteilsvermögen, die Fähigkeit zur Analyse der dabei zu Werke gehenden politischen Kräfte fehlten, ist gewiß wahr, gehört aber ebensowohl ins Bild der wirksamen Faktoren. Die Republik von Weimar stand unter einem Unstern. Sie konnte von der Mehrheit der im Kaiserreich unter leidlichen Bedingungen herangewachsenen Bürger gar nicht als die Chance demokratischer Erneuerung begriffen werden, die sie unter anderen Umständen hätte sein können. Der Blick war verstellt durch den verlorenen Krieg, durch die tiefe Enttäuschung des Diktat-Friedens von Versailles, die auch einen Mann wie meinen Vater bei allen Vorbehalten gegenüber wilhelminischer Politik tief getroffen und geprägt hatte, und die weithin verhindert hat, daß die Machenschaften der unbelehrbaren Nationalisten als das erkannt worden wären, was sich in ihnen tatsächlich ausdrückte: die Unfähigkeit nämlich, das Versagen des Kaiserreiches und seinen Untergang als zwingende politische Entwicklung nachzuvollziehen; die Weigerung, Ergebnisse verfehlter Politik als solche zu realisieren und, stattdessen, der permanente Versuch, sie in ihr Gegenteil zu verkehren. Der perfide Haß der inneren Feinde, der blinde Haß der Kriegsgegner – sie haben die Republik der deutschen Demokraten zugrunde gerichtet, ehe sie aufgerichtet war. Wahr ist natürlich trotzdem, daß es an warnenden Stimmen gegenüber diesen inneren Feinden nicht gefehlt hat. Hätte ich, hätten Gleichgesinnte sie gehört, wenn sie ihnen nicht im Elternhaus oder durch andere, denen sie vertrauten, vermittelt worden wären? Ich bin da nicht so sicher, habe den Beweis des Gegenteils nicht erbringen müssen und meine, wir sollten uns hüten vor Selbstgerechtigkeit aus der sicheren Distanz, aus der die Versuchung geschwunden ist, weil die Geschichte gezeigt hat, daß hinter ihr nichts als Verführung lauerte. Ich muß das für mich allerdings auf den engeren Zeitraum der „Machtübernahme", des „Nationalen Aufbruchs" oder wie sonst die schönen Schlagworte hießen, in den Jahren 1933/34 begrenzen. Es gab einen Tag und ein Ereignis, an dem ich ohne Hilfe anderer spontan begriffen habe, wer Hitler und die seinen waren: den 30. Juni 1934, genauer den Tag danach, als der „Führer und Reichskanzler" vor seinem Reichstag – von diesem brüllend akklamiert – die Exekutionen, soweit eingestanden, mit der ungeheuerlichen Aussage rechtfertigte, er, der Kanzler, sei an diesem Tage der oberste Gerichtsherr im Reich gewesen. Das, war ich mir gewiß, konnte unmöglich rechtens sein, ein einzelner, im Besitz der Macht, der über Leben oder Tod anderer entscheidet, allein, ohne Richter und auch ohne die geringste Legitimation, wie sie selbst ein behaupteter Staatsnotstand, etwa durch den Ausnahmezustand, noch hergegeben hätte. Nichts davon. Der „Führer" hatte solche Formalien nicht mehr nötig. Er nahm für sich in Anspruch zu töten, wen zu töten er für angezeigt hielt. Und, wie man kurz danach schon wußte, nicht nur er. Die Kumpane und Mordgesellen ließen ihren persönlichen Rachegefühlen freien Lauf, brachten zum Verstummen, wer ihnen etwa hätte gefährlich werden können. Nicht, daß die Opfer in den eigenen Reihen etwa besonderes Mitleid hervorriefen, ihnen waren andere nur zuvorgekommen, Ganoven brachten Ganoven um, das Ganze spielte sich zunächst einmal innerhalb der polit-kriminellen Szene ab. Aber es blieb darauf nicht beschränkt. Einer, einige, viele erhoben den Anspruch zu töten, aus eigenem Recht, nach eigenem Gutdünken. Das war das Ende gesitteten Zusammenlebens zwischen Menschen. Diesen Tag habe ich als Sturz in die Bodenlosigkeit empfunden, als äußerste Verstörung, aus der es kein Zurück zu einem irgendwie motivierten Vertrauen in diese Männer und ihre Handlungen mehr geben konnte. Mehr noch: Die Ereignisse des 30. Juni und der Tage danach bewirkten unwillkürlich eine Entfremdung gegenüber allen, die, was ich empfand, offenbar nicht empfanden, denen dieses „Reich" und seine „Führer" unverändert als Autoritäten galten. Der 30. Juni 1934 legte den Grund zur Separation. Ich war zum Einzelgänger geworden, bewußt nun, wie die Eltern es von Anbeginn waren.

Was aber taten und wie lebten „Einzelgänger", Außenseiter, die Hitler durchschaut zu haben glaubten, zum aktiven Widerstand, zu Kämpfern gegen ihn aber nicht taugten? Mein Vater wurde im März 1933 rechtswidrig, unter Beugung seiner vertraglichen Ansprüche, aus dem Amte entfernt. Sein letzter Vertrag als Generalintendant der Württembergischen Landestheater lief noch bis zum Ende der Spielzeit 1935/36. Und er enthielt eine Klausel, die ihm am Ende nach fünfzehnjähriger Tätigkeit im Falle einer Dienstunfähigkeit aus gesundheitlichen Gründen einen Pensionsanspruch sicherte. Da seine Gesundheit tatsächlich angegriffen war, beabsichtigte er, wenn irgend möglich, von dieser Bestimmung Gebrauch zu machen. Das war nur möglich, wenn der Vertrag in diesem Punkte unangefochten fortbestand. Hier lag der Grund, aus dem er das Angebot annahm, im Rahmen seines Vertrages – wenn auch unter Kürzung seiner Bezüge – die Intendanz des Stadttheaters in Freiburg im Breisgau zu übernehmen. Dort war, wie vielerorts in diesen Monaten, der Intendant, Dr. Max Krüger, gleichfalls aus dem Amt entfernt worden. Und es hatte offenbar von Stuttgart aus Initiativen gegeben, die, unter Aufrechterhaltung des Vertrages, auf eine „Versetzung" meines Vaters nach dort hinausliefen. Auch in Stuttgart war man wohl nicht unbedingt an einer streitigen Auseinandersetzung interessiert, die bei einer bloßen Entlassung unvermeidlich gewesen wäre. Erleichtert wurde die „Transaktion" dadurch, daß der neue nationalsozialistische Oberbürgermeister von Freiburg, Dr. Franz Kerber, ein bei aller Beschränktheit offener, gerader, idealistisch gesonnener Parteigänger, persönlich Gefallen an meinem Vater gefunden hatte und ihn im Gegensatz zu den Stuttgarter Machthabern offenbar für geeignet hielt, „sein" Theater zu führen. Auch so etwas gab es. Und so zogen wir im Mai 1933 von Stuttgart nach Freiburg. Obschon demnach gewollt oder doch bewußt eingegangen, war der Schritt für die Eltern, und besonders für meinen Vater, ein zutiefst demütigender. Niedergeschlagenheit herrschte zu Hause. Nicht zuletzt auch, weil das Leistungsvermögen des Stadttheaters Freiburg, ganz natürlicherweise, keinen Vergleich mit den Stuttgarter Landestheatern aushielt. Noch vor seinem Entschluß hatte mein Vater den ihm wohlbekannten Freiburger Kollegen, dem ja das gleiche Schicksal bereitet worden war wie ihm, aufgesucht und sich mit ihm ausgesprochen; zwischen beiden gab es danach keine Verstimmung.

Nahezu 50 Jahre später, im Mai 1981, anläßlich einer Aufführung des „Mephisto"-Stückes der Ariane Mnouchkine nach dem Schlüsselroman von Klaus Mann um die Person Gustaf Gründgens' und seine Rolle im Dritten Reich, suchten die Freiburger Dramaturgen im Programmheft Freiburger Parallelen zu ziehen. Da war doch 1933 ein Mann, Albert Kehm, Intendant des Stadttheaters geworden, berufen vom Nazi-Oberbürgermeister und demnach ja wohl nicht gerade ein Anti-Nazi, und nahm den Stuhl ein, von dem ein verdienter Theaterleiter verdrängt worden war. Mein in Freiburg lebender Stiefbruder, Sohn meines Vaters aus dessen erster Ehe, und ich hatten einige Mühe, die Dinge zurechtzurücken. Die „Badische Zeitung" widmete dem „Umsturz" am Freiburger Theater im Frühjahr 1933 zwei Seiten im Feuilleton einer Sonntagsausgabe. Der Verfasser, offensichtlich ein jüngerer Journalist, unternahm einen redlichen „Rekonstruktionsversuch" und brachte in einem anhängenden Kommentar die Fragen, die sich ihm und seiner Generation stellten, auf den Punkt: „Warum haben die aus politischen Gründen Entlassenen weitergemacht? In welchem Umfang haben sie damit andere vor dem gleichen Schicksal bewahrt? Warum sind Teile des Ensembles zu den Nazis übergelaufen? Die Frage, wie man selbst in dieser Situation gehandelt hätte, kann man sich nicht oft genug stellen..." Fragen, wie gesagt, denen wir 50 Jahre danach immer wieder begegnen. Fragen, die, hier noch zurückhaltend formuliert, im Grunde Unverständnis bekunden über die Haltung der Betroffenen von damals. Wie können sie beantwortet werden? Eine generelle Anmerkung dazu habe ich vorher schon gemacht: Es geht um die verkürzte Optik. Daß mit Hitlers Regierungsantritt – eine revolutionäre „Machtergreifung" war es anfangs nicht, auch wenn die braune Propaganda selbst es gerne so darstellte – ein verbrecherisches Regime seinen Anfang nahm, argwöhnten einige, für sicher hielten es wenige, absolut gewiß konnte es für niemanden sein.

Die große Mehrzahl ahnte nichts davon. Für sie war deshalb durchaus weiterhin „alles so, wie es bis dahin gewesen war". Mit dem Unterschied – im Gegenteil –, daß für viele ein Ende materieller Not sich ankündigte. Den Verlust der Freiheit spürten sie kaum. Welche hatten sie in der Not, in der sie lebten, denn genossen? Der Terror kam langsam, auf leisen Sohlen. Die „verkürzte Optik" urteilt aus der Rückschau von 1945 und danach. Da wußten es alle. Die Fragen aber betreffen die Situation im Frühjahr 1933 und in den Jahren danach, die eins aufs andere folgten. Und sie betreffen die Einstellung der Menschen zum Nationalsozialismus in diesem Frühjahr und danach. Sie ist unendlich viel differenzierter gewesen als die verkürzte Optik, als auch die Kategorien der Entnazifizierung es haben glauben machen. Zwischen den eingeschworenen Anhängern des Nationalsozialismus auf der einen und den entschiedenen Gegnern auf der anderen Seite gab es ein viel breiteres Spektrum der Einstellungen und Haltungen, als gemeinhin deutlich wird. Anpassung, die freiwillige wie die als Zwang empfundene, hatte viele Gesichter. Es gab Opportunisten, Karrieristen, Gutgläubige, Gedankenlose, Arglose, Enttäuschte, National-, Sozialgesinnte – „vagabundierende Glaubenskräfte" vermochte die Republik von Weimar kaum zu binden – politisch sie alle im Grunde überzeugt, daß so, wie sie waren, die Dinge nicht bleiben konnten, begierig, ihr Schäfchen ins Trockene zu bringen, bereit auch, nach deutscher Tradition, darauf zu vertrauen, daß eine starke Obrigkeit schon alles richten werde. Auf der Seite derer, die sich entschieden hatten – gegen Hitler – und in ihrer Überzeugung niemals schwankten, stand unser Vater und gewiß auch sein Freiburger Kollege Krüger. Widerstandskämpfer waren sie nicht. Sie waren überhaupt, wiewohl nicht etwa „unpolitisch", politisch nicht aktiv. Sie hatten einen Beruf, den sie liebten, dem sie hingegeben waren. Und sie hatten Familie. Gingen sie in die „innere Emigration"? Etwas davon war sicherlich in ihnen: sie fühlten sich im eigenen Land in der Fremde. Aber das war nicht alles. Sie versuchten, unter den schrecklich veränderten Verhältnissen, zunächst ihrem Beruf weiter nachzugehen, zu überdauern. Mein Vater war anfangs überzeugt, hielt es mindestens für möglich wenn nicht für wahrscheinlich, daß sich der Führer und seine Verschworenen bald entlarven, an der Regierung eines zivilisierten Staatswesens nicht lange würden halten können. Etwas Ambivalentes lag in dieser Hoffnung.

Einerseits lebte man in der Überzeugung, daß den Nazis – in ihrem fanatischen Behauptungswillen – alles zuzutrauen sei bis hin zur Katastrophe, andererseits vertraute man darauf, daß selbst dieser Wille in absehbarer Zeit gebrochen, der „Spuk" verfliegen werde. Die klare Einsicht war überlagert von einem Wunsch- und Erwartungsdenken, das in politischen Kategorien und Vorstellungen wurzelte, die, wie man ja doch gleichzeitig zu wissen glaubte, soeben außer Kraft gesetzt worden waren. Ein Zustand „innerer Emigration"? Fortschreitend gewiß auch das. Vor allem aber auch einer der fortschreitenden inneren und äußeren Segregation, im Kontakt mit immer weniger Gleichgesinnten. Eine schweigende Minderheit. Und Außenseiter nicht nur die Eltern, sondern auch die Kinder.

Auch in seiner neuen Stellung als Freiburger Intendant war unser Vater von Einflußreichen unter den neuen Machthabern beargwöhnt. Es wäre verwunderlich, wenn es anders gewesen wäre. Und es bezog sich dies natürlich vor allem auf Kreise und Personen, die im deutschen Theater nun das Sagen hatten. Der Freiburger Oberbürgermeister sah sich alsbald Zweifeln und kritischen Hinweisen aus der Reichstheaterkammer und ihrer Karlsruher badischen Geschäftsstelle gegenüber.

Der neue Intendant, so hieß es da einmal, habe „das nationalsozialistische Kultur-wollen nicht erfaßt". Aufsehen machte bei den braunen Herren ein Vorgang, der sich aus einem Zufall ergab. Zufällig nämlich begegnete mein Vater einem Mann, der als junger Eleve am Stuttgarter Schauspiel im Verdacht stand, bei der Anzettelung des Theaterskandals um „Schatten über Harlem" 1930 maßgeblich beteiligt gewesen zu sein. Daß dies nicht zutreffe, hatte er ehrenwörtlich versichert – um sich sogleich nach der „Machtergreifung" seiner maßgeblichen Mitwirkung zu rühmen. Mein Vater verweigerte ihm jetzt die Hand. Der Oberbürgermeister hatte wohl Mühe, diesem und anderen aufgebrachten alten Kämpfern zu erklären, wie er sein Theater einem Nicht-PG hatte überantworten können, der einen verdienten Alt-Parteige-nossen in solcher Weise brüskierte. Und er hatte auch Mühe zu erklären, wieso er eigentlich an diesem Intendanten festhielt. Auch ohne dies waren ihm wohl Zweifel gekommen. Dazu trug insbesondere auch bei, daß 1934/35 Schweizer Freunde unseren Vater für die vakante Direktion des Baseler Stadttheaters ins Gespräch gebracht hatten. Einem Ruf dorthin wäre er natürlich damals sofort gefolgt. Kontak-te, die er aufgenommen hatte, kamen zur Kenntnis des Oberbürgermeisters und lösten bei diesem äußerstes Befremden aus. Ich war Zuhörer bei einem Telefonge-spräch, in dem mein Vater, soeben aus Basel zu Hause eingetroffen, sich massiver Vorhaltungen zu erwehren hatte, darunter der harschen Rüge, er habe sich „ohne Beurlaubung und ohne Kenntnis seines Vorgesetzten" nach Basel – ins Ausland noch dazu – begeben. Die Sache erledigte sich, als in Basel sich Stimmen gegen die Berufung eines Deutschen erhoben, auch wenn dieser eine Schweizer Theaterver-gangenheit aufzuweisen habe. Das war schließlich lange her. Wie hoch die Wellen schlugen, zeigte sich in einem Presseartikel, in dem der Freiburger Intendant noch dazu als „Hitleranbeter" bezeichnet wurde. Zum Beleg diente eine zweideutige, ironisch gemeinte Wendung in einem Aufsatz, welche die Nazis als solche nicht erkannt hatten, die zu erläutern aber, solange er in Deutschland war, für den Verfasser selbstmörderisch gewesen wäre. Fußangeln, Fallen, auch selbst gestellte, Verstrickungen, auch unschuldig mitverschuldete – das waren auf Schritt und Tritt die Zeichen am Wege derer, die im Dritten Reich leben mußten, überleben wollten, ohne sich mit ihm einzulassen. Oder ihm womöglich trotzten. Unser Vater wußte von der halbjüdischen Abkunft einer Schauspielerin in seinem Freiburger Ensemble. Sie hatte sich ihm offenbart, als ihr der Ariernachweis abverlangt wurde. Er half ihr, indem er den offenkundig jüdischen Mädchennamen der Mutter durch die Manipulation eines Buchstabens „arisierte" – eine Urkundenfälschung, über die er damals mit niemanden, auch nicht mit unserer Mutter, sprach.

Zum „Dauerzustand" war die Intendantenzeit – und damit der Aufenthalt der Familie in Freiburg – ohnedies nicht bestimmt. 1936 endete der Stuttgarter Vertrag. Es mußte sich entscheiden, ob die dienstvertraglichen Voraussetzungen einer vorzeitigen Pensionierung aus gesundheitlichen Gründen gegeben seien. Mir ist deutlich vor Augen, in welch angespanntem und zugleich tief niedergeschlagenem Zustand mein Vater sich im Frühjahr zu der erforderlichen amtsärztlichen Untersuchung nach Stuttgart begab. Er traf dort, wie sich zeigte, auf einen gewissenhaften Arzt, aber auch auf einen verständnisvollen, wenn nicht mitfühlenden Mann. Der bestätigte die Dienstunfähigkeit. Unser Vater wurde, 54 Jahre alt, zum Spielzeitende 1935/36 pensioniert – nicht ohne allerdings eine empfindliche Minderung seiner Pensionsansprüche hinnehmen zu müssen, die nicht aus dem ursprünglichen Vertrag als Generalintendant, sondern aus dem geringer dotierten der oktroyierten Freiburger Tätigkeit berechnet wurden.

Das Freiburger Intermezzo ging zu Ende. Es war – für die Kinder nicht durchweg, aber doch immer wieder spürbar – eine belastete, unausgeglichene Zeit im Leben der Eltern. Nicht zuletzt auch künstlerisch. Die erste Oper, die ich in Freiburg sah, „Friedemann Bach" von Paul Graener, ließ mehr Wünsche offen, als sie erfüllte. Davon, daß hier wenige Jahre zuvor Walter Felsenstein Regisseur der Oper gewesen war, war der Aufführung nichts anzumerken. Auch das Stück, oder besser: daß es zu dieser Zeit vielerorts gespielt wurde, gehört ins Bild der Zeit. Die geistigen Erneuerer und eigentlichen Protagonisten des Musiktheaters waren zum Schweigen gebracht, das Feld natürlicherweise frei für Talente der zweiten Reihe, denen eine gewisse handwerkliche „Meisterschaft" durchaus nicht abgesprochen werden kann, und die sich von der Sorte der bloßen braunen Opportunisten oder „Idealisten" immer noch höchst vorteilhaft unterschieden. Die Hervorbringungen der letzteren fanden sich vor allem im Schauspiel-Repertoire. Des Ex-Expressionisten Hanns Johst „Schlageter" ist das typische Beispiel. Es hat, vermute ich, keine Bühne gegeben, die dieses Stück 1933 nicht gespielt hat. Siegmund Graffs Kriegsstück „Die endlose Straße" war ein anderer Prototyp: der des heroischen Understatements, aus dem sich der Gedanke einer Rehabilitation des Soldatentums nur umso folgerichtiger herleiten ließ. Ein „Lustspiel" wie der „Etappenhase" schließlich zeigte den Krieg von der humorigen Seite, als Veranstaltung, in der Kameradschaft und deutscher Männersinn auch unter Stahlgewittern sich bewährten und zur Gaudi verklärten. Die Gattung der Operette, heruntergekommen und der Agonie auch ohnedies schon nahe, trug mit falschem Sentiment und grimassierender Lebensfreude, etwa in dem Opus „Clivia", das Passende zu derartigen Spielplänen bei. Weil die Nazis Kunst ausschließlich unter dem Gesichtspunkt von Propaganda betrachteten und lenkten, war ihnen neben der Heldenverehrung alles recht, was das Gefühl, wie schön es sich neuerdings doch leben ließe, förderte. Und weil falsche Flaggen zu zeigen, ihnen zur zweiten Natur geworden, übersahen sie unbedenklich auch, daß für den tiefer Blickenden, der „Geist" – nämlich der Ungeist – dieser Erzeugnisse sich im Grunde gegen sie kehrte. Nichts davon fand sich in einem anderen Lustspiel – harmlos, liebenswürdig, menschlich –, das mein Vater wie etliche andere Bühnen, kaum daß es erschienen war, zur Aufführung brachte. Sein Titel: „Das lebenslängliche Kind." Der Verfasser: Robert Neuner, ein Name, der sich nach einiger Zeit als Pseudonym des von den Nazis nicht eben wohlgelittenen Erich Kästner herausstellte, was zum obrigkeitlichen Entzug des glänzend geschriebenen Stückes führte.

In der Schule, dem humanistischen „Friedrichs-Gymnasium", begegnete dem ehemaligen Waldorfschüler, dessen Verpflanzung mit einigen Mühen, dann aber sogar unter Überspringen einer Klasse erfolgreich gelang, ein Geist, den als „humanistisch" zu bezeichnen wohl keinem Beobachter eingefallen wäre. Der Begriff reduzierte sich auf das Erlernen alter Sprachen, und dieses auf die Grammatik, im Lateinischen nach „Schmalz-Wohleb", einem Kanon, dessen Neuherausgabe dem späteren südbadischen Staatspräsidenten Leo Wohleb zu danken war, der zu dieser Zeit als Professor und Rektor am Bertholds-Gymnasium, der anderen humanistischen Pflanzstätte in der Breisgau-Metropole, amtierte und, wie man weiß, ein hochgebildeter und feinsinniger Mann gewesen ist. Davon war am Friedrichs-Gymnasium und den Lehrern, denen ich begegnete, nichts zu spüren. Einer, der Klassenlehrer und Latein-Professor K., damals auch kommissarischer Rektor (vermutlich weil der eigentliche aus dem Amt entfernt worden war), trug als „alter Kämpfer" das Parteiabzeichen deutlich sichtbar am Rockaufschlag seines gestreiften dunklen Anzugs. Er beschränkte sich ohne jede geistige Abschweifung aufs Übersetzen der obligatorischen Texte – den Cäsar „De bello gallico" konnte er auswendig – sowie aufs Abhören von Deklination und Konjugation. All das langweilte ihn ersichtlich. Ihn beschäftigten nicht die alten Römer, sondern „die nationale Wiedergeburt" der Deutschen. Nicht der gallische, sondern der Weltkrieg war sein Fall, der verlorenging, weil „die Heimat der Front in den Rücken gefallen" war.

Darüber einzig verbreitete er sich, sofern er vom Lateinischen abwich. Und die Wiedergutmachung dieser Schmach durch den Führer Adolf Hitler war das einzige, das seinen wächsernen Zügen ein wenig Leben einzuhauchen schien. Eines Tages wünschte er festzustellen, wer von den Schülern der Hitlerjugend angehöre oder besser: wer etwa nicht. Die letzteren mußten aufstehen. Es waren fünf (oder sieben) von über 30. Darunter auch ich. Er betrachtete die Apostaten nachdenklich, herrschte den einen oder anderen auch an, sich endlich auf die neue Zeit zu besinnen. Mich beäugte er schweigend. Einerseits war ihm wohl unerfindlich, wieso der Sohn des neuen Intendanten nicht …, andererseits getraute er sich bei eben dieser Persönlichkeit wohl doch keine Anmerkung. Er blieb stumm. Man setzte sich, und es ging weiter. Der Mathematik-Professor L., ein unglücklicher, kleiner, verwachsener Mann, ließ seinen Unmut alle spüren, die größer als er und gerade gewachsen waren. Seine persönliche Note bestand darin, daß er Schüler, die von ihm zu Aufgaben an die Klassentafel geholt, diese nicht auf Anhieb lösten, mit scheinbar wohlwollendem Lachen in den Hintern trat, was die übrigen zu lautem Gelächter animierte, weil der Professor dabei seinen rechten Stiefel über Kopfeshöhe zu schwingen verstand, ohne umzufallen. Im Deutschunterricht brachte Professor S. der Klasse Schillers „Lied von der Glocke" bei, indem er fragte: „*Wie* gemauert steht *wo was* aus *was* gebrannt?" Die Antwort hatte zu lauten: „*Fest* gemauert *in der Erden* steht *die Form* aus *Lehm* gebrannt." Und so das ganze Gedicht. Es waren erhebende Stunden. Im nächsten Jahr wurde Professor S., einer der Senioren und wahrhaftig die Karikatur (oder vielmehr das Inbild?) eines deutschen Gymnasialprofessors, abgelöst durch einen jungen Mann, der sich die ersten Sporen in seinem Berufe zu verdienen hatte. Er war rührend bemüht, einen, wie er sagte, interessanten Unterricht zu geben. Als ich indes bei freier Themenwahl im deutschen Aufsatz über den Opernreformator Gluck, der mich damals, milieubedingt, beschäftigte, zu handeln unternahm, meinte er wohlwollend, für einen jungen Menschen von heute gäbe es doch wahrhaftig wichtigere Dinge. Und so wie diese drei waren sie alle, meine Lehrer in Freiburg. Mit Ausnahme des Latein-Professors wahrscheinlich nicht einmal richtige Nazis. Nationalgesinnt, was immer sie darunter verstanden, und jedenfalls keine Republikaner – das waren sie allemal, durchschnittliche Köpfe ohne Ausnahme, angepaßt oder anpassungsbereit an die sogenannte neue Zeit. Vollzugsbeamte des Lehrplans im übrigen; kein einziger darunter, dem so etwas wie pädagogischer Eros anzumerken gewesen wäre – pädagogischer Eros, wie er in nahezu jedem Lehrer an der Rudolf-Steiner'schen Schule verkörpert gewesen war. Die deutsche Schule, das deutsche Gymnasium, sie hatten – auch sie – der „national" getarnten Sinnentleerung ihres Auftrags nichts entgegenzusetzen. Das deutsche Bildungsbürgertum – an seinen Bildungsstätten hatte es abgedankt. Und zwar lange vor Hitler.

* * *

Mein Vater war pensioniert. Wir zogen nach München. Dorthin waren wir in früheren Jahren, auf dem Wege von oberbayerischen Sommerferien nach Hause, immer wieder einmal gekommen. Im Spätsommer 1931 war es, glaube ich, als wir abends, schon im Dunkeln, von unserer Pension durch die Brannerstraße zum Königsplatz gingen. Kurz davor, rechts, standen hinter verschlossenen Gittertoren zwei Uniformierte mit Schulterriemen. Unsere Mutter frug spontan: „Was ist das, bitte, für ein Gebäude?" – „Das ist", kam die markige Antwort, „das Braune Haus der Nationalsozialisten."

Inzwischen war München zur „Hauptstadt der Bewegung" avanciert, doch konnte man sich der finsteren Verheißung dieses Etiketts noch verhältnismäßig leicht entziehen. München war die schöne Stadt geblieben, die es vordem gewesen, wenn auch Spuren der braunen Idolisierung unübersehbar zutage traten. Der Königsplatz, das ehemals begrünte, weite Geviert zwischen Propyläen, Glyptothek und Staatsgalerie, ein unvergleichliches Zeugnis repräsentativer Kunstsinnigkeit, war zum Aufmarschgebiet für nationalsozialistische Massenveranstaltungen degradiert, in Gänze mit Steinplatten überzogen und im Osten durch die Ehrentempel für die umgekommenen Putschisten von 1923 sowie durch die hohle Fassade der anschließenden Parteibauten entstellt. Wollte man vom Max-Josefs-Platz mit dem Nationaltheater durch die Residenzstraße zum Odeonsplatz oder in die Ludwigsstraße, war man genötigt, bei der „Feldherrnhalle" am Gedenk-Mal des Putsches selbst vor der SS-Wache die Hand zum „Deutschen Gruß" zu erheben. Weshalb, wenn irgend die Zeit es erlaubte, man durch die Viscardistraße, das sogenannte „Drückebergergäßchen", zur Theatinerkirche hinüberwechselte und auf diesem Wege die Prozedur umging. Und selbstverständlich war die Stadt unablässig Schauplatz von Massenveranstaltungen, bei denen der Führer, vor allem aber auch seine Münchener Statthalter, Gauleiter Adolf Wagner, der sogenannte „Ritter" von Epp oder der ehemalige Hausdiener und Stallknecht Christian Weber, seines Zeichens nunmehr „Präsident" des Pferde- und Rennsports in Daglfing und Riem, die Huldigungen des Volkes entgegennahmen.

Das alles vermochte indes die Urbanität, Weltoffenheit und Liebenswürdigkeit im täglichen Leben damals noch nicht gänzlich zu ersticken. Druck und Bedrückung des „Dritten Reichs" lasteten gewiß hier wie überall auf den Menschen, ob sie es spürten oder nicht. Aber München blieb, so gut es eben ging, eine Metropole, in der sich dem Leben vorerst noch angenehme Seiten abgewinnen ließen. Als künftigen Wohnort der Familie hatten Vater und Mutter es unter dem Gesichtspunkt der besten Bildungs- und Ausbildungsmöglichkeiten für die Kinder gewählt. Meine zwei Jahre ältere Schwester hatte die Schule verlassen und noch in Freiburg eine hauswirtschaftliche Schule besucht. Jetzt wollte sie Gesang studieren. In München sollte sie ihre Lehrerin finden, es gab dort in Oper und Schauspiel höchst klassifizierte Bühnen, neben den Staatstheatern Otto Falckenbergs Kammerspiele, es gab erstklassige Konzerte, es gab die Gemäldegalerien, es gab für mich dereinst die Universität. Mit erheblichen Schwierigkeiten wegen seiner herabgesetzten Pensionsbezüge erwarb mein Vater ein kleines Wohnhaus in Gräfelfing, südlich von München, zwischen Pasing und Gauting, an der Eisenbahn-Vorortstrecke nach Starnberg gelegen – damals ein Vorort in durchaus ländlicher Umgebung. In Pasing, mit dem Zug, im Sommer per Rad erreichbar, lag das „Humanistische Gymnasium", auf dem Bildungswege die nächste mir bestimmte Station.

Dort aber wollte ich partout nicht hin. Die Freiburger Schulzeit hatte, verbunden mit den Neigungen des musisch Prädisponierten, aber auch verbunden mit der zunehmend widrig-politisierten Umwelt, die fixe Vorstellung in mir geweckt, mit dem „Einjährigen" sei es der Schule genug, es müsse nun in relativer Freiheit und Ungebundenheit ein Leben beginnen, das einen künstlerischen Beruf zum Inhalt habe oder ihm doch zustrebe. Ich wollte auf die Musikhochschule, die „Akademie der Tonkunst", wie sie in München damals hieß. Dirigent, Komponist, Opernregisseur – irgendwo in diesen Regionen gedachte ich mich anzusiedeln. Die Eltern hatten große Sorgen mit dem widerspenstigen Sohn. Dabei war es natürlich das von ihnen geprägte Milieu, ihr eigener Beruf, die Atmosphäre der Theaterfamilie, die in ihm solch unerwünschte Wirkungen zeitigten. Und selbstverständlich hatten die häufigen Begegnungen und der Umgang mit Komponisten, Dirigenten, Sängern, Regisseuren das ihre dazu getan, daß ich Theater und Musik nicht aus der Perspektive des Liebhabers, sondern unwillkürlich aus der des Profis betrachtete, sowenig ich damals einer war. Immerhin: zahlreiche Opernpartien, vor allem des Tenorfachs – des Tenorfachs deshalb, weil hier zumeist die Helden agierten –, beherrschte ich musikalisch einwandfrei, und ich wäre auch heute noch in der Lage, einige davon nach kurzem Wiederaufnahmestudium zu singen, wenn nicht eines fehlte und damals schon gefehlt hätte: die Stimme. Zweckmäßigerweise und zur Verschonung anderer führte ich deshalb die zugehörigen Opern allein am Klavier auf, hörte gerne auch fortgeschrittene Kollegen in Opernstunden und Schallplattenkonzerten des Rundfunks. Vor allem aber komponierte ich, autodidaktisch, Lieder und Klaviersonaten. Bei Opern- und sinfonischen Plänen stieß ich allerdings bald an handwerkliche Grenzen, die es mir auch von daher zwingend erscheinen ließen, ein einschlägiges Studium zu beginnen. Mein Vater, solchen Plänen abhold, beschloß, seinen sendungsbewußten Sohn dem Präsidenten der „Akademie der Tonkunst", Professor Josef Haas, einem ebenso hoch angesehenen Komponisten wie Musiklehrer und einem gütigen Menschen obendrein, zur Prüfung vorzuführen. Der Meister warf einen freundlichen Blick auf den Adepten, einen etwas strengeren auf die mitgebrachten Kompositionen – und empfahl in wohlabgewogenen Worten den weiteren Besuch des Gymnasiums. Komponieren könne man danebem ja auch weiterhin, soviel man nur eben Lust dazu verspüre.

Es kam hinzu, daß uns eben in dieser Krise ein Freund des Elternhauses besuchte, Dr. Georg Hartmann, bedeutender Opernregisseur und Intendant, nach dem Kriege für einige Jahre Chef der Bayerischen Staatsoper. Die Eltern hatten ihn offenbar in die Probleme mit dem Sohn eingeweiht. Denn als ich ihn am Abend von Gräfelfing nach München zum Hauptbahnhof begleitete, von wo er nach Dortmund, seiner damaligen Wirkungsstätte, reiste, nahm er mich in freundlicher, aber bestimmter Weise ins Gebet. „Weißt Du", sagte er, „ein junger Mann wie Du macht das Abitur und dann den Doktor. Das gehört einfach dazu, das ist selbstverständlich, und darüber gibt es zwischen vernünftigen Menschen gar nicht viel zu reden. Alles weitere ergibt sich und kommt danach. Und übrigens wirst Du sehen, daß es Dir, in welchem Beruf auch immer, vieles von vornherein erreichbar macht, was Du Dir sonst mühsam erkämpfen mußt. Die Mühe jetzt – sie lohnt sich." Die freundlich-bestimmte, kurz angebundene Art der Rede, die irgendeine Antwort gar nicht zu erwarten schien, verfehlte ihre Wirkung nicht. Nun ja, so kam das Echo einer inneren Stimme, Doktor, und wenn dadurch alles so viel einfacher wird – warum eigentlich nicht? Ich öffnete mich dem Bildungsfortgang an der höheren Schule. Diese öffnete sich mir – es war inzwischen Herbst geworden – vice versa nicht ohne Vorbehalt. Vom Rektor des Pasinger Gymnasiums, dem mein Vater sich anvertraut hatte, wurde ich mit großer Zurückhaltung betrachtet und zunächst nur auf Probe als Schüler angenommen. Aber ich durchlief die letzten zwei Klassen dann ohne Komplikationen. Vor Ostern 1938 machte ich das Abitur. Der Rektor sparte nicht mit Anerkennung, die Eltern waren zufrieden.

Inzwischen hatten die politischen Widrigkeiten zugenommen. Nachdem von den westlichen Demokratien und ehemaligen Kriegsgegnern Deutschlands dem Gewaltpolitiker Hitler alles in den Schoß gelegt worden war, worum die Friedenspolitiker der Republik unter unsäglichen Mühen gerungen hatten, die Wiederbewaffnung und militärische Besetzung der Rheinlande hingenommen war, nachdem die Welt dem Diktator bei den Olympischen Spielen 1936 gehuldigt hatte, schien mit dem Jahr 1937 scheinbar eine ruhigere Phase angebrochen. Hinter den Kulissen vollzog sich, wie man weiß, die Vorbereitung kriegerischer Handlungen umso konsequenter. Eine Ahnung davon vermittelte die plötzliche Rationierung von Lebensmitteln. Kriegswirtschaft kündigte sich an. In Spanien tobte der Bürgerkrieg – das Land und seine unglückliche Bevölkerung ein Trainingscamp der Diktatoren. Im März 1938 dann die Krise und der „Anschluß" Österreichs. Diese – wie jede der vorhergehenden und noch folgenden Aktionen Hitlers – versetzte uns in einen unsagbaren Zustand von Spannung und Anspannung. Die Hoffnungen und Willenskräfte waren in fast grotesker Weise darauf gerichtet, daß der diesmalige Gewaltstreich mißlingen und das Ende der Gewaltherrschaft bringen werde. Mit größter innerer Bewegung hörten wir die letzte Rede des österreichischen Bundeskanzlers Schuschnigg (dem ich zehn Jahre später in Amerika begegnet bin). Die objektiven Fakten, daß nämlich schlicht und einfach ein vorfaschistisches Regime dem faschistischen wich, verkannten und verdrängten wir. Einmal mehr folgte dem abermals geglückten Handstreich, folgte der Anspannung tiefe Niedergeschlagenheit. Mehr und mehr festigte sich die Gewißheit, daß es zu spät sei, dem Wahnsinnigen in den Arm zu fallen. Die Staatsmänner der „Entente" schienen von allen guten Geistern verlassen.

Das Sommerhalbjahr 1938, nach dem Abitur, verbrachte ich – Voraussetzung einer Zulassung zum Universitätsstudium – beim „Reichsarbeitsdienst", der obligatorischen vormilitärischen Ausbildung im Dritten Reich. Statt eines Gewehres schulterten die „Soldaten der Arbeit", wie sie genannt wurden, den Spaten, und sie verrichteten im Gegensatz zu den Kameraden in der „Wehrmacht" teilweise nützliche öffentliche Arbeiten. Im übrigen aber herrschte das Militärische. Von der Kasernierung (in Baracken) über „Schliff" und „Drill", nächtliche Marschübungen, „Spind"- und Kleider-„Appelle" bis zum zugehörigen Kasernenhofton war alles nach Soldatenart. Auch der Spaten mußte blitzen wie später Gewehrlauf und Bajonett.

Stationiert war unsere „Einheit" in Grabenstätt, einem kleinen Ort am Chiemsee. Ihre Arbeit galt der Trockenlegung eines sumpfigen Geländes im Mündungsgebiet der vom Wilden Kaiser herfließenden Aache. Der Fluß selbst war bereits reguliert, von unseren Vorgängerkompanien wahrscheinlich, wir widmeten uns der Drainage der verbliebenen Feuchtgebiete mittels Gräben, die etwa eineinhalb Meter tief auszuheben waren, deren Seitenprofil schräg nach unten zulaufend zu sein hatte und an deren Grund sich das Wasser zum Ablaufen sammelte. Ich erinnere mich, in Gummistiefeln dem richtigen Winkel des Seitenprofils große Aufmerksamkeit geschenkt zu haben. Dazu war es nützlich, auf einem quer gelegten Brett tief im Graben zu sitzen, was den unschätzbaren Vorteil hatte, daß man den Blicken der aufsichtsführenden Chargen, „Truppführer", „Feldmeister" und wie sie sonst geheißen haben, entzogen war.

Im Spätsommer war die Arbeitsstelle nahe an die Autobahn München-Rosenheim-Salzburg herangerückt, wir hatten den Fahrdamm ständig im Blick. Es war die Zeit der „Sudetenkrise" und der fatalen Bemühungen des britischen Premiers Neville Chamberlain, dem großdeutschen Diktator den Frieden abzugewinnen. Auf der Autobahn, der Zubringer-Route zu des Führers „Adlerhorst" am Obersalzberg, die damals auch im Frieden nicht annähernd so dicht befahren war wie schon 15 Jahre später, herrschte geschäftiges Treiben. Immer wieder offizielle Limousinen. Der Friedensbringer aus Großbritannien rauschte vorüber, hin und zurück. Die ambulante Diplomatie war in voller Bewegung. Und eines Tages wurde vom Untertruppführer Er selbst ausgemacht, der Führer Adolf Hitler, unverkennbar, im Fond des offenen Daimler-Benz unter der zu großen Mütze. Und er, der Führer, ganz offenbar gewahr der aufgeregten Bewegung, die sein Nahen unter den Arbeitsmännern hervorgerufen hatte, gab Befehl – zu halten! Die Kompanie warf Schaufeln, Hacken, sonstige Geräte beiseite, stürmte die nur wenige Meter entfernte Böschung zur Straße empor. Aus zwei Begleitfahrzeugen mischten sich Sicherheitsbeamte unter sie – unwirsch, mißtrauischen Blicks. Hitler verharrte zunächst im Fond, verließ aber dann den Wagen, um die „Meldung" des Untertruppführers entgegenzunehmen. Der hatte seine große Stunde. Mit nacktem Oberkörper, wie wir alle – es war ein heißer Tag –, sehe ich ihn ausgestreckten Arms vor mir und höre, wie er mit erregter lauter Stimme, jedoch fehlerfrei, dem obersten Herrn über Arbeit, Frieden, Krieg vermeldete, wer da an welchem seiner Werke bei der Arbeit sei. Dieser dankte, stellte ein, zwei Fragen und ließ für einen Moment den Blick mehr zwischen uns hindurch als über uns hingleiten. Und dann geschah etwas Überraschendes. Der Führer und Kanzler des Großdeutschen Reiches griff in die rechte Hosentasche und förderte eine handvoll zerknitterter Papiergeldscheine zutage, die er dem Untertruppführer in die Hand drückte, der zu diesem Zweck die Rechte von der Hosennaht nehmen mußte. „Feiern Sie mit den Männern!" sagte Adolf Hitler, winkelte gleichsam automatisch in der ihm eigenen Weise den Arm zum deutschen Gruß, erstieg das Fahrzeug, grüßte abermals, und schon brausten die Fahrzeuge fort in Richtung München, Hauptstadt der Bewegung. Der Untertruppführer konnte die Scheine eben noch in der eigenen Hosentasche flüchtig verstauen, bevor er Arm und Hand, die sie gehalten, erneut zum Gruße streckte. Es war, mit Christian Morgenstern zu sprechen, „ein unerhörtes Erlebnis". Von Faszination habe ich nichts verspürt. Der Gewaltige, konfrontiert mit einem namenlosen Häuflein aus der Masse seiner Armeen, wirkte linkisch, ohne Ausstrahlung, beinahe abwesend. Was Wunder – er hatte anderes im Kopf.

Einige Tage danach kam die Kompanie in den Genuß einer Dampfer-Rundfahrt auf dem Chiemsee; es war das Geschenk – vermutlich für jeden das einzig erfreuliche – des Führers Adolf Hitler.

Im übrigen herrschte Krisenstimmung. Alles rechnete mit dem Kriegsausbruch, den Hitler schon zu diesem Zeitpunkt gerne gehabt hätte und den verhindert zu haben er seinen westlichen Kontrahenten, Chamberlain und Daladier, aber auch dem „Duce" bekanntlich wenig dankte. „Peace for our time" brachte der Brite, wie er meinte, aus München nach Hause.

Die meisten meiner Alters- und Klassengenossen vom Gymnasium wechselten im Herbst vom Arbeitsdienst sogleich zur Wehrmacht über. Sie hatten sich freiwillig zur Ableistung des Wehrdienstes gemeldet, um dann, so dachten sie, alles hinter sich zu haben und ungestört dem Studium oder einer sonstigen Berufsausbildung sich widmen und anschließend ins Berufsleben treten zu können. Auch ich hatte das natürlich erwogen, am Ende aber beschlossen, das Studium zu beginnen, die Einberufung für später abzuwarten, statt freiwillig zu den Fahnen zu eilen. Es entsprang dies, bei allem Mißtrauen in des Führers Politik, nicht der Erkenntnis des Kommenden. So genau wußte angesichts der verblendeten Friedfertigkeit der „Westmächte" ja niemand, wann und ob überhaupt seine kriegerischen Aktionen auf bewaffneten Widerstand treffen würden – vielmehr war es das Zögern, die Abneigung, mich in irgendeiner Weise über das Unumgängliche hinaus in Pflicht nehmen zu lassen, die mich bestimmten, zuzuwarten und jedenfalls nicht von mir aus vorzeitig den Spaten mit der Waffe zu vertauschen. Ich immatrikulierte mich zum Herbstsemester 1938 an der Münchener Universität. Germanistik, Literatur, Theater- und Musikwissenschaft, später auch die Zeitungswissenschaft waren die Felder, die ich belegte. Und ich hörte Vorlesungen auch in den „Nachbar-Disziplinen", Philosophie und Kunstgeschichte. Ich war Student, Student im Dritten Reich. Einzelgänger auch jetzt. Wie vorher in der Schule.

Wie blieb man Einzelgänger? Wie gelang es einem, sich den Umarmungen der braunen Volksgemeinschaft zu entziehen? 1936, wir waren noch nicht lange nach München gezogen, wurde das „Reichsjugendgesetz" erlassen, demzufolge jeder junge Deutsche der Hitlerjugend angehörte, die deutsche Jugend also in corpore in diese Organisation überführt war. Ich erhielt ein Schreiben des ortszuständigen „Scharführers", in dem ich aufgefordert wurde, mich an einem bestimmten Tag und zu bestimmter Stunde einzufinden, um der Eingliederung teilhaftig zu werden. Ich weiß nicht mehr genau: war ich krank, gab ich dies nur vor, oder fiel auf den betreffenden Nachmittag eine Unterrichtsstunde, die ich vorschützen konnte – ich schrieb dem Scharführer jedenfalls einen Brief, in dem ich mein Fernbleiben zu entschuldigen bat. „Sehr verehrter Herr Scharführer," schrieb ich, „zu meinem lebhaften Bedauern sehe ich mich außerstande, Ihrer Aufforderung Folge zu leisten, weil …" und so weiter, und so fort. Ein Antwortschreiben, das ich nach einigen Tagen erhielt, betonte vor allem das „Du" in unserer Beziehung und kündigte einen Besuch an, der wenig später auch stattfand. Ein ziemlich normaler junger Mann, etwa in meinem Alter, erschien. Glücklicherweise war ich inzwischen in der Lage, das Attest eines freundlichen Arztes vorzulegen, das mir bescheinigte, mein Herz sei infolge raschen Wachstums derzeit wenig belastbar und erlaube keine Teilnahme am Dienst in der Hitlerjugend. Und dabei blieb's. Was der „Scharführer" sich gedacht hat, weiß ich nicht. Vielleicht war er froh, mich seiner Schar fernzuwissen. Ich habe nie mehr etwas von ihm gehört. Das hätte aber auch anders kommen können. Man wußte es vorher nicht. Partei und Staat waren offenbar überfordert, wenn es darum ging, hinhaltenden Widerstand gegenüber ihren Organisationen systematisch zu überwinden. Eine Musterung dienstpflichtiger Hitlerjungen war nicht vorgesehen. Säumige dem Amtsarzt vorzuführen – das überstieg das Vermögen oder auch den Durchsetzungswillen der zuständigen Jugendführer. Wenigstens in Gräfelfing bei München. Ich glaube, es lag darin etwas für den totalen Parteistaat Charakteristisches: das Funktionieren seines Zwangssystems war nicht bis in die letzte Verzweigung garantiert oder jedenfalls nur dort lückenlos gewährleistet, wo die sogenannten „Hundertfünfzigprozentigen" am Werke waren, die keine Last und Mühe scheuten, auch noch den letzten jungen Deutschen zu mobilisieren. Die Maschen des Reichsjugendgesetzes jedenfalls waren nicht fein genug gesponnen, sie boten – wie manches andere – Durchschlupf für den, der ernstlich wollte (oder besser: nicht wollte).

Nicht viel anders stand es mit der Zugehörigkeit des Studenten zum „Nationalsozialistischen Deutschen Studentenbund", einer Organisation, die schon in der „Kampfzeit" vor 1933 an den Universitäten übel von sich reden gemacht hatte und nun mit dem selbstverständlichen Anspruch auftrat, daß jeder Student ihr anzugehören habe. Im Gegensatz zur Hitlerjugend gründete sich dieser Anspruch aber nicht auf gesetzliche oder sonstige obligatorische Bestimmungen. Man „fiel nur auf", wenn man nicht beitrat oder dazugehörte. Und zwar bei jeder Immatrikulation, vor jedem Semester, bei der man eine Anzahl von Instanzen zu passieren hatte, die Stempel oder Signatur auf einem Laufzettel anzubringen hatten. Da saß dann auch, in Uniform mit Schulterriemen, der jeweilige Beauftragte des NSDSTB und nahm erstaunt, manchmal aber auch mit finsterem Blick zur Kenntnis, daß keine Mitgliedschaft vorlag oder beabsichtigt sei. Vermutlich ruhten die Namen der Absentisten wohl verschlossen, aber greifbar, in der „santa casa heiligen Registern". Es war schon so etwas wie ein Spießrutenlaufen, jedesmal zu Semesterbeginn, – ich glaube, einmal ließ ich mir, um Unannehmlichkeiten zu vermeiden, auch einfach ein Anmeldeformular mitgeben – aber direkte Auswirkungen der Nichtmitgliedschaft habe ich nie zu spüren bekommen.

Das waren alles äußere, sozusagen amtliche oder halbamtliche Merkmale der Zwangskollektivierung, mit denen sich der Außenseiter auseinanderzusetzen hatte. Sie schufen aber (oder beeinflußten) auch die „inneren" oder individuellen Bedingungen des Lebens derer, die sich mit diesem Staat nicht identifizieren wollten und deshalb, so weit es immer möglich war, alles unterließen, was sie einer Identifizierung näher gebracht hätte. Natürlicherweise nämlich führte diese Absonderung zur Zurückhaltung auch gegenüber allen sonstigen Kontakten, die normalerweise kennzeichnend für das Leben junger Menschen sind. Schon in Freiburg wirkte sich jene selbstgewählte, dem Abweichler zur zweiten Natur gewordene „Kontaktsperre" aus, die für die Schulzeit von da an bestimmend wurde. Der Hitlerjugend gehörte ich nicht an, zur Knüpfung anderer Verbindungen, etwa mit Gleichgesinnten, kam es in den zweieinhalb Jahren nicht. Solche Verbindungen mußten sich gleichsam unwillkürlich, zufällig ergeben. Sie offen zu suchen, war undenkbar. Das blieb auch so in der Münchener Schulzeit. Lehrern und Mitschülern, den meisten, galt ich wohl als Sonderling. Im Arbeitsdienst – später auch in der Wehrmacht, den großen Kollektiven also – war paradoxerweise die Atmosphäre viel freier. Menschen aus einfacheren Schichten, habe ich immer erfahren, waren weniger geneigt, das berühmte „Blatt vor den Mund" zu nehmen. Politische Zweifel, politischer Witz – sie äußerten sich viel unbekümmerter, bisweilen in Formen, die den Einsichtigen staunen machten und manchmal auch um den allzu Offenherzigen fürchten ließen. Denn selbstverständlich gab es „unter Spaten und Gewehr" auch eingefleischte Nazis, die dergleichen übel vermerkten – bis hin zur Denunziation. Der Abweichler, wenn er selbständigen Denkens hinreichend verdächtig und noch dazu der höheren Bildungsschicht zugehörig erschien, war gut beraten, wenn er auch in dieser Umgebung die eingeübte Vorsicht walten ließ.

Das Leben des Studenten, vom Herbst 1938 an, verlief zunächst ganz in den gleichen, abgesonderten Bahnen. Dies wurde erleichtert und ausgeglichen dadurch, daß auch zu dieser Zeit im Lehrkörper der Münchener Universität noch eine stattliche Zahl von Persönlichkeiten wirkte, die zu hören allemal Ereignis und Gewinn war: Artur Kutscher, der „Theater-Professor", dessen Schule ganze Generationen bedeutender Theaterleute entsprungen sind, sein Kollege Hans-Heinz Borcherdt, Vorstand des Theaterwissenschaftlichen Instituts, im Vergleich zu Kutschers überschäumendem Temperament ein etwas kühler, nüchterner, aber unendlich solider Wissenschaftler, Hans Jantzen, der Kunsthistoriker, Karl d'Ester, einer der Väter der „Zeitungswissenschaft" und Leiter des so benannten Instituts, Rudolf von Ficker, der Musikwissenschaftler, Autorität für mittelalterliche Musik. Wilhelm Pinder und Karl Vossler lasen noch vereinzelt. Kurt Huber, später der Vertraute und Schicksalsgenosse des Kreises um die Geschwister Scholl, Philosoph mit dem Randgebiet des Volksmusikforschers, war, sprachlicher Behinderung zum Trotz, ein schlechthin faszinierender Redner, der, ohne die kleinste schriftliche Stütze, Stunde für Stunde wahrhaft glänzende Essays sprach, als rufe er die Kapitel eines imaginären Buches Seite für Seite aus dem Gedächtnis ab. Faszinierend war auch ein anderer, Herbert Cysarz, der Neue Literatur las – auch er in höchstem Grade mit der Kunst der freien Rede begabt. Erst nach und nach wurde mir deutlich, daß er, theatralisch, forensisch, sich von Begeisterung für den Nationalsozialismus fortreißen ließ. Mit

Tränen im Auge (und in der Stimme) feierte er im Juni 1940 „den Tag von Paris", den Tag des Einmarsches deutscher Truppen in der französischen Hauptstadt. War die Begeisterung, waren die Tränen echt? Ich fürchte, ja. Echt war jedenfalls die Suada, echt waren nicht wenige erhellende Blicke in der Analyse deutscher Literatur des 19. Jahrhunderts.

Mit der Zeit ergaben sich in Vorlesungen und Seminaren, anders als in der Schule, Kontakte zu Kommilitonen, die über das Gemeinsame im Studium hinaus menschliche Bedeutung gewannen und bei zweien zu vertrautem Umgang führten, der politische Bekenntnisse einschloß. Das schuf Verbindung, das band doppelt. Wer, wie wir, nur mit Vorsicht anderen sich näherte, meist auf Distanz blieb, reagierte in dem Augenblick, in dem er den Gleichgesinnten spürte, den Vertrauten gewann, geradezu süchtig. Wir sahen, trafen, sprachen uns fast täglich, umsomehr als wir alle drei manche gleichen Vorlesungen hörten und den gleichen Vorortzug nach München zu benutzen hatten.

Der erste der beiden, Remigius Netzer, war Maler, auch Übersetzer aus dem Französischen, ein hochgebildeter, kultivierter Mann, nach dem Kriege lange Jahre als Leiter der Kulturredaktion Mitarbeiter beim Bayerischen Rundfunk. Gottfried Schwank, der zweite, aus einer Diplomatenfamilie stammend, war ein preziöser, unendlich amüsanter, witziger, auf untadelige Formen und guten Stil in allen Lebenslagen haltender Kavalier, der sich in diesen Eigenschaften gleichsam selbst zu persiflieren liebte. Er verließ die Universität bei Kriegsbeginn. Ich habe später nie mehr von ihm gehört. Netzer blieb, aus gesundheitlichen Gründen, wie ich, vom eigentlichen Kriegsdienst verschont. Vorerst noch war aber „Frieden". Der Friede von München. Wir hatten keinen Zweifel, daß er trügerisch war. Uns schien undenkbar, daß der gewaltbesessene Diktator in seinem Sendungsbewußtsein sich zufriedengeben könne mit dem Erreichten, was ja impliziert hätte, daß er plötzlich vom skrupellosen Parvenü in einen wirklichen Staatsmann sich zu verwandeln fähig gewesen wäre. Daran glaubten wir nicht. Wir klammerten uns an den Zusammenhalt und im Zusammenhalt an ein Leben, das, obgleich wir es als friedlich nicht mehr empfanden, doch einen Schein von Frieden noch verbreitete. Äußerlich und äußerstens. Die Theater spielten. In der Staatsoper gab es unter Clemens Krauss nicht wenige Höhepunkte. „Daphne" von Richard Strauß wurde uraufgeführt, ein herrlicher „Simone Boccanegra" ist mir in Erinnerung. In Otto Falckenbergs „Kammerspielen" bot sich unter dem genialen Regisseur ein Ensemble großartiger Schauspieler, die junge Maria Nicklisch, Gusti Wolf, Friedrich Domin, Will Dohm, und unter ihnen auch Mila Kopp und Christian Kayssler, getreue Gefährten unseres Vaters aus der Stuttgarter Zeit, die, wie wir, im Vorort Gräfelfing wohnten. Es gab noch ein reiches Angebot an Konzerten, der junge Claudio Arrau weckte Begeisterung, aber auch Edwin Fischer und Joseph Pembaur waren häufiger zu hören.

Pinakotheken und Glyptothek wurden zu Andachtsstätten. Sie mußten auch ersetzen, was zeitgenössisch von Bedeutung war und wovon die schändlich erdachte Wanderausstellung „Entartete Kunst" ein paar ergreifende Beispiele sehen ließ. Statt dessen spreizte sich alljährlich im „Haus der Deutschen Kunst" – nach der unsäglichen Eröffungsgalerie von 1937 – der Anspruch der Zukurzgekommenen, das lächerliche Pathos der verordneten Kriegs-, Mutter- und Bauernszenen, die mediokre Reminiszenz ans vermeintlich Klassische. „Ich wußte gar nicht, daß Charly Chaplin die Jungfrau von Orleans gespielt hat", soll der französische Botschafter François Poncet anno 1937 angesichts des Gemäldes ausgerufen haben, das den Führer hoch zu Roß als heiligen St. Georg, den Drachen tötend, zeigte. Damals mochte das alles noch mehr nach Lächerlichkeit als nach blutigem Ernst schmecken, wenn auch der Diplomat, wie man seinen Memoiren entnehmen kann, dem wahren Hitler rechtzeitig auf der Spur zu sein glaubte. Geholfen hat es nichts.

Das Unglaubliche geschah. Die in München übriggelassene Tschechoslowakei wurde besetzt, der Friede der Kapitulanten zerbrach. Etwas anderes als Erbitterung hatten sie jetzt zur Antwort nicht mehr bereit. Polen, das nächste erkennbare Opfer des hitlerischen Eroberungswahns, erhielt ihre Beistandsgarantie. Daß diese dem durch seine Erfolge geblendeten Führer (wie nachgerade auch seinen Gegnern) wenig glaubwürdig erschien – dafür hatten sie selbst gesorgt. Der Krieg brach aus. Zuletzt auf ausdrückliche Einladung des anderen, des Moskauer Diktators, der seinen großdeutschen Widersacher in Berlin ebenso auszutricksen hoffte wie die in London und Paris. „Fafner und Siegfried, oh brächten beide sich um!" (Richard Wagner, Siegfried). Ein bolschewisiertes Europa am Ende seiner Selbstzerfleischung unter russischer Herrschaft oder Vorherrschaft – das war es ja wohl, was der große Stalin sich ausmalte. So jedenfalls sahen wir es damals, auch wenn man heute weiß, daß der britische Antikommunismus das Seine dazu beitrug, ihn in Hitlers Arme zu treiben. Aber er täuschte sich. Um auch nur einen kleinen Teil der Saat aufgehen zu lassen, starben Millionen von Menschen, Angehörige der ihm anvertrauten Völker im „Großen Vaterländischen Krieg", den er sich von seinem Vertragspartner Adolf Hitler einhandelte. Opfer einer Politik, die seine eigene war.

Krieg. Bekanntschaft mit einem Schutzengel

Vorerst aber schien alles im Sinne der plötzlichen Bundesgenossenschaft zwischen „germanischer Herrenrasse" und „bolschewistischem Untermenschentum" zu verlaufen. Der „Nichtangriffspakt" zwischen ihnen bedeutete, daß ein anderes Volk, das polnische, angegriffen, zerschlagen und aufgeteilt wurde. Das gelang in kürzester Frist.

In den letzten Augusttagen erhielt ich den Gestellungsbefehl, die Einberufung zum Infanterie-Ersatz-Bataillon 61 in München. Am Nachmittag vor dem Einrücken – es war der 30. August 1939 –, spazierte ich mit meinem Vater über die Wiesen, die das Haus in Gräfelfing damals noch umgaben. Dort ging die Musterung und Requirierung von Pferden vonstatten, die von ihren Besitzern ringsum herangeführt wurden. Für den Anfang und für eine Weile mußten sie im Tross auch diesmal noch Dienst tun – Geschöpfe, die dem Menschen in Jahrhunderten für seine Kriege gedient hatten, mit ihm fürchteten, mit ihm litten, mit ihm starben, ihm ausgeliefert, Opfer seines Wahns. Ahnungslos leidende Kreatur wie letzten Endes auch die meisten seiner eigenen Art. Die Situation, wahrhaftig, drückte aufs Gemüt.

Für diejenigen, die nun einrückten, begann die „Grundausbildung". An der Front, die auf den ersten Schuß wartete, befanden sich die „Freiwilligen" vom letzten Jahr. Zu ihnen hätte ich gehört, wenn nicht ein „Schutzengel" (oder wie immer man einen verborgenen Behüter nennen mag) mir eingegeben hätte zuzuwarten. Daß es einen solchen „Behüter" gegeben hat, ein Behütetsein durch Zufall, Gunst des Augenblicks, das Zusammentreffen glücklicher Umstände, wird der Leser mit mir bald finden, auch wenn er – wie ich – den Aberglauben nicht zu seinen ausgeprägten Eigenschaften zählt.

Zunächst allerdings nahm sich alles recht bedrohlich aus. Nach ersten Übungen im Gleichschritt, Stillstehen, Grüßen, Augen-rechts- oder -links-Drehen, Präsentieren des Gewehrs und was sonst die Vorschule des blinden Gehorsams an Persönlichkeitsentäußerungen vorsieht, versammelte sich am 1. September 1939 das Bataillon in der Kantine der Kaserne, um der Erklärung des Führers und obersten Befehlshabers im Reichstag zu lauschen: „Seit 5 Uhr 45 wird zurückgeschossen!" Der Ernstfall war da. Einige Tage später, während der Verschnaufpause in den allmorgendlichen Übungen, gruppierte sich die Kompanie zwanglos um ihren Hauptmann – es handelte sich bei den Offizieren bis hinauf zum Major und Bataillonskommandeur um Reserveoffiziere, die sich eifrig mühten, zivile Züge abzustreifen, was ihnen erfreulicherweise nicht immer gelang –, und er, der Hauptmann, las aus der Zeitung die Schilderung eines Kriegsberichterstatters vor, der ein Gefecht der ersten Kriegstage beschrieb, Angriff, Zurückdrängen des Feindes, die ersten Gefallenen auf beiden Seiten. „Seht Ihr, Männer," sagte der Hauptmann, während er die Zeitung zusammenfaltete, „das alles werdet Ihr in einigen Wochen gleichfalls erleben, zu bestehen haben, und darauf muß die Ausbildung Euch vorbereiten!" Mir ist „das alles" erspart geblieben. Der Polenfeldzug war nach drei Wochen zu Ende, ein „Blitzkrieg", wie er stimmungsfördernd genannt wurde. Die deutsche Welt schien danach so sehr in Ordnung, daß Studenten im Ersatzheer nach der Grundausbildung vorerst zur Fortsetzung des Studiums entlassen wurden, sofern sie ein solches vor Kriegsausbruch begonnen hatten. „Gesund und entlassungsfähig" – so lautet der Eintrag im Wehrpaß – wurde ich am 19. Oktober nach Hause „in Marsch gesetzt". Es war zu schön, um wahr zu sein. Ich studierte weiter. Mitten im Kriege.

Die Universität bot ein annähernd friedensmäßiges Bild, die Reihen der Studenten waren zwar gelichtet – es fehlten die Jahrgänge der früher zum Kriegsdienst Ausgebildeten und jetzt Festgehaltenen, das weibliche Element trat deutlicher in Erscheinung –, aber alles in allem gab es einen gänzlich ungestört anmutenden Vorlesungsbetrieb. Es herrschte Frieden im Krieg. Und das blieb die folgenden Monate so. Im April 1940 zwar ließ die Besetzung Dänemarks und Norwegens den Krieg auch im Bewußtsein der zu Haus Gebliebenen aufflammen. Für einige Stunden oder Tage glaubten wir, nun werde das neueste Hitler'sche Abenteuer doch wohl durch die britische Seemacht seine verdiente Abfuhr erfahren. Schon vorher im Winter hatte der finnische Widerstand gegen die russische Invasion das Gefühl belebt, es könne das Aufbegehren gegen die Diktatoren und ihre geheimen Abkommen im Gefolge des Paktes erfolgreich sein. Aber das war – wieder einmal – Wunschdenken. Es eilte den tatsächlichen Ereignissen um Jahre voraus. Norwegen wurde besetzt, der finnische Widerstand brach zusammen. Und als im Mai 1940 Holland und Belgien überrannt, die französische Armee geschlagen, am 14. Juni Paris besetzt und am 25. Juni der Waffenstillstand in Compiègne geschlossen wurde, der Jubel aus allen Fenstern dröhnte, gehörten zu den Geschlagenen auch die, die der Hitler'schen Kriegsmaschinerie solche Erfolge nicht zugetraut, die es zumindest für möglich gehalten hatten, sein Untergang werde in dem von ihm entfesselten Krieg rascher nahen, als die meisten dachten. Wunschdenken auch dies.

Am Kriegsbeginn – ich glaube, es war nach der britischen und französischen Kriegserklärung am 3. September, einem Sonntag – brach mein Vater am Ende einer erregten Diskussion unter vertrauenswürdigen Freunden, die ihm in seiner skeptischen Beurteilung der Erfolgsaussichten Hitlers nicht folgen mochten, in die Worte aus: „Dieser Krieg dauert fünf Jahre und endet mit der größten Katastrophe der deutschen Geschichte!" Ihm antwortete nachsichtiges Schweigen.

Am gleichen Septembersonntag in der Kaserne gegen Abend. Mit dem Stubenältesten, einem jungen Gefreiten, lehnte ich im Fenster zur Straße, wo sonntägliche Ruhe herrschte. Wir hatten von der englischen und französischen Kriegserklärung

gesprochen. Nach einer Weile der Gefreite: „Mir ist angst um Deutschland."
Schweigen. „Ich glaube," erwiderte ich nach einigen Sekunden, „die muß man
haben."

Jetzt, im Sommer 1940, schien es, als habe mein Vater seine prophetische Gabe
denn doch ein wenig überstrapaziert. Und er wurde freundschaftlich an seine Worte
von damals erinnert. Es waren keine Führer-Gläubigen, die sich da, anders als er,
bestätigt fanden, sondern im Grunde Betroffene wie er, die sich aber als „Realisten"
sahen. Unser Vater blieb bei seiner Meinung mit dem einfach klingenden, aber
schließlich unwiderleglichen Argument: der Krieg sei nicht zuende, der Waffenstillstand kein Friede. Er hatte recht.

Fast so etwas wie Friede aber – zum zweiten Mal seit dem Kriegsausbruch – kehrte
in Deutschland ein. Das Studium konnte – wieder einmal und wieder bis auf weiteres
– fortgesetzt werden.

Herbst 1940, der Winter 1940/41. Das Studium zählte jetzt nach Trimestern. Im
„Studienbuch" der Universität München, das mir ebenso wie einige Schulzeugnisse
und der „Wehrpaß" erhalten geblieben ist, finde ich, 50 Jahre danach, die Eintragun-
gen der Vorlesungen mit den „An- und Abmeldevermerken" der Dozenten, den
Unterschriften der Professoren und, von Mal zu Mal, die Addition der Gebühren
durch die Universitätsverwaltung mit dem Einlieferungsschein der für die Universi-
tätskasse bestimmten Zahlkarte. Und ich finde in der Erinnerung die Spuren eines
Studentenlebens, das sicher kein ganz „normales" gewesen ist, aber doch eines, das
ziel- und zweckgerichtet war, dem vordergründig nichts Ungewöhnliches anhaftete
– wie hinter einem Schleier von Unwirklichkeit. Die Wirklichkeit lag davor: der
Krieg, in dem, mit dem wir alle lebten, von dem ich mich aber doch äußerlich seltsam
unberührt fand. Baden im Starnberger See, ausgedehnte Touren per Rad um die Seen
und ins unferne Gebirge, das waren der Sommer und der Herbst 1940. Der Krieg
fand in der Zeitung und am Radio statt: die Luftkämpfe über England, Mussolinis,
des Möchtegern-Imperators, famose Rückzüge aus seinen nordafrikanischen Be-
sitzungen, Churchills griechisches Abenteuer. Alles geschah in der Ferne. Ich lernte
meine erste Frau kennen, in des Wortes doppelter Bedeutung, sie war die erste und
wurde die erste gesetzlich angetraute – später.

Aber dann, im Frühjahr 1941, wachte der Krieg auf und kam nicht mehr zur Ruhe.
Mich ließ er auch jetzt noch für geraume Zeit beiseite. Im Juni 1941, ziemlich genau
mit Beginn des Rußland-Feldzuges, erkrankte ich an einer schweren Diphtherie.
Zum zweiten Mal in meinem Leben – eine Seltenheit, die mich, unserer Hausärztin
zufolge, beinahe das Leben gekostet und danach auch für Militärärzte zu einem
immerhin interessanten Fall gemacht hat, und dies um so mehr, als ich ziemlich
genau im Jahr danach mit Scharlach aufwarten konnte. Der Schutzengel bescherte
mir Vorsorgeerkrankungen und als Folge für einige Zeit einen offenbar registrierba-
ren Herzmuskelschaden, von dem ich, offen gestanden, wenig spürte, den in akten-
kundiger Erinnerung zu halten, ich mir damals gleichwohl angelegen sein ließ. Denn
es folgten regelmäßig weitere „Musterungen", das Ersatzheer griff nach dem Begün-

stigten. „Zeitlich untauglich" lautete der Befund nach der Diphtherie im November 1941, „g.v. Heimat" (das hieß garnisonsverwendungsfähig in der Heimat) der nächste im Februar 42. Im September 1942 war es erneut soweit, ich wurde zum Landesschützen-Ersatz-Bataillon 7 nach Freising, einem bayerischen Landstädtchen nördlich von München, eingezogen, nach der Einstellungsuntersuchung aber sogleich wieder entlassen. Die Duplikate von Diphtherie und Scharlach entlockten dem untersuchenden Stabsarzt Stirnrunzeln und Kopfschütteln. Ich selbst begann zu meinem Herzmuskel ein fast ehrfürchtiges Verhältnis zu gewinnen. Das Studium ging weiter, zum dritten und zum vierten Mal. So sehr ich die fortdauernd gewährte Studienzeit zu schätzen wußte und zu nutzen trachtete – unbedacht und sorglos tat ich es nicht. Das günstige Geschick gab mir zu denken. Das Leben angesichts der sich ankündigenden Peripetie des Krieges war geborgt. Und jede neue Untersuchung, bei der so viele andere „k.v." (kriegsdienstverwendungsfähig) abtraten, entblößte Gestalten, für die das Ausgesetztsein im Krieg begann, machte mir das Groteske der Situation deutlich: Wem an der Hand ein Fingerglied fehlte, wessen Herzmuskel, wie der meine, nicht ganz tauglich zur Strapaze erschien, der blieb zu Hause. Der Krieg wollte die Gesunden, wollte ganze Männer. Uneingeschränkt verwendungsfähig, tauglich zum Tod. Nicht die, bei denen zu befürchten war, ihr Herz werde vielleicht von selbst stehen bleiben, einen Augenblick, bevor sie einen Gegner oder dieser sie getötet habe, oder schlimmer: noch vor dem Einsatz, beim Training in der Heimat – der denkbar unangenehmste Fall für den Sanitätsdienst der Maschinerie, der den Klienten gesund auf dem Schlachtfeld abzuliefern hatte.

Dezember 42. Erneute Musterung. Was nun geschah, erklärt vielleicht die Neigung, vom Behütetsein in diesen Jahren zu sprechen, vom Glück des Zufalls, der Gunst des Augenblicks. Die Szene ist das Musterungslokal, ein paar Räume in einem tristen Gebäude im Südosten Münchens, eine ehemalige Gastwirtschaft. Davor und auf der Treppe die zum gleichen Termin zitierten Genossen. Vorweisen der Vorladung. Wink in den nächsten Raum zum Entkleiden. An dessen Ende in Reihe, fröstelnd, die Entblößten, in Erwartung des Namensaufrufs. Aus dem Untersuchungsraum durch die offene Türe ein paar knappe Weisungen, und ebenso knapp der Tauglichkeitsgrad: „k.v. – g.v. Heimat – untauglich – zurückgestellt drei Monate." Ich war zu diesem Termin, mehr als zu früheren, mit düsteren Erwartungen gekommen, bereit, schon den bisherigen Verlauf meines Wehrdienstes oder Nicht-Dienstes als merkwürdige Gunst des Schicksals zu empfinden. Diesmal, so sagte ich mir, wird es ein Entrinnen schwerlich geben. Der Nachhauseweg wird einen sehen, der wie viele andere „kriegsdienstverwendungsfähig" ist. Ich betrete den Untersuchungsraum. Am Holztisch gegenüber die Schriftführer und sonstige Chargen des Wehrbezirkskommandos nebst dem aufsichtsführenden Offizier, einem Major, wenn ich recht sehe. Sie betrachten den Klienten eher desinteressiert, schauen in ihre Papiere und zum untersuchenden Arzt rechts von mir, dem auch ich mich nun zuwende. Und ich erblicke, im matten Licht des trüben Vormittags, Dr. Ferdinand Klein, unseren Münchener Zahnarzt, als Vollmediziner offenbar über sein Metier hinaus zum ärztlichen Dienst verpflichtet, in der Uniform eines Stabsarztes – Dr. Klein, mit dem die Familie ein fast freundschaftliches Verhältnis verband, ein kaum artikulierungsbedürftiges politisches Einverständnis übrigens eingeschlossen. Den Bruchteil einer Sekunde befürchtet er offenbar, ich könne Zeichen des Erkennens geben; fragt in ziemlich barschem Tone nach den bisherigen Krankheitsdaten und läßt sich vom Tisch her die bisherigen Befunde nennen. Schreitet sodann zur Untersuchung mit dem Stethoskop. Er macht es ziemlich gründlich. Und verkündet: „g.v. H. – der bisherige Befund ist derzeit zu bestätigen. Der Nächste."

Ich zog mich ziemlich rasch an, zur Seite einen, den der gleiche Spruch getroffen, was ihn zu überschwenglichem Lob des Arztes hinriß. Ich konnte mich dem nur anschließen – und entwich so schnell wie möglich. Kaum zu glauben: das Studium, die Universität, sie hatten mich wieder. Zum fünften Mal. Das „Wehrersatzamt" begnügte sich eine Weile mit dem Befund. Ich setzte zum Finish des Studiums an.

Von der Germanistik, genauer: vom Gotischen, Alt- und Mittelhochdeutschen, hatte ich mich schon früher abgewendet. Schuld daran war ein unsäglich verknöcherter Professor, dessen Namen ich vergessen habe, und fast mehr noch das Erscheinungsbild der Hörerschaft in seinen Vorlesungen, in der großen Mehrzahl junge Damen, denen man just dies aber nicht ansah, denen vielmehr das höhere Lehramt jetzt schon in der reizlosesten Weise auf die Stirn und sonstwohin geschrieben stand. Es war des lastenden Ahnenerbes zuviel. Ich wechselte von da zum Hauptfach der Musikwissenschaft, mit Literaturgeschichte, Theater- und Zeitungswissenschaft als Nebenfächern, wo überall die optischen Eindrücke entschieden anziehender waren. In Rudolf von Ficker, dem Ordinarius für Musikwissenschaft, einem famosen Gelehrten und gütigen Menschen, hatte ich den Doktorvater erwählt. Bei ihm gewann im Gegensatz zum germanistischen Kollegen das Mittelalter, sein Spezialgebiet, Gestalt und Menschennähe, obgleich dessen Musik ja auch nicht jünger war als seine Sprache. Als Thema der Doktorarbeit hatte ich mir – aus einer geschichtlich anderen Periode – die Musik im Jesuitendrama vorgenommen, eine Untersuchung, die, zwischen Theater- und Musikwissenschaft angesiedelt, von hohem Interesse gewesen wäre. Indes, die Arbeit hätte das intensive Studium von Originalhandschriften bedingt, die zu dieser Zeit in etlichen wichtigen Bibliotheken, weil ausgelagert, nicht mehr zugänglich waren.

Franz von Holstein (1826–1873), königlich-preußischer Offizier und später als angesehener Opernkomponist beflissener Epigone der Romantik nach Weber und Marschner, war der nächste Gegenstand meiner nachforschenden Überlegungen. Seine „Bergwerke zu Falun", auf E. T. A. Hoffmanns Erzählung fußend, enthalten ein paar wirkungsvoll nachempfundene Szenen. Mit seinem Werke mich zu identifizieren oder doch ihm ungeteiltes forscherliches Interesse entgegenzubringen, wie es mir im bedeutungsvollen Zusammenhang der Doktorarbeit unerläßlich schien, vermochte ich aber nicht. Auch nicht mit Max Bruch, dem Schöpfer eines gerngehörten (und damals auch im Konzert noch viel gespielten) Violinkonzertes und der Oper „Loreley", die, von Hans Pfitzner gerühmt, in der Tat viel schöne gefühlvollromantische Musik enthält. In Berlin-Friedenau besuchte ich des Meisters Tochter, die noch einiges Unbekannte aus seinem Nachlaß bewahrte, nichts jedoch von tieferer Bedeutung. An beiden, Holstein wie Bruch, störte mich – Staub. Ich empfand fast körperlich den Geruch von alten Polstermöbeln, zerschlissener Pracht von einst, wie sie mir übrigens tatsächlich bei der Bruch-Tochter entgegengetreten war. Und dies in einer Zeit, in der sich das Unterste zuoberst kehrte. Ich brauchte, ich suchte Zukunft, Zukunft zumindest im Überdauernden. Und fand sie – bei Robert Schumann. Arbeiten über ihn, gewiß, gab es viele. Aber ich fand heraus, daß eines der interessantesten Gebiete in der Tätigkeit dieses vielseitigen Genies noch nicht speziell und gründlich behandelt war: die „Neue Zeitschrift für Musik", die Schumann von 1834–1844 herausgegeben und redigiert hat. Es kam mir auf die redaktionelle, die publizistische Leistung an, die sich in dieser Zeitschrift niedergeschlagen hat, und auf die aus ihr sprechende Ästhetik. Da springt den Leser, aus jeder Zeile, Zukunft an, das Erkennen von Gestalt und Gestaltern von Morgen, ein unbeschreiblich frischer, verheißungsvoller Ton. Als Material für die Dissertation genügte so gut wie ganz der Sammelband der zehn Jahrgänge seiner Zeitschrift. Den gab es in der Münchener Staatsbibliothek wie anderswo. Die Zeichen standen günstig. Ich machte mich, erfüllt von meinem Gegenstand, ans Werk und stellte die Arbeit im Februar 1943 fertig. Die Niederschrift ist für mich in der Erinnerung untrennbar verbunden mit – Säuglingsgeschrei. Es stammte von Susanne, dem eben geborenen Töchterchen meiner Schwester, die 1942 geheiratet hatte, einen Freund aus Freiburger Tagen, Regisseur und Schauspieler dort, jetzt als Reserveoffizier an der Front. Eine Kriegsheirat, nach der die Braut, Gattin und Mutter vorerst dem Elternhaus verblieb.

Das Rigorosum brachte keine Probleme. Rudolf von Ficker, der Doktorvater, ein „Behüter", auch er, mit dem mich spürbar menschliches Einverständnis verband, gab der Prüfung – im Hauptfach immerhin – eine unvorhergesehene Wendung, indem er gleich eingangs mit dem souveränen Charme seines Österreichertums äußerte: „Schaun's Herr Kehm, ich weiß genau, was Sie wissen, und ich weiß genau, was Sie nicht wissen, gehn wir ein Bier trinken!" Das taten wir. Es wurde ein vertraulicher Abend, an dem der feinsinnige Mann plötzlich die ihm sonst eigene Zurückhaltung aufgab und seinem Zorn, seiner Trauer und Resignation freien Lauf ließ über den Zustand, in dem Deutschland, in dem Europa sich befand, dessen Kultur- und Geistesgeschichte sein Lebenswerk bestimmt hatte.

Die Dissertation „Die Neue Zeitschrift für Musik unter Robert Schumanns Redaktion 1834–1844", vorgelegt von Peter Kehm aus Gräfelfing bei München und approbiert von den Professoren Rudolf von Ficker und Karl d'Ester, wurde von der Fakultät angenommen. Sie mußte danach in zwanzig – oder waren es fünfzig? – Schreibmaschinenexemplaren vorgelegt werden. Eine Pflicht zur Vorlage im Druck gab es in diesen Kriegsjahren nicht. Das Manuskript war, nach meinem Diktat, das Werk von Fräulein Gertraude Spieß, einer höchst perfekten Typistin, an die ich über die Universität gelangt war. Sie war eine der freiberuflich tätigen Schreibkräfte, die auf fehlerfreie druckreife Wiedergabe wissenschaftlicher Texte spezialisiert waren

und von denen es damals eine ganze Anzahl gab. Fräulein Spieß war ein erbarmens-
würdiges, von der Natur vernachlässigtes unansehnliches Wesen, das sich mit wahrer Wut in seine Arbeit stürzte. Sie lebte in der Münchner Innenstadt. Angesichts der
nun, im Frühjahr 43, schon spürbar auch hier einsetzenden nächtlichen Bombenan-
griffe war sie geradezu gepeinigt von Angst vor Fliegeralarm und Luftangriffen. Sie
sprach – wenn sie zwischen ihrem emsigen Tippen, dem man mit dem Diktat kaum
folgen konnte, überhaupt sprach – von nichts anderem. Wenig später ist sie bei
einem dieser von ihr so gefürchteten Angriffe ums Leben gekommen. Salut für
Fräulein Spieß!

Die Schatten des Krieges wurden länger, das Leben dunkler. Im Januar 1943
sprach sich in der Universität herum, es hätten einige Studenten versucht, anti-
hitlerische Flugblätter zu verteilen und seien dabei gefaßt worden. Namen erfuhr ich
zunächst nicht. Ich hätte sie auch nicht gekannt. Es waren Hans und Sophie Scholl
und ihre Gefährten. Einen dieser Gefährten erkannte ich, als beim Prozeß vor dem
„Volksgerichtshof" sein Bild in der Zeitung erschien: Alexander Schmorell. Ein
auffallendes Gesicht, das sich mir als Besucher in vielen Konzerten eingeprägt hatte.
Einige Monate später wurde Kurt Huber abgeurteilt und hingerichtet. Ich habe von
ihm schon gesprochen. Er wohnte mit seiner Familie, seiner Frau und einem damals
noch kleinen Töchterchen, in Gräfelfing. Wir trafen uns bisweilen im Vorortzug.
Einmal war ich mit einigen anderen Studenten bei ihm eingeladen. Über Politik, den
Krieg, wurde nicht gesprochen. Von seiner Einstellung, die, wie bei anderen, höchstens zu ahnen, durch ein Wort, einen Blick vielleicht einmal zu erspüren war, gab er
auch sonst nichts zu erkennen. Mir wurde bewußt, was ich unter der Gunst der
Umstände, unter denen sich mein Studium vollzog, wohl zu verdrängen in Gefahr
war: Es war nicht nur der Krieg, unter dessen Bedrohung wir lebten. Dahinter und
darüber stand die immer mehr sich verfinsternde Fratze der Gewaltherrschaft, vor
der wir in Ohnmacht verharrten. Aber da waren junge Menschen, Mitmenschen
meiner Generation, die sich mit dieser Ohnmacht nicht abfinden, die Zeichen davon
geben wollten, daß sie den Popanz durchschaut hatten, an dessen Herrschaft sich in
der Masse des Volkes damals noch wenig Zweifel regten. Und sie wollten etwas tun,
damit andere ihn wie sie erkannten. Es waren keine Hasardeure, sie wollten nicht als
Märtyrer in die Geschichte eingehen. Ein Risiko freilich – das gingen sei ein.
Welches gingen wir, ging ich ein? Ich und andere Gleichgesinnte, die wir das
Verbrecherische des Regimes doch auch erkannt hatten? Welche Zeichen gaben wir?
Wir warteten darauf, daß es sich selbst zugrunde richtete, der „Feind" ihm den
Garaus machte. Es half (und es hilft) wenig, sich den Gemeinplatz vorzusagen, daß
eben nicht jeder zum Helden tauge. Dazu „taugten" auch die Ermordeten nicht.
Und befreiend wirkt letztlich auch das Argument nicht, ihr Widerstand, der
Widerstand von einzelnen gleichermaßen Ohnmächtigen überhaupt, hätte ja nichts
bewirken können, das Opfer, das sie brachten, sei von vornherein vergeblich gewe-
sen. Ich denke, auch das wußten sie, wußten, daß sie das Räderwerk nicht zum
Stehen bringen würden. Das Beispiel, das sie gaben, wirkte in die Tiefe des Gewis-

sens. Ihre Gesinnung geteilt, aber – anders als sie – geschwiegen zu haben, das habe ich zeitlebens als Makel empfunden, wie leicht die griffigen Erklärungen auch immer zur Hand sein mögen. Man kann gewiß niemandem zum Vorwurf machen, daß er nicht als Widerstandskämpfer zu Tode gekommen ist. Aber das Bewußtsein, dem Unrecht aus Furcht nicht entgegengetreten zu sein, sondern beiseite gestanden zu haben, bedeutet doch eine bleibende innere Verletzung. Der Hand fehlt ein Glied, der Zeigefinger.

Die Promotion war vorüber. Meine Freundin und Verlobte Hetty ließ mir einen Adreß-Stempel anfertigen, auf dem vor dem Namen nun die Buchstaben „Dr." prangten. Und ich erwartete die nächste Einberufung oder Musterung. Die aber ließ weiterhin auf sich warten. Dies, obgleich die deutsche Wehrmacht Stalingrad hinter sich hatte und an den bereits ausgedünnten Fronten im Osten die russischen Armeen längst zur Gegenoffensive übergegangen waren.

Da ich weiterhin unbehelligt blieb, mein Leben weiter verlief, als gäbe es keinen Krieg, zog ich daraus den Schluß, es könne und müsse nach dem Studium nunmehr der Beruf in seine Rechte treten. Die deutschen Theater waren damals, weil grundsätzlich noch „kriegswichtig", unverändert in Funktion, wenn auch in personellen Schwierigkeiten aufgrund von Einberufungen aus dem Personal, nicht zuletzt bei der Verwaltung und den Regiestäben. Trotz eifrigem Bemühen gelang es nicht jedem, die begehrte „U.K."-Stellung, die „Unabkömmlichkeit", zu erreichen. Zwei ehemalige Kollegen, denen mein Vater seinen Sprößling zu einem Volontariat (oder zu was immer sie ihn brauchen konnten) anempfahl, waren deshalb sofort geneigt, den Eleven, dessen Herkommen aus dem Metier ihnen nur willkommen sein konnte, bei sich aufzunehmen. Ich hatte die Wahl zwischen Würzburg und Frankfurt und wurde „PM", persönlicher Mitarbeiter des Generalintendanten der Städtischen Bühnen Frankfurt am Main, Hanns Meissner. Das Vergnügen dauerte nur wenige Wochen. Ich las Manuskripte und beteiligte mich als Regieassistent bei der Uraufführung eines neuen Stückes von Friedrich Bethge, einem arrivierten Laureaten des nationalsozialistischen Dramas, der sich Kopernikus zum Helden erkoren hatte, Kopernikus, natürlich deutschen Geblüts und ein urdeutscher Problem- und Paradefall: der deutsche Genius, der furchtlos und treu seinen Weg durch eine Welt von Feinden sucht. Für eine stimmungsvolle Szene an einem düsteren Winterabend in Frauenburg komponierte ich eine Weise im Volkston, die bei den Mitwirkenden großen Anklang fand und mich zugleich mit der ersten Regieassistenz auch als Tonschöpfer einführte.

Mitte Juni 1943 beendete die erneute Einberufung das Intermezzo. Und diesmal war sie für die restlichen eindreiviertel Jahre des Krieges endgültig. Ich war noch beim Münchner Wehrersatzamt registriert, so daß ich in die bayerische Heimat zurückkehrte. Wie es zuging, weiß ich nicht: ich landete bei einer Veterinär-Ersatz- und Ausbildungsabteilung in Landshut, deren Feldwebel den „Herrn Doktor" ersichtlich ins Herz geschlossen und sich zum Ziele gesetzt hatte, diesen allen Widerständen zum Trotz zu einem tüchtigen Reiter auszubilden. Viola hieß ein rassiges Pferd, das er für diesen Zweck ausgewählt hatte, das sich seinen Plänen jedoch erfolgreich widersetzte, indem es zu verhindern wußte, daß der Reiter länger als eine Minute auf seinem Rücken sich hielt. Danach erfuhr ich eine profunde Ausbildung als Fahrer auf dem Kutschbock eines Pferdefuhrwerkes, von der mir in Erinnerung ist, daß der Haltung des Daumens bei der Leinenführung entscheidende Bedeutung zukommt. Gleichwohl reüssierte ich auch hier offenbar nicht in der erwarteten Weise. Auch hatte, glaube ich, ein mir wohlgesonnener Mann auf der Schreibstube ein Einsehen, so daß ich mich Ende September bei den „Landesschützen" in München wiederfand, bei denen mich bis in die letzten Kriegstage – gemessen am Fortgang des Krieges – ein relativ komfortables Dasein erwartete. Ich stand – oder wie man sagte „schob" – Wache vor militärischen Einrichtungen. Einige Zeit durchstreifte ich auf diese Weise die Wälder bei Hohenbrunn im Osten Münchens, in denen sich ein Munitionslager verbarg, und ließ mir dabei Gedichte einfallen. Als Wachsoldat vor dem Generalkommando an der Münchner Ludwigstraße trat das Lyrische zurück – man hatte ständig vor hohen Offizieren zu salutieren, auch waren die Luftangriffe, während deren akuter Phase auch das Wachkommando den ächzenden Keller des Gebäudes aufzusuchen hatte, eine wenig angenehme Sache. Einmal traf eine Luftmine in nicht allzugroßer Entfernung, alles schwankte, wir glaubten unser letztes Stündlein gekommen, aber der Keller hielt stand. Teile des Gebäudes waren übel zugerichtet, darunter die Wachtstube, Fenster und Möbel zerbrochen, ein Nebel von Zement- und Mörtelstaub im Raum, Bilder von den Wänden gerissen und zersplittert. Unbeschädigt in seinem Rahmen an der Wand einzig – das Portrait des Führers und obersten Befehlshabers. Das war zuviel. Mein Wachkamerad, mit dem zusammen ich die Stube betreten hatte, Ferdinand Hafner, seines Zeichens Klarinettist und angeblich unehelicher Sproß aus dem Stamme der Wittelsbacher, mit denen er laufenden Umgang pflog, war ein skurriler, zu Späßen auch in solcher Situation aufgelegter Mann. Wir mochten uns und wußten, was wir voneinander zu halten hatten. Weshalb uns auch augenblicklich der gleiche Gedanke durchzuckte. „Mein Führer", sagte Hafner, unvermittelt Haltung annehmend, „halten zu Gnaden, ein solches Desaster überlebt auch der größte Feldherr nicht", nahm das Relikt von der Wand und zertrümmerte es am Boden, wo so viel anderes schon lag. Wir waren sehr befriedigt.

Meine, wie auch Hafners, hauptsächliche Beschäftigung bestand darin, sogenannte „kriegswichtige" Transporte zu begleiten und zu „schützen". Das konnte ein Güterwagen sein, angefüllt mit Uniformen und Stiefeln, in dessen Bremserhäuschen ich Platz nahm, am Münchner Ostbahnhof zum Beispiel, um nach zahllosen Rangiervorgängen, auf die ich ohne Einfluß blieb, und nach zweitägiger reizvoller Fahrt durchs Gebirge in Marburg an der Drau auszusteigen (was mir in diesem Falle Gelegenheit gab, auf der Rückfahrt einen herrlichen Sommertag in der schönen Stadt Graz zuzubringen). Es konnte aber auch ein Päckchen mit zehn Schrauben sein, das ich in der Manteltasche verstaute und zu dessen Verteidigung das Gewehr 98, das ich bei mir zu führen hatte, in einem seltsam kontrastierenden Verhältnis stand. Die letzte dieser Unternehmungen hatte zum Ziel, irgendwelche Gerätschaften für einen Münchner Eiernudelfabrikanten von Winnenden bei Stuttgart in ein kleines Örtchen nahe Ingolstadt zu verbringen, wohin sein Betrieb kriegsbedingt ausgelagert worden war. Ich visitierte den Waggon in Stuttgart, ließ ihn aber dann pflichtwidrig alleine weiterrollen, weil ich die Erfahrung gemacht hatte, daß die Kollegen von der Reichsbahn auch ohne mich zurechtkamen, und begab mich nach Ingolstadt, um dort die Ankunft zu erwarten. Tag um Tag verging, es dauerte eine Woche – nichts kam an. Ich sah mich bereits in ein Disziplinarverfahren verwickelt, vor dem Kriegsgericht. Eben als ich beschloß, die „Vermißtenanzeige" zu erstatten, und ein letztes Mal beim zuständigen Beamten des Ingolstädter Güterbahnhofs nachfragte, war der verschollene Waggon eingelaufen – ein wenig ramponiert; er war, wie ich hörte, wegen eines Bombenangriffs im Güterbahnhof Plochingen aufgehalten worden. Nun war er da, wenig später wurde er an ein Züglein der Nebenstrecke angehängt, ich nahm Platz und hielt triumphalen Einzug am Zielort, wo das offenbar kostbare, aber kaum noch erwartete Gut mit Begeisterung in Empfang genommen wurde. In München, wohin ich mich anschließend zur Vollzugsmeldung begab, fiel mir der Nudelfabrikant um den Hals und übergab mir in dankbarer Anerkennung meiner Verdienste ein Sortiment seiner hochrenommierten Teigwaren. Das daraus resultierende Festmahl allerdings ließ auf sich warten. Der Krieg näherte sich in dramatischer Weise dem Ende.

Nach wie vor in München stationiert, war ich auch immer wieder daheim im Gräfelfinger Haus. Meine Schwester war, da sie ihr zweites Kind erwartete, zusammen mit meiner Mutter schon im Herbst zu einer ihrem Manne befreundeten Pfarrersfamilie in einen kleinen Ort des Südschwarzwaldes gereist, wo sie dem nun auch in München sich drastisch verschärfenden Luftkrieg entzogen war. Als es eben noch möglich war, folgte auch unser Vater der Familie dorthin. Im Gräfelfinger Haus saß ohnehin schon Einquartierung – keine von angenehmer Art, die Frau eines Offiziers der Waffen-SS mit zwei Kindern parterre, die Freundin eines weiteren SS-Offiziers in meinem früheren Zimmer im ersten Stock. Meinem Vater und mir, wenn ich aus der Kaserne zu Besuch war, blieben zwei Räume. In einem stand der Radioapparat. Mein Vater ließ es sich auch in der beschriebenen Situation nicht nehmen, das schweizerische Radio Beromünster wie auch den „Feindsender" BBC London so oft wie möglich zu hören – im verdunkelten Zimmer, eine dicke Wolldecke über Kopf und Gerät. Auf gleiche Art und Weise versuchte ich nun, im März und April 1945 ein Bild vom Vormarsch der amerikanischen Truppen zu gewinnen. Danach gedachte ich mein Verhalten einzurichten.

Am 9. März hatte ein „Marschbefehl" meine Tätigkeit beim Transportwesen beendet – es gab nichts mehr zu transportieren, nichts „Kriegswichtiges" und auch sonst nichts. Ich hatte mich bei der 1. Marschkompanie des Grenadier-Ersatz-Bataillons 61 zu melden, dem gleichen Truppenteil, bei dem am 31. August 1939 mein Kriegsdienst begonnen hatte; der Ring schloß sich. Nur lag wegen Verlusts seiner Kaserne dieses Ersatz-Bataillon mittlerweile nicht mehr in München, sondern verstreut in Oberbayern. Die 1. Kompanie in einer Baracke bei Weilheim zwischen Ammer- und Starnberger See. Nach vier Wochen in Wartestellung, während deren sich fast nichts tat – offenbar war die Einsatz-Kommando-Struktur in diesen Tagen bereits weitgehend außer Funktion –, gab es noch eine „Abkommandierung" für mich nach Landshut, deren Zweck und Einzelheiten mir nicht mehr in Erinnerung sind, die es mir aber ermöglichte, Zeit zu gewinnen – zumal der Weg über das Zuhause in Gräfelfing führte. Die letzte Aprilwoche verbrachte ich dort in Erwartung der Amerikaner. Würden sie die westlichen Vororte erreichen, solange es mir noch möglich war, mich zu Hause zu halten, ohne Gefahr zu laufen, in letzter Minute als Deserteur aufgegriffen zu werden? Es waren spannende Tage (und Abende am Radio), zumal ich die SS-Besatzung im eigenen Hause zu bedenken hatte. Wellington bei Waterloo konnte die Preußen nicht sehnlicher erwartet haben.

Am 27. April mußte ich mich doch noch zur Rückkehr zur Truppe entschließen. Dort, in Weilheim, traf ich das Kommando in Auflösung. Im Büro der Kaserne, wo ich mich melden wollte, kam eine aufgedonnerte, hochbusige Blondine aus dem Nebenraum gestürzt mit der Schreckensmeldung: „Göring hat den Führer verraten!" Weswegen sie, aufgeregt wie sie war, meiner Meldung wenig Interesse entgegenbrachte. Von Görings Verrat bestärkt, beschloß ich, nach München zurückzukehren, zu Fuß, es gab keinen Zugverkehr mehr. Daß sich in meiner Begleitung auch meine Verlobte Hetty befand, fiel schon niemanden mehr auf. Übernachtung in Feldafing am Starnberger See in einem Lazarett. Am nächsten Morgen Marsch nach Starnberg durch die menschenleeren Straßen der Seegemeinde. Die Geräusche der näherrückenden amerikanischen Panzer und einzelne Schüsse waren von ferne zu hören. Ich bewegte mich auf vertrautem Gelände: wie oft war ich per Bahn, zu Rad, zu Fuß von Gräfelfing über Gauting nach Starnberg und umgekehrt gefahren, gegangen. Diese Ortskenntnis kam mir auch jetzt zugute. Hinter Starnberg, noch auf der Landstraße, kam uns eine Frau entgegen, die mich halb besorgt, halb belustigt musterte. „Sie gehen doch heim? Oder?" fragte sie. Ich blieb abwartend stumm. „Dort hinten im Wald", fuhr sie fort, „an der Würmbrücke steht ein SS-Offizier, der die Soldaten, die daherkommen, aufschnappt und mit ihnen die Brücke verteidigen will. Da gehn's besser nicht vorbei!" Dieser dankenswerte Hinweis führte zum einzigen militärischen Manöver, das ich im Kriege ausgeführt habe. Die Umgehung gelang generalstabsmäßig. Das Schießen wurde stärker. Wir erreichen Gauting entlang der über dem Würmtal entlangführenden Bahnlinie vom Wald her und sehen nordwestlich am Ortsrand die ersten amerikanischen Panzer einfahren. Eine Stunde zu früh! Es erscheint aussichtslos, das Haus in Gräfelfing noch zu erreichen. Der Versuch, von einem Beobachter hinterm Gartenzaun wenigstens eine zivile Hose zu erhalten, bleibt erfolglos. Das nächste Haus ist, wie sich gleich herausstellt, das eines entlassenen Generals, der uns von der Straße hereinbittet. Euphorie des Kriegsendes! General Spemann öffnet eine Flasche Champagner, um den Frieden zu begrüßen. Die seltsame Party wird von Amerikanern unterbrochen, welche die Häuser durchkämmen. Ich bin Gefangener und nehme auf dem Wege zur

Sammelstelle Platz auf dem Kühler eines Jeeps, den vorne ein Säbel und eine wilhelminische Pickelhaube zieren, erste Beutestücke der einrückenden Truppe. Nächstes Beutestück: die silberne, platinbesetzte Taschenuhr meines Vaters, die dieser mir überlassen hatte. Beim folgenden Verhör hält man mich offenbar für einen verkleideten Offizier, bevor ich in das Sammellokal, den großen Saal eines Gautinger Wirtshauses, abtransportiert werde. Der Krieg ist zu Ende. Die Kriegsgefangenschaft beginnt.

Keine leichte Zeit. Ein Absturz aus dem relativen Komfort des heimatlichen Uniformträgers in die rauhe Welt des wirklichen Soldaten. Die ersten Tage und Wochen sind in der Erinnerung beherrscht vom bewegten Bild einer hin- und herwogenden Masse von graugrünen ausgedienten Uniformen, in denen Menschen steckten, namenlose, elende, in der letzten Phase des erbarmungslosen Kampfs ums Überleben. Zunächst zwei Tage eingepfercht in Räume, die sich bis zum Bersten mit entwaffneten Schicksalsgenossen füllten. Am 1. Mai fiel Schnee. Es wurde kalt. Transport auf riesigen Trucks über die Autobahn in Richtung Stuttgart, dann nach Heilbronn, wo auf den Neckarwiesen ein unsägliches Gefangenenlager sich befand, in dem unterzugehen unvermeidlich erschien, wenn es nicht gelang, sich unter Trupps zu mischen, von denen erkennbar war, daß sie – mit welchem Ziel auch immer – aus dem Lager geführt wurden. Im Laufschritt durch das zerstörte Heilbronn zum Bahnhof. Von dort im offenen Güterwagen durch das – selbst unter diesen Umständen – schöne Neckartal nach Heidelberg, dann auf ein Feld bei Ludwigshafen. Zehn Tage und Nächte in Schnee und Regen auf dem aufgeweichten Ackerboden. Nachts preßten sich die Rudel der Menschen aneinander, um der Unterkühlung zu entgehen. Man staunte, welche Reserven der Körper mobilisierte, um zu überleben. Für die Frontsoldaten unter den Gefangenen nichts Neues. Die Verpflegung bestand pro Mann täglich aus einer kleinen Dose weißer Bohnen, die kalt genossen wurden. Sie zu erlangen, war die Aufgabe des Tages. Zu diesem Zweck wurde das Heer der Hungrigen auf einen Teil des Feldes zusammengetrieben, um an der Essensausgabe vorbei, Mann für Mann, in den freien Teil hinüberzuwechseln. Tag für Tag. Endlich der Abtransport. Wohin? Durch die Pfalz und das Saarland nach Frankreich, Metz und Nancy, Richtung Süden, Lyon, Arles – es wurde warm und schön. Zielpunkt Marseille. Wir fanden uns hoch über der Stadt in einem säuberlich angelegten amerikanischen Zeltlager wieder. Das Chaos wich peinlicher Ordnung. Man saß, in Reihe, den Tag über am Boden (wo man nachts an gleicher Stelle sich auszustrecken suchte), dämmerte vor sich hin, unterbrochen von Essensausgabe und Appellen, bei denen allmählich das Aufstehen mühsam wurde und Schwindel verursachte. Eindrückliche Erinnerung: die rohe Niedertracht, mit der das „Küchenkommando", deutsche Mitgefangene, denen Herstellung und Ausgabe der mageren Kost übertragen war, ihre Genossen traktierten. Selbst wohlgenährt, verteilten sie nach Gunst und Laune Weißbrotscheiben, neben einem Schlag Suppe das wesentliche Nahrungsmittel, in unterschiedlicher Größe, straften bei Gedränge durch Entzug. Einer von ihnen, in feister Wohlbeleibtheit, badete sich eines Tages, grunzend vor Behagen, sichtbar vor allen in einer der großen runden Tonnen, aus denen die Suppe ausgegeben wurde, während für die Gefangenen ansonsten Körperreinigung nicht vorgesehen war. Nach einigen Wochen, angefüllt mit Resignation, Gerüchten, Hoffnung, der freiwillige Übertritt in ein Arbeitslager. Das erschien als Fortschritt, man erhoffte sich bessere Verpflegung und die Unterbrechung des geist- und körpertötenden Null-Daseins im großen Lager. Zudem hoffte man, auf diese Weise der Überstellung in französische Gefangenschaft zu entgehen, von der gemunkelt wurde, daß sie in jeder Hinsicht hinter den relativ geordneten Verhältnissen und selbst noch hinter der Verpflegung bei den Amerikanern zurückbliebe.

Das Arbeitslager befand sich mehr in Stadtnähe, aber immer noch in halber Höhe, mit Blick aufs Meer. Es wurden Trupps (oder „Kommandos") für verschiedene Aufgaben zusammengestellt. Ich erinnere mich an einen Tag im Hafen von Marseille mit dem Einsammeln von weggeworfenen Büchsen und anderem Unrat, dann wieder sah ich mich in einer Villa, die Offizieren als Quartier diente, mit Reinigungsarbeiten beschäftigt. Ich fand, oh Glück, in einem der Abfalleimer eine reife, köstliche Birne, weggeworfen wie vieles andere. Eines abends eröffnete mir ein Zeltgenosse, seines Zeichens Konditor, er sei beauftragt, ein „Küchenkommando" zusammenzustellen, das in einer amerikanischen Kompanieküche Dienst zu tun und dem dortigen amerikanischen Personal an die Hand zu gehen habe; zu den vier Kameraden, die er dazu ausersehen habe, solle auch ich gehören. Welch ein Glücksfall das war, erfaßte ich wenig später. Ein amerikanischer Militärlastwagen holte uns frühmorgens im Lager ab, auf kurvenreicher Strecke gings bergauf auf eine mit lichtem Gehölz bestandene Anhöhe und einem Traumblick aufs Meer. Hier hauste die US-Kompanie in festen Zeltbauten. Einer davon beherbergte die Küche sowie die Tische und Bänke, an denen die GI's aßen. Und was sie aßen! Dem deutschen „Landser" und gar dem Gefangenen gingen die Augen über ob der Verpflegungslawine, mit der er sich konfrontiert sah. Hekatomben von Büchsen des unterschiedlichsten Inhalts wurden alle paar Tage angeliefert. In riesigen Pfannen wurden die Steaks, die Hühner, Mais und Bohnen zubereitet. Die Vorbereitung lag bei uns, wir öffneten Dosen, putzten Gemüse, wuschen Besteck und Eßgeschirr. Ein freundlicher Mensch muß im Hintergrund gewirkt haben: täglich, eine halbe Stunde bevor die Kompanie zum Essen anrückte, wurde das Küchenkommando verköstigt, mit ganz der gleichen Kost, die anschließend die GI's sich einverleibten, mit dem Unterschied, daß die letzteren mit dem Gebotenen sich oftmals wenig zufrieden zeigten. Die amerikanischen Chargen sahen auch zu (oder beiseite), wenn wir am Nachmittag, nach getaner Arbeit, jeder ein bis zwei große Büchsen oder Blecheimer mit den Resten des Tages füllten, um diese unter den Genossen im Lager zu verteilen, wobei die einzelnen Teile des Menues nicht säuberlich auseinander zu halten waren, auf dem Steak im geronnenen Fett lag die Marmelade oder der Pudding. Im Lager wurde das Kommando mit Hallo begrüßt. Für viele konnten wir die Ernährungslage ein wenig verbessern. Das Kommando selbst war nach zwei Wochen nicht wiederzuerkennen. Abgemagert, hungrig wie nie zuvor am Anfang, zeigte es sich satt und wohlgenährt wie nie zuvor und auch lange danach nicht mehr: die äußersten Extreme in einem Zeitraum von wenigen Wochen.

Irgendwann, es dürfte im November gewesen sein, wurde ich einzeln aufgerufen und hatte mich mit Gepäck am Lagerausgang einzufinden, um von dort in einem Jeep in ein anderes Lager überstellt zu werden. Daß ich mich hier unter Kranken und Verletzten befand, blieb mir nicht lange verborgen. Ich grübelte, rätselte, was wohl geschehen würde. Am nächsten Tage Interview bei einem Offizier, der mich, kam mir vor, halb mißtrauisch, halb neugierig genau nach Herkunft, Eltern, Vergangenheit fragte. Er hatte Papiere zur Hand, die er dabei zusammen mit meinem Wehrpaß studierte. Danach entließ er mich zu den anderen, ohne sich weiter zu äußern. Von diesen anderen erfuhr ich, daß ich mich offenbar in einem Sammellager befand, von dem aus Transporte mit Kranken und Verwundeten zur Entlassung in die Heimat zusammengestellt wurden. Und so geschah es einige Tage später auch mit mir, dem leidlich Gesunden. Die Fahrt nach Norden wurde in gehobener Stimmung auch von denen absolviert, die mit kleinen oder größeren Leiden behaftet waren. Der Bahnhof von Karlsruhe war eines Morgens das erste, was wir von Deutschland wiedersahen. Die Fahrt endete nach weiteren anderthalb Tagen in Bad Aibling bei Rosenheim, im „Third United States Army Discharge Center". Am 3. Dezember 1945 wurde ich von dort entlassen und erreichte am selben Tag das heimatliche Haus bei Gräfelfing. Einige Monate später, als mir im April vorgeschwebt hatte. „Mit Lebensmittelkarten versorgt ab 4. 12. 45" lese ich auf dem Entlassungsschein neben dem Stempel der Gemeinde. Ein anderer Stempel bezeugt die polizeiliche Meldung. Kein Zweifel: das Leben funktionierte wieder in Deutschland, alles hatte die gewohnte äußere Ordnung. Darin verstanden sich Amerikaner und Deutsche sogleich aufs allerbeste.

Was aber war geschehen, wem verdankte ich die neuerliche glückliche Wendung? Ich erfuhr das erst viel später. Ein einflußreicher Schweizer Freund der Eltern, Direktor der Radio-Schweiz-AG in Bern (nicht etwa eine Rundfunkstation, sondern das schweizerische privat geführte, gleichwohl offiziöse und von den Alliierten gern in Anspruch genommene Unternehmen für drahtlose Telegraphie), hatte intensiven Kontakt mit amerikanischen Militärbehörden. Es gelang ihm, über das US-Hauptquartier in Europa, mich aus der Gefangenschaft nach Hause zu holen. Wo ich steckte, wußte er auf Grund einer Nachricht, die ich aus Marseille den Eltern hatte zukommen lassen können. Ein weiteres Mal hatte ich wahrlich Grund, mich behütet zu fühlen. Kameraden aus dem Lager, die ich viel später wieder traf, haben erst nach einem weiteren Jahr die Heimat wiedergesehen.

Das elterliche Haus fand ich sehr verändert. Es war dort einquartiert ein altes Ehepaar, Baron und Baronin von Kobell, rührende, verzweifelte Leute, ausgewiesen aus ihrer Wohnung im nahen Planegg. Sie froren erbärmlich, hatten nichts zu essen und wußten sich auch sonst das Nötigste kaum zu beschaffen. Meine Eltern, so erfuhr ich, waren in Stuttgart, wo mein Vater beauftragt worden war, die Staatstheater wieder in Gang zu bringen, genauer: das Große Haus, das den Bombenhagel leidlich unversehrt überstanden hatte, während das Kleine Haus, ein unwiderbringliches Kleinod, völlig zerstört worden war. Ich begab mich vor Weihnachten nach Stuttgart, was gar nicht so einfach war. Eine Eisenbahnfahrkarte kam einem Privileg gleich. Stehend im Gang eines überfüllten Zuges mit zerbrochenen Fenstern erreichte ich die Vaterstadt. Die Eltern hatten Unterkunft beim Bruder meines Vaters gefunden. In drei Zimmern, von denen eines spärlich beheizt werden konnte, hausten dessen Familie, meine Eltern, ich selbst und der Mann meiner Schwester, den mein Vater als Regisseur zu sich geholt hatte. Meine Schwester mit ihren Kindern war weiterhin im Schwarzwald und dort unvergleichbar besser aufgehoben als in der zerstörten Stadt. Im Theater gab es bereits wieder Vorstellungen, „Fidelio", „Nathan" und eine Neueinstudierung der „Hochzeit des Figaro" standen auf dem Spielplan. Das Foyer diente der amerikanischen Armee als Club oder Casino. Der Geruch von Schmalzgebackenem durchzog das Haus und wurde von den deutschen Besuchern begierig eingesogen. Während der Vorstellung hörte man die GI's Tischtennis spielen, ihre Freuden- oder Verzweiflungsschreie bei Sieg oder Niederlage bildeten einen anmutigen Kontrast zu Nathans „Ringerzählung".

Weihnachten ging vorüber, kein Fest, aber doch Anlaß, sich dankbar und fast ein wenig erstaunt darauf zu besinnen, wie glücklich die ganze Familie von Leid und Entsetzen verschont geblieben war, die in nahezu jedem Nachbarhause ihre Spuren hinterlassen hatten. Anlaß, nach dem ersten Atemholen, aber auch zur Besinnung über den engsten Kreis hinaus auf das, was in zwölf Jahren geschehen war.

Jetzt war tatsächlich für keinen mehr irgend etwas so, wie es vordem gewesen war. Das hatte, da es mit Händen zu greifen, jeder begriffen. Begriffen aber auch, wie das alles geschehen, wie es dazu kommen konnte? Vorerst überwog Betäubung und in ihr der blinde Drang, zu überleben, das tägliche Leben notdürftig wieder einzurichten. Und in die Betäubung mischten sich Unglauben, Unfähigkeit und Unwille, die Abrechnung zur Kenntnis zu nehmen, die da präsentiert wurde, Position für Position. Nur wenige waren in der Lage, das Geschehene in seinen historischen Voraussetzungen zu verstehen, die Faktoren im einzelnen wie in ihrem Zusammenwirken zu erkennen. Mir schien das in diesem Augenblick auch nicht entscheidend. Politik wird von Menschen gemacht, Taten wie Untaten von ihnen verübt und erlitten. Jeder hatte es am eigenen Leibe erfahren. Alles hing deshalb davon ab, wie der einzelne aus seiner menschlichen Haltung heraus urteilte und sich zu dem Erlebten wie auch zu den Ungeheuerlichkeiten stellte, die in ihrem ganzen Ausmaß für viele erst jetzt offenbar wurden. Bestürzung, Entsetzen, Verzweiflung über die sinnlos gebrachten Opfer, das waren die ehesten und häufigsten Reaktionen, die sich artikulierten. Und Abwehr von Schuldgefühlen. Von denen war im „Stuttgarter Schuldbekenntnis" des Rates der Evangelischen Kirche in Deutschland im Oktober 1945 die Rede gewesen, von einer großen Gemeinschaft der Leiden nicht nur, in der man sich wisse, sondern auch von einer Solidarität in der Schuld: „Wir klagen uns an, nicht mutiger bekannt, nicht treuer gebetet, nicht fröhlicher geglaubt und nicht brennender geliebt zu haben." Das war nicht einmal bei den Oberen der bekennenden Kirche unumstritten. Wieviel weniger bei den übrigen Christen. Nicht allzulan-

ge aber, so kam Trost von Papa Heuss, dem ersten Repräsentanten des wiederge-
wonnenen seelischen Gleichgewichts. Nicht „Kollektivschuld", nein, die könne es
nicht geben, wohl aber „Kollektivscham", hieß der väterliche Spruch. Das klang
schon heimeliger. Da ging man hin, wenn man wollte, und schämte sich. Die
Kinderstube und mit ihr das bürgerliche Hauswesen waren danach wieder intakt.
Mir war das zu wenig. Schon gar von einem Politiker der untergegangenen Republik, einem, der dem Ermächtigungsgesetz zugestimmt hatte. Individuelle justitiable
Schuld, gewiß, hatte sich ein relativ begrenzter Kreis aufgeladen. Aber von einem
Verschulden der Gemeinschaft der Staatsbürger, ihrer demokratischen Repräsen-
tanten insonderheit, vom Versagen der republikanischen Einrichtungen wird man
doch wohl reden müssen, und „kollektiv" blieb ganz gewiß nicht nur die Scham – die
auch, wahrhaftig –, aber mehr noch und schwerer wiegend die Verantwortung, die
Haftung aller für alles, was in ihrem Namen geschehen war. Hitler hatte die
Deutschen, ob sie wollten oder nicht, wußten oder nicht wußten, zu seinen Kompli-
zen gemacht, ein ganzes Volk. Er war um uns, mit uns, durch uns – wir seine
Gefangenen und seine Schergen. Davon kann keiner, der diese Zeit in Deutschland
erlebt und überlebt hat, sich lossagen. Wir alle, jeder einzelne, auch wenn nach
herkömmlichen Begriffen unschuldig, sind in Schuld verstrickt worden. Und unserer, der Hitler-Generation steht es wahrhaftig schlecht an, das Geschehene (und
damit sich selbst) historisch „relativieren" zu wollen, wie im „Historikerstreit"
begonnen, der, da ich dies niederschreibe, von sich reden macht. Selbst wenn die
hitlersche Tötungsindustrie nicht ohne Beispiel wäre – sie war es unbestreitbar –:
was hülfe es uns, in deren Namen und für deren Rechnung sie Menschen wie Müll
verbrannte? Geschichte, der historische Vergleich als lossprechende Instanz? Exkul-
pation anstelle von Befreiung? Ablenkung statt Trauer, Vernebelung statt Klarsicht?
Wen sollte das entlasten? Wen trösten? Befreiung hat einen langen Atem, sie wartet
auf unser Erschrecken, unsere Einsicht, unser Eingeständnis. Auf jeden einzelnen.
Es führt kein Weg vorbei am eigenen Gewissen. Was not tut, ist der „Mut zur
Wahrheit", von dem Richard von Weizsäcker gesprochen hat, Selbst-Bewußtsein,
das einzig Selbst-Vertrauen wieder ermöglichen und rechtfertigen kann.

Nachkriegsrundfunk. Die Amerikaner in Stuttgart

Der Rundfunk hatte bisher in meinem Leben keine bedeutende Rolle gespielt und jedenfalls keine sehr viel andere als für die meisten Zeitgenossen, für die „das Radio" in der fortschreitenden Geschichte des „Dritten Reiches" mehr und mehr zu einem ebenso unentbehrlichen wie bedrückenden Begleiter des täglichen Lebens geworden war. Dafür sorgte der „Führer", sorgten die unheilschwangeren Kräfte, die er in Bewegung setzte, im eigenen Lande zuerst, später in Europa und der Welt. Was er und seine Paladine dem deutschen Volke mitzuteilen hatten, erfuhr dieses aus dem Lautsprecher – oft genug vor dem Hintergrund jubelnder Menschenmassen, brüllend die einen wie die anderen. Und auch für die, die vom Dröhnen der braunen Propaganda nur abgestoßen wurden, gehörte, ob sie wollten oder nicht, der Rundfunk unweigerlich zum Alltag: nicht zuletzt als Mittel der Verbindung zur Welt, zum Geschehen draußen, über das drinnen nur Täuschung herrschte. Im Kriege schließlich wurde er für alle mehr und mehr zum Hilfsgerät für das Überleben, zur Service-Welle im Bombenhagel.

In den Stuttgarter Jugendjahren, etwa von 1927 an, befand sich ein Radiogerät im väterlichen Arbeitszimmer. Ich erinnere mich an nächtliche Reportagen von Boxkämpfen aus New York, wo Max Schmeling um die Weltmeisterschaft im Schwergewicht kämpfte – gegen Jack Sharkey und Young Stribling, von denen der erstere dem Max einen Tiefschlag versetzte, was diesem den erhofften strahlenden Sieg, uns den restlichen Schlaf kostete und die folgenden Tage mit Empörung und Trauer überschattete. Richard Tauber, Joseph Schmidt und andere Matadore des Schöngesangs waren von Schallplatten zu vernehmen, aber auch hauseigene Prominente hatte der damalige „Südfunk" aufzuweisen: Gerda Hansi (später unter ihrem Namen Marie Madlen Madsen) in Opern- und Operettenmelodien, die Altistin Emma Mayer und der Pianist Artur Haagen als – übrigens höchst achtbare – Liedinterpreten. Hin und wieder waren auch Sängerinnen und Sänger der Landestheater zu hören. Opernübertragungen gab es erst nach langwierigen Verhandlungen, weil man sich über eine angemessene Vergütung anfangs nicht einigen konnte. Die Rundfunkgewaltigen, von hohem Sendungsbewußtsein erfüllt, wollten nichts – oder jedenfalls nicht viel – zahlen: das Theater, meinten sie, solle es mit der Ehre (und vielleicht auch der Öffentlichkeitswirkung) genug sein lassen. Mein Vater hingegen fand, die Oper gehöre – noch dazu gegen geringes Entgelt – nicht in den Rundfunk: die Leute, wenn sie die Oper liebten, sollten ins Theater kommen, ein Gedanke, der angesichts stockender Besucherzahlen in diesen Krisenjahren auch wirtschaftlich plausibel erschien. Davon, daß „die Medien" sich gegenseitig stimulieren, der Rundfunk also unwillkürlich zum Promotor des Theaters werden könne, ahnte man damals nichts.

Auf dem aktuellen Sektor füllte Carl (genannt Carlchen) Struve mit allerlei Beobachtungen und Berichten, direkt von den Orten des Geschehens, vor allem aber mit seiner Begeisterung hierüber, das Programm. Ein paar Reportagen aus diesen frühen Rundfunkjahren sind, auf Platten, erhalten geblieben, darunter eine aus dem Jahre 1931: Novizeneinkleidung im oberschwäbischen Kloster Beuron, Struve im Gespräch mit dem Erzabt des Klosters. Fabelhaft, denkt man zu Beginn, was für Reporter gab es damals! Präzise, gedrängt informativ die Einleitung, druckreif ein Satz nach dem anderen! Dann der Erzabt. Das Gleiche. Nur daß er, wie man bald merkt, nicht ganz so flüssig – vom Blatt liest wie der geübte „Reporter". Die „live" übertragene Reportage, „live" ist sie schon, aber die Beteiligten, einschließlich des Reporters, lesen ihren Part aus dem vorher gefertigten Manuskript. So auch in einer „Teestunde beim Generalintendanten" mit Künstlern der Landestheater, die um 1932 aus der elterlichen Wohnung an einem Sonntagnachmittag übertragen wurde. Im säuberlich ausgearbeiteten Manuskript waren auch die Kinder, meine Schwester und ich, mit je einem Satz vertreten.

Gewiß, es gab auch sogenannte „Originalreportagen" – im Sport oder sonst bei besonderen Ereignissen. (Alfred Brauns Schilderung des Trauerzuges für Gustav Stresemann 1929 ist ein mit Recht berühmtes Beispiel.) Journalisten aber im eigentlichen Sinne gab es zu dieser Zeit beim Rundfunk nicht. Das „neue Medium" – damals gebührte ihm dieser Name tatsächlich – war fest in den Händen der Literatur und der darstellenden Künste. Seine Promotoren kamen vom Theater, aus der örtlichen Literatur- und Musikszene. Das konnte man auch mit Vorbehalten betrachten, wie es Josef Ersing tat, 1949–51 erster Verwaltungsratsvorsitzender des neuen Süddeutschen Rundfunks, dem sich die Frühgeschichte des Rundfunks zu der grollenden Aussage verdichtete, die Techniker – doch wohl unstreitig – hätten den Rundfunk erfunden, danach erst seien „die Künstler" gekommen und hätten es, perfiderweise, verstanden, den ersteren das Heft aus der Hand zu winden. Ein Tatbestand, der ihn in seiner ohnedies tiefverwurzelten Abneigung gegen die verdächtige Spezies gründlich bestärkte.

In unserer Münchner Zeit wuchs das Interesse an Opernübertragungen, die es aus der Bayerischen, aber auch aus der Wiener Staatsoper zu hören gab. Und anläßlich einer Sendung der beiden Teile des Goetheschen „Faust" verfaßte ich einen Essay, in dem ich mich um den Nachweis bemühte, daß der Rundfunk (vor allem beim zweiten Teil) gegenüber der Bühne der adäquatere Vermittler der Dichtung sei. Ein einzelner Hinweis immerhin auf späteres Interesse. Mein Vater versuchte, seine geschmälerten Einkünfte aufzubessern, indem er sich seiner schriftstellerischen Talente erinnerte und eine anthologische Hörfolge verfertigte, die den Titel trug „Warum küssen sich die Menschen?" und im Reichssender München gesendet wurde. Auch eine Komödie der Verwechslung junger Paare „Trau, schau – wem?"

schrieb er, die zweite aus seiner Feder, die aber den Erfolg der ersten, schon vor dem Ersten Weltkrieg aufgeführten, nicht wiederholen konnte. „Als ich noch im Flügelkleide" – so deren Titel – ist in Operettengestalt noch dem Fernsehzuschauer unserer Tage begegnet: Robert Stolz (mit seinen Librettisten) hatte sich ihrer als Vorlage für sein musikalisches Lustspiel „Wenn die kleinen Veilchen blühen" bedient. Anteilige „Tantièmen" (nämlich Urhebervergütungen), wenn irgendwo in Europa wieder einmal eine Szene oder ein Querschnitt daraus zur Sendung kommt, erreichen die lachenden Erben, meine Schwester und mich, gelegentlich noch heute.

1945 – das Wiedersehen mit Stuttgart, der Geburts- und Heimatstadt der Kinderjahre, war erschütternd, auch wenn ich im Verlauf des Krieges, als Transporteur von allerlei Gerätschaften, das eine oder andere Mal dort gewesen und die fortschreitende Zerstörung in Augenschein hatte nehmen können. Die Stadt lag in Trümmern. Vom ehemaligen Palazzo, mit unserer Wohnung bis 1933, standen wie von den anderen herrschaftlichen Bauten an der Neckarstraße ein paar Grundmauern, von der wahrhaft königlichen Anlage des Theaters war der schönste Teil, das Kleine Haus sowie die Dekorationsmagazine, restlos zerstört. Das Große Haus hatte mit einigen Schäden überdauert, und auch das Verwaltungsgebäude befand sich in funktionstüchtigem Zustand.

Das alte „Waisenhaus" am Charlottenplatz, im Dritten Reich sogenanntes „Haus des Deutschtums" in der „Stadt der Auslandsdeutschen", in dem die „Süddeutsche Rundfunk A.G." vor 1933 und danach der „Reichssender Stuttgart" untergebracht gewesen, war gleichfalls zum großen Teil zerstört; schon in den letzten Kriegsjahren waren keine Sendungen mehr von hier ausgegangen. Ein eigentliches „Funkhaus" hatte Stuttgart bis dato nicht besessen. Die US-Army hatte, nachdem die Franzosen aus der Stadt verdrängt worden waren, das sogenannte „Telegrafenbauamt" der Post an der unteren Neckarstraße, das sich in leidlichem Zustand befand, für Rundfunk- und auch andere Besatzungszwecke requiriert. Hier wachte Mr. Stevens, der in Stuttgart gefürchtete Chef des CIC, dessen durchbohrendem Blick es aufgegeben war, herauszufinden, ob, wer behauptete, kein Nazi gewesen zu sein, am Ende nicht doch einer war. Und hier auch observierten amerikanische Radio-Offiziere das kleine Häuflein deutscher Mitarbeiter, ohne die nun einmal keine deutschsprachigen Sendungen „on the air" hätten gehen können. Diese Sendungen – nicht anders als bei Carlchen Struve, wenn auch aus anderen Gründen – waren Wort für Wort in Manuskripten festgehalten, deren Lektüre und „Freigabe" das wesentliche Geschäft der für das Programm tätigen amerikanischen Chargen war. Die Nachrichtensendungen standen naturgemäß im Mittelpunkt ihrer Aufmerksamkeit, und das blieb so auch dann noch, als mit der Zeit andere Manuskripte, aus Literatur, Musik und Unterhaltung, auch einmal diagonal gelesen oder in der Eile gar par discretion blind gegengezeichnet wurden. Mit Strenge wurde besonders auch der Schulfunk behandelt, galt es doch bekanntlich, die Deutschen umzuerziehen, ihnen Militarismus und Obrigkeitsdenken auszutreiben. Und wo, wenn nicht in der Schule, hätte dies beginnen sollen. Es gab in dieser Hinsicht klare Richtlinien der Militärregierung, die bis ins einzelne Manuskript hinein als Richtschnur beobachtet wurden. Eine davon entsprang dem damals oft verlautbarten Begriff der „Graswurzeldemokratie", womit gemeint war, Demokratie könne nur von Grund auf, aus dem Selbstverständnis des einzelnen Bürgers und dem Bewußtsein wachsen, daß er, in demokratisch legitimierter Form, zu bestimmen habe, was die Oberen zu tun hätten, und nicht umgekehrt. Daß hier ein deutscher Nachholbedarf bestand, war offenkundig. Die Amerikaner sahen hier eine wesentliche Aufgabe ihrer Besatzungspolitik. Und es drückte sich dies nicht zuletzt auch immer wieder einmal in Privatlektionen aus, deren jeder deutsche Mitarbeiter, auch wenn ihm Demokratie kein Fremdwort war, unversehens teilhaftig werden konnte. In der Rundfunkpraxis, z. B. eben im Schulfunk, folgte daraus, daß die Geltung bis dato „großer Deutscher" drastisch infragegestellt, ihre Verherrlichung mitleidlos unterbunden, hingegen jede Neigung, der Obrigkeit am Zeuge zu flicken, entschieden gefördert wurde, – der deutschen, versteht sich, denn selbstverständlich verbot das Besatzungsrecht jede Kritik an Maßnahmen der Militärregierung.

Dieser „Policy" war auch eine Kontroverse zu verdanken, die unter dem Etikett „Maier gegen Maier" großes Aufsehen machte. „Maier gegen Maier" – das waren Ministerpräsident Reinhold Maier auf der einen, der Journalist und Lizenzträger der Stuttgarter Zeitung Franz-Karl Maier auf der anderen Seite, der die demokratische Legitimation des Regierungschefs wegen seiner Zustimmung zum Ermächtigungsgesetz von 1933 in heftigen Angriffen in Zweifel zog. Die Amerikaner sahen in diesem über längere Zeit sich hinziehenden Duell ein Lehrstück für die Rolle einer freien, regierungsunabhängigen Publizistik, und man kann nicht sagen, daß ihre Sympathien auf Seiten Reinhold Maiers gewesen wären. Ich sehe noch deutlich den selbst in den damaligen Hungerjahren wuchtig wirkenden Mann das Zimmer betreten, dem eher unwirsch blickenden Amerikaner seinen Diener machen und seine neueste Replik auf die letzte Attacke des anderen Maier zur Freigabe vorlegen. Diese erfolgte keineswegs ohne weiteres, sondern nach barschen Rückfragen und auch mit Streichungen und anderen auferlegten Textänderungen. Erst dann konnte der Ministerpräsident selbstverständlich live ans Mikrofon eilen. Daß diese Episode ihn nicht gerade im Sinne amerikanischer Vorstellungen für die Neuordnung des deutschen Rundfunks motivierte, liegt auf der Hand.

Für kontroverse Erörterung der öffentlichen Angelegenheiten war auch sonst gesorgt. „Fragen, die alle angehen" hieß eine Diskussionssendung am Sonntagvormittag, die frühabends in der Woche wiederholt wurde. „Parteien diskutierten" am Freitagabend. Auch die laufende tagesaktuelle Berichterstattung war darauf eingestellt, daß offiziöser Darstellung die kritische Nachfrage oder Infragestellung möglichst auf dem Fuße folgte. Das betraf die binnenpolitische Szene, die Deutschen unter sich, soweit ihre Angelegenheiten nach Besatzungsrecht und -politik ihnen selbst überlassen waren. „Die Stimme Amerikas", die dreimal täglich sich vernehmen ließ, war demgegenüber eine offiziöse Verlautbarung, die ohne Gegenfrage blieb, immerhin eine, die noch ein relativ breites Spektrum von Information bot und

bis zu einem gewissen Grade auch ein internationales Korrespondentennetz ersetzte, das es von deutscher Seite damals ja nicht gab.

Die nahe Kriegsvergangenheit und die deutsche Nachkriegsgegenwart standen
dem Radiohörer auf beklemmende Weise ins Haus. Zweimal täglich begegneten ihm
die Berichte aus Nürnberg vom Kriegsverbrecher-Prozeß gegen die überlebenden
Top-Nazis und -Militärs, um 12 Uhr 30 und um 20 Uhr 15. Woraus erhellt, welche
Bedeutung die Amerikaner diesem Teil der Vergangenheitsbewältigung beimaßen.
Ganz von selbst – und wahrscheinlich umso wirkungsvoller – leisteten einen Beitrag
hierzu aber noch andere (über Jahre anhaltende) Ausstrahlungen: die Listen der
Suchdienste, Namen über Namen, die Suche nach Menschen, die im Kriege ver-
schollen waren. Für einige Zeit gab es einen besonderen „Kindersuchdienst". Gegen
Gedankenlosigkeit und wider das Vergessen – in dieser Zeit, in der die Not und
Notdürftigkeit des täglichen Lebens ohnedies jeden mit der jüngsten Vergangenheit
täglich konfrontierten, drang deren Nachhall auch per Radio noch vervielfacht auf
ihn ein. Unentrinnbar. Und manchmal ganz gewiß eine Überforderung, der viele
sich entzogen, indem sie nicht mehr hinhörten. Dem Zuviel folgte das Zuwenig
ebenso zwangsläufig. Ich habe mir später öfters einmal gewünscht, es gäbe ein
Mittel, den Spätergeborenen Kriegsfolgen so eindrücklich vor Ohren zu bringen,
wie es damals die Gegenwart täglich besorgte.

Nach meinem Dienstantritt als Mitarbeiter (bald auch tituliert als „Leiter") der
„Literarischen Abteilung" verbrachte ich die ersten Tage in einem Fauteuil, das, von
irgendwoher requiriert, zur Einrichtung eines ehemals modernen Hauses gehört
haben muß, ein blaßblau bezogenes Möbelstück, das auf kreisrunden Alumini-
umkufen stand und in dessen mittlerweile durchgesessenen Polstern man unwiderstehlich tief versank. Es stand dem Schreibtisch gegenüber, an dem Mr. Arthur
Shaffer saß, Zigaretten rauchte, las und, aus der Froschperspektive des im Sessel
Versunkenen, sich ausnahm wie ein höheres Wesen. Und das wohl nicht ganz ohne
Absicht. Zwischendurch hatte ich den Platz zu räumen, wenn einer der schon aktiv
im Sendedienst stehenden Deutschen, etwa der diensthabende Nachrichtenredakteur, erschien, um das Manuskript der nächsten Nachrichtensendung vorzulegen.
Dann versank dieser im Sessel vor dem Schreibtisch und hatte den von oben auf ihn
gerichteten Blicken, mancher kritischen Frage und daraus resultierenden Korrektu-
ren seines Textes standzuhalten – bis hin zu gelegentlichen Belehrungen über
richtiges und schlechtes Deutsch. Wobei in diesem Punkte, bemerkenswerterweise,
der „Controller" stets recht hatte. Er sprach nicht nur ein vorzügliches Deutsch, es
war dies unüberhörbar seine Muttersprache. Obgleich ich aber fast eineinhalb Jahre,
Schreibtisch an Schreibtisch, mit ihm das Zimmer teilte und viele Zeichen seiner
Sympathie erfuhr, habe ich über seinen Lebensweg Näheres niemals erfahren. Er
äußerte sich darüber nicht. Und trotz allmählich vertrauten Umgangs bei den
täglichen Geschäften blieb es bei einer Distanz, die mich, so konziliant sie war, doch
hinderte, danach zu fragen. Das wenige, das erkennbar wurde, ergab sich aus
kurzen, unwillkürlichen Andeutungen, meist in ganz anderem Zusammenhang,

oder aus Mitteilungen anderer, die es zu wissen glaubten oder tatsächlich wußten. Arthur Shaffer war Jude deutsch-ungarischer Herkunft, Emigrant in England, wo er, offenbar im Zuge der Vorbereitung von Invasion und Besetzung, zur „Informations-Division" der US-Army verpflichtet worden war. Seine Frau lebte als Schauspielerin in London. Auch er selbst war beruflich unverkennbar in Theater und Film zu Hause. Das Europa der Vorkriegsjahre, seine Literatur, Musik und sein Theater waren seine geistige Heimat. Bei „Radio Stuttgart" galt dem Hörspiel vor allem sein Interesse. Am liebsten hielt er sich bei der Produktion im Studio auf, wobei er nicht selten in die Probenarbeit mit den Schauspielern eingriff, wie ich gelegentlich auch selbst erfuhr und wovon ich übrigens profitiert habe, denn er war ein vorzüglicher Dialogregisseur.

Vorerst aber, wie gesagt, saß ich im Sessel, von Mr. Shaffer mehr offen als verstohlen beäugt. Seine Neugier galt meiner Reaktion auf zwei Hörspielmanuskripte, die er mir, kaum daß ich den Dienst angetreten, zur Lektüre in die Hand gedrückt hatte. Eines davon, ein original verfaßtes „Künstlerdrama" um einen Musiker namens „Wolfgang Amadeus Siebenhaar"(!), sollte am übernächsten Tag gesendet und deshalb am nächsten Tag produziert werden. Das andere Stück, nach der Novelle „Germelshausen" von Friedrich Gerstäcker, war bereits gesendet, es diente sozusagen der Information ex post. Beide stürzten mich in Verwirrung und Zweifel. Wohin war ich geraten? In die Redaktion einer drahtlosen „Gartenlaube" ganz offenbar. Besonders Wolfgang Amadeus Siebenhaar war der Held einer Geschichte von atemberaubender Trivialität. Der „Kitsch als kultureller Übergangswert" (worüber Erwin Ackerknecht, der damalige Direktor des Schiller-Nationalmuseums, in einem lesenswerten Essay geschrieben hat) war mir noch nicht geläufig. Für einen Augenblick überlegte ich, ob es nicht besser sei, meinen Sessel sogleich wieder zu räumen – mit dem Ausdruck des Bedauerns, da ich mich offensichtlich in der Adresse geirrt –, oder, noch besser, am nächsten Tage einfach nicht wieder zu erscheinen. Doch Mr. Shaffer hatte meine Skrupel erkannt und schien davon nicht überrascht. „Gefällt Ihnen nicht besonders, wie?", fragte er halb kritisch, halb amüsiert, um auf meine zaghafte, höflich umschreibende Bestätigung („Es kann ja nicht alles 100%ig gelingen" – oder so ähnlich) zu bemerken: „Na, sehen Sie. Damit Sie's besser machen, haben wir Sie engagiert." Das entbehrte nicht der Schlüssigkeit, war aber leichter gesagt als getan. An den Manuskripten, die in den folgenden Wochen zwei Tage, manchmal auch nur einen vor dem Sendetermin eintrafen, ließ sich nur wenig ändern. Der Autor saß schon am nächsten. Man konnte nur ihm und sich selbst das Beste wünschen. „Produziert", d.h. „auf Band aufgenommen", wurden die Werke meist in der Nacht vor dem Tag der Sendung, nach Schluß der Vorstellungen in den Theatern, deren Ensemblemitglieder zugleich auch das „Schauspielerensemble von Radio Stuttgart" verkörperten. Allen solchen Umständen zum Trotz gab es höchst positive Reaktionen eines dankbaren Publikums – nicht zuletzt wohl deshalb, weil die Produktionen häufig auf einen Bücherschatz zurückgriffen, der vielen nicht greifbar, im Kriege verbrannt oder sonstwie abhanden gekommen, zum Inventar schönerer Tage gehört hatte und sich nun in der radiophonisch geweckten Erinnerung doppelt verklärte. „Aquis submersus" nach Theodor Storm und „Die Unbekannte aus der Seine" nach Reinhold Conrad Muschler waren zwei der folgenden Stücke, deren Appell an das Gemüt ich noch unterstrich, indem ich ihnen, was gleichfalls zu meinen Aufgaben gehörte, aus dem Plattenarchiv Klänge beimischte, die ebenso unwiderstehlich das Auge feuchteten wie die Texte. Anschließend verschaffte ich mir Luft, indem ich auf beide Stücke Parodien verfertigte, die jedoch nicht gesendet wurden.

Nach einigen Tagen im Sessel wurde im hinteren Teil des großen Zimmers ein Tisch nebst einem Stuhl für mich bereitgestellt. Das Arbeitsverhältnis verfestigte sich. Neue Aufgaben harrten der Erfüllung. „Aus neuem Geist" war der Titel einer Viertelstunde, in der die amerikanische Programmleitung an jedem Sonntag um 12 Uhr 15, wenn Land- und Stadtbevölkerung sich zum mehr oder minder kärglichen Mittagsmahl versammelten, die Hörerschaft mit neuer Lyrik, vornehmlich des Auslands, zu konfrontieren beschlossen hatte. Denn ebendies hatten die Leute, wie nicht zu leugnen war, Jahre hindurch entbehren müssen. Die Übersetzungen, meist aus dem Englischen, verfertigte ein Mitarbeiter des für die sonst ganz unkünstlerischen Zwecke der US-Behörden installierten Übersetzungsbüros. Er kam aus dem Hotelfach und übernahm später die Leitung des Kasinos von Radio Stuttgart. In seiner Ratlosigkeit wandte er sich gelegentlich an mich, und ich ging ihm mit manch überraschender Wendung zur Hand. Englische Schulkenntnisse hatte ich, und das tägliche Amerikanisch um uns herum stärkte das Ahnungsvermögen. Etwas Phantasie noch und der deutsche Text war fertig. Sein Sinn blieb oft dunkel, aber das war, aller Vermutung nach, beim Original auch nicht viel anders.

Keinerlei Kenntnisse hatte ich im Italienischen, wenn ich davon absehe, daß mir einige Opernarien geläufig und ihrem Sinn nach erahnbar waren. Das in mich gesetzte Vertrauen war aber mittlerweile schon so groß, daß mir die kurzfristige Übersetzung eines längeren Poems von Guiseppe Ungaretti aufgetragen wurde, – am Freitag, für den „Neuen Geist" am Sonntag. Der deutliche Hinweis auf mein Null-Vermögen in dieser schönen Sprache fruchtete nichts. Es werde mir, meinte man, schon etwas einfallen. Daß Unmögliches sofort erledigt werde, war bei den Amerikanern damals tatsächlich kein Scherzwort. Es war ernst gemeint. Und auch Wunder sollten nicht zu lange dauern. Also besorgte ich mir ein italienisches Wörterbuch und machte mich ans Werk, das mich den ganzen restlichen Freitag und den größten Teil des Samstags beschäftigte – ich hatte mir, wenn schon, in den Kopf gesetzt, die im Italienischen vorhandenen Reime auch im Deutschen wiederzugeben. Und siehe da, es gelang mir nicht nur dies, ich war am Ende überzeugt, auch Inhalt, Geist und Duktus des Gedichts treffend wiedergegeben zu haben. „Gar nicht leicht", meinte nach der Sendung der Schauspieler Herbert Herbe, der zusammen mit Paul Land, einem der bekanntesten und beliebtesten Sprecher dieser Zeit, die Gedichte der Sendereihe live – und meistens prima vista!

– zu lesen und zu sprechen hatte. „Sie haben recht", erwiderte ich, „der neue Geist hält uns ganz schön in Atem!"

In der Leitung der „Station", unter den amerikanischen Kontrolloffizieren, muß es just zu der Zeit, in der ich eintrat, Meinungsverschiedenheiten und Fraktionsbildungen gegeben haben. Worüber und weswegen habe ich nicht mitbekommen, mich auch nicht dafür interessiert; ich war mit Lyrik, Prosa und Dramatischem ohnedies ausreichend beschäftigt. Was mir auffiel, war, daß die Offiziere in meiner unmittelbaren Nähe häufig zu „meetings" gerufen wurden, von denen sie erregt, einmal auch mit hochroten Köpfen zurückkehrten. „Chief of station" war bei meinem Eintritt Captain Philip L. Barbour, ein schnauzbärtiger Soldat, offenbar irischer Abkunft, der, wie man unter deutschen Mitarbeitern munkelte, von Whisky viel verstand. Von seiner Existenz erfuhr ich erst, als er gelegentlich Mr. Arthur Shaffers Büro aufsuchte, um diesem irgendein Schriftstück zu überreichen. Offenbar erfuhr er dabei erstmals von meinem Dasein. Er beäugte mich kurz und verschwand wieder. Vorgestellt wurde ich ihm nie. Nicht lange danach teilte mir Shaffer, unverkennbar mit Befriedigung, mit, es habe einen Wechsel an der Spitze gegeben, „Chief of station" sei nun Captain Fred G. Taylor, der bisherige „Administrative Officer". Den kannte ich ja nun und war's zufrieden. Einige Offiziere, denen ich bis dahin gelegentlich auf dem Gang begegnet war, ohne sie ein- oder zuordnen zu können, waren danach, wie Barbour, verschwunden. Offensichtlich hatte die Fraktion, mit der Shaffer sympathisierte, gesiegt. Neben Shaffer hatte ich den engsten Kontakt zu Mr. Kip Chevalier, und zwar deshalb, weil dieser zuerst als Dritter mit uns das Zimmer teilte, bevor ich mit Shaffer den daneben gelegenen Raum bezog. Kip Chevalier, ein einfaches, gerades Gemüt, war, wie ich hörte, seines Zeichens Lehrer, was seine Vorliebe für den Schulfunk erklärte. Im übrigen zensierte er, wie Shaffer, Nachrichtensendungen und andere Teile des Wortprogramms. Um die Musik kümmerte sich Lieutenant L. S. Coplen, dessen Herkunft mir unbekannt blieb, er soll Musiklehrer an einer High School gewesen sein. Als „Chief of Programmes" fungierte Mr. Stuart L. Hannon, neben Shaffer der einzige unter den Officers, den man einen „Intellektuellen" nennen konnte. Einen engeren Kontakt zu ihm hatte ich nicht, den besorgte Shaffer persönlich. Ansonsten bevölkerten das „Radio Department" eine Anzahl ausgesucht hübscher junger Damen, Sekretärinnen in den amerikanischen Büros, Deutsche mit Englisch-Kenntnissen (oder was sie dafür hielten), von denen einige nicht verbargen, daß sie auch das Domizil der Offiziere, eine beschlagnahmte Villa im Stuttgarter Westen, von innen kannten – das Badezimmer eingeschlossen.

Nur sehr allmählich gewann ich auch genauere Vorstellungen von der Tätigkeit weiterer deutscher Mitarbeiter, die ich nach und nach kennenlernte. Ihre Funktionen waren oft wenig eindeutig und erstreckten sich offenbar auf recht verschiedene Gebiete. Ich lernte, daß man sich unter den herrschenden Umständen, wo von wenigen viel zu besorgen war, Aufgaben auch selbst übertragen konnte, ohne daß jemand einen daran gehindert hätte.

Ersichtlich waren die einzelnen deutschen Kollegen mehr oder minder auch an einzelne Kontrolloffiziere gebunden, denen sie, wie ich Herrn Shaffer, irgendwann zugeführt worden waren oder sonstwie ihren Job verdankten. Das konnte so oder so ausgehen. Aus der Sicht des Uneingeweihten waltete ein undurchschaubares Fatum. Stand man auf der richtigen Seite? Oder würden die inneramerikanischen Meinungsverschiedenheiten den einen jetzt, den anderen später in ihren Strudel ziehen? Ich ließ das Schicksal walten.

Als Programmberater hatte Josef Eberle, dem alten „Südfunk" vor 1933 eng verbunden, das neue „Radio Stuttgart" bereits wieder verlassen, um sich als einer (und schließlich einzig überdauernder) der Linzenzträger der „Stuttgarter Zeitung" am Beginn einer in mehrfacher Hinsicht weit glänzenderen Karriere wiederzufinden. Als Programmberater fungierte in einem der oberen Gemächer auch Dr. Fritz Eberhard, einige Jahre später, 1949, erster amtierender Intendant des öffentlich-rechtlichen Süddeutschen Rundfunks. Jetzt schrieb er politische Wochenendkommentare. Es ging das Gerücht, die Amerikaner wollten ihn demnächst zum deutschen Intendanten machen. Vielleicht deshalb wurde ich ihm, auf Veranlassung des deutschen Verwaltungsleiters, persönlich vorgestellt. Wenig später war auch er verschwunden. Gegen welchen Stachel er gelökt hatte, blieb mir verborgen. Kurz darauf tauchte er als Leiter des „Büros für Friedensfragen" im Range eines Staatssekretärs in der Öffentlichkeit wieder auf. Außerdem war er SPD-Abgeordneter des Landtags. Allmählich beruhigte sich, soweit ich sehen konnte, die Situation. Ich begegnete unter Amerikanern und Deutschen zunehmend und dauerhaft den gleichen Personen. Man wußte einigermaßen, mit wem man es zu tun hatte.

Das Programm, der output dieser schwer durchschaubaren, verwunderlicherweise aber irgendwie doch effizienten Maschinerie, war, abgesehen von den schon beschriebenen Aktualitäten, ein mixtum compositum aus US-amerikanischer Radiopraxis, Restposten deutscher Rundfunk-Vergangenheit, zusammengetragen und ergänzt von Ehemaligen des Stuttgarter Rundfunks, die Mr. Stevens' Röntgenblick standgehalten hatten, sowie von Neulingen, wie ich einer war. In einem Programmraster, der so gut wie ausschließlich viertel-, halb- und höchstens bei der Musik auch einmal einstündige Sendungen kannte, figurierten wie eh und je an bedeutender Stelle der Landfunk, aber auch sonstige regelmäßige Beiträge aus der „Schwäbischen Heimat". Neu für den entwöhnten Hörer waren kirchliche Morgenfeiern am Sonntag, präludiert übrigens von einer Darbietung des Tabernakel-Chors vom Tempel der Mormonen in Salt-Lake-City, Utah, USA, woher der Chief of station Fred G. Taylor, selbst Mormone, stammte. Wer es mit seiner Sendezeit nicht auf die Sekunde genau nahm, lernte, daß just dies, die Sekundengenauigkeit, tragendes Element eines Radioprogramms sei. Das Wort wurde ihm unerbittlich abgeschnitten, und es begann die nächste Viertelstunde. Schließlich hatte (in Amerika) der Nächste dafür bezahlt. Ausnahmen gab es beim Hörspiel am Mittwochabend, dem eine Stunde zur Verfügung stand, und die Darbietungen des „Schauspielerensembles von Radio Stuttgart" konnten mit der Adaption von Bühnenstücken gar eineinhalb Stunden in

Anspruch nehmen. Taten sie es nicht, ergänzte mehr oder weniger passende Musik aus dem Plattenarchiv die Handlung.

Der Spielplan des Hörspiels nahm sich für längere Zeit noch ziemlich bunt aus – bunt aus Zufall mehr denn aus Absicht. Nur sehr allmählich führten Bemühungen um original für den Funk geschriebene Stücke zu bemerkenswerten Ergebnissen. Kontakte zu Autoren, die dafür ernsthaft in Frage kamen, ergaben sich vorerst eher unversehens. Im rasenden Rotor des Kriegsendes und der ersten Nachkriegszeit, in dem kaum einer am angestammten Ort sich wiederfand, gab es wenig bekannte Adressen. Und was hätte sich dort abrufen lassen? In der aufgerührten und zugleich betäubten Atmosphäre war die Reflexion, waren Durchblicke in dichterischer Form noch selten. Wolfgang Borcherts „Draußen vor der Tür" (wie überall, so auch in Stuttgart gesendet), worin Aufruhr und Betäubung selbst das Thema bilden, blieb einzigartig, entzog sich so, wie es war, aus Genieland, Inbild der Verzweiflung dieser Jahre, jeder Nacheiferung. Einzelne Stücke immerhin machten ernst mit dem Versuch, den Irrweg, die Verirrung der eben vergangenen Zeit ins Bild zu fassen. Der Dramatiker Hermann Roßmann, Autor u. a. eines 1931 auch in Stuttgart gespielten „Flieger"-Stückes nach dem ersten Krieg, schrieb für uns „Ritt nach Osten", die Ballade eines aus der Hybris des Napoleonischen Rußlandfeldzuges geborenen Soldaten-Schicksals, sowie zwei andere Hörspiele, die mir in Erinnerung geblieben sind, weil sie genuin radiophonisch erdacht und umgesetzt waren, in keiner anderen Form denkbar als in der des Hörspiels. Das traf auch auf das Stück eines dänischen Autors zu, Hans-Christian Branner, dessen „Regen in der Nacht" wir zur deutschen Erstsendung brachten.

Original für den Funk geschrieben waren natürlich auch die zahlreichen damals gesendeten Adaptionen erzählender Literatur, sehr viele davon gleichfalls radiophonisch vorzüglich umgesetzt. Der Autor Hans Sattler, ein erfahrener Mann des Metiers, noch aus Friedrich Bischoffs Breslauer Schule der frühen Rundfunkjahre, verstand sich glänzend hierauf. Und nebenbei wurden die deutschen Hörer auf diese Weise auch mit zeitgenössischer Literatur, vor allem des Auslands, bekanntgemacht, die ihnen in den vergangenen zwölf Jahren kaum begegnet war.

Alle diese sogenannten „Originalhörspiele" wurden am Mittwochabend um 21 Uhr, später um 20 Uhr gesendet. Der Hörspieltermin am Sonntagnachmittag um 17 Uhr war so gut wie ausschließlich Bühnentexten vorbehalten. Im Vordergrund stand auch hier das Bemühen, den Hörspielhörer (der, wie wir wußten, oftmals zugleich auch ein aufs Land verschlagener Theaterbesucher von ehedem war) mit Stücken bekanntzumachen, die er im „Dritten Reich" unter der Ägide nazistischer „Reichsintendanten" und „Reichsdramaturgen" weder zu sehen noch zu hören bekommen hatte. Dazu gehörten auch hier wiederum in großer Zahl Bühnenwerke ausländischer Autoren, aber auch Stücke des deutschen Expressionismus und andere aus der Zeit vor 1933. Bert Brecht, Georg Kaiser, Klabund, Arthur Schnitzler, Franz Werfel, Friedrich Wolf, Alfred Neumann, Carl Zuckmayer, Bruno Frank, Romain Rolland hielten auf der „Hörbühne" ebenso wieder Einzug wie auf der Schaubühne dieser Jahre. Aber auch neue Namen waren vertreten: Max Frisch (mit dem erschütternden Requiem „Nun singen sie wieder", dem ersten bedeutenden Nachkriegs-Stück deutscher Sprache), Thornton Wilder, Jean Anouilh, oder kaum mehr vertraute wie Giraudoux, Cocteau, O'Neill.

Natürlich kam daneben die bloße Unterhaltung, kamen Komödie, Lustspiel und Schwank (auch sie meist älterer Provenienz) nicht zu kurz und befriedigten ein elementares Bedürfnis unserer Zuhörer. Man durfte, konnte, wollte wieder lachen, wenigstens zwischendurch. Hört man aus zeitlichem Abstand die Produktionen dieser Anfangszeit (gleich welcher Spezies), so überrascht nicht selten ein Tonfall, der ans Kino der damals jüngstvergangenen Jahre erinnert: Zarah Leander in Sudermanns „Heimat". Dem Zusammenbruch folgte erst allmählich ein neues Zeitgefühl – bei den Produzenten wie bei den Rezipienten.

Davon unabhängig: Es gab, wie wir gerade im Hörspiel zunehmend erfuhren, eine unerschöpfliche Aufnahmebereitschaft, ein offenbar unersättliches Bedürfnis nach individueller Auseinandersetzung mit dem Leben in den Abbildern der Literatur und des Theaters. Das war natürlich entscheidend mitbegründet in der einzigartigen Rolle, die der Rundfunk damals spielte: Substitut für nahezu alles, was früher (und bald darauf schon wieder) gewöhnlich die Menschen miteinander verband, ihnen Gesprächsstoff, geistige Anregung, den Kontakt mit Umwelt und Gegenwart vermittelte, Substitut für Zeitung, Buch, Kino, Theater, Gesellschaft, Mobilität.

Die intensivste (und erstaunlichste) Reaktion, an die ich mich erinnere, betraf das Stück eines englischen Autors aus den Zwanziger Jahren: „Outward bound" von Sutton Vane, „Überfahrt" im Titel der deutschen Übersetzung, die Fahrt nämlich auf einem Schiff, das seine Passagiere (wie diesen und dem Publikum nur sehr allmählich dämmert) zwischen Leben und Tod befördert, in einem Zwischenreich, in dem Verstrickung und Verantwortung hervortreten aus einem Nebel von Vergessen und Verdrängen, bevor der Richter am Zollhaus des Todes sie erwartet. Kein Meisterwerk, aber ganz offenbar ein Gleichnis für die seelische Befindlichkeit vieler in einer unwirklich anmutenden Existenz zwischen lastender Vergangenheit und ungewisser Zukunft.

In den ersten Tagen meines Rundfunkdaseins, als ich mich in den benachbarten Räumen, Etagen und Bereichen umsah, darunter bei den sogenannten „Producern" (der amerikanische Terminus für Regisseure und Aufnahmeleiter), traf ich auf eine offensichtlich hierher gehörige Dame, bewaffnet mit einer Mappe, in der sich, wie ich bald erfuhr, das Regiemanuskript der neuesten Hörspielproduktion befand, eine auffallende Erscheinung, blond, in einem Rock aus erkennbar bester Wolle und darüber hinaus angetan mit Stiefeln aus rotbraunem Leder. (Das Äußere der neuen Kollegen prägte sich schon deshalb fast unauslöschlich ein, weil sie täglich, wenn man ihnen begegnete, das Gleiche anhatten – wie man selbst. Ein Kleiderwechsel bei denen, die etwas zu wechseln hatten, kam einer Identitätskrise gleich.) Die wollene, gestiefelte Dame erschien bald darauf auch in Mr. Shaffers Büro, wo ich ihr vorgestellt wurde und erfuhr, daß es sich um Cläre Schimmel handle, die Hörspiele

„produziere". Sie war von Haus aus Sängerin, entstammte einer engagierten sozial-demokratischen Familie, hatte nach 1933 Schwierigkeiten, im Beruf in Stuttgart Fuß zu fassen, und war deshalb als Regieassistentin beim eben aufkommenden Berliner Fernsehfunk unter seinem Intendanten Herbert Engler untergekommen. Nach Kriegsende wieder in Stuttgart, verpflichteten sie die Amerikaner. Shaffer übertrug ihr zunehmend Regieaufgaben im Hörspiel, dem, wie schon gesagt, sein reges Interesse galt. Bald lernte ich auch die Regiearbeit im Studio kennen. Den Manu-skripten, so wie sie auf meinen Schreibtisch gekommen und ihn meist nach wenigen Stunden notgedrungen spärlicher dramaturgischer Betätigung wieder verließen, zu akustischer Eindrücklichkeit zu verhelfen, war oftmals kein einfaches Geschäft. Cläre Schimmel hatte ein ungewöhnlich feines Gehör für Sprache, Individualität und Wahrhaftigkeit des Ausdrucks. Sie war grundmusikalisch, deshalb übrigens auch eine vorzügliche Tonmeisterin bei Musikaufnahmen, und vermochte vor allem poetische Texte wunderbar zu modulieren, psychische Ab- und Hintergründe aufscheinen zu lassen, verhalten und doch deutlich, ohne Aplomb und Pathos, wie sie von der technischen Natur des Mikrofons unweigerlich und erbarmungslos entlarvt werden. Wir verstanden uns ausgezeichnet. Es begann eine Zusammenar-beit, die in mehr als zwei Jahrzehnten auch ein enges persönliches Verhältnis mit sich brachte. Die An- und Absage „Regie: Cläre Schimmel" wurde für ein großes Hörerpublikum, obgleich es an namhaften anderen Regisseuren und Regiegästen niemals gefehlt hat, zum Inbegriff der Stuttgarter Hörspielarbeit.

Andere Regisseure: einer davon war am Anfang Alfred Vohrer, der „Radio Stuttgart" aber schon bald verließ und sich einen Namen als Regisseur erfolgreicher Filme und später auch von Fernsehspielen machte. Oskar Nitschke war der Name eines weiteren, älteren Kollegen, eines literarisch hochgebildeten Einzelgängers, meist verschlossen und mürrisch wirkend, dem es ebendeshalb oft nur schwer gelang, seine unbestreitbaren Qualitäten in künstlerische Ergebnisse umzusetzen. Ebenso wie er war Paul Land (eigentlich: Keppler), Regisseur im leichteren Genre des Hörspiels, einer der Mitarbeiter, die schon am früheren Reichssender Stuttgart tätig gewesen waren, es aber verstanden hatten, sich der NS-Parteigenossenschaft zu entziehen und deshalb den peniblen Tests der Amerikaner standzuhalten. In Paul Land, von Haus aus eigentlich Schauspieler, Typ des liebenswürdigen Bonvivants, hatten die Hörer des Stuttgarter Nachkriegsrundfunks übrigens auch ihren ersten Mikrofon-Star: er war der Sprecher des allabendlich um 20 Uhr 30 ausgestrahlten „Schlager-Cocktails", in dem es neben den überkommenen deutschen „Hits" der vergangenen Jahre, geschickt dosiert, auch die aus der „Neuen Welt" zu hören gab.

Im Hörspiel führte ich gelegentlich auch selbst Regie – mit der nachhaltigsten Wirkung bei der Adaption einer der „Contes drôlatiques" von Balzac: „Die lässliche Sünde". Für schwäbische Pietisten, rechtgläubige Katholiken und überhaupt für sittenstrenge Ohren zugegebenermaßen eine gewisse Zumutung, die im französi-schen Mittelalter angesiedelte Geschichte nämlich der blutjungen Gemahlin eines uralten Seneschalks, die, um zu einem Kinde zu gelangen, einen liebreizenden Pagen im Schlafe verführt, wodurch auf angenehme Weise eine Todsünde zur läßlichen herabgestuft wird. Eine köstliche, von Phantasie und Sprachwitz überquellende Humoreske, die auch von der Funk-Bearbeitung her witzig und dezent gemacht war. Trotzdem: Gäbe es auf der Hörbühne Theaterskandale – dies wäre einer gewesen. Ich sah mich schon auf den Spuren meines Vaters in den Zwanziger Jahren. Die sogenannte Öffentlichkeit reagierte mit Empörung – voran die beiden Kirchen, aber auch namens der Landesregierung nahm irgend jemand pflichtgemäß Anstoß. Den Amerikanern indes hatte die Sache Spaß gemacht – wie übrigens unzähligen Hörern auch –, sie zeigten den Protestierenden die kalte Schulter. Ich selbst hatte mir für längere Zeit in besseren Kreisen den Ruf eines „Sittenstrolches" eingehandelt.

Die Hörspielproduktionen – „Live"-Sendungen gab es in dieser Sparte nicht – waren, wie schon angedeutet, strapaziös, weil sie grundsätzlich nachts vonstatten gingen. Nur dann standen die Schauspieler zur Verfügung und nur dann auch war eines der wenigen Magnetofon-Geräte frei, die sonst den Tag über für aktuelle und sonstige kurzfristige Aufnahmen benötigt wurden. Meist erst am frühen Morgen machten sich die Beteiligten, versehen mit den erforderlichen Ausnahmegenehmigungen zur Überschreitung des „curfew", der Ausgangssperre, auf den Heimweg, zusammengedrängt in PKWs, von denen zweie, manchmal nur einer, bereitstanden. Weshalb es öfters langes Warten auf den Abtransport in die richtige Richtung gab.

Ein- oder zweimal am Sonntagmorgen, nachdem die Produktion des Hörspiels für den gleichen Nachmittag besonders lang gedauert hatte, nahm Arthur Shaffer uns zum Frühstück ins amerikanische Offizierscasino mit (was eigentlich verboten war). Weiße Brötchen, Butter, Marmelade, Ham and Eggs, Orangen- und Grapefrucht-Säfte – es war eine Lust, die Nacht hindurch sich einen Expressionisten (oder wen auch immer) um die Ohren geschlagen zu haben. Anschließend begab man sich zur doppelt verdienten Ruhe.

Nicht lange nach meinem Eintritt begannen übrigens die Amerikaner, ihre deutschen Mitarbeiter in einem neu eingerichteten kleinen Kasino mit einer Mittagsmahlzeit zu verköstigen. Ein unschätzbares Privileg in dieser härtesten Hungerzeit der Jahre 1946–48. Zum Essen, bei dem Mais eine große Rolle spielte, gab es jeweils eine Scheibe amerikanischen Weißbrots. Im ganzen Funkhaus sah man nach der Mahlzeit Kollegen eine Scheibe solchen Brotes ehrfürchtig vor sich hertragen, zurück ins Büro, wo sie irgendwann am Nachmittag zu Tee oder Kaffee-Ersatz als Zwischenmahlzeit diente.

Neben dem Hörspiel gehörte die Literatur zu den Programmaufgaben, denen ich mich zu widmen hatte. „Perlen der Literatur" war, irgendeinem amerikanischen Vorbild nachempfunden, der Titel einer wöchentlichen halben Stunde, in der ich mich wiederum bemühte, den Zuhörern neben Novellen und Erzählungen aus dem Hausschatz der Väter auch Beispiele aus der neueren Weltliteratur vorzuführen.

Besonders erfolgreich war aber eine Sendung vom Typus der Anthologie im Wechsel zwischen dichterischem Wort und (meist klassischer) Musik. Ihr Titel lautete schlicht „Zum Feierabend", an jedem Freitagabend um 21 Uhr war sie im Programm zu finden. Sie bewegte sich meist um ein bestimmtes Thema (oder auch einen Dichter). „Familie, Liebe, Ehe", „Reifsein, Alter, Abend des Lebens", „Heiterkeit, Freude, Spaß" waren solche Themen, aber auch das Lebensgefühl der Menschen am Ende des Dreißigjährigen Krieges, wie es sich in der zeitgenössischen Barock-Literatur darstellt, oder amerikanische Folklore gaben einem Abend Stimmung und Inhalt; Erich Ponto (mit der jungen Edith Heerdegen) sprach Mörike, Matthias Wieman (der damals im Großen Haus als „Faust" auftrat) las aus Gottfried Kellers „Grünem Heinrich". Auch Werner Finck war der Sologast einer Sendung.

Das eigentlich Besondere an diesen Feierabenden war ein Beitrag, in dem Dr. Fritz Ermarth – ein später noch bedeutungsvoller Name bei „Radio Stuttgart" – aufgrund von Zuschriften und also im Dialog mit Hörern zu existenziellen Fragen dieser Zeit das Wort nahm. Von der Erziehung in einem anderen als dem vergangenen (und somit in einem neuen) Geist war die Rede, vom guten, vertrauenstiftenden Willen im Umgang mit den Besatzern. Ein Aufsatzwettbewerb für junge Hörer fand statt mit zwei zur Wahl stehenden Themen: „Was verstehen wir unter Freiheit?" und „Haben wir eine Hoffnung?" – Gedanken, die, wie Ermarth sagte, das Leben der Gegenwart uns aufgibt. Die Beteiligung der Hörer an der Besinnung auf solche Fragen war äußerst rege und zeitigte Äußerungen, darunter ganze Essays, auf außerordentlichem Niveau. Sie zeigte einmal mehr, welche Bedeutung dem Rundfunk als einem Sammelpunkt geistiger Anregung damals zukam, und zugleich auch den Bedeutungswandel, den er erfahren hatte: aus dem Sprachrohr der Diktatoren, dem Megaphon ihrer Propaganda war ein Institut der Kommunikation zwischen den Hinterbliebenen, eine Sozialagentur für die sie bewegenden Angelegenheiten geworden. Ohne viel Aufhebens. Es entsprang weniger einer erklärten Absicht als vielmehr einem Instinkt, das Instrument in solcher Weise umzuwidmen. Das Echo zeigte, nicht nur in diesem Falle und nicht nur in Stuttgart, daß das „Medium" damit mitten in elementare Bedürfnisse der Menschen in diesen Jahren hineintraf. Dabei spielten natürlich Personen, spielte hier die Person von Fritz Ermarth eine wesentliche Rolle. Von ihm, seinem Gespür, Themen herauszugreifen, die Unzählige gerade jetzt beschäftigten, wie nicht zuletzt auch von seiner Stimme und Sprechweise ging eine geradezu phänomenale Wirkung aus. Die persönliche Begegnung lieferte die Erklärung: ein ebenso liebenswürdiger, gewinnender wie ernster, warmherziger und übrigens glänzend aussehender Mann, dem unwillkürlich Sympathie entgegenschlug, wo immer er in Erscheinung trat. Phantasie verband sich in ihm mit träumerischen Zügen, Impulsivität leider auch mit Labilität, und zudem konnte er sich, wie später offenbar wurde, auch gründlich verrennen.

Wer unter den Amerikanern ihn entdeckt hatte – und wo –, weiß ich nicht. Er war der Sohn einer hochangesehenen Schauspielerin der Karlsruher Hofbühnen, Lilo Ermarth, von der ältere Karlsruher auch jetzt noch schwärmten, ein Landeskind also, Jurist und Wirtschaftswissenschaftler, Referendar im Staatsdienst, den er aber aus politischen Gründen hatte quittieren müssen. Schon vor dem Krieg war er in die

Vereinigten Staaten gegangen, dort Universitätsdozent geworden, immer mit der Absicht, sich repatriieren zu lassen. Nach Stuttgart kam er aus dem Zwischeninternierungslager auf dem Hohen Asperg. Irgendwann mußte er wohl einem einflußreichen Angehörigen der Besatzungsmacht als zu Höherem bestimmt aufgefallen sein.

Bei „Radio Stuttgart" sprach Ermarth, nach Weggang von Fritz Eberhard, auch die samstäglichen „Politischen Wochenberichte" – intelligent, kundig, abgewogen und mit dem gleichen persönlichen „appeal", der von seinen Beiträgen zum „Feierabend" ausging. Auch Arthur Shaffer war von ihm sehr angetan. Dieser gab mir irgendwann im Frühjahr 1947 zu verstehen, daß die amerikanischen Chefs der Station im Einvernehmen mit der Militärregierung beabsichtigten, bei „Radio Stuttgart" einen deutschen Intendanten zu installieren, eine Maßnahme, die im Zusammenhang mit der „policy" der Besatzungsmacht zu sehen war, mehr und mehr deutsche Verantwortung aufzubauen, wo immer das tunlich erschien. Im Rundfunk der amerikanischen Besatzungszone geschah dies parallel zu den Bestrebungen, von den Landesparlamenten Gesetze ausarbeiten zu lassen, die es ermöglichen sollten, die Radiostationen aus unmittelbar amerikanischer in deutsche Regie zu überführen, wobei die Unabhängigkeit des Rundfunks von Regierungseinflüssen von vornerein der springende Punkt war. Die Ernennung eines deutschen Intendanten bei „Radio Stuttgart" – es sollte Fritz Ermarth sein – war ein Schritt auf diesem Wege. Er war anderwärts schon getan worden. In Frankfurt führte Eberhard Beckmann, in Bremen Walter Geerdes bereits die Geschäfte eines Intendanten, und bei den Franzosen in Baden-Baden hatte schon 1946 die Ära Friedrich Bischoffs begonnen, der allerdings noch vor der Aufgabe stand, einen ihm gleichgestellten administrativen „Generaldirektor" niederzuringen, bevor er zusammen mit dem Sendeleiter (und späteren Programmdirektor) Lothar Hartmann dem „Südwestfunk" zu Ansehen und Ruhm verhalf.

Am 1. Juni 1947 wurden Fritz Ermarth zum Intendanten, ich selbst zum Sendeleiter und Cläre Schimmel zur Oberspielleiterin von „Radio Stuttgart" ernannt. Arthur Shaffer, der zusammen mit dem Stationschef Fred G. Taylor dieses „Personaltableau" vorbereitet hatte, war schon einige Zeit davor nach London zurückgekehrt, aus US-militärischen Diensten in den zivilen, von ihm so sehr geliebten Theater- und Filmberuf. Leicht hat er sich darin offenbar nicht getan. Ich habe ihn eineinhalb Jahre danach in London noch einmal wiedergesehen und auch seine reizende Frau kennengelernt. Er war ein Mann, der in meinem jungen Berufsleben viel bedeutet hat, von dem ich gelernt und der mir recht eigentlich zum Start in einem Metier verholfen hat, das mehr und mehr vom „Transitorischen" verlor, unter dessen Vorzeichen ich mich ihm glaubte verschrieben zu haben. Schon etwas mehr als nur „vorübergehend" war aus der erstrebten Theaterprofession der Anfang einer Rundfunklaufbahn geworden. Auch ein bürgerliches Familienleben hatte seinen frühen Anfang genommen. Schon im Sommer 1946 hatte ich mich verheiratet. Ende Mai 1947, wenige Tage vor meiner Ernennung zum Sendeleiter, war ich Vater eines Sohnes geworden.

Mit Shaffers Weggang und mit der Berufung eines deutschen Intendanten ging die erste, weithin improvisatorische Phase im Stuttgarter Nachkriegsfunk zu Ende. Eine zweite begann. Sie sollte das deutsche Mündel nach dem Willen der Amerikaner durch einen Zuwachs an Eigenverantwortlichkeit einer wiedererlangten Mündigkeit so rasch wie möglich näherbringen.

Auf den neuen Intendanten warteten bedeutsame Aufgaben. Zunächst einmal in der rundfunkpolitischen Entwicklung, wie sie von der Militärregierung in Richtung auf deutsche Rundfunkgesetze entschieden vorangetrieben wurde. Die Offiziere der „Radio Control Division", an ihrer Spitze der gradlinige Fred G. Taylor, sahen es als selbstverständlich an, daß der Intendant von „Radio Stuttgart", da es nun einen hatte, sich auch in die Gespräche über die Zukunft der Station einschaltete. Nicht so die deutschen Politiker, die in Regierung und Landesparlament damit beschäftigt waren, dem künftigen Rundfunk in ihrem Lande eine neue organisatorische Grundlage nach ihrem Gusto zu geben. Ministerpräsident Reinhold Maier mit den Seinen hatte eine ebenso einfache wie ihnen einleuchtende Lösung parat: den Rundfunk nämlich so dicht wie möglich beim Staatsministerium anzusiedeln. Der Landtag hätte dem wohl kaum widersprochen. Die Amerikaner demgegenüber wollten von solcher Trabantenschaft nichts wissen. Sie hielten auf Staatsferne in galaktischer Dimension. Zwischen beiden herrschte deshalb bereits eine gereizte Stimmung. Nach einer Reihe von Vorentwürfen und gutachterlichen Äußerungen von deutscher wie von amerikanisch bestimmter Seite hatte die Militärregierung unlängst erst den Landtag aufgefordert, ein komplettes Gesetz zu beschließen und zur Genehmigung vorzulegen. Das war unverzüglich geschehen; ebenso unverzüglich, nämlich bereits im Juli 1947, wiesen die Amerikaner das Gesetz zurück, weil der Einfluß der Regierung darin praktisch nicht ausgeschaltet, sondern immer noch beherrschend sei. Neue Verhandlungen, neue Gespräche. Zu einem davon, beim Direktor der Militärregierung, Charles M. LaFollette, begleitete ich den Intendanten Fritz Ermarth. Die deutschen Landtagsvertreter, Josef Ersing für die CDU, Erwin Schoettle für die SPD, Henry Bernhard für die DVP, waren kaum bereit, unsere Anwesenheit auch nur zur Kenntnis zu nehmen. Was hatten sie mit einem von den Amerikanern eingesetzten Intendanten von „Radio Stuttgart" eigentlich zu schaffen? (Womit sie streng genommen vielleicht sogar Recht hatten.) Sie behandelten ihn als quantité négligeable, gerade noch unter Wahrung der primitivsten Höflichkeit. Und was ein junger Springinsfeld von „Sendeleiter" dabei sollte, war ihnen völlig unerfindlich. (Mir eigentlich auch, aber es interessierte und amüsierte mich, dabei zu sein.) Sie betrachteten mich halb indigniert, halb verwundert. Vermutlich argwöhnten sie, daß wir beide als Geschöpfe der Besatzer irgendeine finstere, gegen ihre Vorstellungen gerichtete Rolle im Hintergrund spielten. Was, mindestens für mich, nicht zutraf, der ich damals offen und blauäugig einer schönen Zukunft in einem freien, unabhängigen Rundfunk entgegensah, dem sich alle unterschiedslos verpflichtet fühlen würden; eine Vision, in der mich auch die Äußerungen der anwesenden Politiker noch kaum zu irritieren vermochten. Diese, vor allem Schoettle und Ersing, zeigten dem Militärgouverneur mit hochroten Köpfen ihren Unwillen und nahmen kein Blatt vor den Mund. Von den Kriterien der Unabhängigkeit des Rundfunks war dabei weniger die Rede als von ihrer politischen Vergangenheit, die ihnen, wie sie meinten, das Zeugnis demokratischer Gesinnung ja doch wahrhaftig zur Genüge ausstellte. (Was unbestritten, hier aber doch nur sehr indirekt von Bedeutung war.) Mr. LaFollette begegnete ihnen, da sie meist laut waren, umso leiser, mit großem Respekt, aber unbeugsam in seinem Standpunkt zur Sache. Nicht viel später, kaum zwei Jahre danach, wußte ich den hier empfangenen Eindruck besser einzuordnen: In den völlig verschiedenen Auffassungen, in der Unfähigkeit der deutschen Seite, die amerikanischen (wie auch britischen) Vorstellungen über ein freies Rundfunkwesen positiv aufzunehmen und zur eigenen Sache zu machen, lag die Wurzel des Affekts gegen den öffentlich-rechtlichen Rundfunk, der die medienpolitische Szene in Deutschland von seiten der Parteien von Anfang an beherrschte.

Weniger unbeliebt machten wir uns bei deutschen Amtsträgern, als es darum ging, auch außerhalb von Stuttgart, an anderen wichtigen Plätzen des Sendegebiets Zweigstellen zu errichten und Rundfunkstudios einzurichten. Ermarth stammte aus Karlsruhe, weshalb sein schöpferischer Blick sehr bald dorthin sich wandte. Bei den Amerikanern traf er dabei keineswegs auf Widerstand. Die südwestdeutsche Rundfunkhistorie war ihnen insoweit vertraut, als sie wußten, daß es in der Vergangenheit Studios oder „Besprechungsstellen" (wie sie im amtlichen Deutsch der postalischen Rundfunkhoheit hießen) des früheren Süddeutschen Rundfunks in Karlsruhe und Mannheim gegeben hatte. Sie errichteten eine – in Heidelberg, dem romantischverklärten Vorort ihres Deutschlandbildes und (wohl ebendeshalb) unbeschädigten Sitz ihres europäischen Hauptquartiers. 1946, im September, war sie ihrer Bestimmung übergeben worden. Aus Stuttgart waren die amerikanischen Radio-Offiziere und in einer Art „Betriebsausflug" auch deutsche Mitarbeiter, darunter ich selbst, zum feierlichen Eröffnungsakt ins Stadttheater gekommen. Oberst Dawson, der damalige Direktor der Militärregierung für Württemberg-Baden, sowie deutsche Offizielle hielten fulminante Ansprachen, das Städtische Orchester Heidelberg unter Fritz Henns (des späteren Studioleiters) Stabführung spielte Einschlägiges. Was aus Heidelberg gesendet werden sollte, war noch unbestimmt. Und das war gut so. Die anschließende Besichtigung der für die Sendestelle bestimmten Räumlichkeiten im ehemaligen Hotel „Prinz Max" zeigte ausreichende, wenn auch noch spärlich möblierte Büros für die Administration der Alt-Heidelberger Radio-Zukunft, die Frage nach den Sendestudios führte auf enger Treppe unters Dach, wo in einem von zwei Stübchen ein altes durchgesessenes Kanapee, davor ein Standmikrofon, im anderen ein notdürftig zusammengebasteltes Regiepult nebst Stuhl und zwischen beiden eine in die Trennwand eingelassene Glasscheibe – das einzig Neue an der Einrichtung – sich befanden. Die Festgesellschaft hielt sich dabei nicht lange auf, ein einfaches amerikanisches Essen lockte; ihm folgte ein bunter Nachmittag mit schwäbischen und pfälzischen Künstlern im Stadttheater. Danach begaben sich die Zugereisten zurück nach Stuttgart. Nicht allzulange, und es verschönte eine Sendung mit dem Titel „Morgenstund hat Gold im Mund" aus Heidelberg das Programm von Radio Stuttgart. Die Leitung der Sendestelle war vorerst dem Intendanten des Stadttheaters, Heinrich Köhler-Helffrich, in Personalunion übertragen, bevor im Dezember 1946 in dem Schriftsteller Gerhard Schäke ein eigener Leiter bestellt wurde, was der Erstgenannte so übelnahm, daß er noch ein Jahrzehnt danach die Verantwortlichen, unter denen er vor allem auch mich vermutete, mit Schmähungen überschüttete. Von 1947 an wurde es dann ernst mit der Heidelberger Programm-Zukunft: die „Universitätsstunde" trat ins Leben, Keimzelle der späteren Wissenschaftsredaktion, damals eine Pionierleistung allein schon deshalb, weil es mit Hilfe des aufgeschlossenen Anatomen Hermann Hoepke erstmalig gelang, deutsche Universitätsprofessoren zu Äußerungen vor einem breiten Publikum von Laien zu überreden, was sie bis dahin mit ihrer wissenschaftlichen Reputation nicht in Übereinstimmung zu bringen vermocht hatten.

Und nun also Karlsruhe. An einem besonders heißen Tag des ohnehin heißen Sommers 1947 begab ich mich mit dem Intendanten dorthin. Der alte Oberbürgermeister Töpper und sein Stadtkämmerer Dr. Dr. Hagen (später einmal Mitglied des SDR-Verwaltungsrates) empfingen uns aufs freundlichste. Es ging um die Unterbringung des Studios. Die räumlichen Vorstellungen waren damals bescheiden: ein Studio-, ein Regieraum, zwei Büroräume erschienen ausreichend. Nachdem zwei Nebenräume im Konzerthaus (in dem damals die Oper spielte und woselbst die frühere „Besprechungsstelle" sich befunden) als unzureichend erkannt waren, begab sich die Wagenkolonne zur Kriegstraße, wo die beiden Stadthäupter uns eine ideale Lösung glaubten avisieren zu können. Dort stand das Palais des großherzoglichen Hoftheaterintendanten, Freiherrn von Bürklin, oder richtiger: es hatte dort gestanden. Der zur Straße gelegene Hauptteil des Gebäudes, das eigentliche Palais, präsentierte sich als stattliche Ruine, der man immerhin die einstige Pracht noch deutlich ansah. Der rückwärtige Teil war stehengeblieben, über eine neu eingezogene hölzerne Treppe gelangte man in den dritten Stock – und befand sich in der Bade- und Ankleide-Suite des Freiherrn, die ausladende Wanne und die Waschbecken aus Marmor, mit kunstvollen Hahnen aus Messing, ein wahrhaft nobles Ensemble. (Änliche komfortable Badeeinrichtungen nahm der Süddeutsche Rundfunk viele Jahre später mit der Heidelberger Villa Bosch noch einmal in Besitz.) Die Karlsruher Herren strahlten. Und tatsächlich ließ sich hier, leider nur unter Opferung der Wanne, ein passender Studioraum herrichten. In dem Karlsruher Heinrich Wiedemann, verehelicht mit der Tochter des letzten badischen Staatspräsidenten Schmitt, fand sich ein geeigneter Studioleiter. Im März 1948 wurde das Studio seiner Bestimmung übergeben.

Zu diesem Zeitpunkt war Fritz Ermarth schon nicht mehr im Amt. Und das hing mit dem dritten Sektor der von ihm entfalteten Aktivitäten zusammen, den Personalfragen. Völlig zurecht sah er hier, neben der politischen Organisation von Rundfunkfreiheit, den Schlüssel zur Entwicklung eines hochqualifizierten Programms. „Handlungsbedarf" gab es für die Spitzen von Verwaltung und Technik, im Programm bei den Aktualitäten, im Musikbereich sowie, nachdem ich selbst Sendeleiter geworden war, bei der Literatur und im Hörspiel. In der Verwaltung war ein wackerer, politisch untadeliger Mitarbeiter aus ersten Stuttgarter Rundfunktagen tätig, der sich sogleich beim Eintreffen der Amerikaner unentbehrlich und verdient gemacht hatte, gleichwohl nicht die Voraussetzungen für eine Spitzenposition zu bieten schien. Was er selbst ganz anders sah. Weshalb, nachdem Ermarth ihm seine Auffassung dargelegt und anschließend festgestellt hatte, die Position des Verwaltungsdirektors sei derzeit vakant, er sich erhob und, indem er sich artig verneigte, die Worte sprach: „Dann erlauben Sie bitte, daß ich mich darum bewerbe." Tableau. Vorhang.

Wir begaben uns auf die Suche, knüpften Kontakte, wobei ich selbst die künstlerische Seite im Auge hatte. Als literarischen Mitarbeiter gewannen wir Karl Schwedhelm, der dem Hause mehr als dreißig Jahre verbunden blieb. Zunächst als weiterer literarischer Mitarbeiter stieß Gerhard Prager, damals Dramaturg am Neuen Theater, zu uns, bevor er dann später die Dramaturgie des Hörspiels übernahm und dort eine erste bedeutsame Epoche herauffführte. Weniger bedeutsam und vordringlich erschien mir eine Verpflichtung, die dem Intendanten ganz außerordentlich am Herzen lag. Er hatte, ich weiß nicht bei welcher Gelegenheit, einen ehemaligen Reporter des Reichsrundfunks kennengelernt, der gewiß kein anrüchiger Exponent des Regimes gewesen war, immerhin aber in der Kriegsberichterstattung sich einen bekannten, wenn nicht prominenten Namen gemacht hatte. Ermarth hatte sich in den Kopf gesetzt, ihn nach Heidelberg zu verpflichten und ihm dort die Studioleitung zu übertragen. Die Amerikaner winkten ab. Auch ich und andere suchten, ihm den Plan auszureden. Wie sollten wir, selbst wenn die Amerikaner nachgaben, ehemaligen Mitarbeitern des Reichssenders Stuttgart erklären, daß einem Kollegen von anderswoher, nicht aber ihnen die Rückkehr an ihre alte Wirkungsstätte ermöglicht würde? Nicht nur die Glaubwürdigkeit der Amerikaner, auch unsere eigene stand auf dem Spiel. Indes, der Intendant war von seinem Vorhaben nicht abzubringen und machte diese, für die weitere Entwicklung wahrhaftig nicht entscheidende Berufung zum Testfall für seine Freiheit in Personalentscheidungen. Als die Amerikaner, gebunden an ihre Regeln, aber gewiß auch aus Überzeugung, hart blieben, erklärte er seinen Rücktritt. Es gab die – begründete – Vermutung, er habe gepokert, indem er meinte, so weit werde es die Militärregierung dann doch nicht kommen lassen wollen. Und er hatte sich (woran ich von Anfang an nicht zweifelte) getäuscht. Der Rücktritt wurde mit einer Fünf-Zeilen-Antwort angenommen, eine Presseerklärung Ermarths kühl mit dem Hinweis auf bestehende Direktiven beantwortet. Radio Stuttgart war nach fünf Monaten seinen Intendanten wieder los. Dessen Funktion und Verantwortung fiel zurück an den amerikanischen Chief of station, Fred G. Taylor. Fritz Ermarth war danach für einige Zeit in der Wirtschaftsverwaltung tätig. Im Juli 1948 nahm er sich das Leben. Zu dieser Zeit befand ich mich in Amerika. Daß sein Freitod in einem inneren Zusammenhang mit seiner gescheiterten Rundfunklaufbahn stand, wurde behauptet – ich habe es zuverlässig nie erfahren.

War danach alles wie vorher? Nicht ganz: ich war Sendeleiter, aber Intendanten gab es keinen mehr, eine deutsche „Verantwortungsebene" war eingezogen, die Spitze fehlte. Auch für den amerikanischen Stationschef keine ganz leichte Situation – er sah sich mit seinen Offizieren einer deutschen „crew" gegenüber, die sich schon spürbar verselbständigt hatte. Er zog sich mit der ihm eigenen Schlichtheit und Geradlinigkeit aus der Affäre. Ich begegnete ihm ebenso, bemühte mich zu tun, was zu tun war. Wir verstanden uns ausgezeichnet. Dennoch: der anderwärts kontinuierlich sich anbahnende Übergang in deutsche Hände, nahm in Stuttgart – nicht nur, aber auch – wegen des Fehlens eines verantwortlichen deutschen Gesprächspartners für die deutschen Instanzen einen weit komplizierteren Verlauf. Das war und blieb eine Sorge, aber es war nicht zuvörderst die meine. Ich wandte mich den das Programm betreffenden Aufgaben zu, und zwar zunächst der Entwicklung im Musikbereich. Dort waltete gleichfalls ein Mitarbeiter aus früheren Rundfunktagen, ehemaliger Sänger, politisch unverdächtig, schlecht und recht eines Amtes als Programmleiter, das er sich mehr selbst übertragen, als daß ihn andere dazu berufen hätten. Wegen ungewöhnlicher Grobheit galt er als ehrliche Haut, worin allein Ermarth und ich kein ausreichendes Qualifikationsmerkmal für eine erste Position erblickten. Mit dem Aufbau eines Orchesters war noch 1945 begonnen worden, Musiker des alten Stuttgarter Rundfunkorchesters verbanden sich mit anderen, die das Kriegsende hierhergeführt hatte. 1946 waren es 57, die Amerikaner legten der Neubildung – trotz der noch ungefestigten wirtschaftlichen Situation – nichts in den Weg, förderten sie im Gegenteil. Dirigenten waren der junge Komponist Rolf Unkel in einem freien, Dr. Gustav Koslik im festen Verhältnis. Er war der erste ständige Dirigent des Orchesters nach dem Kriege; geborener Wiener, Kapellmeister in Essen, Saarbrücken, Koblenz und Colmar, den es am Kriegsende gleichfalls nach Stuttgart verschlagen hatte.

Damit das Orchester öffentlich konzertieren konnte, bedurfte es nach Besatzungsrecht eines deutschen „Lizenzträgers", nicht anders als zur Herausgabe einer Zeitung oder zur Führung eines Theaters. (Mein Vater war 1945/46 der erste Lizenzträger für die wieder in Gang gesetzten Stuttgarter Staatstheater.) Ich weiß nicht, wem der Gedanke kam: Ziemlich zu Beginn meiner Tätigkeit überraschten mich die Amerikaner mit der Mitteilung, ich solle als Lizenzträger für die Veranstaltungen des neuen „Radio-Stuttgart-Orchesters" fungieren. Ich erhielt eine kostbar gedruckte Urkunde der Militärregierung und war nun „Orchestral Manager", worüber sich mit mir sicher noch ein paar andere gewundert haben, denen von meiner musikalischen Vergangenheit nichts bekannt war. Jedes öffentliche Konzert war beim zuständigen amerikanischen Office anzumelden; einmal traf mich der Vorwurf, ich hätte dies versäumt. Der Irrtum hatte seinen Grund in der Frohnatur des betreffenden Officers, der sympathischerweise anderen Freuden des Lebens mehr anhing als seinem Aktenordner.

Es gab 1946 auch bereits einen Chor mit 23 Mitgliedern und ein „Unterhaltungsorchester" mit 18 Musikern. Der erstere verdankte sein Vorhandensein deutscher

Rundfunktradition, dazuhin aber auch dem Umstand, daß Mitglieder des Bruckner-chors aus St. Florian bei Linz sich am Kriegsende in Stuttgart wiedergefunden hatten. Über die Entstehung des kleinen Unterhaltungsorchesters erzählte man sich, Fred G. Taylor, der Stationschef, habe den Geiger Heinz Schröder mit seinem Ensemble bei einer fête im amerikanischen Offiziersclub gehört und sei davon so angetan gewesen, daß er das private Vergnügen spontan in ein radiophonisches umzuwandeln beschloß und den Urheber dieses Vergnügens mit dem Aufbau einer größeren Kapelle beauftragte. Das lief fürs erste auf eine Art Salonorchester hinaus, das, in den Folgejahren stetig erweitert, am Ende 48 Musiker umfaßte.

In diesen ersten Nachkriegsjahren gehörte die unterhaltsame Musikliteratur, vom Charakterstück über die Operette bis zur Semiklassik, durchaus noch zu den Aufgaben des großen Orchesters, wie dies auch vor und während des Krieges für die Klangkörper des Reichsrundfunks gegolten hatte. Mehr und mehr trat aber anderer-seits der Gedanke in den Vordergrund, die Institution des Rundfunks sei verpflich-tet, ihre Position im Musikleben vor allem als die einer produktiven Instanz für die Förderung und Verbreitung zeitgenössischer Musik zu verstehen und zu nutzen. Im Vordergrund stand für mich dieser Gedanke deshalb auch bei der Überlegung für die Besetzung der leitenden Positionen im Musikbereich. An der Spitze sah ich als musikalischen Oberleiter einen „Generalmusikdirektor" oder (zeitgemäßer) Chef-dirigenten, zugegebenermaßen eine Vorstellung, die von Theaterverhältnissen, aber auch von früheren Rundfunkverhältnissen geprägt war. Darin bestärkte mich der Umstand, daß auch beim klassischen und sonstigen traditionellen Repertoire den sogenannten „Eigenaufnahmen" (nämlich der Produktion mit den hauseigenen Klangkörpern) wesentliche und ungleich größere Bedeutung zukam als später. Die Archive verfügten über wenig mehr als Restbestände an Schallplatten, eine neue deutsche Produktion kam erst allmählich in Gang, die Verfügungsmöglichkeiten waren rechtlich beschränkt. All dies rückte die Position des leitenden Dirigenten als Verantwortlichen für den ganzen Bereich der „Ernsten Musik" in den Mittelpunkt der Überlegungen. Noch mit Ermarth zusammen hatte ich einen Kandidaten ausge-macht, der uns die nötigen Voraussetzungen zu bieten schien: Hans Müller-Kray, vierzigjährig, Sproß einer Bergarbeiterfamilie aus Essen-Kray, damals Kapellmeister in Wiesbaden, vordem als Nachfolger Hans Rosbauds musikalischer Oberleiter des Frankfurter Rundfunks, wo ich ihm auch persönlich begegnet war, ein Name, von dem damals für eine leitende Position auch anderwärts häufiger die Rede war, und ein rundfunkerfahrener Mann zudem. (Kurz nachdem seine Verpflichtung perfekt war, im Frühjahr 1948, war Hans Rosbaud selbst, damals Chef der Münchener Philharmoniker, zu Gast beim Orchester, und wir erfuhren, daß auch er sich möglicherweise für die Stuttgarter Position interessiert hätte. Zu spät. Er ging nach Baden-Baden und führte beim Südwestfunk-Orchester eine Ära herauf, die seinen Namen trägt.)

Zu besetzen blieb die zweite wichtige Position bei der Musik, die des Programm-leiters. Wir fanden ihn in Heinrich Burkard, einem der Protagonisten auf dem Felde der Musik im neuen Medium des Rundfunks, unentbehrlicher Ideengeber und Programmschöpfer in zwei Jahrzehnten des Berliner Rundfunks. Aus dem badischen Achern stammend, Fürstlich Fürstenbergischer Musikdirektor und Mitbegründer der Donaueschinger Musiktage in den zwanziger Jahren, hatte er durch seinen Freund, den Dichter Otto Rombach, signalisieren lassen, daß er das einstmals geliebte Berlin hinter sich zu lassen, einen Antrag aus dem Süden in wohlwollende Erwägung zu ziehen geneigt sei. Beide, Burkard und Müller-Kray, nahmen im Oktober 1948 ihre Tätigkeit auf. Der Altersunterschied von zwanzig Jahren führte bei der beschlossenen Verteilung der Kompetenzen gelegentlich zu kleinen atmosphärischen Trübungen im Verhältnis der beiden. Das Programm aber brachten sie auf den richtigen Weg, gaben ihm die erwarteten Impulse und bewirkten, daß von da an der Süddeutsche Rundfunk im „Konzert" der Rundfunkorganisationen in Deutschland wie auch darüber hinaus Ansehen und Profil gewann. Leider starb Burkard, erst 62jährig, schon im Mai 1950 – einer, der mir großen Eindruck gemacht, von dem ich viel darüber gelernt habe, was Rundfunk als „Musikinstrument" herzugeben vermag (und was nicht). Zu den Ideen, mit denen er in Stuttgart – aber noch weit darüber hinaus – Geschichte im Nachkriegsrundfunk gemacht hat, gehörte neben dem Import seines Berliner „Schatzkästleins" aus Dichtung und Musik eine Fünf-Minuten-Sendung für Kinder: das Abendlied. Mit Curt Elwenspoek als Sprecher (und Autor), von dem als „Gutenachtlied-Onkel" (wie er bald hieß) eine geradezu magische Wirkung auf Kinder ausging, wurde sie zu einer Institution im Tagesablauf der schwäbischen Familie. Und sein „Gut's Nächtle" wurde, weil von einem Ostpreußen unschwäbisch intoniert, selbst von badischen Hörern beifällig aufgenommen.

Schon früher hatten wir einen vorzüglichen Mann für das Genre der „Unterhaltung" gewonnen: Fritz-Ludwig Schneider, Jahrgang 1901, Gründer und Leiter einer Stuttgarter „Bücherstube" in den zwanziger Jahren, in den Dreißigern freier Mitarbeiter beim alten Südfunk sowie beim Reichssender Stuttgart, ein gebildeter, kritischer Geist, der sich der braunen Vereinnahmung geschickt entzogen hatte. (Auch das hatte es gegeben!) Er wurde für etliche Jahre der phantasievolle, qualitätsbewußte spiritus rector auf einem Feld, das stetig zunehmend an Bedeutung gewann, und auf dem es in besonderer Weise darauf ankam, neue Ideen und neue Formen zu entwickeln, abseits vom platten Betäubungs-Humor und Humoristen-Gehabe des Dritten Reichs. Dazu gehörte ein angriffslustiges Unternehmen, das für Aufsehen und behördlichen Unwillen sorgte: eine wöchentliche halbe Stunde mit dem Titel „Allerlei in Wort und Ton", in der es der grassierenden Bürokratie der Jahre vor der Währungsreform ans Leder ging, z.B. jenem Beamten im Ernährungsamt einer Großstadt, der vor der Zuteilung von Lebensmittelmarken an ein Neugeborenes eine Zuzugsgenehmigung für den Säugling verlangte, weil dieser bei einem Abstecher der Mutter aufs Land unvorhergesehen dort das Licht der Welt erblickt hatte. Die „Fälle" stammten aus der Hörerschaft, bei der „Verifizierung" haperte es bisweilen, nicht immer obwaltete Gerechtigkeit auch gegenüber den geplagten und oft einfach überforderten „Bürokraten". Aber unter den Hörern gewann der Rundfunk das Ansehen einer Instanz für mehr Menschlichkeit, einer Vermittlungsstelle in allerlei Nöten der Zeit. Akustisches Zeichen dafür war das Wiehern eines Pferdes: der „Amtsschimmel" wurde zum Signet der Sendung.

Das gesamte Programm von „Radio Stuttgart" bestand anfangs aus Beiträgen, die von den Mitarbeitern der Station, amerikanischen und deutschen, geplant, verfaßt, zusammengestellt, produziert und präsentiert wurden. Ausnahmen bildeten lediglich zentral gesteuerte „Übernahmen" wie die „Stimme Amerikas", die Suchdienste oder die Prozeßberichterstattung aus Nürnberg. Ein bilateraler oder mehrseitiger Austausch von Programmen zwischen den einzelnen Stationen kam nur sehr allmählich in Gang, überwiegend durch den postalischen Versand von Bändern. Am relativ engsten waren die Kontakte innerhalb der amerikanischen Zone, mit „Radio München", „Radio Frankfurt" und, obwohl räumlich entlegen, mit „Radio Bremen" und „RIAS Berlin". Vom „Südwestfunk" nebenan wußte man weit weniger, nicht nur deshalb, weil man ihn in Stuttgart (und anfangs selbst in Baden-Baden) nicht hören konnte. Vielmehr war es die Demarkationslinie zur französischen Zone, die trennender wirkte als die zur britischen. Zum NWDR in Hamburg hielten die Amerikaner weit engere Verbindung. Und das galt auch für uns deutsche Mitarbeiter. Wir wußten schon bald von Axel Eggebrecht, Ernst Schnabel und Peter von Zahn, die eben damals unter dem britischen Controller Hugh Carleton Greene ein denkwürdiges Kapitel in der Nachkriegsgeschichte des Rundfunks begonnen hatten. Und wir – ebenso wie andere Stationen – versuchten, davon zu profitieren, indem wir einzelne Sendungen übernahmen, uns an einzelnen Projekten beteiligten. Aber alles vollzog sich zwischen den Sendern unsystematisch und durchaus individuell. Alte oder neu geknüpfte Bekanntschaften bewirkten das meiste. Von institutionalisierter Zusammenarbeit konnte noch nicht die Rede sein. Die Einsicht, daß es zweckvoll sein müsse, mit den Nachbarn im deutschen Rest-Äther in Verbindung zu treten und zu bleiben, war zwar schon frühzeitig gewachsen. Schließlich gab es viele oder fast nur gemeinsam berührende Fragen in der langsam wieder in Gang kommenden Entwicklung, von den GEMA-Gebühren über die drohende Wellen-Demontage bis zur langfristigen Vorbereitung des Goethe-Jahres 1949. Er wenigstens, Goethe, schien das Debakel heil überstanden zu haben und ließ sich ohne die überall sonst zu verspürenden Widerstände gefällig zum Jubiläum einrüsten. Es klingt wie eine Legende aus dieser „Frühzeit", wenn wir hören, daß Intendanten, Sendeleiter und sonstwie titulierte Programmverantwortliche sich auf mehreren Tagungen ausführlich mit dem hinterbliebenen Jubilar und den ihm zuzudenkenden Sendungen befaßten. Einer davon habe ich in Stuttgart präsidiert. Erst 27jährig hatte ich ziemliches Lampenfieber, verschaffte mir jedoch Autorität durch Verteilung amerikanischer Zigaretten und wurde willig als Präsident akzeptiert.

Dabei war es gar nicht so einfach, zueinander zu gelangen. Wer morgens früh in Stuttgart in eines der wenigen aus Requisitionsbeständen stammenden Autos stieg, um etwa nach Baden-Baden zu fahren, war keineswegs so sicher, ob ihm der

„Grenzübertritt" in die französisch besetzte Zone irgendwo zwischen Böblingen und Calw gelingen würde. Eines Tages bildete sich im Hofe des Stuttgarter Funkhauses ein schaulustiger Auflauf um einen älteren VW, dem ein Mann entstieg, der die wenig glaubhafte Story verbreitete, er sei der Sendeleiter des NWDR in Köln und von dort, wenn auch nicht geradewegs, so doch mit einigen Unterbrechungen, nach Stuttgart gefahren, wo er nun die fernen schwäbischen Kollegen zu begrüßen, kennenzulernen und dabei auch einen Tank voll Benzin zu ergattern hoffte. Es klang exotisch, unglaublich – bis auf die Sache mit dem Benzin. Aber es stimmte. Er war es wirklich, der Sendeleiter aus Köln. Oder die Kollegen vom RIAS Berlin. Verschlossen und plombiert wurden sie in amerikanischen Militärzügen herangeschafft aus dem trostlosen Berlin in die nicht ganz so trostlose amerikanische Westzone, nach Frankfurt, Stuttgart oder München. Und es bildete sich allmählich, bei aller selbstverständlichen Konzentration auf die zwangsläufig betont regionale Arbeit, das Bewußtsein nicht einer gemeinsamen Arbeit – so weit war es noch nicht –, aber doch von Problemen, die das meiste gemeinsam hatten.

Kurz vor dem Jahreswechsel 1947/48 – es mag auch erst im Frühjahr 1948 gewesen sein – ließ Fred G. Taylor mich rufen, um mir zu eröffnen, daß die Rockefeller-Foundation ein Projekt beschlossen habe, demzufolge sechs deutsche „radio-people" – je einer von den in der amerikanischen, britischen und französischen Zone existierenden Sendern – in den Genuß eines Stipendiums für einen sechsmonatigen Studienaufenthalt in die Vereinigten Staaten, nach Kanada und Großbritannien kommen sollten. Für „Radio Stuttgart" sei die Wahl auf mich gefallen.

Ich war jung genug, die Nachricht mit großer Begeisterung aufzunehmen. Amerika, die Neue Welt, die erste Weltmacht „vor Ort" genauer kennenzulernen, und das so kurz nach dem Kriege, ich hätte viel daran gegeben, um diese Möglichkeit zu erhalten. Indessen mußte ich gar nichts daran geben, ich war eingeladen, die Rückkehr an den Platz im Funkhaus war garantiert, der Sendeleiter ging ganz einfach auf Reisen.

Daß dies gleichwohl ein paar Probleme mit sich brächte, wurde mir nach und nach klar. Ich hatte schon damals einen reichlich angefüllten Arbeitstag. Wer sollte den Sendeleiter vertreten? Für ein halbes Jahr, und dann wieder „ins Glied" – in welches? – treten? Mit freundlicher Hilfe aller Beteiligten fand ich eine Lösung, die auch amerikanischerseits akzeptiert wurde. Unser „Autor für alles", Hans Sattler, versierter Funkmann aus alten und neuen Tagen, übernahm die Programmplanung sowie den redaktionellen Sektor, Cläre Schimmel die Produktion und den Sendeablauf.

Nachdem die Paß- und Visaangelegenheiten erledigt waren (wobei ich zu versichern hatte, daß ich nicht beabsichtigte, den Präsidenten der USA zu ermorden), begab ich mich, wohlversehen mit amerikanischen Glückwünschen, Ratschlägen und Kontaktadressen, am 17. April 1948 auf den Frankfurter Flughafen zum Abflug nach London und weiter nach New York.

Intermezzo 1948. Radio-Stipendiat in den USA

„Ein schöner Frühlingstag" – so beginnt das Reisetagebuch, das ich sechs Monate hindurch gewissenhaft geführt habe. Auf dem Flughafen die Kollegen aus Hamburg, Bremen, Frankfurt, München und Baden-Baden, die mit mir in den Genuß einer „Fellowship" der Rockefeller-Foundation gekommen waren. Fotos, Interviews für Presse und Funk: Wir haben Nachrichtenwert, offensichtlich; es ist das erste Projekt dieser Art nach dem Kriege. Erst einige Monate später folgen Kollegen von der Presse, die wir in New York treffen, bevor dann 1949 und Anfang der 50er-Jahre der US-Sponsor-Tourismus für Deutsche aus vielen Bereichen des öffentlichen Lebens einsetzt.

Auf dem Rollfeld das „Flag-Ship Oslo" der „American Overseas Airlines". Das Flugzeug steht unweit vom Ausgang; man geht zu Fuß hin, über die Treppe hinauf und – betritt einen anderen Kontinent, dessen Abgesandte, zwei Blondinen in himmelblauem Kostüm, mir vorkommen wie Engel im Weihnachtsmärchen der Stuttgarter Kinderjahre. Unverwandt lächelnd wachen sie über der Wahl eines günstigen Fensterplatzes, helfen aus dem Mantel und verstauen das abgenutzte Stück nebst ebensolchem Hut in der Ablage.

Es war, natürlich, mein erster Flug. Der bundesdeutsche Weltenbummler von heute, 40 Jahre später, lässig-routinierter Jet-Passagier zwischen den Kontinenten, kann sich schwer eine Vorstellung davon machen, welche Gefühle den Besatzungs-Deutschen von damals in einem solchen Augenblick überkamen. Man glaubte sich in Utopia – oder doch auf dem sicheren Wege dorthin. Die erste Mahlzeit an Bord – ein Erlebnis für sich. Dazwischen Blicke aus dem Fenster. Unter uns die zerbombten Städte, sie entfernen sich immer weiter, im doppelten Sinn, wir überfliegen Brüssel, die Küste, den Kanal, die Themsemündung. Nach zwei Stunden Croydon, damals der internationale Flughafen Londons. Transitformalitäten. Während des Zwischenaufenthaltes ein weiteres Interview, diesmal ein britischer Kollege. Umsteigen in ein größeres Flugzeug, das „Transatlantic-Crossing-Plane" mit Namen „Flag-Ship Norway". Verspäteter Start in den Regenbogen eines abziehenden Gewitters. Neuneinhalb Stunden soll die Atlantiküberquerung dauern, so der Captain. Zwischenlandung in Shannon-Air-Port an der irischen Westküste, wo wir vor der Landung eine vor zwei Tagen abgestürzte Maschine des gleichen Kurses liegen sehen. Abendessen (mit rasch fortschreitender Gewöhnung an Entwöhntes). Abflug bei stürmischem Gegenwind; eine extreme Wetterfront über dem Atlantik veranlaßt einen Umweg über Island. Flug über den Wolken, der Sonne nach, die offenkundig Mühe hat, den Verfolgern zu entkommen und unterzugehen, wie sichs gehört. Nacht und eisiger Wind in Keflavik. Drei Stunden Aufenthalt. Um 2 Uhr Ortszeit Start in Richtung Gander/Neufundland. Kurzer, erschöpfter Schlaf. Bei Tagesanbruch Flug über Wolken, dazwischen Blicke auf verschneite Wälder, gefrorene Seen. Letzter Stop in Gander. (Die Wartehalle dort könnte auch die von Frankfurt, Shannon, Keflavik sein. Den Fluggast erwartet schon damals überall das gleiche Interieur). Start zur letzten Etappe, bei herrlichem Wetter, klarer Sicht über Boston, bald schon die Außenbezirke von New York, die Landung, damals noch mitten im Steingebirge der Riesenstadt auf dem La Guardia-Airport, 28 Stunden nach dem Abflug von Frankfurt, 12 Stunden verspätet, 10.30 Uhr Eastern Standard-Time. Es empfangen uns, auch ihrerseits mit Anzeichen von Erschöpfung, zwei Abgesandte des „Bureau of Applied Social Research" („Institut für angewandte Sozialforschung") der Columbia University, das von der Foundation zum Träger des Projekts unseres Studienaufenthalts bestimmt worden ist.

Die beiden, der eine jung, der andere schon gesetzteren Alters, waren in den folgenden Wochen und Monaten reichlich beschäftigt, unseren Studiengang zu ordnen, unzählige Termine zu verabreden, Fahrkarten zu besorgen, Hotelreservationen vorzunehmen, dem einzelnen auch bei persönlichen Fragen und Wünschen zur Seite zu stehen. Jetzt, bei der Ankunft, bestand ihre Aufgabe darin, uns zu unserem New Yorker Standquartier zu bringen, dem „Henry Hudson", einem soliden Mittelklasse-Hotel, mitten in Manhattan gelegen, dicht beim „Central Park" und unweit vom „Bureau", dem Zentrum unserer Studien. Die Fahrt dorthin, der Anblick einer gigantischen vollkommen intakten Stadt, die Unzahl der auf mehreren Ebenen, aus Tunnels wie auf kühnen Brückenkonstruktionen daherschießenden, fast lautlos übereinander, nebeneinander, durcheinander gleitenden Autos, heute auch für den Mitteleuropäer ein gewohntes Bild – es nahm uns damals fast den Atem.

Kurz im Hotel, und schon erwartet uns die erste Verabredung, Lunch mit Professor Paul Lazarsfeld, dem Institutsleiter, und seiner Mitarbeiterin Hertha Herzog, beide Wiener; entspannte österreichisch-deutsche Atmosphäre zum Auftakt in New York City. Am Abend der erste Bummel den Broadway hinab, downtown, zum Times Square und zurück, schreiende Lichtreklame, ein Auto am anderen auch hier, dicht gedrängt die Menschen, gut angezogen fast alle, modisch gekleidet die meisten; voll besetzte Restaurants, der Blick in tausenderlei Gesichter, die von Krieg und Nachkrieg nichts zu wissen scheinen. Einige beäugen uns ob unserer seltsamen Gewandung halb erstaunt, halb amüsiert. Unseren Blick nehmen immer wieder die Nylonstrümpfe der Damen gefangen, die Novität von damals an hellen, braunen, dunklen Beinen. Katapultiert aus einem verelendeten, grauen, nach Atem ringenden Land in eine von Lebenskraft berstende, schockierend bunte Welt, treiben wir im Strom mehr dahin, als wir gehen. Erschöpfter Schlaf, in den ersten Nächten regelmäßig etwa um 2 Uhr unterbrochen durch das Verlangen aufzustehen – der Bio-Rhythmus, das Ich mit seinen Gewohnheiten hatte die Zeitverschiebung noch nicht nachvollzogen, war aus Europa noch nicht zur Stelle.

Wir waren in den Zimmern jeweils zu zweit untergebracht. Am ersten Morgen, nach dem Frühstück in einem nahegelegenen Drug-Store, registrieren wir mit Verwunderung, daß Bettwäsche und Handtücher komplett durch neue ersetzt sind, und glauben, man habe sich geirrt und das Zimmer irrtümlich schon wieder für neue Gäste hergerichtet. Das freundliche schwarze Stubenmädchen klärt die ungeübten Europäer auf: erste Begegnung mit dem durchrationalisierten Standard einer Überflußgesellschaft. Keiner von uns hätte sich träumen lassen, daß es der eigene von übermorgen sein werde.

Gleich in den ersten Tagen setzten die Gastgeber ihre ziemlich abgerissenen deutschen Nachkriegsgäste instand, sich landesgemäß-standesgemäß einzukleiden, ein Anzug, Hemden, Schuhe, Strümpfe. Sie machten das sehr taktvoll, wer wollte, wurde in eines der großen Warenhäuser (zu „Macys" beispielsweise) begleitet und beraten, wer lieber alleine ging, ging alleine und erhielt den dafür ausgesetzten Betrag.

Im übrigen war der Unterhalt durch einen wöchentlichen Scheck geregelt, aus dem wir laufende Ausgaben, einschließlich des Hotels, zu bestreiten hatten. Der Betrag – ich weiß nicht mehr wie hoch – reichte zum Unterhalt recht gut aus, teuere Restaurants verboten sich natürlich, dahin aber wurden wir ohnedies immer wieder einmal eingeladen. Wenn man beim Essen sparte (was in Drug-Stores und Cafeterias leicht möglich war), blieb genügend übrig, um alle paar Wochen Lebensmittel, Kleider, Schuhe und viele weitere Artikel des täglichen Bedarfs – Nylonstrümpfe nicht zu vergessen – in Warenhäusern und Supermärkten zu erstehen und nach Deutschland auf den Weg zu bringen. Bei der Rückkehr im Herbst trafen die „German Broadcasters" ihre Familien wohlgenährt und bestens ausgestattet an. Auch für den eigenen Bedarf blieb noch genügend. Für längere Zeit noch war ich dank Rockefeller mit Anzügen, Schuhen, Hut und Mantel – made in USA – versehen.

Das „Institut für angewandte Sozialforschung" bildete mit seiner Aufgabenstellung einen wesentlichen Sektor im Programm, das man sich für unseren Aufenthalt ausgedacht hatte. Paul Lazarsfeld an seiner Spitze war einer der führenden Sozialforscher dieser Zeit, den wir überall in unserer Pflichtlektüre zitiert fanden, persönlich aber nur wenige Male zu sehen bekamen. An seiner Stelle widmete sich Dr. Hertha Herzog den deutschen Schülern. Sie machte uns vertraut, brachte uns in Verbindung mit zahllosen Instituten und Projekten, bei denen wir lernen konnten, worin die Anwendungen der angewandten Forschung bestanden, zum Beispiel in der Frage, welche Rolle das Kaffeetrinken im Leben dunkelhäutiger Frauen unter 40 spiele. Dahinter, natürlich, verbarg sich die andere Frage, ob nicht just unter diesen Frauen das Bedürfnis nach mehr Kaffeekonsum geweckt und also ein bisher unterentwickelter Sektor des Absatzes belebt werden könne. Zugleich lernten wir auch, welche Bedeutung derartige Forschung in ihrer Anwendung aufs Radiogeschäft hätte, dem natürlich unsere Aufmerksamkeit zu allererst zu gelten hatte. Television, das Fernsehen, war damals zwar schon weit verbreitet, die Attraktion von morgen, zweifellos, spielte aber noch nicht die beherrschende Rolle, die ihm wenig später schon zuwuchs. Weil im kommerziellen Rundfunk das Programm bekanntlich dem Zweck dient, die größtmögliche Zahl von Zuhörern (oder Zuschauern) vor dem Gerät zu versammeln, damit sie dem Inserenten für seine Werbebotschaft verkauft werden kann, hängt für den Unternehmenszweck so gut wie alles von der Befähigung der Programmproduzenten ab, mit ihren Sendungen eben diese größtmögliche Zahl anzulocken und möglichst auf Dauer zu binden. Der Erfolg ihrer Bemühungen steht unablässig auf dem Prüfstand, wird täglich gemessen – damals unter anderem von Hooper, einem der meistfrequentierten Markt- und Meinungsforschungsinstitute. Weshalb eben jene Programmproduzenten in den großen Sendegesellschaften (oder „Networks") sich am Morgen, statt mit dem geläufigen „How do you do?" mit der bedeutungsvolleren Formel „How is your Hooper-Rating?" zu begrüßen pflegten.

Daß die Werbung als solche, die „Commercials", eine hervorstechende Rolle in den Programmen spielten, darauf waren wir vorbereitet. Die Realität hatte nichts Absonderliches oder gar Aufregendes an sich. Das ganze Rundfunksystem beruhte nun einmal darauf. (Die vielberufene Unterbrechung einer Beethoven-Symphonie durch Werbespots, von der auch wir mit Schrecken gehört hatten, gab es nicht.) Die Werbebotschaften, nun ja, schlossen den genormt forschen Anmacher-Ton ein, der oftmals schwer erträglich, aber eben ihr Idiom war. Man konnte, je nachdem, lachen, den Kopf schütteln oder weghören. Nicht überhören konnte man, daß dieser Ton, von dem die Amerikaner offenbar glaubten, er sei im Umgang mit den Hörern der allein gebotene und erfolgversprechende, sich zur Norm auch für alles übrige aufgeschwungen hatte, ob es die Ansage eines Hörspiels, einer Symphonie oder ganze Nachrichtensendungen waren. Die neuesten Meldungen über die sich zuspitzende Berlin-Krise hörten sich an, als gelte es, die Vorzüge eines Rasierschaumes an den Mann zu bringen. Und selbst die Mehrzahl der Kommentatoren befleißigte sich dieses Standards gegenstandslosen Frohmuts. Wahre Orgien feierte er bei den sogenannten „Soap-Operas", den vergleichsweise harmlosen Radio-Vorläufern der entmenschten „Denver-" und „Dallas-Clans", wenn nach einer tränenseligen 147. Folge die Hörerschaft auf die 148. hoffnungsvoll eingestimmt wurde. Eine seltsam monochrome Blüte der Philosophie des „Free competitive enterprise", mit der als dem Lebensprinzip des „American way of life" wir täglich bekanntgemacht wurden. Tests sind mir in diesem Punkte nicht vorgekommen. Sonst aber wurden wir mit Ausdauer Zeugen wie auch Mitspieler von dutzenderlei Befragungen der „Radio-Research-Departments" in Dutzenden von Werbe-Agenturen oder der Stationen selbst, kreuzten Fragebogen an, drückten zum Zeichen von Zustimmung oder Verneinung grüne, rote, schwarze Knöpfe in einem System der Meinungsforschung, das wie in einem Regelkreis schlüssig in sich selbst funktioniert, indem es den einzelnen durch Reduktion auf wenige abrufbare Eigenschaften zum zuverlässig berechenbaren Konsumenten macht.

War's das dann auch schon mit dem „Kommerz-Funk", über den die Nase zu rümpfen wir mit den meisten Europäern (und vielen Amerikanern) am Anfang nur zu bereit waren? Es zeigte sich im Gegenteil, daß wir eine Menge lernen konnten. Angefangen bei dem hohen professionellen Standard, mit dem nahezu alles gemacht war, was wir zu hören bekamen (und oft genug unmittelbar bei der Produktion erlebten). Ein solcher Standard, tatsächlich, war unablässig gefordert durch den Wettbewerb, durch die Notwendigkeit, dicht bei dicht Schritt zu halten mit anderen, die sich bemühten, es noch perfekter zu machen, und denen das vielleicht schon morgen auch gelingen konnte. (Notwendige Anmerkung: Wettbewerb, das Wetteifern um das beste Ergebnis ist kein Prärogat kommerziell orientierter Betätigung, vielmehr anderen Tätigkeiten, zum Beispiel der künstlerischen oder dem Sport, gleichermaßen immanent; nur versieht ihn die wirtschaftliche Zielsetzung mit einem zusätzlichen materiellen Treibsatz.) Auch trat dieser Standard bei der publikumsattraktiven Unterhaltung zwar zuvörderst, aber keineswegs ausschließlich in Erscheinung. Er betraf ebenso den Sektor der „Public-Service-Programmes", wie sie den Networks zu einem bestimmten Prozentsatz aufgetragen und mindestens von den drei großen (NBC, CBS und ABC) engagiert gepflegt wurden, und hier zum Beispiel die Sendeform der sogenannten „Documentaries", in denen komplexe Sachverhalte in einer ebenso fesselnden wie faktenorientierten Darstellung unter vielfältigen Aspekten behandelt wurden. Sendungen über das Indianerproblem, seine ethnischen und politischen Aspekte, über Jugendkriminalität oder über das soziale Problem des beruflichen Abstiegs der über 40jährigen (den „Tod eines Handlungsreisenden" sozusagen) waren Beispiele, die uns großen Eindruck machten. Sie bekannten sich übrigens offen zu einem „investigativen Journalismus", ein Begriff, den wir hier zum ersten Mal kennenlernten, und zwar positiv. Viel später sollten wir ihm, ins Negative gewendet, zu Hause wieder begegnen als dem Kennwort für etwas, was der Journalist, der „saubere", nicht tut. Eine derart stringente, präzis auslotende und dabei dennoch (oder eben deshalb) ansprechende Sendeform kannten wir bis dato nicht. Unsere gute alte deutsche „Hörfolge" blieb dahinter weit zurück.

Die hohe Schule der „Radio-Diskussion" lernten wir bei den verantwortlichen Redakteuren des „Chicago-University-Round-Table" der NBC kennen, dem minuziös und mit geradezu dramaturgischem Gespür ausgearbeiteten Typus des konzentrierten, gründlich vorbereiteten Gesprächs zwischen Experten, die sich dem interessierten Laien mitzuteilen, ihr Thema nahezubringen wußten. Zehn Stunden, den ganzen Samstagabend sowie den Sonntagmorgen, verbrachten die drei Partner in der Vorbesprechung, bevor um 12.30 Uhr die halbstündige Sendung live erfolgte. In Stuttgart haben wir uns wenig später zusammen mit Radio Bern in dieser Form versucht, die wir bis dahin gleichfalls so nicht kannten.

Auffallend auch die große Zahl von Sendungen mit Publikum, „öffentliche Veranstaltungen", wie wir sie zunächst einmal nannten. Sie mutete auf den ersten Blick übertrieben an. Bis wir merkten, daß dies nicht „öffentliche Veranstaltungen" nach unserem Verständnis waren, sondern einfach Produktionen mit Zutritt der Öffentlichkeit. Der Rundfunk agierte vor seinen Hörern, unter ihnen, mit ihnen. Die Leute lebten damit, hatten Teil daran, füllten Tausend-Platz-Auditorien, regelrechte „Funk-Theater", bei einer Dreiviertelstunden-Sendung um den Südstaaten-General Lee beispielsweise, und folgten ihr mit spürbarem Interesse. Unstreitig eine Aura von Partizipation, demokratischem Verständnis öffentlicher Einrichtungen. Keine Spur von hoheitlicher Betätigung. Bredow, der Vater des deutschen Kultur-Rundfunks, würde, dachte ich, staunen. (Was er, da er den amerikanischen Rundfunk ja wohl kannte, gewiß längst hinter sich hatte.)

Vorbildlich auch der Standard der „News" bei den großen Systemen. Ein ausgedehntes Netz von Korrespondenten in der ganzen Welt sorgte für originäre Berichterstattung in den Nachrichtensendungen rund um die Uhr, Informationsmuster einer Weltmacht, die auch eine publizistische war. Oder die Orchester, welche die Systeme sich damals leisteten. Toscaninis „NBC-Symphony-Orchestra", Bruno Walter bei der CBS! Man muß wohl sagen, daß die führenden Gesellschaften und deren Manager an der Spitze nicht nur, wie selbstverständlich, ihre Erfolge beim „Entertainment" sowie auf dem Sektor der „News" durch höchste Professionalität suchten, sondern durchaus auch in Anstrengungen zu investieren bereit waren, die sich nicht „rechneten", dem Unternehmen aber Prestige über den eigentlichen Markt hinaus zu sichern versprachen.

Einen von ihnen lernten wir bald kennen: Frank Stanton, Präsident des „Columbia Broadcasting System" (CBS), einen kühl-energisch wirkenden, auffallend jungen Mann, der uns mit einigen Herren seines Stabes zum Abendessen einlud. Mit 36 Jahren an der Spitze des Unternehmens, ein Zeuge in Person für die Vorliebe des Big Business, sich seine Top-Manager unter Leuten im besten Alter zu besorgen. Er befand sich damals mitten in einer Auseinandersetzung mit der „Federal Communications Commission" (FCC), der staatlichen Aufsichtsbehörde für das Rundfunkwesen, ursprünglich zuständig für die Koordination im Frequenzbereich, mehr und mehr aber auch in andere Probleme involviert. Weit vorgewagt hatte sie sich soeben mit der Auffassung, daß Radio, im Gegensatz zur Presse, „could not be an advocate", und folgerichtig den Stationen das Recht bestritt, „to editorialize", also eine eigene Tendenz im Meinungsstreit zu verfolgen. Stanton trat dieser Auffassung energisch mit dem Hinweis entgegen, daß es (damals) in den USA 1900 englischsprachige Zeitungen gab, Radiostationen aber mehr als 3000. Und daß, was für die Presse unter solchen Umständen recht sei, für jene billig sein müsse. Die FCC, demgegenüber, begründete ihren Standpunkt mit dem Argument, im Gegensatz zur Presse bediene sich ein Lizenznehmer im Radio-Geschäft eines der Öffentlichkeit gehörenden „Mediums", nämlich der Frequenz.

Im übrigen gab es natürlich im Radio (und auch schon im Fernsehen) Meinungsmacht großen Kalibers. Die war zwar nicht „unternehmensoffiziell", sondern ging von Personen, einzelnen Journalisten, aus. Aber dadurch, daß diese Personen an die einzelnen Systeme gebunden und in den prominenten Fällen geradezu zu deren

Markenzeichen geworden waren, wurde dieser feine Unterschied doch wieder obsolet.

Wir lernten mehrere dieser Kommentatoren, denen wir natürlich im Radio und Fernsehen häufig lauschten, auch persönlich kennen. Der erste war H. V. Kaltenborn, politischer Kommentator bei der „National Broadcasting Company" (NBC). Das V. in seinen Initialen stand für ein „von" in seinem ursprünglichen deutschen Namen: er hieß Hermann von Kaltenborn und glich auch äußerlich einem Generalobersten des wilhelminischen Heeres. Joviale Strenge sowie penible Ordnungsliebe gingen von ihm aus. Das erste Gespräch mit uns unterteilte er in mehrere Runden, in deren Verlauf er bei jedem je eine Frage abrief und beantwortete. Bei Gelegenheit eines Wochenendaufenthaltes, zu dem er einen Kollegen und mich auf seinen prächtigen Landsitz in Long Island einlud, konnten wir hinter der hoheitsvollen Fassade, die er auch im Fernsehen abgab, einen vitalen alten Herrn von 70 Jahren entdecken, gut im Futter, sportlich, fabelhaft bei Kräften, ein glücklicher Genießer. Im Liegestuhl, den Whisky in der Hand, seufzte er immer wieder „life is wonderful". Mit Stolz, Zufriedenheit und einem Anflug von Erstaunen erfüllte ihn der Nimbus, der ihm kraft seiner Medienpräsenz zugewachsen war. Er verfügte, selbstverständlich, über erstklassige Verbindungen in der politischen Szene, über Ansehen und Einfluß in der Öffentlichkeit. Offenbar hatte er verstanden, das eine mit dem anderen in eine nützliche Wechselbeziehung zu bringen. Aber er hatte auch seine Kritiker. Als besonders originell oder weitsichtig ist mir nichts von dem in Erinnerung, was er vortrug. Ich vermutete im Gegenteil das Geheimnis seines Erfolges darin, daß er mit Autorität und großem Gestus auseinanderlegte, was die meisten ohnedies dachten (oder auch wußten) und nun von ihm in aller Öffentlichkeit bestätigt fanden. Sein Pendant und Konkurrent bei CBS, Ed Murrow, war ein völlig anderer Typus, selbstkritisch, ernst, zurückhaltend, vorsichtig abwägend. Wenig später wurde er zum Exponenten des publizistischen Widerstandes gegen den „Leftisten"-Jäger und Inquisitor Senator McCarthy, dessen Aktivitäten damals schon, mehr unterschwellig als offen, sich ankündigten.

Auch den meistfrequentierten Radio-„Kolumnisten" der American Broadcasting Company (ABC), Drew Pierson, lernten wir kennen, der sich von Washington aus vernehmen ließ und es verstanden hatte, sich mit der Aura einer Pythia am Potomac zu umgeben. „I predict" („ich sage voraus, daß...") lautete die stets wiederkehrende Schlußformel seiner „Analysen". Daß die Voraussagen meist zutrafen, verdankte er glänzenden Verbindungen zu den oberen Entscheidungsebenen der Administration, die es ihm erlaubten, das, was schon feststand, vor anderen und natürlich vor der offiziellen Verlautbarung zu annoncieren. Gelegentlich allerdings konnte man es auch schon vorher in der „New York Times" lesen. Eine Einladung in die Chef-Etage dieses Blattes, zum Lunch mit deren Herausgebern, brachte uns die wohl interessanteste Begegnung der ersten vier Wochen in New York. Vermittelt hatte sie uns Shepard Stone, gleich nach dem Kriege maßgebender Presseoffizier in der amerikanischen Militärregierung in Deutschland, zur Zeit unseres Aufenthaltes stellvertretender Chefredakteur der Sonntagsausgabe „Sunday Times", später Direktor des internationalen Programms der Ford-Stiftung und noch später Direktor des Aspen-Instituts für humanistische Studien in Berlin. Die Führungs-Equipe des Blattes, an ihrer Spitze Arthur Hays-Sulzberger, Julius Ochs Adler, Ann O'Hara Mc Cormick und mit ihnen eine Anzahl weiterer leitender Redakteure, beäugten uns interessiert, stellten uns Fragen nach Herkunft, unserer Einschätzung der deutschen Nachkriegsgegenwart und ließen uns teilhaben an einer redaktionsinternen Tour d'horizon, wie sie regelmäßig unternommen wurde. Hier herrschte wahrhaftig die kühle klare Luft politischer Gipfelbetrachtung, ein Brain-Trust, der offensichtlich im Bewußtsein lebte, daß er Politik nicht nur analysierte, sondern auch beeinflußte. Sulzberger und die Mannschaft der „New York Times" hatten der Roosevelt-Administration nahegestanden. Dies schloß das „Ja" zur weltpolitischen Rolle (und dementsprechend zum globalen Engagement) der Vereinigten Staaten ein.

Gänzlich anders dachte in diesem Punkt Colonel Robert Mc Cormick in Chicago, Herr über „the world greatest newspaper", die „Chicago Tribune" mit einer Auflage von mehr als einer Million täglich, nahezu der doppelten der New York Times, konkurrenzlos in der öffentlichen Meinung des amerikanischen Mittelwestens. Er konnte einem weltpolitischen Engagement der Vereinigten Staaten gar nichts abgewinnen. Die Grenzen Amerikas lagen für ihn in Amerika. Und an diesen Grenzen endeten auch die amerikanischen Interessen. „One of the finest brains of the 15th century" – einen der besten Köpfe des 15. Jahrhunderts – nannten ihn seine Gegner. Er wolle zwar, wie er uns – immer freundlich, aber mit unumstößlicher Selbstgewißheit – erklärte, in diesem Sommer Europa aufsuchen (im eigenen Flugzeug, versteht sich), Deutschland aber werde er dabei aussparen, weil er an den „dortigen Mißständen" nicht interessiert sei. Weshalb er auch die amerikanischen Truppen am liebsten gleich von dort (wie auch aus Japan und Korea, wo sie ebensowenig verloren hätten) zurückgezogen sähe. Der „Isolationismus", von dem damals mehr und ernsthafter die Rede war als heute, sprach aus ihm mit entwaffnender Offenheit. Etwas differenzierter äußerte sich da sein „Editor-in-Chief", Mr. Leon Stolz, der seine und des Obersten Abneigung gegen die „Außenpolitik" der Demokraten durch die Unfähigkeit bestätigt sah, mit der Roosevelt in Jalta, Truman in Potsdam operiert und Mitteleuropa an „Mr. Stalin" ausgeliefert hätten. Eine Auffassung, mit der er wahrhaftig nicht nur unrecht hatte und zu deren Beleg er uns seine Leitartikel seit 1944 zu lesen gab.

Eine merkwürdige Verbindung von Gläubigkeit und Publizistik, von „Gemeindeblatt" und großer politischer Tageszeitung lernten wir in Boston beim „Christian Science Monitor" kennen. Schon die Atmosphäre im Hause hatte nichts von der üblichen Geschäftigkeit in einer Zeitungsredaktion. Es herrschte Stille. Freundliche, gefaßt und überlegen sich gebende Menschen tauschten in größter Ruhe ein paar Gedanken aus – über das Wesentliche waren sie ohnedies einig. Man glaubte sich in einem Kloster. Und doch erschien hier täglich eine der großen Tageszeitungen Amerikas, mit einer anhänglichen Leserschaft vor allem in Neu-England, aber auch sonst in vielen Staaten der Union.

Am nachhaltigsten von allen diesen Kontakten in der publizistischen Szene beeindruckte mich indes die Begegnung mit einer Frau: Dorothy Thompson. Auch sie eine der berühmten „Columnists" der New Yorker Presse, diesmal der „Herald Tribune", der großen Konkurrentin der „New York Times". Wir trafen eine ungeheuer lebhafte Dame mit einem sehr offenen Herzen für die deutschen Nöte, interessiert an jedem Detail der Nachkriegsgegenwart. Ihre besonders engagierte Beziehung zu diesen Nöten rührte daher, daß sie in Deutschland gearbeitet hatte, von den Nazis 1934 ausgewiesen, weil sie Hitler interviewt und sich schon zu diesem Zeitpunkt erlaubt hatte, keinen günstigen Eindruck von ihm zu haben. Sie kannte Churchill, war mit Roosevelt vertraut gewesen und verstand es, die „Großen" der Zeitgeschichte durch ihre Erzählung in menschliche Nähe zu rücken. Ihr Salon hing voller Bilder solcher Zelebritäten mit geradezu liebevollen Widmungen. Auch Toscanini war darunter. Sie lud uns alle sechs zum Sommer auf ihre Farm in Vermont ein, wo wir Ende August auf der Reise nach Kanada mit ihr und ihrem deutschstämmigen Maler-Gatten namens Kopf zwei wunderschöne Tage verbrachten, begeistert von einer Frau, deren Arbeit und Reputation als Journalistin zuallererst darauf beruhte, daß sie ein famoser, warmherziger Mensch war, mit wachem Blick für den Zustand der zerrütteten Welt und dem unbändigen Willen zu tun, was in ihren Kräften stand, damit die Folgen der Katastrophe gemildert würden.

Die „German Broadcasters", als welche wir allenthalben eingeführt wurden, aber auch schlicht und einfach die „Nach-Hitler-Deutschen", die wir waren, zogen begreiflicherweise viel kritische Aufmerksamkeit, gelegentlich auch mißtrauische Blicke auf sich. Was sind das für Leute, schienen sie zu fragen, wer waren sie, was taten sie im Nazi-Reich? Meist aber begegneten uns unsere Gastgeber direkt, herzlich und ohne Vorbehalte. Zweimal wurden wir einem illustren Kreis von deutschen und österreichischen Emigranten zugeführt, darunter Fritz Kreisler, Alfred Polgar, Erwin Piscator. Von diesen dreien abgesehen, herrschte eine eher beklemmende Atmosphäre. Man glaubte Resignation, Entwurzelung auch jetzt noch, Unbefriedigtsein zu spüren, vor allem aber wenig Neigung, an irgendeinen Neuanfang in Deutschland zu glauben. Etliche, so schien es, wollten hören, daß er ohne sie von vornherein schwer denkbar sei. Sie hatten ihre Hoffnungen mit sich genommen. Und sie verloren. Ein bedrückender Nachklang der unseligen Vergangenheit.

Immer seltener konfrontiert mit dieser Vergangenheit waren wir auf einer Reise, die uns im Sommer zu Studienaufenthalten in mehrere Städte – hauptsächlich des Mittelwestens – führte. Europa, Deutschland, die Nachkriegsgegenwart in diesen wie in anderen Teilen der Welt, von den USA so entscheidend beeinflußt und mitbestimmt, sie geriet, weit überproportional zur Entfernung von New York, immer rascher aus dem Blick, immer weniger schienen die Menschen, die wir trafen, daran interessiert. Deutschland – das war, immer häufiger, ein fernes, schönes Land, aus dem viele Amerikaner herstammten und zu dem es, über die

Generationen hinweg, Bindungen gab, die fortwirkten, durch den Krieg unterbrochen, gewiß, einen Krieg, der sich ausnahm wie ein bedauerlicher Irrtum. Gottlob, daß er zu Ende und damit alles fast wieder so war wie früher. Man freute sich, Deutsche zu Gast zu haben, bedauerte, daß die zu Hause offenbar, wie man hörte und las, wenig zu essen hatten, und wünschte umsomehr zum Wohlbefinden der Gäste beizutragen. Ich fühlte mich wie in Watte, im schalltoten Raum, unwirklich, und doch war es Realität – die Realität im abgelegenen Inneren eines entfernten Kontinents.

Für die Reise und den Aufenthalt an den verschiedenen Orten wurde unsere Gruppe aufgeteilt, um die Belastung auf die einzelnen Gastadressen – meist Universitäten und Radiostationen – verteilen zu können, die Betreuung praktikabler zu machen. Wir waren an die sieben Wochen unterwegs, mit unterschiedlicher Aufenthaltsdauer, einzeln, zu zweit oder dritt an den jeweiligen Plätzen. Meine Route führte mich über Lexington, Kentucky, „the heart of the blue grass", die „twin-cities" Minneapolis/St. Paul (die letztere Regierungssitz des Staates Minnesota), East-Lansing, die Kapitale von Michigan, nach Evanston – Chicago, wo wir alle sechs wieder zusammentrafen, um anschließend noch einen längeren Aufenthalt in Madison/Wisconsin zu genießen.

Die ungespielte, vollkommen rückhaltlose Herzlichkeit der Menschen, mit denen ich zusammentraf, war überwältigend. Sie scheuten keine Mühe, keinen Zeitaufwand, sich dem Gast gefällig zu erweisen, ihm das Gefühl zu geben, daß seine Anwesenheit just das Ereignis sei, auf das sie seit langem gewartet, der Erfolg seiner Studien das Ziel, dem sie ihr Leben in diesen Tagen gänzlich unterzuordnen wünschten. Mit unglaublicher Ausdauer fuhren sie ihn im Auto zu den reizvollsten Ausflugszielen rund um den jeweiligen Aufenthaltsort, um ihn anschließend im eigenen Heim zu verwöhnen, wo sich Gelegenheit bot, den technischen Standard eines amerikanischen Haushalts zu bewundern. Staunend stehe ich insbesondere zum ersten Mal vor einer Geschirrspülmaschine.

Drei Dinge, so lernen wir gleich anfangs von unserem Mentor an der University of Kentucky in Lexington, hätten den Staat und die Stadt berühmt gemacht: Whisky, Pferde und schöne Frauen. Im ersten Punkt werden wir reichlich zufriedengestellt, vom Anblick im zweiten mehr als einmal hingerissen, von dem im dritten nicht enttäuscht. Im übrigen: „Unsere kleine Stadt" – hier wie in Lansing, wie in Madison. Man lernt vor Ort, in der Heimat Thornton Wilders, die Landschaft, die Atmosphäre, das Milieu kennen und verstehen, denen des Dichters Figuren verhaftet sind, Figuren, die gleich nach dem Kriege auf den deutschen Bühnen (und Behelfsbühnen) allenthalben mit ihren kleinen und großen Nöten und Freuden vorgeführt und nahezu vertraut geworden sind.

Mit der gleichen Hingabe, mit der die Gastgeber uns die Schönheiten der weiten ruhigen Landschaften erleben lassen, zugleich aber auch mit der größten Gewissenhaftigkeit machen sie uns mit den Studioeinrichtungen ihrer Radiostationen vertraut. Da wir solche zu dutzenden auch in New York besichtigt haben und nennens-

94

werte Unterschiede dort wie hier nicht auszumachen sind, fällt es manchmal schwer, der erwarteten Überraschung und Bewunderung glaubwürdigen Ausdruck zu verleihen. Die vielverwendeten Vokabeln „excellent" oder „astonishing" kommen immer wieder recht routiniert über die Lippen.

Die meisten der kommerziellen Stationen, die wir in den kleineren Städten des Mittelwestens kennenlernten, arbeiteten mit minimalem Aufwand, vor allem auf der personellen, aber auch der studiotechnischen Seite. Der „Announcer" greift selbst nach den Schallplatten, mit denen das meiste an Programm bestritten wird, legt sie auf, plaudert und besorgt die technische Steuerung. Was mich gelegentlich auf die Frage, worin sich der deutsche Rundfunk vom hiesigen unterscheide, zu der Feststellung bringt, in den USA bestritten vier Leute das Programm mit 1000 Platten, bei uns 1000 Leute mit vier Platten. (Die Untertreibung im letzten Punkte bezog sich auf die damals noch beklagenswerte Ausrüstung unserer Plattenarchive).

Die unprätentiöse, hemdsärmelige Art, in der in den Studios die Sendungen auch sonst – ausschließlich „live" – präsentiert werden, gibt uns einmal mehr zu denken. Radio – das ist hier, ausgeprägter noch als in New York, die Mitteilung im Vorübergehen, das Gespräch, wie es an der Straßenecke oder beim Lunch geführt wird, der Gedankenaustausch über Musik zwischen Freunden, die Nachfrage des Journalisten unter Mitbürgern.

Die Gäste aus dem fernen Deutschland waren allemal und überall ein Interview und oft auch ein längeres Gespräch wert, bei dem man sich im Studio meist der ersten Frage gegenübersah, noch ehe man recht begriffen hatte, daß die Sendung längst begonnen hatte. Spontaneität war Trumpf. Grammatisch einwandfreie Sätze konnte man ja in der Zeitung lesen (und selbst da nicht immer). Und wenn eine Äußerung einmal völlig danebenging – so what? Im Leben draußen wars bekanntlich auch nicht anders. Der deutsche Rundfunk, bedeutungsvolles Sprachrohr zugeknöpfter Persönlichkeiten, hat mit der Zeit davon gelernt. Die Persönlichkeiten auch.

Die meisten Orte unserer Tour waren Universitätsstädte. In ihnen gab es neben kommerziellem Rundfunk vom üblichen Zuschnitt auch nichtkommerzielle, von den Universitäten oder den Kommunen betriebene Stationen. Das Spektrum der Spielarten erweiterte sich dadurch, man konnte, der Ermunterungen des Marktes müde, auch anderen Tönen lauschen, wenn man mochte. Natürlich waren die Universitätsstationen den Bildungs- und Ausbildungszwecken der Institution integriert. Eine beträchtliche Zahl von Studenten „studierten" Rundfunk. In Lexington, an der University of Kentucky, führte unser Betreuer den anspruchsvollen Titel „Head of Radio-Arts". Die „Künste" bestanden in einem Praktikum, das den Umgang mit Mikrofon und Schaltpult lehrte, begleitet von „Lectures", in denen wiederum „radio-research" eine wichtige Rolle spielte. Dieselbe enge Verbindung zur Praxis konnten wir aber beispielsweise auch im landwirtschaftlichen Department, in den höchstmodernen Kuhställen der Universität, kennenlernen. Auch die Radio-Programme selbst waren in ihrer Mehrzahl durchaus studien- und praxisorientiert, ein ausgedehnter Schulfunk, quer durch die Disziplinen, aber ganz unprätentiös, der Sache zugewandt, unter Verzicht auf den Herrn Lehrer sozusagen. Dazwischen trat die Universität selbst als Organismus, der „Campus" mit seinem Leben, in Erscheinung. In Lexington, im Campus der Universität von Kentucky, drückte sich in diesen Sendungen eine ruhige, freundliche Atmosphäre aus, die offenbar auch in der persönlichen Ausstrahlung des Präsidenten begründet war. Er war soeben von einem Deutschland-Trip zurückgekehrt, in dessen Verlauf sein Institut die Patenschaft für die Universität Heidelberg übernommen hatte. Was seine liebenswürdige Gemahlin bewog, eingehend und im Detail mit uns zu beraten, welche praktische Hilfe man den Patenkindern, nämlich den Heidelberger Studenten und Professoren, von hier aus angedeihen lassen könne, von der Zahnbürste bis zu den Schuhbändeln. Anschließend bemühte sie sich persönlich, die größtmögliche Anzahl der einzelnen Artikel zu besorgen und auf den Weg nach Deutschland zu bringen. Es läßt sich schwer schildern, welch ein Strom von „good will" von solchen Personen, Orten und Gelegenheiten ausging. Das einfache menschliche Mitgefühl hatte die Abscheu vor der Tyrannis verdrängt, deren Beseitigung das eigene Land so schwere Opfer gekostet hatte. Die Politik der zur Weltmacht aufsteigenden amerikanischen Großmacht, das Konzept der Aufbauhilfe für das zerstörte Europa – in der menschlichen Haltung amerikanischer Bürger in der „kleinen Stadt", irgendwo in dem riesigen Kontinent, waren sie offenkundig tief verwurzelt.

Den „Campus" als in sich geschlossenen Komplex des Universitäts- und studentischen Lebens habe ich noch mehrmals in gleich eindrucksvoller Weise erlebt, in Minneapolis im größeren Maßstab der größeren Universität ebenso wie in Lansing oder Madison. Er formt „communities", Abbilder funktionierender Gemeinwesen. Mit Wohnheimen, Sportplätzen, Hospitälern und den großzügigst angelegten sogenannten „Union"-Versammlungs-Häusern. Deren Eß-, Gesellschafts- und Leseräume, Musikzimmer, Konzert- und Theatersäle bilden Treffpunkte studentischen Lebens, mit denen quasi die Universität bei sich versammelt, was bei uns, abgetrennt von ihr, teilweise die Funktion studentischer Verbindungen gewesen ist. In den Theatern, die mit den „Drama-Departments" der Universitäten verbunden waren, bekamen wir Aufführungen auf sehr diskutablem Niveau zu sehen, irgendwo in der Mitte zwischen begabten Laien und Professionals, ein hochentwickelter Zweig amerikanischen Theaters und Keimzelle hochqualifizierten Studententheaters. Die „Music-Departments" erfüllten zugleich die Aufgaben von Konservatorien für die betreffenden Städte. Wie überhaupt auch hier die enge Verbindung zwischen Universität und den Bedürfnissen der Menschen ringsum ins Auge fiel. „Public-Service" – die Wissenschaft, neben ihren Lehr- und Forschungszwecken, war für die Bürger da. Ein Farmer, eine Hausfrau, die Probleme hatten, wandten sich zur Beratung an ihre Universität und erhielten sie. Ganz selbstverständlich, und kostenlos frei Haus. Großzügig ausgestattet auch die Bibliotheken. In Minneapolis fand ich, abgesehen von nahezu allen deutschen Periodika dieser Zeit, eine große Anzahl von Dissertationen aus den theatergeschichtlichen Instituten deutscher Universitäten, von den 20er Jahren bis in die Gegenwart.

In Minneapolis auch begegnet uns unversehens dann doch wieder einmal europäi-sche Vergangenheit in Gestalt des letzten österreichischen Bundeskanzlers vor dem Anschluß, Kurt von Schuschnigg. Er spricht im großen Auditorium der Universität vor 2300 Studenten eines Sommerkurses über „Problems of Central Europe". Anschließend haben wir beim Lunch im kleinsten Kreis Gelegenheit, mit dem Mann zu sprechen, dessen Abschiedsworte mich, zehn Jahre zuvor, tief bewegt hatten. Jetzt macht er auf mich einen eher bescheidenen Eindruck. Er erzählt ausführlich von seinen Begegnungen mit Hitler, in dem er vor allem einen Poseur, einen Komödianten gesehen hat, einen, der vor sich selbst und dem jeweiligen Gegner immer die Rolle gespielt habe, die ein dunkler Instinkt ihm eingab. „Eine zweifellos bedeutende Persönlichkeit" nennt er ihn aber auch. Zweifellos. Wenn es mit all dem nur sein Bewenden gehabt hätte! In Schuschnigg konnte er, denke ich, jedenfalls keinen Gegner gewittert haben, der sein Risiko bei der Annexion Österreichs unkalkulierbar gemacht hätte.

Natürlich kommen wir auf unserer Tour immer wieder in Kontakt mit der Presse, meist als Objekte spürbarer Neugier, für deren Befriedigung wir bald ein beifällig akzeptiertes Muster entwickelt hatten: jeder der sechs (oder wieviele es gerade waren) erzählt etwas über sein Herkommen, seine Stadt, die Gegend, ihre Besonder-heiten, seine berufliche Stellung und, worauf stets besonderer Wert gelegt wurde, wie ihm denn der jeweilige Ort, die Leute hier und Amerika überhaupt gefielen. In Lexington begegnen wir dem Unikum zweier dem gleichen Herausgeber gehöriger Zeitungen, deren eine republikanisch, die andere demokratisch orientiert war. Die Sache „rechnete" sich, wie wir heute sagen würden. Der Herausgeber war dement-sprechend ein frohgemuter Mann. Die Frage, wie man denn als ein und derselbe zwei konträren Auffassungen gleichzeitig zum Ausdruck verhelfen könne, würde er nicht verstanden haben. Es handelte sich nicht um Glaubensfragen, sondern um politische Auseinandersetzung. Und um ein Geschäft. Warum sollte beides nicht unter seinem Dache Platz finden?

In Erinnerung geblieben ist mir als Prototyp politischen Lebens in den USA auch der Gouverneur von Wisconsin, Oscar Rennebohm mit Namen. Vor diesem Zu-sammentreffen erläutert uns sein Sekretär den „background" dieses Mannes. In seinem Staat besaß er die meisten der Drug-Stores, die es gab. „This man", sagte der Sekretär, „he made a lot of money and now he is going to do something in public service. And we appreciate that". Der also Beschriebene, ein gutaussehender, ver-bindlicher Fünfziger, vermittelt tatsächlich den Eindruck, es habe ein erfolgreicher Geschäftsmann sich auf Zeit dem Dienste der Öffentlichkeit verschrieben. Ohne es nötig zu haben nota bene, eher ein persönliches Opfer. Selbst wenn man annimmt, daß ein solches Engagement nicht bloßem Bürgersinn entspringt, sondern mit Ehrgeiz, vielleicht auch mit geschäftlichem Kalkül zu tun hat – mir schien diese Art der Akquisition führender Politiker eine recht plausible Alternative zum deutschen Entschluß, Politiker zu werden. Und zu bleiben.

Ins Zentrum deutsch-amerikanischer Besiedlung gelangen wir für einen Tag auf einer Tour nach Milwaukee. „Hopfen und Malz – Gott erhalts" steht über der Theke des „German Restaurant", in dem ich „old fashioned German Sauerbraten with egg-noudles" verspeise. Von den Wänden grüßen die Kaiser Wilhelm I., Friedrich III. und Wilhelm II., Bismarck und Roon. Die Aussiedler von damals haben ihre Zeit und ihre Helden mit sich geführt, die Nachfahren beides konserviert. Der Blick von der herrlich gelegenen Stadt über den See findet keine Grenzen. Irgendwo hinter dem weiten Horizont mochten die Siedler das Land suchen, aus dem sie gekommen waren. Verwandtes hatte die Landschaft genug. Ein merkwürdiger Anhauch von Zuhause, vorgestern, liegt in der sommerlichen Luft, Deutschland vor 70 Jahren.

Das Deutschland der Gegenwart, 1948, läßt just während der Zeit unseres Aufenthaltes im Mittelwesten, Ende Juni/Anfang Juli, von sich hören: Währungsreform und Berlin-Blockade schaffen über Nacht eine bedrohliche Situation. Daß sie als solche den Amerikanern voll bewußt und vor allem auch in ihrer Zuspitzung verständlich wäre, kann man nicht sagen. „Währungsreform" – was das sei und was damit bezweckt werde, ist den meisten, wenn überhaupt, nur in vagen Umrissen erkennbar. Wieso daraus mit der Blockade Berlins durch die Russen eine ernsthafte Krise, ja sogar die Gefahr einer bewaffneten Auseinandersetzung zwischen den Weltmächten entstehen könne, begreift so gut wie niemand. Im Mittelwesten schon gar nicht. Gewiß, daß aus der Soviet-Union, dem Verbündeten gegen Hitler, der weltpolitische Widersacher der USA geworden, daß die Auseinandersetzung mit dem Kommunismus das weltpolitische Thema Nr. 1 der Gegenwart ist (und wohl auch noch der Zukunft sein wird), kann man täglich der Presse und einer üppigen politischen Literatur entnehmen. Auch innenpolitisch, im Land, spielt diese Auseinandersetzung eine zunehmend bedeutende Rolle, nicht zuletzt bei der Kampagne um die Nominierung des repulikanischen Kandiaten für die Präsidentschaftswahlen im November. Aber Kriegsgefahr? Daran mag ernsthaft keiner denken. Auch die Kommentatoren der großen New Yorker Blätter, die dem europäischen Geschehen mehr Aufmerksamkeit schenken als andere, Ann O'Hara Mc Cormick in der „New York Times", Walter Lippmann in der „New York Herald Tribune", halten mit allem Nachdruck dafür, daß die Möglichkeiten einer Beilegung des Konflikts auf dem Verhandlungswege nicht annähernd ausgeschöpft seien.

Im übrigen lenken gerade in diesen Tagen der republikanische – und wenig später der demokratische – Parteikonvent in Philadelphia mit der endgültigen Nominierung der Präsidentschaftskandidaten das aktuelle politische Interesse gänzlich auf die innenpolitische Szene.

Und schließlich gibt es auch noch den Nationalfeiertag, den man sich durch die europäischen Querelen nun schon gar nicht verdunkeln lassen mag. In Madison, genauer an einem nahegelegenen kleinen Ort, irgendwo im Grünen, zwischen den Seen wird uns „the typical 4th of July" offeriert. Die „Celebration" beginnt mit einem Baseball-Spiel der Söhne gegen die Väter. Die Väter siegen. Nachdem Sieger und Besiegte sich frische Hemden angezogen, stoßen sie zu Müttern und Töchtern, die bereits mit dem Herbeischleppen großer Mengen von Hamburgers, Brötchen,

Krautsalat und Bier begonnen haben. Zweiter Teil der „Celebration". Nach Einbruch der Dunkelheit der dritte: Feuerwerk. Zwanzig Abschüsse mit meist gleichen Effekten. Großer Jubel nach jedem. „Did you ever see such a firework!?" fragt eine der Damen. Genügsame Freuden zufriedener Menschen am Tage, der vor 172 Jahren den Grund für ihr freies, behütetes Leben gelegt hat.

Von der Idylle ins Monumentale: Washington D.C., die Bundeshauptstadt, eine Woche im August. Feucht-schwüler Dunst empfängt uns. Wir lernen die Segnungen des „Air-conditioning" einmal mehr schätzen, in den Hotelzimmern gleichermaßen wie in der „National Gallery of Arts", im Capitol oder sonstwo bei Behörden und Verbänden.

Hauptstädte in den USA, den Einzelstaaten wie im Bund, sind nicht die eigentlichen Metropolen, die großen Wirtschaftszentren mit ihren Bevölkerungs-Agglomeraten, es sind überwiegend Kleinstädte, deren Namen der Europäer oft kaum kennt. Washington ist die größte unter ihnen, ein gigantisches Gotha ohne Fürstlichkeiten. Altväterliche Pracht bestimmt das Bild. Im ganzen „District of Columbia" hat die Moderne, haben Wolkenkratzer Auftrittsverbot. Es herrscht ehrfurchtheischende Imitation, obschon es an ehrfurchtgebietenden Zeugnissen und Einrichtungen eines originären Gemeinwesens hinter der Fassade ja wahrhaftig nicht fehlt. Aber dies: die unerhörte Vision der neuen Republik in einer neuen Welt drückt sich nirgends aus, die Gründerväter und die Generationen nach ihnen konnten ihr nur in überkommenen Formen europäischer Vorbilder huldigen. Das allerdings haben sie in Dimensionen besorgt, die ihresgleichen suchen. Wer in Washington die historischen Stätten und Denkmäler auf sein Programm setzt, sollte die Wanderschuhe im Gepäck haben. Oder er fährt viel Taxi.

Auch sonst macht die Kapitale beim ersten Hinsehen auf mich einen eher absonderlichen Eindruck. Es waren, schien mir, andere Menschen, als ich ihnen in den Monaten zuvor allüberall begegnet war. Vergewisserung brachte eine Information, auf die ich bald stieß: Zu mehr als 50 Prozent waren die Einwohner damals Bedienstete der Administration, „Government-workers", denen ihr wenig inspirierendes Geschäft in die Gesichter geschrieben stand; wo anderwärts hellwache, aufmerksame, unternehmungslustige, kritische, verschlagene Blicke, ein ganzes Spektrum berstender Vitalität den Beobachter trifft, hier herrscht Zurückhaltung, Kühle, Distanz, gleichmütige Gelassenheit, der Terminkalender im suit-case.

Das „schedule" für Washington war dicht gefüllt. Kontakte mit einer Unzahl von Adressen, Radio natürlich, und davon vor allem die bundesbehördliche Seite: Frequenzvergabe durch die Federal Communications Commission (FCC), die National Association of Broadcasters, Lobby der Rundfunkunternehmen am Regierungssitz, die US-Chamber of Commerce, das FBI (wo man uns zur Einstimmung im „Basement" auf flüchtende Figuren schießen läßt, bevor wir viel Anerkennendes über deutsche Spione im Krieg zu hören bekommen), der Supreme Court, der Oberste Gerichtshof, die Panamerikanische Union; in der imposanten Library of Congress mit ihren damals sechs Millionen Bänden ein Augenblick der Besinnung vor den ehrwürdigen Dokumenten der Unabhängigkeitserklärung und der Verfassung der Vereinigten Staaten; vom Präsidenten erzwungene Sondersession des Kongresses: ein „Filibuster" (nämlich die ungebremste Endlos-Rede zur Verhinderung des Fortgangs der Tagesordnung) im Senat, ein „Investigating Commitee" in Sachen „kommunistische" Aktivitäten (eines der sogenannten „Spy-Hearings" im Vorklang der Verfolgung „anti-amerikanischer Umtriebe" durch den Senator McCarthy wenig später); Debatte des Repräsentantenhauses (in sommerlicher Unlust) über inflationäre Trends bei der Lebenshaltung, eine Pressekonferenz beim Secretary of State, George C. Marshall, der an diesem Tage wenig zu sagen bereit ist, den von Angesicht zu Angesicht gesehen zu haben, uns immerhin nicht gleichgültig sein konnte.

Viel Zeit für uns speziell nimmt sich Paul G. Hoffmann, Administrator des Marshall-Plans, der ECA (Economic Cooperation Administration). Wir treffen einen jugendlich-vitalen älteren Herrn mit leuchtenden blauen Augen, von zurückhaltendem Wesen, ganz anders als man sich den erfolgreichen amerikanischen Manager vorstellt, der er davor gewesen ist. Er versteht es glänzend, die wirtschaftlichen wie die politischen Implikationen des Vorhabens auseinanderzusetzen (und auseinanderzuhalten), das die Nachkriegszukunft, vor der wir standen, so entscheidend prägen und bestimmen sollte – auch und gerade politisch. Seine und seiner Behörde Aufgaben sah er ganz auf die wirtschaftliche Seite konzentriert. Sinn und Zweck des Planes: Europa wieder auf die eigenen Beine zu stellen, ein Automobil, meint er, an dem die Batterie (und vielleicht noch ein paar andere Teile) kaputt sind und das es wieder fahrbereit zu machen gilt. Entscheidend, daß die Europäer selbst ihre Zukunft als gemeinsame akzeptieren und in eigene Hände zu nehmen bereit seien. Die Einheit Europas – für die ECA ein aus der Not geborenes Gebot –, die Europäer müssen sie realisieren. Manchmal, meint Hoffmann mit einem Anflug von Resignation, „fühlten sich die Amerikaner als die besseren Europäer". Das war – 1948 – vielleicht etwas viel etwas früh verlangt. Die Perspektive aber war geeignet, Nachkriegsdeutsche zu begeistern, junge, wie ich einer war, schon gar.

Schließlich: Pressekonferenz beim Präsidenten der Vereinigten Staaten, Harry S. Truman, eine von vielen, Routine, gewiß; immerhin eine im Wahljahr 1948, nicht allzulange nach den „Conventions" der Parteien mit der Nominierung ihrer Präsidentschafts-Kandidaten für die Wahl im November, Thomas E. Dewey für die Republikaner (an dessen Sieg niemand zweifelt), Truman für die Demokraten (der siegen wird). Wahlkampf also, der Präsident läßt es demnach nicht an Schmähungen des republikanisch beherrschten Kongresses fehlen. Insbesondere der Verlauf der von den Demokraten herbeigeführten Sondersitzung wegen inflationärer Verteuerung der Lebenshaltung gibt ihm Anlaß, die Untätigkeit der Republikaner zu brandmarken. Aber auch die „Spy-Hearings" geißelt er als hochgetriebene Manöver des Kongresses zur Ablenkung vom Versagen in seinen eigenen Aufgaben. Es hört sich an, als sei er wirklich aufgebracht. Seine Stimme zittert, und er blickt immer wieder in die Journalistenrunde, so als wolle er sagen, diesmal könne doch nun wahrhaftig keiner anders, als seinen gerechten Zorn teilen (und unter seine Leser bringen). Nach dem „Thank you, Mr. President" des Deans der Presse, auf das hin die Meute zu den Telefonen stürzt, legt sich sein Unmut in Sekundenschnelle, er scherzt mit Vertrauten, begrüßt dann Besucher, die ihm vom Pressesekretär zugeführt und vorgestellt werden, darunter auch uns, die „Six Radio-People from Germany". Jedem einzelnen von uns blickt er ins Auge, drückt ihm die Hand, wobei er den vom Sekretär genannten Namen nebst dem Namen der Radiostation wiederholt, von der er kommt. (Dies alles kam mit so bedeutungsvollem Ton von seinen Lippen, daß man glaubte, der deutsche Nachkriegsrundfunk, darunter „Radio Stuttgart", gehöre wirklich zu den Problemen, die ihn, abgesehen vom widerspenstigen Kongreß, an diesem Tag zuvörderst beschäftigten.) Er hoffe, schließt er, daß wir konstruktive Ergebnisse aus unseren Erfahrungen in den Staaten gewännen. „I am sure, you will!" Den Eindruck, einen der Großen unter den Präsidenten Amerikas erlebt zu haben, hatte wohl keiner von uns. Und doch zeigte sich bald, daß es falsch war, den „haberdasher" (den „Kurzwarenhändler"), wie er geringschätzig genannt wurde, zu unterschätzen. Drei Monate später hatten ihn die Amerikaner entgegen allen Voraussagen in seinem Präsidentenamt bestätigt.

Seinen Nachfolger Dwight D. Eisenhower, den außerordentlich populären Sieger auf dem europäischen Kriegsschauplatz, hatten wir schon früher kennengelernt, gelegentlich eines Besuches bei der Columbia-University in New York, deren Präsident er zu dieser Zeit war. Ein Zehn-Minuten-Empfang. Der General a.D. hatte wenig Militärisches an sich, setzte sich auf den Schreibtisch und ließ die Beine baumeln, während er uns mit seinen weit auseinanderliegenden klugen Augen musterte und mit dunkler voluminöser Stimme ein paar Fragen stellte. Er strahlte Ruhe, Beherrschung, Souveränität aus – gute Nerven, wie er sie ja wohl gebraucht und zu trainieren Gelegenheit gehabt hatte.

An einem herrlichen Sommerabend, dem vorletzten des Aufenthalts in Washington, wurde uns das opulenteste Dinner unserer Reise vorgesetzt, auf dem Dach des „Raleigh"-Hotels von dessen General-Manager Karl Shiffeler (ursprünglich Schiffeler, einem Pfälzer, Auswanderer von 1912) und seiner Gattin. Ein weiteres Mal die rührende Aufmerksamkeit von Leuten, die – über Jahrzehnte hinweg – dem Land ihrer Herkunft verbunden geblieben waren. Verbunden geblieben, so wie es in ihrer Erinnerung bestand. Ungläubig und bekümmert hörten sie unsere Berichte über die Zerstörungen des Krieges und das Leben in der alten, fernen und ihrem Herzen doch so nahen Heimat.

Die letzte Etappe unseres Aufenthaltes auf dem amerikanischen Kontinent bildeten zwei Wochen im Osten Kanadas; Toronto, Ottawa, Montreal und Quebec standen auf dem Programm. Auf dem Weg dorthin lag unser Aufenthalt in Vermont bei Dorothy Thompson. In White River Junction besteigen wir unter ihrer persönlichen Aufsicht den „Green-Mountains-Flyer" Boston-Montreal. Herzlicher Abschied. Nach vier Stunden durch die herrliche Landschaft – der Zug macht seinem Namen Ehre – Lake Champlain. In einem Reiseprospekt mit historischen Daten von der weißen Besiedlung lese ich: 1609 – Champlain discovers Lake Champlain (Champlain entdeckt den Champlain-See). Welche Überraschung. Glücklicher Pionier im Angesicht des eigenen Sees!

An der kanadischen Grenze gibt es Schwierigkeiten. Sechs Nachkriegsdeutsche mit Reisedokumenten, die in der kleinen Grenzstadt St. Johns Ratlosigkeit hervorrufen. Erst ein Telegramm der Canadian Broadcasting Corporation löst den Knoten. Der „Flyer" fliegt mit Verspätung ins Ziel.

Die „Canadian Broadcasting Corporation" präsentierte sich damals im Vergleich zum hemdsärmeligen, munteren business-radio des Uncle Sam als überaus seriöse Dame in hochgeknöpfter Bluse. Ihre transatlantische Tante, die weltberühmte BBC, Modell institutionalisierter Unabhängigkeit, hatte ihr unverkennbar zum Vorbild gedient, ihr eiferte sie nach, mit ein paar Abweichungen, die eher genierten. Die weite Distanz, der Ozean zwischen beiden, ein schmales Budget, verbunden mit dem schlechten Beispiel der südlichen Vettern in den USA, hatten die Nichte sündenfällig werden lassen: sie ließ sich aushalten; zeitweise zwar nur, aber immerhin, ein Viertel der Programme verdankte sie den Werbern, sie waren gesponsort. Nein, nein, keine „give-away-shows", bei denen kommerzielle Anbieter tun und lassen konnten, was sie wollten, alles unterlag strenger Kontrolle durch die Corporation, Programm und Werbung waren sozusagen strikt getrennt. Gruß voraus in die deutsche Rundfunkzukunft! Aber das wußten wir damals nicht.

Auch sonst überraschten die Gegensätze zwischen den USA und dem Dominion im Norden. Am auffallendsten die Mentalität: biedere Bürgerlichkeit in Prosperität; ohne den Pfadfinder-Sinn, die selfmade-man-Attitüde, die uns in den Staaten auf Schritt und Tritt begegneten. In den Städten wenig Eleganz. Haltbare Anzüge, die schlecht sitzen. Nur Montreal ließ etwas vom Flair einer Weltstadt spüren, einem kanadischen New York, aber auch hier schien alles distinguierter, förmlicher, steifer als im prachtvoll-unbekümmerten US-Amerika. Die Aufnahme, die wir fanden, entsprach dem vollkommen. Korrekte Zurückhaltung, distanzierte Verbindlichkeit überwiegen. Entgegenkommende Freundlichkeit ist die Ausnahme. Keine Spur von der rückhaltlos-offenen Herzlichkeit, an die wir uns in den vergangenen Monaten – zu sehr schon? gewöhnt hatten. Unterschiede in der zwischenmenschlichen Temperatur bezogen sich übrigens ersichtlich nicht nur auf uns, die Deutschen. Es gab sie auch zwischen Kanadiern und Yankees.

Der seltsamste Empfang auf unserer ganzen Reise wird einem Kollegen und mir bei der „Canadian Manufacturers Association" in Toronto zuteil. Trotz eines enthusiastisch gehaltenen Einführungsschreibens des Schwester-Verbandes in New York herrscht eine eisige Atmosphäre. Man fragt nicht und wünscht offensichtlich nicht gefragt zu werden. Das äußerste an Interessenbekundung besteht darin, daß der General Manager sich eine Europa-Karte bringen läßt, um mit deren Hilfe festzustellen, wo Frankfurt und Stuttgart lägen. (Vielleicht auch, ob es Städte dieses Namens wirklich gibt.) Am nächsten Morgen lesen wir im „Toronto Globe and Mail", der führenden Tageszeitung der Stadt, eine offizielle Warnung, man möge nicht leichtfertig Auskünfte an Personen geben, die ein „inordinate interest", ein auffallendes Interesse, an kanadischen Angelegenheiten erkennen ließen. Das, vermutlich, wars gewesen. Spionenfurcht. Waren wir welche? Wer konnte schon garantieren für die Deutschen von 1948!

Der Kontrast zu den zurückliegenden Monaten, die völlige Andersartigkeit der Menschen und Reaktionen jenseits einer Grenzlinie, die sich im Atlas ausnimmt wie ein willkürlich gezogener Strich durch einen Kontinent, sie machten diese 14 Tage spannend und immer wieder überraschend. Die Herren Kollegen von der CBC waren redlich bemüht, uns mit den Besonderheiten ihrer Arbeit vertraut zu machen und darüberhinaus auch mit den Problemen dieses Staatswesens, das uns mehr als einmal als „Nation in being" vorgestellt wird. Womit die Tatsache apostrophiert wurde, daß dem staatlichen Verband die Sprengkraft der kulturellen Disparität bedrohlich innewohne, die Integration besonders des französisch-sprachigen Teils in das übergreifend-englische Dominion noch nicht vollzogen sei. Was die CBC betraf, so wirkte sich dieses Faktum in einem kompletten französisch-sprachigen Programm aus, mit Sitz und Studios in Montreal und Quebec, während die Spitze der Corporation in Toronto residierte. Das rauhe Idiom – apropos – der Franco-Canadiens unterschied sich von unserem Schulfranzösisch so sehr, daß wir kaum fähig waren, auch nur ein Wort zu verstehen. Selbst ein Kollege unserer Gruppe, der vor dem Krieg als Journalist lange in Paris gelebt hatte, vermochte nur mit Mühe seinen Gesprächspartnern zu folgen.

Unvergeßlich die landschaftlichen Eindrücke: Eine Schiffsfahrt von Toronto über den Ontario-See zu den Niagarafällen, der Blick vom Mont Royal (in Montreal) auf Stadt und Fluß, erst recht der Blick von Chateau Frontenac in Quebec hinab auf den hier schon majestätisch fließenden St. Lorenz-Strom. Alexander von Humboldt pflegte bekanntlich Städte und Gegenden in aller Welt mit dem Prädikat der „schönsten" zu belegen. Ich weiß nicht, ob er dort gewesen ist. Wenn nein, ist ihm ein Juwel entgangen, wenn ja, hat er versäumt, es zu nennen. Champlain, der Stadtgründer, hatte einen unvergleichlichen Punkt gewählt.

Zurück nach New York, noch einmal, für acht Tage, ein paar abschließende Besuche und bilanzierende Gespräche mit den Begleitern und Mentoren unseres Aufenthalts, und schon war er da, der Tag des Abschieds. Er fiel mir schwer. Zu tief schon hatten sich mir das Land, die Menschen, das pulsierende Leben der Stadt und des Landes eingeprägt, als daß ich sie leichthin hätte lassen können. Wir alle hatten begonnen, Wurzeln zu schlagen, fühlten uns fast zu Hause, ein verlockendes anderes Zuhause als das wirkliche, das uns erwartete.

Die Rückreise geschah zu Schiff. Pünktlich um 12 Uhr mittags am 22. September macht die „SS Washington" der „United States Lines" am Hudson los. Noch einmal zieht Manhattan an uns vorbei, im Hintergrund die George-Washington-Bridge, Empire State, Chrysler, Rockefeller-Center und dann die Felsen und Schluchten des Wall Street-Gebirges. Die Freiheitsstatue grüßt und die Skyline verschwimmt im Dunst der Riesenstadt.

Dem Schiff merkt man seine Vergangenheit als Truppentransporter noch recht gut an: Es hatte ausschließlich Touristenklasse. Wir Sechs befanden uns in einer Achterkabine noch recht komfortabel. Den Tisch-Steward verblüffen wir durch unseren Appetit. Verglichen mit den Einladungen zur permanenten Überfütterung, denen der Kreuzfahrer von heute sich gegenübersieht, waren die Menüs des Ozean-Liners SS Washington reichlich, aber solide. Das Angebot in Gänze, vom Hors d'oevre über Suppe, Fisch, Entrée, Hauptgang, Käse, Dessert, Kaffee und Kuchen zu verzehren, war dennoch ungewöhnlich. Es war der Abschied von der Welt des Überflusses, in der wir fünf Monate gelebt hatten. Was England, was danach die deutsche Heimat auf den Tisch bringen würde, war ungewiß. Dem Vernehmen nach gab es zu Hause gegen gutes neues Geld das meiste, von dem wir vor der Abreise nur geträumt hatten. So ganz Genaues wußten wir aber nicht, und vorstellen konnte sich das beginnende Wirtschaftswunder noch keiner. Also aßen wir, auf Vorrat sozusagen, womit es nach einigen Tagen ohnedies ein Ende hatte – bei rauher See, im schwachbesuchten Speisesaal, in dem von Pfeiler zu Pfeiler Halteseile gespannt waren, war der Appetit gedämpft, die Vorsicht verordnete Diät.

Am 28. September, mittags, durch den Gischt der hohen Wellen die irische Küste, Einfahrt in die Bucht von Cork. Ein malerisch-terrassenförmig am Ufer ansteigendes Städtchen, in dem eine Kathedrale den natürlichen Blick- und Mittelpunkt bildete. Europa!

Europa – das waren aber auch die Spuren des Krieges, in den Gesichtern der Menschen, ihrem Äußeren, in den Städten, im Zuschnitt des Lebens noch drei Jahre danach, dem siegreichen Ende wohlgemerkt. In London hielten sich die Zerstörungen in Grenzen; verglichen mit den deutschen Großstädten fielen sie wenig ins Auge. Dennoch vermittelte die imperiale Stadt eine Atmosphäre ermatteten Glanzes. Die Spiegel waren blind. Austerity, ein Schleier von Rekonvaleszenz über bemühter Geschäftigkeit. Der Autoverkehr hält sich in bescheidenen Grenzen. Busse und Taxis beherrschen das Bild. Und diesmal, anders als damals am Broadway, erregen *wir* ob unserer Wohlangezogenheit die Aufmerksamkeit der Passanten. Noch ein paar Yankees, scheinen sie zu denken, und jetzt auch in Zivil. Gar nicht leicht ist es, zur täglichen Zeitung zu gelangen; Papierknappheit auch bei den Siegern. Auch die Streifzüge durch die Buchhandlungen zeigen die Neuerscheinungen auf schlechtem Papier. Das ungleich differenziertere politische Spektrum Europas und seiner Nachkriegskonstellation läßt sich aufs trefflichste an den Rednern im Hyde-Park ablesen. Kommunismus, Sozialismus, Soviet-Union – die Probleme brennen hier auf den Nägeln. Aber auch der begeisterte Konservative fehlt nicht. Die „Heilsarmee" mit viertelstündlich sich ablösenden Rednern und Gesängen übt hartnäckige Präsenz, ein Einzelkämpfer erläutert an einer selbstentworfenen Tafel Vergangenheit und Zukunft der Menschheit. Das Angebot der Vergangenheit ist reich sortiert in London, vom Tower bis zur Westminster Abbey. Das Empire begegnet auf Schritt und Tritt. Merkwürdig, so notiere ich im

Reisetagebuch, vielleicht die verkehrte Reihenfolge: die Metropole der Welt von gestern nach der von heute: New York.

Außerhalb der Hauptstadt verhalf uns der „British Council" zu zwei Tagen in der College-Landschaft Oxfords und bei Shakespeare selig in Stratford-on-Avon – weitere Stationen der Besinnung auf Europa. Viel Zeit für all das bleibt uns nicht. Ein dichter Zeitplan sorgt dafür, daß der eigentliche Zweck des England-Aufenthaltes gehörige Beachtung findet: BBC, die strenge Tante nun persönlich, und mit ihr das Urbild und Muster des Rundfunks als einer unabhängigen, dem Gemeinwohl verpflichteten Institution in einer freien Gesellschaft, Modell mittlerweile auch für die Errichtung eines öffentlich-rechtlichen Rundfunks in Deutschland durch Briten und Amerikaner. „Deo omnipotenti" steht über dem Broadcasting House von 1931. Etwas von der Zucht und Askese eines geistlichen Ordens ist dem Unternehmen von seinem ersten Generaldirektor, Sir John Reith, eingepflanzt und auch jetzt noch spürbar in der Unerbittlichkeit, mit der wir Tag für Tag, Stunde um Stunde vertraut gemacht werden mit Organisation, Policy und praktischer Programmarbeit. Staunen macht uns vor allem die komplexe Struktur der Institution, die das umfassend vielfältige Angebot ihrer Programmdienste abstützt und ihrer Autonomie eine gesicherte Grundlage gibt. Nachrichten, Hörspiel, Schulfunk, Vortragswesen und viele andere Sparten als Programmelemente kannten wir auch. Aber daß beispielsweise die „News-Division" sich auf einen hauseigenen „Monitoring-Service" stützen konnte, in dem damals 700 Personen, abgesehen von Nachrichten-Agenturen, auch Kurzwellensendungen des Rundfunks aus aller Welt abhörten, aufnahmen und auswerteten, macht uns mit einer neuen Dimension der Nachrichtengebung vertraut. Nicht von ungefähr also war der BBC der Ruf zugewachsen, den besten Nachrichtendienst der Welt zu bieten. Gewiß war eine solch umfassende Informationsquelle vor dem Hintergrund des Krieges zu sehen, der sie zu diesem Umfange hatte anwachsen lassen und auch der Regierung verfügbar gemacht hatte. Aber mittlerweile war sie mitbestimmend für den Informationsstandard schlechthin.

Vorbildlich auch andere Einrichtungen: die „Overseas Services", auch sie natürlich im Kriege von besonderer Bedeutung, der „Transcription-Service", tragender Pfeiler der Programmübermittlung ins Commonwealth sowie eines Programmaustauschs, der zugleich zielbewußt kulturelle Auslandsarbeit betrieb; das BBC-Staff-Training-System, die hauseigene Funkschule sozusagen für die Mitarbeiter in Programmplanung, Redaktion und Produktion; und last not least die eigene Hörerforschung, ein strikt programm- (und eben nicht werbe-)bezogenes System, das mit 200 Interviewern und verschiedenen „panels" (ausgewählten Hörer-Kontakt-Gruppen) täglich und kontinuierlich einen Querschnitt durch Rezeption und Beurteilung der Programme zu legen bemüht war. Daß diese Programme selbst fast durchweg von hoher Qualität waren und auch ihrerseits vielfach Modellcharakter hatten, versteht sich fast von selbst. Besonders viel von sich reden machte damals das „Third Programme", das dritte Programm für anspruchsvolle Hörer, für ein Publikum, vergleichbar dem Leserkreis einer literarisch-politischen Zeitschrift, zugleich aber auch ein Forum genuiner Vermittlung von Musik mit gleich hohem Anspruch. Es zog naturgemäß unser besonderes Interesse auf sich. Von ihm gingen damals wesentliche Impulse auch auf den Nachkriegsrundfunk in Deutschland aus. Die Zeit der „Nachtprogramme" – in Ermangelung spezieller Frequenzen, wie sie der BBC zur Verfügung standen – brach an, während die BBC über eigene Sender für ein solches Angebot zu normalen, günstigen Zeiten verfügte.

Selbstverständlich wird den Deutschen der „deutsche Dienst" nicht vorenthalten, unter den „European Services" der am umfänglichsten ausgebaute. „Bush-House", sein Sitz, beherbergt nicht etwa nur eine aktuelle Abteilung, sondern ein komplettes Rundfunkprogramm in deutscher Sprache, ein ganzes deutsches Funkhaus, in dem das Hörspiel so wenig fehlt wie die Musikabteilung. Auch erstreckt sich ein Zweig der BBC-Hörerforschung auf das deutsche Publikum. Als Chef des deutschen Dienstes begegnen wir zum ersten Mal Lindley Frazer, legendärer Name für deutsche Ohren, die seinen Kommentaren im Krieg verbotenerweise gelauscht hatten. Ein kluger, freundlicher Junggeselle von beachtlichem Leibesumfang, kulinarischen Genüssen äußerst zugetan, häufiger Gast in deutschen Funkhäusern in den darauffolgenden Jahren.

Das Fernsehen der BBC war 1948, verglichen mit den USA, in einem frühen Entwicklungsstadium. Es wurde fleißig herumprobiert, irgendein Standard, etwa bei der Aktualität, hatte sich noch nicht herausgebildet. „Newsreel", die tägliche Nachrichtensendung, wurde von der „News-Division" des Hörfunks mit versehen, ohne schon die eigene Form gefunden zu haben.

Werbung in Hörfunk und Fernsehen gab es selbstverständlich keine. Die BBC ist da auch über die Folgejahre hinweg den strengen Grundsätzen des Ordens treu geblieben. Und hat damit vermutlich die Einführung privaten (kommerziellen) Rundfunks vergleichsweise früher bewirkt als in Deutschland. Im übrigen war das britische System eines gemeinnützigen öffentlich-rechtlichen Rundfunks der Anfechtung auf politischer Ebene später nicht weniger ausgesetzt als das unsere, wovon an anderer Stelle die Rede sein wird. Damals gab es in Deutschland weder das System, noch ahnten wir etwas von sogenannter Medienpolitik.

Mit bedeutenden Zeitgenossen unter ihren Landsleuten brachten uns die Briten, außerhalb des Rundfunks, weniger in Berührung als die diesbezüglich ganz unkomplizierten, unförmlichen Amerikaner. Einer machte das vergessen, am letzten Tage: Victor Gollancz, der englische Autor und Verleger, Jude, eine Nathan-Gestalt, der große Versöhner und Menschenfreund, zwölf Jahre später Friedenspreisträger des deutschen Buchhandels. Was ist es, das Männer wie ihn dem Besucher in wenigen Minuten nahebringt, als wäre er Jahre mit ihm vertraut? Schlichtheit, Güte, das Gefühl, daß einer mit uns redet, der alles ernst nimmt, was er hört, der alles ernst meint, was er sagt. Ein Mitmensch. Unvergeßlich.

Bilanz am Abend des letzten Tages „abroad". Angefüllt von den Bildern einer explodierenden Kraft und Vielgestaltigkeit des Lebens (auch im Rundfunk) in den USA, in den Köpfen und im Herzen zuvörderst das Bild vom Rundfunk als einem funktionierenden Organ im gesellschaftlichen Leben einer Nation, kehren wir heim nach Deutschland. Zwei Kollegen, die aus Norden, fliegen nach Hamburg. Die vier anderen nach Frankfurt. Wir waren unter uns mit der Crew in der viermotorigen Maschine der „British European Airways". Es herrschte aufgeräumte Stimmung. Die Bordbar war geöffnet. Der Pilot überflog das zertrümmerte Köln und zog in geringer Höhe eine Schleife über dem Dom. Am 15. Oktober nachmittags, ziemlich genau sechs Monate nach dem Abflug, landen wir in Frankfurt, wo Weib und Kind mich erwarten. Von dort nach Stuttgart konnte man damals schon gleichfalls mit dem Flugzeug gelangen. Am Abend war ich zu Hause.

1949. Die Deutschen kommen

Als ich aus Amerika zurückkam, hatte „Radio Stuttgart" wieder einen Intendanten: Erich Rossmann. Vom Chef der amerikanischen Nachrichtenkontrolle, Nicholas Canaday, war er am 22. Juli 1948 ernannt worden. „Sein ausgezeichneter Ruf, seine Unbescholtenheit und seine Energie" würden ihm in seiner neuen Stellung sehr vonstatten kommen, hieß es in der amerikanischen Verlautbarung. Kuriose Qualifikationsmerkmale, fürwahr, wenn man auch aus der damaligen Zeit heraus verstehen muß, daß der Amerikaner mit diesen Vokabeln vermutlich vor allem die politisch untadelige Vergangenheit des neuen Mannes hatte hervorheben wollen. Erich Rossmann, damals 64 Jahre alt, Sohn eines Arbeiters aus dem thüringischen Pößneck, verkörperte den Typus des Sozialdemokraten, der sich von Jugend an politisch engagiert hatte und dessen ganze berufliche Laufbahn von diesem Engagement, vom Streben nach Teilhabe und Verantwortung für die Arbeiterbewegung geprägt war. Er war Redakteur sozialdemokratischer Blätter in Stuttgart und Ulm, wurde Landesvorsitzender der württembergischen Sozialdemokraten, von 1924 an Reichstagsabgeordneter, für kurze Zeit auch Abgeordneter im Württembergischen Landtag. Das Dritte Reich hatte er, mehrmals verhaftet und in Konzentrationslagern, gerade noch glimpflich überstanden. Im Dezember 1945 wurde er Generalsekretär des „Länderrats", der deutschen Koordinationsstelle der Länderregierungen in der amerikanischen Besatzungszone, wo er am Rande auch mit der Frage der Neuorganisation des Rundfunks in Berührung gekommen war.

Bei meiner Rückkehr ins Funkhaus traf ich den neuen Intendanten nicht an: er war bereits seit einiger Zeit krankheitshalber abwesend. Als ich ihn wenig später kennenlernte, fand ich einen hinfällig wirkenden Mann, der offensichtlich Mühe hatte, seinen Geschäften nachzukommen. Die ihn gekannt hatten, sahen in ihm nur noch den Schatten der vitalen Persönlichkeit, die er vordem wohl gewesen war. Es hieß, er habe einen leichten Schlaganfall erlitten, wofür einige Anzeichen, vor allem die mühsame Diktion, sprachen. Sein Zustand besserte sich zwar allmählich wieder, im Vollbesitz seiner Kräfte habe ich ihn aber niemals mehr erlebt. Das machte umso betroffener, als die rundfunkpolitische Situation um die Jahreswende 1948/49 im letzten, akuten Stadium der Überleitung des Senders in deutsche Hände an der Spitze eben dies erfordert hätte: einen deutschen Intendanten, der mit Umsicht, Tatkraft und äußerstem Einsatz sich zu Wort gemeldet, das Gewicht seiner Person und seiner Stellung zur Geltung gebracht hätte. Und Rossmann, in gesunden Tagen, wäre nach dem Urteil seiner Freunde dieser Mann durchaus gewesen.

Der Intendant, so wie er war, begegnete mir mit großem Wohlwollen. Er war ein gebildeter Mann, der insbesondere seinen Goethe in- und auswendig kannte, hatte persönliches Format, besaß Menschenkenntnis, Erfahrung und Augenmaß, war unbestechlich, gerecht und traf seine Entscheidungen, nachdem er sich widerstreitende Argumente aufmerksam angehört, das Für und Wider sorgfältig erwogen hatte. Alles in allem einer, wie man sich ihn an der Spitze eines großen Apparates wünscht, mit einer gewissen Neigung zum „Behördlichen", dessen Spuren, weil sie ihm vertraut waren, er auch im Funkhaus als Garanten ordentlichen Geschäftsgebarens gerne sah und womöglich vertiefte.

Dem Rundfunk war er bisher nur als Hörer begegnet. Von der Praxis der Programmgestaltung wußte er naturgemäß kaum etwas, machte sich aber durchaus so seine Gedanken, vor allem im Grundsätzlichen. Das meiste überließ er diesbezüglich denen, die es auch bisher schon gemacht hatten. Erhebliche Eingriffe schienen ihm, mindestens kurzfristig, nicht vonnöten.

Vermutlich auch hatte ihm Fred G. Taylor die vordem getroffenen Personalentscheidungen nahegebracht und ihm dabei auch den in Amerika weilenden Rockefeller-Stipendiaten, alias Sendeleiter, ans Herz gelegt. Er zeigte sich diesem jedenfalls väterlich zugetan. Zum 1. Januar 1949 ernannte er mich zum Programmdirektor und stellvertretenden Intendanten. Hans Müller-Kray, den neuen, seit August tätigen Chef der Musikabteilung und des Sinfonie-Orchesters, hatte er noch vor seiner Erkrankung kennengelernt. Am 1. Oktober war auch Heinrich Burkard nach Stuttgart gekommen, so daß die Führungsequipe in Sachen Musik komplett war.

Auf zwei anderen Sektoren wurde Rossmann aktiv: Er verpflichtete im November 1948 einen jungen Journalisten vom „Allgäuer" in Kempten, Hanns Küffner, dem er nach der Einarbeitung Ende Januar 1949 als Chefredakteur die Leitung der Abteilung „Politik und Zeitgeschehen" anvertraute. Schon vorher, sogleich nach seinem Amtsantritt, hatte der Intendant erkannt, daß der allmählich in jeder Hinsicht wachsende Betrieb eines Verwaltungs- und Finanzchefs bedürfe, und dafür den Verwaltungsleiter gewonnen, der ihm schon beim Länderrat zur Seite gestanden hatte: Friedrich Müller, 42jährig, von Haus aus Bankkaufmann, einen künstlerisch interessierten, weltläufigen Mann, der von da an für mehr als 25 Jahre ein bestimmender Faktor im Stuttgarter Funkbetrieb geworden ist, einer von denen, die dem Haus Ansehen und Gewicht, auch unter den anderen Anstalten, gaben, und auf deren Wirken der Ruf erstaunlicher Kontinuität beim SDR sich gründete.

Hanns Küffner, im Gegensatz zu ihm, blieb nur für wenige Jahre in seiner Position. Ein befähigter Journalist, ungeduldig, vielleicht ein wenig jung (wie ich selbst) für das ihm übertragene Amt, das nun schon zunehmend eines mit den vielberufenen Merkmalen des „Schleudersitzes" wurde. Das wiederum hing mit der fortschreitenden politischen Entwicklung in Sachen Rundfunk zusammen. Die

Deutschen standen vor der Tür, verlangten nach der Schlüsselgewalt, und je unerbittlicher man sich amerikanischerseits bei den Zulassungsbedingungen zeigte, desto erbitterter bereiteten sie sich auf die Übernahme vor.

Man konnte die Ungeduld verstehen. Seit 1945 waren Regierung und Landtag bemüht gewesen, dem Rundfunk in Württemberg-Baden eine Organisationsform zu geben, die ihren Vorstellungen – nämlich denen von einem verbrämten Staatsrundfunk nach Weimarer Muster – entsprachen. Nur mit äußerster Zähigkeit hatten sie sich von den Amerikanern von Mal zu Mal Modifikationen abringen lassen; wobei zu ihren Gunsten gesagt werden muß, daß der amerikanischen Seite immer wieder neue Feinheiten auf- und einfielen, wenn es darum ging, den Grundsatz strikter Unabhängigkeit von staatlichen Einflüssen zu sichern. Alljährlich wurden ein bis zwei Entwürfe gefertigt oder einzelne Bestimmungen neu gefaßt, die zumeist postwendend dem Veto der Militärregierung verfielen.

Nachdem zuletzt dem Gesetzentwurf von 1947 dieses Schicksal widerfahren war, hatte sich der Landtag im Sommer 1948 mit der neuesten Vorlage seines „Radioausschusses" in drei Lesungen befaßt und sie schließlich zum Gesetz erhoben. Zufrieden war man nicht gewesen, hatte sich zum wiederholten Male jedoch damit getröstet, daß man „nicht dauernd unter einer Militärregierung" werde leben müssen und eines nicht allzu fernen Tages „wie jedem Negerstaat auch uns die Freiheit der Selbstbestimmung gegeben wird", wie der Abgeordnete Josef Ersing es treffend ins Bild faßte. Die Abgeordneten Fritz Eberhard und Henry Bernhard kritisierten, daß die Amerikaner noch vor der Verabschiedung des Gesetzes einen neuen Intendanten bestellt hatten. Ansonsten glaubte sich der Landtag diesmal seiner Sache sicher. Das Gesetz wurde verkündet, der Radioausschuß aufgelöst. Zu früh. Die Amerikaner fanden auch diesmal wieder Haare in der Suppe, Widerhaken bei der Ausgestaltung der Unabhängigkeit von Staatseinflüssen. Sie erhoben abermals Einwände.

Nun war Eile im Zorn geboten, wollte Württemberg-Baden von der Entwicklung anderswo nicht rufschädigend abgehängt werden. Der Klassenletzte war man bereits. In München und Frankfurt stand die Übergabe dicht bevor, von Hamburg ganz zu schweigen, wo bereits am 15. November 1948 von Hugh Carlton Greene die Geschäfte dem neugewählten deutschen Generaldirektor des Nordwestdeutschen Rundfunks, Adolf Grimme, übergeben worden waren. Man mußte, wenn auch widerwillig, vorankommen; auf ein paar Gränchen Negerstaat mehr oder weniger kam es nicht an. Der Radioausschuß wurde reaktiviert und nahm in gereizter Stimmung von neuem seine Unterhandlungen mit den ewig unzufriedenen Amerikanern auf. Sie mündeten in die Neufassung eines Gesetzes, das am 31. März 1949 verabschiedet wurde. Es bezeichnet bis heute in der deutschen Rundfunkgeschichte das Organisationsmodell, in dem Staatsferne am konsequentesten ausgeprägt ist. Auch ein paar später angebrachte Retouchen berührten nicht den Kern der Satzung mit ihrer rigorosen Absicherung einer unabhängigen Programmgestaltung. Man begnügte sich, um im Ersing'schen Bild zu bleiben, mit gelegentlichen Buschtrommeleien. Die freie Selbstbestimmung für Deutsch-Südwest in Sachen Rundfunk verlor an Dringlichkeit. Man fand sich ab. Auch entwickelten die Eingeborenen mit der Zeit andere, subtilere Methoden, um den ungeliebten Rundfunk an die Leine zu legen, wovon mehr an anderer Stelle.

Die letzte Phase des Ringens (oder weniger vollmundig: Hin-und-Hers) um die künftige Organisationsform von „Radio Stuttgart" machte sich mehr und mehr auch im gesamten Umfeld bemerkbar. Es herrschte eine Atmosphäre des Mißtrauens außerhalb wie auch innerhalb des Hauses. Und sie schlug sich auch in der Öffentlichkeit nieder. „Radio Stuttgart" ebenso wie die anderen Rundfunkhäuser vor der deutschen Machtergreifung, sie wurden plötzlich auch für die Herren Kollegen von der Presse interessant. Um den eigentlich bedeutsamen Streitpunkt, den andauernden amerikanisch-deutschen Dissens über die Stellung eines freien Rundfunks im Gemeinwesen, ging es dabei kaum. Dafür genügte der Nachrichtenteil. Die unabhängige deutsche Presse hat sich für die Unabhängigkeit des Rundfunks kaum jemals interessiert oder gar engagiert. Und auch Programme, ob gelungen oder nicht, waren nach dem Krieg bis dato kein Thema gewesen. Das blieb den wenigen Rundfunkillustrierten überlassen, in denen, ganz wie heute, Stars und Sternchen lockten, in schwarz-weiß oder Kupferfarben, versteht sich. Jetzt, da von deutscher Verantwortung in den Funkhäusern die Rede war, entsann man sich, daß daselbst ja auch bislang schon Deutsche, und zwar gar nicht wenige, das Wesentliche unter der nur mehr lockeren Aufsicht der Besatzungsmacht besorgten. Wer waren sie? Wie hatten sie es geschafft, sich den Amerikanern unentbehrlich zu machen, in verantwortliche Positionen aufzurücken? Wie war das möglich, ohne daß sie sich Liebkind gemacht, Vertrauen, auf welche Weise immer, sich erschlichen hätten? Die Gerüchteküche hatte Hochsaison. Ein Geruch von Kollaboration und Vaterlandsverrat verbreitete sich. Und auch im Programm entdeckte man immer wieder das eine oder andere, das mangelhaft war (unbestreitbar übrigens), den einen oder anderen, der nicht gefiel, den Sprecher oder die Sprecherin zum Beispiel, denen das rechte schwäbische Idiom abging, weil – bei unleugbarer Qualifikation im übrigen – der Krieg sie aus nördlichen Breiten zu den Schwaben verschlagen hatte. Im übrigen, natürlich, „Radio Stuttgart" gab zuviel Geld aus und hatte viel zu viele Mitarbeiter. Alles schon damals. Solche Vorurteile wurden genährt von ehemaligen Angehörigen des alten Reichssenders, denen als Exponenten des braunen Propagandarundfunks oder auch nur als „schlichten" NS-Parteigenossen die Rückkehr in ihren Beruf von den Amerikanern verwehrt worden war. Auch bei mir meldete sich immer wieder einmal einer von ihnen, verständnislos oder empört, je nach Gemüt oder Charakter, und begehrte die Wiedereingliederung. Nationalsozialist war keiner gewesen (und das stimmte streng genommen wahrscheinlich sogar meistens), bis auf einen, und der war der sympathischste, aufrichtig, ein getäuschter Idealist. Er begriff sogar, daß er nicht wieder Jugendstunden veranstalten könne wie damals, er wäre auch als Pförtner gekommen. Den anderen begreiflich zu machen, daß wir uns, von amerikanischen Direktiven ganz abgesehen, für den Neuaufbau nicht die Mitläufer von damals, wie wandelbar auch immer, wünschten, war meist unmöglich. Kaum einer, der nicht im Groll geschieden wäre. Wieder andere, Rundfunk-Neulinge und -Aspiranten wie wir, fanden, daß die Amerikaner ganz einfach die schlechtere Wahl getroffen hatten und hofften auf ein Revirement zu ihren Gunsten. Und schließlich gab es auch schon Mitarbeiter, die in den letzten Jahren gekommen, dann gegangen waren, und nun gerne wiedergekommen wären. Sie alle empfahlen sich nun außerhalb des Hauses und trugen bei zu einer Psychose der Voreingenommenheit gegen die Deutschen drinnen. Aus den Gesetzentwürfen kannte nachgerade jedermann die Organisationen und Verbände, die mit Sitz und Stimme in einem kommenden Rundfunkrat vertreten sein würden. Und man begann, sie zu umwerben, einzustimmen, einzunehmen für die ach! so nötigen Veränderungen im fremdbestimmten „Radio Stuttgart". Dem Vernehmen nach hatte der Stuttgarter Oberbürgermeister Arnulf Klett ein offenes Ohr für die vielerlei Nöte der Petenten, aber auch anderswo wuchsen, wie man munkelte, die Dossiers „betr. Radio Stuttgart". Alle Anzeichen sprachen dafür: die Deutschen drinnen würden nichts zu lachen haben, wenn die Deutschen draußen erst das Sagen hätten.

Das blieb auch auf die Stimmung im Hause selbst nicht ohne Wirkung. Es bildete sich in der politischen Abteilung eine regelrechte Fronde gegen den Intendanten Rossmann wie auch den Chefredakteur Küffner. Beide konnten sich zwar bei mir und den anderen leitenden Mitarbeitern auf strikte Loyalität verlassen. Aber das hinderte nicht, daß die Autorität des Intendanten nach innen wie nach außen litt, zumal er nach wie vor mit einem gesundheitlichen Handikap zu kämpfen hatte, das ihn merkbar verunsicherte. Einmal ließ er mich kommen, um mir bekümmertfragenden Blicks zu sagen, ein „Gewährsmann" habe mich bei einem konspirativen Treff der Frondeure gesehen; eine Verwechslung, wie ich ihm zu seiner Erleichterung versichern konnte.

Die Amerikaner hielten sich zurück, nicht ohne im vertrauten Kreise ihren Dégout an diesem Treiben zu bekunden. Aber leider: die Kollaborateure, wir, würden über einen kurzen Weg ohne ihren Beistand auskommen müssen.

Aus der Distanz von 40 Jahren kann man, was damals so vorging, tatsächlich nur mit ironischer Gelassenheit beschreiben: ein Lehrstück menschlich-allzumenschlichen Treibens im Sog eines Machtwechsels, ein Nebel von Verunsicherung, Verdächtigung, Verleumdung, in dem viele gegen viele ihre Interessen zu verfolgen trachteten. Daß ich es damals so gesehen hätte, kann ich nicht behaupten. Auch fühlte ich mich persönlich weder tangiert noch angefochten. Ein Irrtum, wie sich bald herausstellte. Die selbstgewählte Isolation im Dritten Reich, in der Familie und unter wenigen Gleichgesinnten, zeitigte ihre polit-psychologischen Spätfolgen: Für mich war mit dem Untergang des Nazismus nicht nur das Zeitalter unbefleckter Demokratie angebrochen, es schien mir auch ausgemacht, daß von nun an einer dem anderen wohlwollend, mit schöner Offenheit begegnete, das Beste unterstellend, bis zum Erweis des Gegenteils, wie meine Eltern es mich gelehrt hatten. Kurzum, rosige Zeiten (oder doch einen Vorglanz davon, bei aller Not) sah ich angebrochen, das

Widerspiel des Abscheus der vergangenen Jahre, vorgebildet alles, wovon mir damals geträumt hatte. Was da so hinter und neben den Kulissen sich abspielte, es kümmerte mich wenig, ich kümmerte mich nicht darum. Wo ich Unrecht zu erkennen glaubte, hin und wieder, bezog ich Position, versuchte Gerechtigkeit zu üben gegen jedermann und ganz besonders im engeren Kreise der Kollegen, die mit mir an der gemeinsamen Arbeit waren.

Diese Arbeit machte Spaß, und sie beschäftigte uns vollauf. Es gab, von Hans Sattler und Karl Schwedhelm betreut, mittlerweile auch in Stuttgart ein literarisches Nachtprogramm, Ableger wie anderswo vom Vorbild des „Third Programme" der BBC; als Hörspiel-Dramaturg wartete Gerhard Prager mit ersten Originalarbeiten von Walter Bauer, Erwin Wickert, Christian Bock und Walter Erich Schäfer auf; Hans Müller-Kray produzierte im Saal des Gasthofs Krone in Untertürkheim hörenswerte Opernaufnahmen, was damals zum gewöhnlichen Pensum des Sinfonie-Orchesters gehörte, darunter eine vorzügliche „Daphne" von Richard Strauss mit Trude Eipperle in der Titelpartie; Heinrich Burkard ließ am Sonntagvormittag mit der „Einkehr" sein Berliner „Schatzkästlein deutscher Musik und Dichtung" aufleben und sorgte für ein qualitätvoll komponiertes Musik-Angebot; Fritz-Ludwig Schneider verhalf der Unterhaltung zu einem Serien-Erfolg, der Rundfunkgeschichte machte: Die schwäbische „Familie Staudenmaier" des hessischen Autors Wolf Schmidt begann ihren Siegeszug und wurde zum Prototyp so mancher verwandter Unternehmung der nächsten Jahrzehnte in Hörfunk und Fernsehen.

Noch nicht verraucht war der Zorn, den der „Amtsschimmel" in so mancher Amtsstube, aber auch manch höheren Orts erregt hatte. Er hielt beharrlich an und kräftigte die Überzeugung, daß es an der Zeit sei, aus dem ungezogenen „Radio Stuttgart" einen wohlerzogenen deutschen Sender zu machen. Nichtsdestotrotz waren wir unbekümmert genug, gerade jetzt den Schriftsteller Gerhart Hermann Mostar, nicht eben einen Konformisten (mit seiner bildschönen Gattin Katharina damals intellektuelle Zierde der Hauptstadt), zur Berichterstattung von zeitsymptomatischen Strafprozessen in umliegende Gerichtssäle zu schicken: „Im Namen des Gesetzes" – unter diesem durchaus anzüglich gemeinten Titel schrieb und sprach er wahrhaft glänzende Reportagen, in denen unwillkürlich, so erhellend wie bestürzend, die Fragwürdigkeit gesetzten Rechts in einer zerstobenen Ordnung zum Thema wurde, das Versagen von Paragraphen vor menschlichen Schicksalen im gesellschaftlichen Niemandsland der Nachkriegsjahre. Die Mostar'schen Impressionen, die bald auch als Buch erschienen, brachten ihrem Autor den Vergleich mit einem großen Vorbild ein, Sling, dem famosen Gerichtsreporter aus dem Berlin der zwanziger Jahre. Auf den waren die Staatsanwälte und Richter von damals nicht gut zu sprechen gewesen. Die Kollegen, 25 Jahre später, waren es auf Mostar auch nicht, obwohl es um sie im Grunde nur als Mitbetroffene ging, kaum einer von ihnen persönlich angegriffen wurde, alle vielmehr zusammen mit den Verurteilten als Gefangene im Netz der Paragraphen erschienen. Aber eben das brachte viele auf. Von Zersetzung war die Rede. Man witterte Anarchie, den Einsturz tragender

Pfeiler des Rechtslebens. Im Landtag von Südwürttemberg gab es eine Große Anfrage mit dem Ziel eines Verbots der Mostar'schen Gerichtsberichterstattung. Dazu kam es nicht. Die Sendung wurde erst einige Jahre später eingestellt, unter tätiger Mitwirkung des Rundfunkrats, in dem die Gattin eines der erbitterten Richter diesbezüglich das Wort führte.

Im Frühjahr 1949 erhielt ich zwei- oder dreimal den Besuch eines hochrangigen Stuttgarter Postbeamten, Dr. H. H., musik- und theaterbegeistert, Opernfan, verheiratet mit einer Sängerin aus dem damaligen Stuttgarter Ensemble, Zwischenfach, darstellerisch begabt, stimmlich nicht zur ersten Garnitur zählend und auch nicht mehr eben am Beginn ihrer Karriere. Nach freundlichem Gedankenaustausch kam er zur Sache: Die Dame verlangte es nach einem Rundfunkauftritt. (Wenn man genauer hinhörte, wohl auch nach mehreren.) Müller-Kray war kontaktiert worden, mehrmals sogar, hatte bislang jedoch nicht zugegriffen. Daß dies eine bedauerliche Unterlassung sei, unterstrich der Besucher dadurch, daß er plötzlich die Brieftasche zückte und, diese öffnend, fast hinter vorgehaltener Hand ein Künstlerfoto in Postkartenformat sehen ließ: die Anempfohlene als Salome, beim Tanz der sieben Schleier. Nicht schlecht. Das fand er auch. Jedoch für den Hörfunk ein eher indirekter Qualitätsbeweis. Wir trennten uns mit der Versicherung dreiseitiger Wertschätzung. Einige Wochen später wiederholte sich der Vorgang, etwas drängender. Ich sprach mit Müller-Kray. „Hoffmanns Erzählungen" standen als Opernproduktion bevor. Wir verpflichteten die Schöne als Giulietta. Die Verführungskraft des Fotos übertraf die des Gesanges bei weitem.

Am 12. Mai 1949 trat das neue „Radiogesetz" in Kraft. Die Landesregierung erließ die erforderlichen Ausführungsverordnungen, darunter die Bestimmungen für die Berufung des Verwaltungsrats sowie der Rundfunkräte durch die im Gesetz bezeichneten Organisationen. Die Überführung von „Radio Stuttgart" in deutsche Hände stand dicht bevor. Zufällig fielen diese bedeutsamen Vorgänge in eine Zeit der Rundfunkjubiläen. Im Herbst 1948 waren 25 Jahre vergangen, seit vom Berliner Vox-Haus die erste Sendung der Berliner Funkstunde ausgestrahlt worden war. Am 11. Mai 1949 jährte sich zum 25. Male die Geburtsstunde des Stuttgarter Rundfunks: die Süddeutsche Rundfunk AG hatte an diesem Tag zu senden begonnen. Selbstverständlich versäumten wir nicht, dieser Ereignisse im Programm zu gedenken. Es gab zum Berliner Gründungsjubiläum einen Festakt in Frankfurt, und am 11. Mai ließen wir genau das Programm wiederaufleben, das vor 25 Jahren im Heeresproviantamt in Feuerbach den Auftakt zur schwäbischen Radio-Zukunft gebildet hatte.

Ein weiteres „Jubiläum" nutzte ich, um in eigener Sache für „Radio Stuttgart" und insbesondere auch für die deutschen Mitarbeiter der Station das Wort zu ergreifen. Am 4. Juni 1945, vier Jahre zuvor, hatten die Amerikaner von Stuttgart aus Rundfunksendungen wieder aufgenommen und mit „Radio Stuttgart", „dem Sender der Militärregierung", jene Phase in der Stuttgarter Rundfunkgeschichte eingeleitet, die nun zu Ende ging. „In eigener Sache" – so hieß eine Sendereihe, die wir im Januar begonnen hatten, um in der öffentlichen Diskussion um das Programm des Senders, sein Wirtschaftsgebaren und seine Mitarbeiter von uns aus und mit unseren Argumenten für Aufklärung zu sorgen, zu einer Versachlichung der Auseinandersetzung beizutragen. Ein Auszug aus meinem Beitrag mag zeigen, wie mir, wie den meisten deutschen Kollegen damals, zumute war.

„Auf die vergangenen vier Jahre", sagte ich, „blicken wir ohne Selbstüberschätzung mit dem rechten Gefühl für das, was geleistet wurde, und für das, was nicht geleistet werden konnte, zurück. Von diesen vier Jahren stehen die zwei letzten im Zeichen erweiterter deutscher Zuständigkeiten. Wir müssen uns im klaren sein, daß die vergangenen Jahre und insbesondere die beiden letzten eine Zeit des Aufbaus in personeller, künstlerischer, technischer und wirtschaftlicher Hinsicht gewesen sind. Wir müssen uns weiter im klaren darüber sein, daß diese Zeit des Aufbaus nicht abgeschlossen ist. Diejenigen unter Ihnen, meine Hörer, die eine etwas genauere Vorstellung von der vielfältigen und empfindlichen Natur eines großen kulturellen Instituts besitzen, wie es der Rundfunk heute ist, wissen, daß zwei Jahre harter und energischer Arbeit – und auf die dürfen wir uns berufen – nicht genug sind, um ein solches Institut gleichsam aus dem Nichts heraus neu entstehen zu lassen und ihm in allem das Gesicht zu geben, das den leitenden Mitarbeitern vorschwebt. Zu unserem Bedauern fanden unsere Bemühungen lange Jahre hindurch selbst in wichtigen Stadien der Programmarbeit wenig Beachtung von seiten der Presse. Diese Zurückhaltung ist seit kurzer Zeit einer erstaunlichen Aufgeschlossenheit gewichen, die wir natürlich mit demselben Nachdruck begrüßen, mit dem wir sie vordem vergeblich erbeten hatten. Die Kritiker, die unsere Arbeit im einzelnen erfreulich positiv beurteilen, kommen allerdings, wie ich glaube, in grundsätzlichen Fragen zu unhaltbaren Ergebnissen, weil sie auf sachliche Information und auf Material verzichten, das ihnen jederzeit und in jedem Umfang zur Verfügung steht.

Es wird zum Beispiel immer wieder festgestellt, daß der Rundfunk heute mehr festangestellte Mitarbeiter besitze als jemals zuvor und daß diese Mitarbeiter zu einem großen Teil keine berufserfahrenen und für ihre Rundfunkarbeit vorgebildete Kräfte seien. Und es werden daraus Folgerungen gezogen, die auf ein unwirtschaftliches Gebaren und auf eine zweifelhafte Personalpolitik des heutigen Rundfunks schließen möchten.

Die Feststellungen entsprechen den Tatsachen, die Folgerungen nicht. Wenn wir so unbegreiflich viele sind, so meinen wir, es liegt daran, daß wir mehr und umfangreichere Aufgaben an vielen Stellen zu bewältigen haben, wo vor 1945 einfache Gleichschaltung von einer Stelle aus erfolgte. Ganz abgesehen davon, daß der gesamte technische Dienst, der früher zum überwiegenden Teil von der Reichspost versehen wurde, heute in vollem Umfang vom Personal der einzelnen Sendegesellschaften versehen wird. Ganz abwegig aber ist ein Vergleich mit dem Rundfunk vor 1933, der sich einem kleinen Bruchteil der Aufgaben gegenüber sah, die uns heute gestellt sind und deren Lösung dem Hörer selbstverständliche Erwartung ist. Es ist richtig, daß wir von Anbeginn an auf die Mitarbeit alter, erfahrener Rundfunkleute verzichten mußten. Wir wünschten, es wäre nicht notwendig gewesen, und wir bedauern, daß wir den überwiegenden Teil von ihnen im Jahre 1945 einer politischen Belastung ausgesetzt fanden, die es verbot, mit ihnen am Wiederaufbau zusammenzuarbeiten. Aber verantwortlich machen soll man uns dafür nicht, und wir wenden uns auch entschieden gegen den Versuch, neue Mitarbeiter, die sich in den letzten Jahren bewährt haben, zugunsten derer zu verdrängen, die nun nach erfolgter Entnazifizierung den Anspruch erheben, in Positionen zurückzukehren, in denen sie – nicht fachlich, aber politisch – schon einmal versagt haben. Wenn wir anfänglich – mit wenigen Ausnahmen – keine erfahrenen Fachleute unseres Berufs waren, so ist das eine Tatsache, zu der wir uns ganz einfach zu bekennen haben. Und dieses Einbekenntnis darf uns nicht genieren. Wir sahen uns vor die Aufgabe gestellt, einen neuen Rundfunk aus dem Boden zu stampfen; und das haben wir versucht. Dabei mußte uns manches mißlingen. Wir mußten Fehler machen. Mehr als einmal standen wir alle dabei vor der Notwendigkeit, Erfahrungen zu sammeln und sie gleichzeitig anzuwenden, zu lernen und gleichzeitig erfahren zu sein. Daß das nicht immer einfach war, ist leicht einzusehen. Über allem stand aber unser ehrliches Bemühen, die große Verpflichtung, die in unserer Arbeit liegt, zu erkennen und ihr nachzustreben.

Der deutsche Rundfunk steht vor umfangreichen und bedeutenden Aufgaben. Er wird sich in der nahen Zukunft, wie nie zuvor, als kultur- und gesellschaftsbildender Faktor bewähren müssen. Der Rundfunk hat wie kein anderes in der Öffentlichkeit wirkendes Organ die Befähigung, in die Diaspora der deutschen Gegenwart einzugreifen, Keimzellen eines neuen sozialen und kulturellen Bewußtseins zu schaffen und zu einem lebendig ineinanderwirkenden Organismus zu verbinden sowie diese Keimzellen mit dem geistigen Leben anderer Völker in Beziehung zu bringen und auf der Ebene der Völkerverständigung und des Friedens mitzuwirken.

Unsere Arbeit wird nach weiteren 25 Jahren Rundfunk allein danach bemessen werden, ob es uns gelungen ist, diese Forderung – den Dienst am Menschen und an der Menschheit – zu erfüllen. Dazu ist es notwendig, daß wir all unsere Bemühungen auf politischem, erzieherischem und künstlerischem Gebiet unter eine oberste Zielsetzung stellen, und die muß sein: Mittler zu sein – in einem sehr umfassenden Sinne – und überall dort zur Verfügung zu stehen, wo Vermittlung und Hilfe geleistet werden soll."

Soviel aus meinen Darlegungen in eigener Sache. Am Ende, denke ich, zeigte der Beitrag über den aktuellen Bezug hinaus Perspektiven, die der weiteren Entwicklung des Mediums nicht gerade zuwiderliefen, vielmehr von ihr bestätigt worden sind. Daß er für diesmal große Wirkung getan hätte, läßt sich gleichwohl nicht behaupten.

Am 22. Juli übergab der Direktor der amerikanischen Militärregierung, Charles P. Groß, in einer Feierstunde im Großen Haus der Württembergischen Staatstheater in Anwesenheit des Militärgouverneurs und späteren Hohen Kommissars für Deutschland, John J. McCloy, dem Intendanten Erich Rossmann die Lizenzurkunde für die unter dem Namen „Süddeutscher Rundfunk" errichtete „Anstalt des öffentlichen Rechts". Zuvor hatten, gleichfalls recht feierlich, die Amerikaner ihre Flagge auf dem Funkhaus eingeholt, Erich Rossmann die deutsche gehißt.

Ministerpräsident Reinhold Maier hielt für die Landesregierung eine Ansprache mit den berühmt gewordenen Sätzen: „Der deutsche Standpunkt konnte sich nur unter Bedenken der Auffassung anschließen, daß eine Radiostation im Grunde genommen niemand gehöre, daß niemand eine Verantwortung trage und daß niemand einen Einfluß auszuüben habe. Wir haben uns der höheren Einsicht gefügt und warten nunmehr das Ergebnis des Experiments ab. Die Bevölkerung hält die Regierung, wie wir immer wieder erfahren, für das verantwortlich, was beim Stuttgarter Rundfunk vorgeht. Die Bevölkerung möge davon Kenntnis nehmen, daß seit 1945 bis heute und wiederum von heute an die Regierung keine Mitwirkungsrechte auszuüben hat, daß sie in den Gremien des Rundfunks nicht aktives, ja nicht einmal passives Mitglied ist. Die Regierung ist einfacher Zuhörer wie das Volk und freut sich dieser demokratischen Rolle. Wir sind übrigens begierig, zu welchem zukünftigen „Jemand" der heutige anscheinende „Niemand" sich entwickeln wird. Das Rundfunkgesetz setzt die Landesregierung auf diesem Gebiet in den Ruhestand. So kommen wir als im Gewande unerschütterlicher Neutralität einherschreitende Gratulanten und hoffen nur das eine, daß unsere sehr herzlichen Glückwünsche nicht als unerwünschte Einmischung in die Freiheit des Rundfunks aufgefaßt werden."

Lucius D. Clay, der amerikanische Militärgouverneur für Deutschland von 1946–1949, gewann – in seinem Buch „Entscheidung für Deutschland" – der Sache etwas andere Seiten ab: „Die Militärregierung wollte die Presse und den Rundfunk, sobald ihre Freiheit durch Verfassung und Gesetz gesichert wäre, wieder in deutsche Hände geben. Schon 1946 begannen wir, uns um eine zureichende Gesetzgebung zu bemühen. Die deutsche Unfähigkeit, demokratische Freiheit wirklich zu erfassen, hat sich wohl auf keinem anderen Gebiet, außer vielleicht auf dem der Schulreform, so deutlich gezeigt. Es schien unmöglich zu sein, zu einer Gesetzgebung zu gelangen, in der die Presse der regierenden Macht nicht auf Gnade oder Ungnade ausgeliefert war... Beim Rundfunk war es fast genauso schwierig... Württemberg-Baden entschloß sich zu einer Regelung, die uns nicht befriedigte; doch wurde am 31. März 1949, nachdem klargestellt worden war, daß wir Radio Stuttgart nicht abgeben würden, ehe eine ausreichende Regelung vorgelegt würde, ein abgeändertes Gesetz angenommen. Ministerpräsident Dr. Maier gehörte zu den aufrichtigen Demokraten in Deutschland, und er war dennoch blind für die Wichtigkeit einer freien Presse und eines freien Rundfunks. Irgendwann einmal hatte Radio Stuttgart ihn angegriffen (zu Unrecht, wie er meinte) und ihm nicht so viel Zeit für seine Erwiderung zur Verfügung gestellt, wie er als nötig erachtete; er war entsetzt gewesen, daß es ihm von seinem Regierungssessel aus nicht möglich war, dem abzuhelfen."

Daß Rundfunk- und Verwaltungsrat des neuen Gebildes, die sich noch vor der Übergabe konstituiert hatten, mehrheitlich die Sichtweise des Generals geteilt hätten, läßt sich nicht behaupten. Und daß sie den „Deutschen drinnen" unvoreingenommen begegnet wären, schon gar nicht. Man drängte sich vor einem üppigen kalten Buffet im Anschluß an die Feierstunde, im Gespräch blieben die Mitglieder aber lieber unter sich oder doch jedenfalls auf Distanz. Nicht viel anders bei einer Einladung ins Funkhaus, bei der ich wohlmeinend zu einer Einführung in die Rundfunkpraxis ausholte, die jedoch empfindlich abgekürzt wurde durch einen Zettel des Intendanten mit den Worten: „Ich bitte zum Schluß zu kommen." Der erfahrene Mann! Er empfand mit den meisten nur zu sehr, daß dies nun schon gar niemanden interessiere. Etwas gelöster ging es bei der anschließenden Omnibusfahrt zum Sender Mühlacker zu – neben dem Ersatz-Funkhaus in Stuttgart damals das einzige sehenswerte Objekt der neuen Anstalt. Von Interesse auch deshalb, weil erst unlängst die Kopenhagener Wellenkonferenz von 1948 dem deutschen Rundfunk die Frequenzen gekappt hatte, darunter dem neuen Süddeutschen Rundfunk die von Mühlacker, eine der besten, die es gab. Sie wurde zwar nach Inkrafttreten des Planes von 1950 an auf amerikanische Anordnung weiterbenutzt, war aber von da an nicht mehr ungestört, weil der Ostblock sie gleichfalls belegte. Das Technische interessierte die Rundfunkräte schon eher, und hier gab es auch keine Gegensätze, nichts, was die Deutschen den Amerikanern widerwillig zugestehen oder umgekehrt diese ihnen hätten abtrotzen müssen. Die deutschen Techniker, auch wenn es zu viele waren, sie verdienten am ehesten Vertrauen.

Auf der Heimfahrt zog mich der Rundfunkrat und CDU-Abgeordnete Paul Bausch aus Korntal ins Gespräch. Ihn erfüllte mit Sorge, was man sich so über die Moral im Funkhaus erzähle. Der Eindruck, den er von mir habe, sei diesbezüglich nicht ungünstig. Vielleicht gebe es doch noch Hoffnung. Da ich keine Ahnung hatte, wovon er eigentlich sprach, blickte ich ihm fest ins Auge und erwiderte, es werde alles täglich besser. Er drückte mir die Hand.

Der Rundfunkrat hatte zu seinem Vorsitzenden den badischen Landtagsabgeordneten und Mannheimer Landrat Dr. Valentin Gaa (CDU) gewählt, Verwaltungsratsvorsitzender wurde der Abgeordnete Josef Ersing (CDU). Stellvertreter im Rundfunkrat war zunächst Oberbürgermeister Arnulf Klett, im Verwaltungsrat der Abgeordnete Alex Möller (SPD). Daß die Gremien auf diese Weise die Staatsferne des neuen Instituts betont hätten, konnte man nicht sagen. Zunächst einmal hatte das gewohnte Zusammenspiel der Parteien funktioniert. Das war späterhin im Stuttgarter Rundfunkrat erfreulicherweise nicht immer so, ein ausreichendes Maß von Unberechenbarkeit durch Unabhängigkeit etlicher Mitglieder sorgte, oftmals zum Leidwesen der Parteien, für Überraschungen.

Die Wahl eines Badeners zum Rundfunkratsvorsitzenden war eine politisch kluge Geste, ein Signal des „good-will" an den nordbadischen Teil des Sendegebiets. Die Entscheidung bewährte sich aber auch sonst. Valentin Gaa war ein gewissenhafter, wohlmeinender Vorsitzender und dazuhin schlicht und einfach ein anständiger, human denkender Mensch, der sichtbar darunter litt, wenn ihm, was ja vorkam, in diesem Punkte Zumutungen gestellt wurden. Er blieb, mehrfach wiedergewählt, Rundfunkratsvorsitzender bis 1969 und gehörte danach noch mehrere Jahre dem Verwaltungsrat an.

Die guten Seiten, die der Verwaltungsratsvorsitzende Josef Ersing ohne Zweifel gleichfalls aufzuweisen hatte, sind für mich nicht gleichermaßen sichtbar geworden. Aus Ochsenhausen stammend, seines Zeichens Schreiner, christlicher Gewerkschafter, Reichstagsabgeordneter des Zentrums während der gesamten Weimarer Republik, aufrecht und verfolgt im Dritten Reich, war er mit 69 Jahren nicht mehr der Jüngste, konnte aber höchst munter werden, wenn es darum ging, denen am Zeuge zu flicken, die er nicht leiden konnte. Dazu gehörten neben mir selbst die meisten leitenden Chargen im Programm, denen er mit Mißtrauen, strikter Voreingenommenheit und unverblümter Abneigung begegnete. Warum, blieb sein Geheimnis. Künstler (oder was er dafür hielt) insonderheit waren ihm unheimlich und allemal der Unlauterkeit verdächtig. Techniker kamen besser weg. Mit dem Rundfunk als kultureller Einrichtung hatte er wenig im Sinn. Seine Beziehungen zum Programm beschränkten sich auf die Forderung nach mehr Männerchören, die noch dazu billiger seien, als was da sonst so sich vernehmen ließ. (Womit er sogar recht hatte.) Etwas später, im Zusammenhang mit den andauernden Querelen um die erwähnte Fronde im Redaktionsbereich Politik, der er übrigens exklusiv das Ohr lieh, zog er vor dem Rundfunkrat in öffentlicher Sitzung pauschal gegen die „Abteilung Sendung" und die „Zustände", die dort angeblich herrschten, vom Leder. Dagegen verwahrte ich mich ihm und dem Verwaltungsrat gegenüber, der seinem Vorsitzenden empfahl, eine Erklärung abzugeben, in der sein Bedauern über seine Äußerungen zum Ausdruck komme. Das brachte der alte Herr zwar nicht mehr über sich, zu irgendwelchen weiteren Äußerungen solcher Art ließ er sich aber bis zu seinem Ausscheiden bald darauf im Jahre 1951 nicht mehr hinreißen. Später erschien er einmal spontan im Büro des Intendanten, wo ich zufällig anwesend war, um diesem (mit dem er auch nicht gerade gut gestanden hatte) einen Korb Äpfel zu überreichen, die er in seinem Garten-„Stückle" soeben geerntet hatte. Großzügig zweigte er von der Gabe etwas für mich ab. Sein Nachfolger als Verwaltungsratsvorsitzender wurde Alex Möller, der diese Funktion dann bis zum Jahre 1969, in dem er Bundesfinanzminister wurde, innehatte.

Dringlichste Aufgabe des Rundfunkrats nach seiner Konstituierung und nach der Übergabe durch die Amerikaner war die Wahl eines Intendanten. Es gab eine stattliche Zahl von Bewerbungen; in eine engere Auswahl wurden gezogen: der amtierende Intendant Erich Roßmann, der Schriftsteller Hans von Hülsen, Freund und Biograph Gerhart Hauptmanns, der ehemalige Oberspielleiter am Reichssender Stuttgart, Artur Georg Richter, Walter Erich Schäfer, wenig später Staatstheater-Intendant, Eberhard Schütz, Programmdirektor beim Hamburger NWDR, und Adolf Scheu, seines Zeichens „selbständiger Industrieberater" aus Wuppertal (der letzte versehen mit einer Verwaltungsrats-Empfehlung im Stimmenverhältnis von 4 (CDU/FDP) zu 3 (SPD). Der Rundfunkrat indes wählte am 8. August keinen der Bewerber, sondern verblüffte die Öffentlichkeit mit einer neuen Variante. Mit 18 von 28 Stimmen ging als Sieger aus der Konkurrenz ein Kandidat hervor, der sich nicht beworben hatte, vielmehr aus dem Rundfunkrat selbst überraschend genannt worden war: der Präsident der Oberpostdirektion Stuttgart, Dr. Heinz Hohner. Eine pikante Lösung schon deshalb, weil die Post bekanntlich in den letzten Jahren nichts unversucht gelassen hatte, um zu verhindern, daß der neu zu organisierende Rundfunk ihrem Einfluß entglitt. Auf die Stuttgarter Lösung – der Postpräsident als Intendant – waren indes nicht einmal die findigen Juristen der bizonalen Hauptverwaltung gekommen. Wahrhaftig, das Ei des Columbus! Und noch dazu eine eher zufällige Entdeckung, wovon auch die mißtrauisch gewordenen Amerikaner sich überzeugen lassen mußten. Die Situation wurde umso grotesker, als der Gewählte, Realist genug, von Anfang an nicht willens war, das Intendantenamt unter Verzicht auf seine beamtenrechtlichen Versorgungsansprüche auszuüben. Nach Abklärung mit seinem postalischen Dienstherrn bot er in einem längeren Schreiben vielmehr an, die Leitung des SDR für ein halbes Jahr unter Beurlaubung von seinem Präsidentenamt zu übernehmen.

Der Rundfunkrat, so meinte er, erhielte dadurch Gelegenheit, einen „voll geeignet erscheinenden Bewerber", an dem es bisher gefehlt habe, doch noch zu finden, während gleichzeitig, von ihm selbst, die unbedingt notwendigen gründlichen Reformen sofort begonnen würden. (Eine fabelhafte Perspektive, nebenbei, für den „voll geeigneten" Nachfolger.) Denn, so der Präsident, nach seinem Eindruck sei die Situation – die rechtliche, wirtschaftliche, personelle und künstlerische – des jungen Unternehmens äußerst ernst. Er ließ es auch nicht an dunklen Andeutungen fehlen über Leute, deren Widerstand bei den zu treffenden Maßnahmen zu überwinden sein werde und die gleichzeitig bereit und in der Lage sein würden, unwahre Behauptungen über seine Person zu verbreiten, weshalb von vornherein klar sein müsse, daß er nur befristet amtiere. Kurzum: die Darlegungen des gewählten Intendanten ließen erkennen, daß er „das junge Unternehmen" für einen Augiasstall hielt, den in einem halben Jahr auszumisten er sich anheischig machte. Wer alles zu den Opfern zählen würde, war unschwer zu erraten. Daß sehr weit vorne der Chef der Musikabteilung dazu gehöre, pfiffen die Spatzen von den Dächern. Der Kopf des Jochanaan?

Jetzt allerdings gewann in Rundfunk- und Verwaltungsrat der Gedanke an Boden, einen von der Post ausgeliehenen Intendanten und einen für ein halbes Jahr suche man eigentlich nicht. Drei von den vier nach dem Gesetz möglichen Jahren sollten es schon sein; eines konnte man wegen der fehlenden Volleignung vielleicht in Abschlag bringen. Am 25. August gelang es im zweiten Versuch, der neuen Anstalt für drei Jahre doch noch einen hauptamtlichen Intendanten zu verschaffen. Wahrhaftig ein würdiger Beginn im Schwäbischen! In den anderen Funkhäusern, wo bereits Intendanten am Werke waren, deren Eignung zunächst einmal unterstellt wurde, mischte sich Verwunderung mit Schmunzeln.

Liest man, 40 Jahre danach, die Protokolle der Verhandlungen von damals, so wird deutlich, daß der Rundfunkrat, das neugeschaffene oberste Gremium in einer bis dato unbekannten Organisationsform und noch dazu in einer völlig ungewohnten Zusammensetzung, offenbar überfordert war. Und es gab niemanden darin, der wegweisend gewirkt hätte. Ein Rundfunkintendant – was war das? Und welche Qualifikationsmerkmale mußte er aufweisen? Die bescheidenen Diskussionsbeiträge zur Person der Kandidaten, die sich vor der Wahl vorgestellt hatten, machen einen rührend hilflosen Eindruck. Einem von ihnen wurde positiv vor allem angerechnet, daß er seine Ausführungen schriftlich verteilt hatte. Auch die Kandidaten selbst taten sich offenbar schwer mit den Kriterien, die sie nach eigenem Empfinden für eine derartige Position empfahlen. Von der Bibel war die Rede und von den moralischen Kräften, deren das deutsche Volk zum Wiederaufbau so dringend bedürfe. Vom Rundfunk weniger. Und natürlich artikulierte sich auch im Rundfunkrat das verbreitete Mißtrauen gegen die Verhältnisse im Funkhaus, was immer der einzelne darunter verstehen mochte.

Es zeigte sich, auch und gerade hier, einmal mehr, daß es unter den Amerikanern an einer überzeugenden deutschen Führungsfigur gefehlt hatte, die, wie anderswo, in der Lage gewesen wäre, sich zum eindeutigen Kandidaten Nummer eins für das neue und neuartige Amt auch gegenüber den deutschen Instanzen zu machen.

Der nun Gewählte, Dr. Fritz Eberhard, hatte sich, ebenso wie sein „Vorgänger" Hohner, nicht direkt beworben, sondern war aus dem Rundfunkrat heraus genannt worden. Er trat sein Amt am 1. September 1949 an.

Am Abend dieses Tages schrieb ich dem scheidenden Erich Rossmann einen Abschiedsbrief, der sich vielleicht schon damals etwas überschwenglich las. Aber er war so gemeint wie geschrieben. Der Intendant hatte mir großes Vertrauen entgegengebracht, die Zusammenarbeit mit ihm, einer reifen, erfahrenen und lauteren Persönlichkeit, hatte für den 29jährigen viel bedeutet. Es war für mich ganz selbstverständlich gewesen, daß ich mich bei allen Auseinandersetzungen und Anfeindungen, denen er in den vergangenen Monaten ausgesetzt gewesen war, vorbehaltlos an seine Seite gestellt hatte. Daß er wenig Chancen gehabt hatte, in seinem Amt von den deutschen Gremien bestätigt zu werden, war ziemlich offenkundig gewesen. Er tat mir gleichwohl leid. In seiner Antwort meinte Rossmann, ich sähe seine Verdienste um mich „etwas durchs Vergrößerungsglas", stellte mir gleichzeitig aber umgekehrt ein Zeugnis aus, das mit Worten der Anerkennung, beruflich wie menschlich, nicht sparte und mich eine Verbundenheit spüren ließ, auf die ich sehr stolz gewesen bin.

Der neue Intendant, Fritz Eberhard, räumte mit dem Vorurteil, ein Mann der zweiten Wahl zu sein, rasch auf, zumindest was Arbeitskraft und zupackende Initiative anlangte. Der Furor seines Einstiegs nach dem ruhigen Rossmann war atemberaubend. Und auch während der ganzen neun Jahre seiner Tätigkeit verstand er es, seine Umgebung – nicht nur sie – in Atem zu halten. Sein Wesen war geprägt von einem bewegten Lebensgang. Sein Temperament tat das übrige – ein vielfältig interessierter, unruhiger Geist, dessen Unruhe durchaus ihre produktiven Seiten hatte. Er gab, wahrhaftig, Impulse. Er war 53 Jahre alt, als Helmut von Rauschenplat in Dresden geboren, Volkswirt, Journalist und Lehrer in einem Landerziehungsheim, Sozialdemokrat seit 1923, nach 1933 politisch illegal tätig, was ihn zur Änderung seines Namens veranlaßte. 1938 war er emigriert, nach England, 1945 zurückgekehrt nach Stuttgart, wo er alsbald Programmberater bei „Radio Stuttgart" geworden war. In solcher Eigenschaft hatte ich ihn kurz kennengelernt, bevor er wegen Differenzen mit den Amerikanern wieder entlassen wurde. Von 1946 an war er Landtagsabgeordneter, 1947 als Staatssekretär Direktor eines „Büros für Friedensfragen" in der US-Zone und 1948/49 Mitglied des Parlamentarischen Rats in Bonn.

Als neuen Intendanten traf ich ihn zuerst bei einem Sinfoniekonzert, damals im Straßenbahner-Waldheim Degerloch, dem Stuttgarter Konzertsaal jener Jahre. Er begegnete den deutschen Mitarbeitern, auch den leitenden, unvoreingenommen, ja ausgesprochen freundlich. Zurückhaltung, Distanz, wozu er ja durchaus Anlaß hätte sehen können, waren seinem impulsiven, manchmal fast kindlichen Wesen fremd. Das konnte seine Partner auch zu falscher Einschätzung verleiten: Man glaubte sich öfters mehr und rascher mit ihm einig, als sich hinterher herausstellte. Er war ein leidenschaftlicher Stenograph und schätzte Mitarbeiter besonders, die in dieser nützlichen Kunst gleichfalls geübt waren. Einem Journalisten, der nicht stenographierte, fehlte nach seiner Überzeugung ein wichtiges Qualifikationsmerkmal. In Gesprächen und Sitzungen sah man ihn unentwegt kleinere und größere Zettel beschreiben, was bisweilen den größeren Teil seiner Aufmerksamkeit zu absorbieren schien. Die Früchte solcher aktuarischen Emsigkeit kamen in Form von Notizen spätestens am nächsten Tage auf den Tisch der Beteiligten.

Fritz Eberhard war Frühaufsteher. Er observierte das Programm – damals ein einziges auf Mittelwelle – von Sendebeginn um 6.00 und bald darauf von 5.00 Uhr an. Um 8.00 Uhr war er im Büro und disponierte den Tagesablauf. Ab 8.30 Uhr war mit seinem Anruf zu rechnen. „Haben Sie", frug er mich gleich anfangs mehrmals, „heute 6.13 Uhr (oder 5.27 Uhr) – es war alles zeitpräzis notiert – die Ansage von Frau X oder in den ersten Nachrichten die zweite Meldung über YZ gehört?". Ich mußte meist verneinen, da ich um diese Zeit zu schlafen pflegte. Wir einigten uns: Der Intendant hörte von 5.00 bis 8.00 Uhr, ich ab 8.00 Uhr. Es funktionierte glänzend. Ich schöpfte in den Programmsitzungen aus dem reichen Born der Eberhard'schen Notizen und hatte plötzlich das Frühprogramm in bislang unbekannter Weise im Griff. Den Intendanten, umgekehrt, versorgte ich mit ausgewählten Hörfrüchten aus der Zeit nach 8.00 Uhr.

Als Politiker kannte Fritz Eberhard natürlich die politische Szenerie sowie die jeweilige Wetterlage im Umfeld seines Amtes und war bemüht, sie richtig einzuschätzen. Just damit aber hatte er so seine Schwierigkeiten. Als gebildeter, geistig überlegener Mann war er meist wenig geneigt, sich dem gewöhnlichen Niveau seiner politischen Kontrahenten und ihren Ritualen anzupassen. Er besaß ein ausgesprochenes Talent, Freunde wie Gegner vor den Kopf zu stoßen, indem er sie – und unter ihnen meist die für ihn wichtigen in wichtigen Angelegenheiten – kurz und schroff abfertigte, ganz entgegen seiner sonst so verbindlichen Art. Das machte ihn einerseits ungeheuer sympathisch, schuf ihm andererseits unnötig manchen Feind. Er war ein durch und durch politischer Mensch – und dennoch alles andere als ein „Politiker". Da er diese Spezies in ihrer häufigsten Ausprägung geringschätzte, gleichwohl täglich mit ihr umzugehen, auf ihre Denkmuster sich einzustellen hatte, nahm er seine Zuflucht gleichfalls zu ein paar einfachen Denkmustern, mit denen er den ersteren zu begegnen trachtete. Das konnte bisweilen schwankhafte Züge annehmen. Zum Beispiel, wenn es um die Personalpolitik ging. Eberhard war bekanntermaßen SPD-Mann. Seine Gattin, Elisabeth Eberhard, war engagierte Katholikin. Also, schloß der Intendant, war in beiderlei Hinsicht Vorsicht angeraten. Natürlich wünschte er sich eine unabhängige, allein an Qualifikationsmerkmalen ausgerichtete Stellenbesetzung, konnte aber, wie er wohl zurecht meinte, Parteibindung und Konfession nicht einfach außer acht lassen. Hatte er deshalb Kandidaten vor sich, die qualifiziert und dabei weder katholisch waren noch der SPD nahestanden, konnte er in ungehemmte Freudenbekundungen ausbrechen. „Großartig!", rief er angesichts eines Kandidaten, der ihm auf seine Frage soeben bekannt hatte, daß er evangelisch sei und mit der SPD nichts im Sinn habe. Ernst wurde es, als die CDU nach dem (von ihr mitbetriebenen) Rücktritt des Chefredakteurs Hanns Küffner den Anspruch anmeldete, diese Position mit einem der Ihren zu besetzen. Das war, in solcher Offenheit, neu. Eberhard entsprach der Forderung und machte sie zugleich obsolet, indem er einen Kandidaten fand, der dem doppelten Anforderungsprofil aufs schönste gerecht wurde: einen Christdemokraten, dessen fachliche Qualifikation für das schwierige Amt unbestritten war. Nur kam er aus dem Rheinland und war den Stuttgarter Parteioberen nicht zweifelsfrei bekannt. Weshalb eines Tages die Fama aufkam, er sei gar nicht Mitglied der CDU. Der schreckliche Verdacht wurde auf die denkbar peinlichste Weise ausgeräumt: In einer Unterredung beim Intendanten wies der Chefredakteur dem CDU-Obmann im Rundfunkrat seinen Parteiausweis vor. Ein Sündenfall der schlimmsten Art, der mich zutiefst empörte und den ich dem Intendanten übelnahm.

Elisabeth Eberhard – im Funkhaus bald die „heilige Elisabeth" geheißen – war eine Frau von wohlmeinender Strenge, der man häufig begegnete. Sie beschränkte sich in ihrer Aktivität nicht aufs Intendanten-Häusliche, sah ihre Aufgabe vielmehr darin, ihrem Gatten auch dort zur Seite zu stehen, wo es, wie sie sich ausdrückte, „ums Menschliche" im Funkhaus und überhaupt im Umkreis seiner Tätigkeit ging. Besonders hatte sie ein Augenmerk auf die Institution der Ehe. Wenn es da irgendwo kriselte und dies zu ihrer Kenntnis kam, konnten die Betroffenen, konfessionsübergreifend, mit einem Besuch rechnen. Das fand nicht immer ungeteilten Beifall, und da sich ihre tätige Teilnahme auch auf andere Problemkreise erstreckte, wurde diese Teilnahme, wie gut gemeint auch immer, zu einem den Gatten belastenden Faktum, ohne daß beide dies wohl ernstlich je für möglich gehalten hätten. Jedenfalls konnte man nach der unvermuteten Abwahl Eberhards im Jahre 1958 bei der Suche nach den Gründen immer wieder der Meinung begegnen, neben den Eigenarten des Intendanten selbst seien doch wohl auch die seiner Gemahlin nicht ganz ohne

Einfluß auf den überraschenden Wahlausgang gewesen. Weshalb ich später einmal, bei einer Einladung im Hause seines Nachfolgers Hans Bausch, angesichts einer ganzen Batterie von hausgemachter Konfitüre in der wohlgefüllten Speisekammer die Vermutung äußerte, Fritz Eberhard, hätte seine Frau auch nur die Hälfte dessen eingekocht, wäre Intendant des SDR geblieben.

Jetzt, im Herbst 1949, hatte der Intendant andere Sorgen. Zunächst einmal wurde im Verwaltungsrat die Kürzung von Bezügen leitender Angestellter betrieben. Zu hohe Gehälter – auch dies schon damals ein Thema! Sodann erschien die Auflösung des Chores als lohnendes Ziel der Sparsamkeit. Er existiert gottlob noch heute. Der Betriebsrat unter seinem Vorsitzenden Albert Hofele, als Humorist und Volkssänger einer der populärsten Angehörigen des Hauses, hatte alle Hände voll zu tun. Bei einem Betriebsfest der neuen Anstalt im Cannstatter Kursaal kam es zu einer Konfrontation mit dem Verwaltungsratsvorsitzenden, wobei der sozialdemokratische Gewerkschafter Hofele dem christlichen Gewerkschafter Josef Ersing nichts schuldig blieb an schwäbischer Deutlichkeit. Schließlich beschäftigte den Intendanten die Ernennung von Geschäftsführern, die er nach der Satzung im Einvernehmen mit dem Verwaltungsrat vorzunehmen hatte. Seine Kandidaten waren der amtierende Verwaltungsdirektor Friedrich Müller, ich selbst als Programmdirektor, beide also aus der Garnitur der Rossmann-Episode, und – mit einigem zeitlichen Abstand – Helmut Rupp, der Chefingenieur des Senders Mühlacker, als Technischer Direktor.

Bei Friedrich Müller gab es keine Schwierigkeiten, gegen mich indes sprach, wie ich hörte, mein jugendliches Alter, und auch die rasche Karriere unter amerikanischer Leitung bedeutete zumindest keine Empfehlung. Eine Entscheidung wurde zunächst einmal vertagt, ein weiterer Kandidat zur Vorstellung eingeladen. Unter den vier Mitgliedern, die mit Josef Ersing sozusagen die konservative Mehrheit im damals siebenköpfigen Verwaltungsrat bildeten, zog ich mir noch besonders die Abneigung des musikbegeisterten Akustik-Professors der TH Karlsruhe, Hermann Backhaus, zu. Ihn überzeugte der Dirigent Hans Müller-Kray ganz und gar nicht. Der Verwaltungsrat verwandelte sich – seltsam genug – unter seiner Anleitung in ein Musik-Tribunal. Man erwartete von mir die Erklärung, daß ich über kurz oder lang einen Wechsel an der Spitze der Musik-Abteilung für richtig hielte. Da dies nicht zutraf, ich also eine solche Erklärung – noch dazu in Verbindung mit meiner eigenen Ernennung – nicht abzugeben bereit war und statt dessen erläuterte, wieso ich den seinerzeit verpflichteten Musikchef auch jetzt für einen qualifizierten Mann hielte (was die Verpflichtung prominenter Gastdirigenten nicht aus-, sondern einschließe), traf der ganze Unmut der Vierer-Gruppe den Verstockten. Mit 4:3 Stimmen verweigerte der Verwaltungsrat dem Intendanten die Zustimmung zu meiner Ernennung. Das machte Aufsehen nicht zuletzt deshalb, weil die vom Rundfunkrat gebildeten Programmausschüsse – darunter der für Musik – sich durch ihre Vorsitzenden einmütig für mich erklärt hatten. Intendant Eberhard bat mich, vorerst auf meinem Posten zu bleiben, und ließ prüfen, ob es einen Programmdirektor geben könne, der nicht Geschäftsführer sei. Die leitenden Mitarbeiter, an ihrer Spitze

Friedrich Müller, sandten mir eine Solidaritätsadresse, in der sie ihrem Wunsche Ausdruck gaben, ich möge weiterhin als Programmdirektor tätig sein. In der „Ludwigsburger Kreiszeitung" zog Dr. Hans Vomhoff die merkwürdige Übereinstimmung der Abstimmungsergebnisse mit der politischen Couleur kritisch ans Licht und ließ sich auch durch eine Erwiderung Josef Ersings nicht von dem Verdacht abbringen, hier sei eine parteipolitische Entscheidung gefällt worden. Der Ahnungsvolle! Mittlerweile nämlich erreichte mich auf „diplomatischen Kanälen" aus der „Mehrheitsfraktion" des Verwaltungsrats die Mitteilung, die Sache sei nicht irreparabel, ich hätte mich nur „ungeschickt" verhalten. Im übrigen sei man der Auffassung, ich stünde der SPD nahe. Es könne deshalb nichts schaden, wenn ich erklärte, daß ich zu keiner Partei irgendwelche Bindungen habe. Das war fein und behutsam ausgedrückt. Und tatsächlich hätte eine solche Erklärung der Wahrheit entsprochen. Ich mochte sie dennoch nicht abgeben, denn ich verspürte keine Neigung, mir fünf Jahre nach dem Untergang des Dritten Reiches und nach „erfolgreich" bestandener Entnazifizierung als „Nicht-Betroffener" schon wieder politische Unbedenklichkeit bescheinigen zu lassen. Ich mußte deshalb den Hinweis unbeachtet, die Mehrheit des Verwaltungsrats weiterhin in Ungewißheit lassen und richtete mich auf eine Veränderung ein. Jedoch: in einem weiteren Anlauf gelang es der Überzeugungskraft dreier Mitglieder des Verwaltungsrats, nämlich des Landtagspräsidenten Wilhelm Keil, des Gewerkschaftsführers Markus Schleicher und des Landtagsabgeordneten Generaldirektor Alex Möller, das Votum zu revidieren. Im April 1950 billigte der Verwaltungsrat die Ernennung einstimmig. Ich kann nicht leugnen, daß ich danach den genannten Persönlichkeiten näher stand als vorher und daß gerade ihr Vertrauen mich froh und auch ein wenig stolz gemacht hat. Aber auch mit den vier anderen Herren bin ich fortan recht gut ausgekommen.

Das also war meine erste Begegnung mit dem öffentlich-rechtlichen Rundfunk, ein Intensivkurs in angewandter Demokratie. Der idealen Auffassung von dieser Staatsform mischte sich ein „faute de mieux" bei, die anima candida in mir zeigte exogene Trübungen. Ich fand von da an die Churchill zugeschriebene Definition überzeugend: Demokratie sei die miserabelste Staatsform – mit Ausnahme aller sonst bekannten. Daß an ihr eben deshalb unverrückbar festzuhalten sei, war und blieb meine Überzeugung, weil sie als einzige imstande ist, die Verhältnisse in ihrer wahren Gestalt zu zeigen, weil sie den Menschen als das nimmt, was er ist, ihm die relativ größte Möglichkeit gibt, zu sein, was er könnte, und die relativ geringste Chance läßt, unentdeckt zu tun, was er nicht sollte. Mit all dem hatte der öffentlich-rechtliche Rundfunk – nicht anders als die seriöse Presse – viel zu tun. Es erschien lohnend, jetzt erst recht, dafür zu arbeiten.

Alleinunterhalter für Wunderkinder.
Rundfunk in den 50er Jahren

Der Start in den neuen Status lag hinter uns, schwierig genug, der öffentlich-rechtliche Rundfunk lernte das Laufen, nicht nur in Stuttgart, aber nun auch hier. Die Organe der neuen Anstalt waren konstituiert, einem davon, betitelt „der Intendant und die Geschäftsleitung", gehörte ich als Geschäftsführer nun selbst an. Vier Jahre und zwei Monate waren vergangen, seit ich, vorübergehend, einen Job bei „Radio Stuttgart" gefunden hatte. Der hatte sich in der Zwischenzeit, ohne allzu energisches eigenes Zutun, unverkennbar verfestigt. Das Theater grüßte von fern, der Berufstraum von ehedem – ganz erloschen war er nicht, zur Seite gerückt schon. Selbst im zurückliegenden Winter 1949/50, da es zeitweise so schien, als werde meines Bleibens im Stuttgarter Funkhaus nicht allzu lange mehr sein, eruierte ich zuvörderst den Wechsel an einen anderen Rundfunkplatz, nicht vordringlich den zu einer Bühne. Theater blieb Verlockung, der Rundfunk die Realität. Daß diese, immer noch, „vorübergehend" sein könnte, hielt ich gerne im Bewußtsein wach, so sehr mich auch die fesselnden Seiten des unverhofften Berufs, mehr und mehr – und nicht nur „faute de mieux" – gefangennahmen. Vorübergehend also, weiterhin.

Es kann nicht die Absicht sein, aus den nun folgenden Jahren mit der gleichen Ausführlichkeit zu berichten wie aus denen des Anfangs nach dem Kriege. Das würde Bände füllen, zeigte viel vom Selben und wäre nur zwischendurch vergnüglich. Nicht die Geschichte des Süddeutschen Rundfunks soll hier geschrieben werden; ich halte persönliche Erinnerungen fest, Momentaufnahmen sozusagen aus dem Funkhaus-Alltag, Entwicklungslinien durch die Jahre.

Am 1. März 1949, einem Dienstag, hatte sich, wie üblich, am frühen Nachmittag die Runde der Redakteure zur Programmsitzung versammelt, ausnahmsweise in meinem Büro; der Sitzungsraum im Souterrain des Hauses, wegen seiner holzgitterartigen Wandverkleidung „Spankörble" genannt, war anderweitig belegt. Die Sitzungen dienten der Festlegung des Programms im einzelnen, vier bis sechs Wochen im voraus, bei größeren Projekten auch mit größerer Vorlauffrist. Sie enthielten wahrhaftig viel Routine. So auch an diesem Tage. Nichts, was den Sendeablauf vier Wochen später ungewöhnlich hätte erscheinen lassen.

Da läutete das Telefon, die verzweifelte Stimme einer der Damen aus der Zentrale meldete sich, sie klang wie die des Kapitäns kurz vor dem Untergang seines Schiffs: SOS, sie wisse sich, sagte sie, wirklich nicht mehr zu helfen, Telefonanrufe unzähliger Hörer überschütteten sie: „Was das denn für ein Programm sei?" Was sollte es für ein Programm sein!? Dienstags um diese Zeit gab es seit langem eine halbe Stunde Klaviermusik, heute z. B. acht Etüden im modernen Stil mit dem Titel „Capriolen". Ja, aber es sei doch Fastnacht!? Blitzartige Erhellung. Die Programmkonferenz segelte in ruhigem Wasser vier Wochen voraus. Die Bürger indes, unsere Hörer, sie saßen, währungsreformgekräftigt, an diesem Nachmittag im Büro oder bereits zuhause, wein- oder sonstwie spirituosenselig, und wünschten zu schunkeln. Das sollten sie nach damaligen Programmvorstellungen erst am Abend. Akuter Programmnotstand. Wir beschlossen, das Programm zu ändern. Flexibilität war gefragt. Nach den „Capriolen" keine „Viertelstunde aus der Weltliteratur", kein „Kleines Konzert", nichts aus „Heilkunde und Heilkunst", sondern Tanzmusik. Der Leiter der Unterhaltungsmusik entfernte sich eilig in Richtung Schallarchiv.

In die fieberhafte Umdisposition hinein: Anruf des Intendanten, der wissen wollte, was wir sendeten, bei ihm läute fortgesetzt das Telefon. Die zweite Front. Beruhigung hier, Beruhigung da. Der Rundfunk als Dienstleistungsbetrieb – er hatte uns eingeholt. Nach einer halben Stunde „stimmte der Laden", das Telefon verstummte. Eingeholt hatte uns ganz offenbar mit einer massiven Demonstration seiner Wünsche auch „der Hörer". Wer war das eigentlich: der Hörer? Darüber war im deutschen Rundfunk zwar immer wieder einmal, systematisch aber nur wenig nachgedacht worden. Aus unterschiedlichen Gründen. In den Anfangsjahren, vor 1933, war sein Bild im Grunde eine Projektion des Bildungsbürgers, wie er auf der Veranstalterseite mit schöner Selbstgewißheit das Programm bestimmte, die Aufgaben definierte: Bildung, Belehrung und gediegene Unterhaltung waren die Devise. Man wußte, was dem Hörer frommte (oder zu frommen hatte), auch ohne daß man allzu emsig nach ihm forschte. Man sortierte Hörerpost, veranstaltete gelegentlich zusammen mit Rundfunkzeitschriften Umfragen oder auch Abstimmungen, deren Ergebnisse gar nicht erst veröffentlicht, manchmal beklagt, jedenfalls aber nicht beachtet wurden, wenn sie den Erwartungen nicht entsprachen. „Wer nicht zufrieden ist, soll abschalten und sich aus der Fülle des Gebotenen nur das aussuchen, was ihn interessiert", so lautete das Fazit. Das Dritte Reich konnte von solcher Grundeinstellung aus erfolgreich operieren, ohne daß sichtbar geworden wäre, was sich tatsächlich ereignete: die Transformation nämlich des Zuhörers in ein Objekt der Manipulation, des Publikums in eine Masse Höriger. Gewohnt zu hören, was sie hören sollten, konditioniert, für unbezweifelbar zu halten, was sie hörten, blieb auch, was sie nun zu hören bekamen, im Raster des Gewohnten. Was ihnen etwa sonst noch durch den Kopf hätte gehen können, interessierte nicht die Hörerforschung, sondern den Sicherheitsdienst, der sich für seine Zwecke auch unter den Rundfunkteilnehmern umhörte. Kontrolle der Manipulierten durch Ausforschung – der Ring hatte sich geschlossen.

Die Amerikaner und Briten, als sie 1945 nach Deutschland kamen, verfügten schon seit nahezu zehn Jahren über Erfahrungen in der Markt- und Meinungsforschung, auch und gerade in Sachen Rundfunk. Es wäre verwunderlich, hätten sie davon nicht auch als Besatzungsmächte Gebrauch gemacht. Bei den Amerikanern spielte die Radionutzung eine Rolle in zahlreichen Bevölkerungsumfragen, in der britischen Zone, also im Gebiet des Nordwestdeutschen Rundfunks, bildete sich schon bald eine wirkliche Hörerforschung nach dem Muster der BBC heraus. Von all dem erfuhren die deutschen Mitarbeiter bei „Radio Stuttgart" kaum etwas. Sie versuchten sich ihrerseits in gelegentlichen Hörer-Kontakt-Aktionen bei einzelnen Programmsparten wie auch zur Ermittlung allgemeiner Meinungstrends in der Hörerschaft.

Solche Bemühungen vollzogen sich vor dem Hintergrund eines gründlich veränderten Verhältnisses zwischen dem Rundfunk und seinen Hörern. Erklärtes Ziel der amerikanischen Besatzungspolitik war es, den Deutschen ein neues Bild von den Rechten und Pflichten des Bürgers zu vermitteln, des Bürgers in einem freiheitlich organisierten demokratischen Staatswesen. Und dies bezog sich letztendlich, aber nicht zuletzt, auch auf den Bürger als Teilnehmer an einem offenen Prozeß der Information und Meinungsbildung, und also auf ihn als Rundfunkhörer. Die Hörer von „Radio Stuttgart" (wie der anderen Stationen in den westlichen Besatzungszonen), auch wenn vorerst ihr Verhältnis zum Rundfunk, ihre Neigungen und Abneigungen nicht eigentlich näher erforscht wurden, bekamen diesen Wandel durchaus zu spüren. Daß aus dem monomanischen „Führungsmittel" des untergegangenen Reiches ein vielstimmiges Instrument partnerschaftlichen Umgangs mit den Hörern zu werden im Begriffe sei, dies deutlich zu machen, war ein wesentliches Ziel der Programmarbeit in den ersten Nachkriegsjahren. Zwischen den Amerikanern, ihren informationspolitischen Richtlinien und den Zielvorstellungen ihrer deutschen Helfer in den Funkhäusern herrschte da völlige Übereinstimmung. Es drückte sich dies prononciert auch immer wieder in einzelnen Sendungen aus, in Fritz Ermarths „Feierabend"-Dialogen mit seinen Hörern ebenso wie in der „Sozialhilfe" des Rundfunks gegen Auswucherungen bürokratischer Willkür beim sogenannten „Amtsschimmel". Der Hörer konnte sich wahrhaftig in einer neuen, vordem ungewohnten Rolle sehen – und tat es auch. Zunehmende Briefkontakte, ein Anschwellen der „Hörerpost" legten ein beredtes Zeugnis hierfür ab.

Eine systematische „Hörerforschung" aber hatte es vor 1949 nicht gegeben. Hier setzte der neugewählte Intendant, Fritz Eberhard, eine seiner ersten Prioritäten. Und zwar mit großem Nachdruck. Schon in seiner früheren politischen Tätigkeit hatte er in Verbindung mit dem „Institut für Demoskopie Allensbach" und dessen Leitern Dr. Elisabeth Noelle-Neumann und Erich Peter Neumann gestanden. Meinungsforschungsinstitute bildeten damals, nach amerikanischem Vorbild, eine neue Branche im Umfeld der Sozialwissenschaften. Das Allensbacher Institut war eines der reputierlichsten unter ihnen. Eberhard erteilte den Auftrag für eine erste Hörerbefragung bald nach seiner Wahl zum Intendanten, noch im Jahre 1949. Der Bericht lag im Frühjahr 1950 vor. Von da an folgten bis 1959 jährliche Befragungen sowie eine ganze Reihe zusätzlicher Untersuchungen zu einzelnen Fragenkomplexen. Nur der NWDR hat – nach britischem Vorbild – in diesen Jahren in gleich systematischer

Weise Hörerforschung betrieben. Fritz Eberhards verbissenes Engagement auf diesem neuen Feld wurde von manchen, die sich auf ihre „Rundfunkerfahrung" viel zugute hielten, als „Steckenpferd" des Stuttgarter Kollegen nachsichtig belächelt. In Wahrheit machte er ernst mit der Frage, wer denn der Rundfunkhörer, das „unbekannte Wesen", wirklich und eigentlich sei. Aus dem bei diesen Umfragen gewonnenen Material wurde viele Jahre später auch ein Buch, dessen Titel „Der Rundfunkhörer und sein Programm" mit schöner Deutlichkeit und gleichsam programmatisch den Wandel anzeigte, der sich im deutschen Rundfunk nach der gouvernementalen Phase der Anfangsjahre vor 1933 und nach den Propagandawellen des Dritten Reiches im Verhältnis zu seinen Hörern vollzogen hatte: eine Annäherung – zum ersten Male – unter strikt demokratischen Vorzeichen mit dem Ziel, den Ansprüchen, Bedürfnissen, Erwartungen der Menschen näherzukommen, für die das Rundfunkprogramm gedacht war. Die Annäherung begann bei der Biographie und den Lebensumständen des einzelnen, seinen Gewohnheiten und Neigungen sowie den technischen Voraussetzungen des Rundfunkhörens, um von da aus zu seinen Programminteressen (wie auch anderen Freizeitinteressen) fortzuschreiten. Und sie setzte sich im Funkhaus bei Redakteuren und Programmgestaltern fort. In allen Redaktionsräumen hingen Schaubilder mit den wesentlichen statistischen Angaben über die Zusammensetzung unserer Hörerschaft nach Geschlecht, Alter, Schulabschluß, Berufskreisen, Konfession, Monatseinkommen und Wohnortgröße. Schon diese wenigen Bestimmungsgrößen waren geeignet, manchen Funkhausinsassen zu überraschen. Nur wenige hätten darauf getippt, daß damals 80% der Bevölkerung im Lande Württemberg-Baden Volksschulbildung, nur 6% Abitur hatten. Zu denken gab besonders auch, daß 62% unserer Hörer 1951 in Gemeinden bis zu 20 000 Einwohnern lebten, in Dörfern und Kleinstädten also. Kurt Haase, der spätere Sendeleiter, pflegte Redaktionskollegen, die ihm allzu weltstädtisch oder elitär vorkamen, mit der Devise zu erschrecken, im Interesse einer hörernahen Programmpolitik sei es unerläßlich, das Funkhaus in eine Kleinstadt, nach Backnang beispielsweise, zu verlegen. Auch ermunterten wir immer wieder einmal die Kollegen, sich morgens zwischen sechs und halb acht Uhr mit der Straßenbahn an ihren Arbeitsplatz zu begeben oder sich zur gleichen Zeit in einem Vorortzug umzuhören. Für die Programmgestaltung unmittelbar relevant war der zugehörige Tatbestand, daß bis sieben Uhr morgens am Werktag 86% unserer Hörer aufgestanden waren, 61% am Abend um zweiundzwanzig Uhr bereits in den Betten lagen. Das Erstaunen des typischen Rundfunk-Redakteurs auch hierüber war sehr groß.

In der Nachrichten- und der politischen Redaktion hing ein weiteres „Plakat", das den Mitarbeitern den Stand „staatsbürgerlicher Information" (oder richtiger „Informiertheit") vor Augen hielt. Sie erfuhren dort u. a., daß (wiederum 1951, also zwei Jahre nach Gründung der Bundesrepublik) 70% der Bürger im Bundesgebiet keine Vorstellung davon hatten, wer Gesetze macht, 92% nicht wußten, was der Bundesrat sei. Solche und andere Einsichten über die Verbreitung staatsbürgerlicher Kenntnisse und politischen Interesses weckten die polit-pädagogischen Neigungen des

Intendanten und legten die Frage nahe, ob der Rundfunk diesen beklagenswerten Kenntnisstand verbessern könne. Ein Versuch wurde beschlossen am Beispiel des Bundesrats. Für ein halbes Jahr wurde der Begriff, wo immer er vorkam, mit einem erklärenden Zusatz versehen, z. B. hieß es in den Nachrichten: „Der Bundesrat, die Vertretung der Länder in Bonn, hat in seiner heutigen Sitzung...". Der Effekt war betrüblich bis komisch. Bei der Erfolgskontrolle wußten ein Prozent weniger als vorher, welches die Funktion des Bundesrats sei. Das lag natürlich innerhalb statistischer Toleranzen, aber: daß die Maßnahme bis dahin nichts gefruchtet hatte, konnte man immerhin sagen. Wir lernten, daß es schwer möglich sei, dem „unbekannten Wesen" – jedenfalls kurzfristig – per Radio etwas beizubringen.

Den Intendanten ließ dies gleichwohl nicht ruhen. Seine ausgeprägt pädagogische Ader, die noch dazuhin durchpulst war von der Überzeugung und dem Ehrgeiz, das Instrument des Rundfunks in den Dienst staatsbürgerlicher Erziehung zu stellen, war so leicht nicht zu veröden. Er hatte ja auch gewiß recht, wenn er meinte, Mangel an politischem Interesse gefährde die Demokratie. Also weckte in ihm der – wenig überraschende – demoskopische Befund, wonach politisch uninteressierte Hörer politische Sendungen zwölfmal weniger hörten als politisch interessierte, vor allem die Frage, wie man an die ersteren politische Informationen gleichwohl heranbringen könne. Hoffnungsvoll stimmte ihn dabei der weitere Befund, daß, beispielsweise, mehr als die Hälfte der Hörer des damaligen politischen Wochenberichts aus Bonn sich als „nicht besonders" oder „gar nicht politisch interessiert" einstuften. Warum sollten sie, da sie doch offenbar trotzdem zuhörten, nicht auch sonst dafür zu gewinnen sein – z. B. durch muntere Aufbereitung – zu hören, wofür sie sich angeblich nicht interessierten? Mich selbst bewegte mehr die Frage, was Hörer eigentlich meinten, wenn sie angaben, eine Sendung „gehört" zu haben. Hatten sie, obwohl eigentlich uninteressiert, auch wirklich zugehört? Hatte ein spezielles Thema – zwischendurch – sie aufmerken lassen? Oder hatten sie ganz einfach gehört (nämlich akustisch wahrgenommen), daß da zur üblichen Stunde eine Sendung mit dem bekannten Titel lief? Unbestreitbar blieb natürlich, daß es darauf ankomme, auch und gerade politische Inhalte in einer Form zu vermitteln, die das Verständnis erleichterte und nicht erschwerte. Just dabei aber konnte die übliche Demoskopie nicht viel weiterhelfen.

Vorbehalte gegen sie waren im Funkhaus (und wohl in allen Funkhäusern) sehr verbreitet, in den intellektuellen Etagen der Kulturressorts mehr als bei den politischen Redaktionen oder den Kollegen von der Musik. Ich selbst habe Hörerforschung stets für ein unentbehrliches Hilfsmittel auf einem Feld gehalten, auf dem uns anders, von der individuellen, persönlichen (und eben deshalb auch nicht übertragbaren) Meinungsbekundung abgesehen, keinerlei Rückschlüsse möglich waren auf Akzeptanz oder Ablehnung, auf Gelingen oder Mißlingen unserer Arbeit, keinerlei Aufschlüsse sich boten über Stimmungen und Meinungstrends in der Hörerschaft ganz allgemein. Publikumsbefragungen spannen zwangsläufig gewiß nur einen groben Raster über die Menge der einzelnen Individuen. Was diese verbindet, helfen sie aber klarzulegen. Und notabene: sie geben Auskünfte über das, was mit ihren Methoden ermittelt werden kann. Über nichts sonst. Und sie enthalten keine Handlungsanweisungen. Wer aus falsch interpretierten Ergebnissen die (folglich) falschen Schlüsse zieht, trägt die Folgen.

Zu den unbezweifelbar gewinnanzeigenden Posten in der demoskopischen Bilanz zählten in meiner Praxis die Hinweise auf richtige (oder falsche) Plazierung von Sendungen, woraus sich im ganzen eine bessere (oder schlechtere) Programmabfolge, bezogen auf Programmabsichten und Akzeptanz, ergab. Es war damals üblich, diese Programmabfolge oder, wie wir es nannten, das Rahmenprogramm mit halbjährigem Abstand einer Revision zu unterziehen. Man sprach vom „Sommer-" und „Winterprogramm", fußend mehr auf der Vermutung als der Gewißheit, daß es saisonale Unterschiede in der Radio-Nutzung gäbe, im Winterhalbjahr intensiver gehört werde als an schönen Sommerabenden, weshalb für jene Zeit gewichtiger geplant wurde, im Sommer leichter, lockerer. Tatsächlich waren damals die Nutzungsunterschiede wohl geringer als später, wo die „Sommerzeit" beim Fernsehen solche Nutzungsunterschiede sehr deutlich werden ließ.

Zum Sommer 1950 verwirklichten wir eine weitgehend veränderte Sendefolge in den Abendstunden – zum ersten Mal unter deutscher Regie, unter den Augen des neuen Rundfunkrates. Ich hatte mir dazu die Gliederung des Abendprogramms in je zwei größere Abschnitte einfallen lassen, deren erster zwischen 20 und 22 Uhr, der zweite zwischen 22 und 24 Uhr plaziert war. „Das (in sich) geschlossene Abendprogramm" lautete die Devise, auf die ich sehr stolz war, und die im Prinzip auch auf demoskopisch abgesicherte Zustimmung traf. Den nötigen Wechsel zwischen inhaltlich anspruchsvollen und unterhaltenden Abschnitten – alles zusammen mußte ja in *einem* Programm, auf der Mittelwelle, Platz finden – erreichten wir dadurch, daß an drei Abenden, dienstags, mittwochs und freitags, der anspruchsvolle „Block" (mit klassischer Musik, Literatur, Vorträgen und dem Hörspiel) den Anfang machte, gefolgt von der Unterhaltung (in Wort und Musik), während montags, donnerstags und samstags die umgekehrte Reihenfolge galt. Am Sonntag herrschte bunter Wechsel. Das las sich gut, nicht zuletzt auch für den bildungsbeflissenen Blick des Rundfunkrats, mit dem zusammen wir damals noch ganz selbstverständlich, ohne viel Reflexion und in sehr direkter Zielansprache der Maxime vom Kulturrundfunk mit Bildungsauftrag Geltung zu verschaffen suchten. Und die drückte sich, wie wir fanden, beispielsweise am Freitag mit einem Symphoniekonzert um 20 Uhr, gefolgt von einer Studiosendung über neue Literatur vorzüglich aus. 9% unserer Hörer, abnehmend auf 6%, genossen an einem der Stichtage im Dezember 1952 das Konzert, 2% verfolgten das Literarische Studio. Das waren für die fraglichen Sparten keine allzu schlechten Zahlen. Fraglich wurde das Arrangement (nebst einigen anderen besonders kulturbewußten, z. B. einer Serie von Morgenfeiern mit prominenten Literaten und Philosophen am Sonntag um 11), als bei der Umfrage herauskam, daß sich Hörerbeteiligung und Grad der Zufriedenheit mit dem Programm im allgemeinen dramatisch nach unten verändert hatten. Kritischer Punkt war, wie sich herausschälen ließ, das vom Umfang, vor allem aber von der Plazierung her als unbefriedigend empfundene Angebot unterhaltender Musik. Wir lernten, daß hier, ins Positive gewendet, der Schlüssel auch zu einem positiven Verhältnis zwischen der Mehrheit des Hörerpublikums und seinem Sender lag. Und wir zögerten nicht lange mit der Nutzanwendung, indem wir gegenüber der ästhetisch so befriedigenden Block-Komposition am Abend andere Prioritäten setzten. Ein Jahr später, 1953, folgten am Freitagabend zunächst einem Wunschkonzert um 20 Uhr 45%, dann sogar 48% unserer Hörer, einer anschließenden Serie mit dem Titel „Wie sollen wir leben?" (am Stichtag mit einem Beitrag über Kindererziehung) um 21.30 Uhr immer noch 15%. (Symphoniekonzert und Literarisches Studio waren übrigens nicht etwa aus dem Programm verschwunden, sondern lediglich anders plaziert, ebenso wie es das Wunschkonzert auch vorher, an anderer Stelle, gegeben hatte.) Man konnte also wohl sagen, daß wir unseren Programmauftrag, auch und gerade unter dem Gesichtspunkt verhaltensrelevanter Information für ein breiteres Publikum, besser versahen als vorher, indem wir es über populäre Musik an Beiträge heranführten, die für sehr viele von Bedeutung und Interesse waren.

Der Gedankenaustausch mit den Allensbacher „Demoskopen", Elisabeth Noelle-Neumann an der Spitze, über die jeweiligen Umfrageergebnisse, aber auch weit darüber hinaus, war übrigens stets gewinnreich und ist mir in höchst positiver Erinnerung geblieben. Als fruchtbar empfanden wir ihn, zugegebenermaßen, auch wegen der stets erfreulichen äußeren Umstände, unter denen er vonstatten ging. Alljährlich im Mai/Juni, meist für ein Wochenende, brach ich am Freitagnachmittag mit einigen Mitarbeitern nach Allensbach auf, genauer nach Gottlieben am schweizerischen Ufer des Untersees, wo wir in der „Drachenburg", einem angenehmen Hotel nebst vorzüglichem Restaurant, Logis nahmen, um zunächst bei einem ausgiebigen Abendessen unsere Fachgespräche aufzunehmen, die am nächsten Tage dann im Allensbacher Institut selbst fortgesetzt wurden. Die Unterhaltungen mit den interessierten, ideenreichen und phantasievollen Partnern waren meist spannend, oft überraschend und immer anregend. Der Beliebtheit des SDR bei seinen Hörern sind die bei den leitenden Chargen beliebten Ausflüge an den Bodensee nachweislich sehr zugute gekommen.

Der etwas ausführliche Ausflug in die Demoskopie mag einen Blick vermittelt haben in damals neue Werkstattmethoden bei der Programmgestaltung; er läßt am Rande aber auch erkennen, welch einzigartige Rolle der Hörfunk damals spielte, konkurrenzlos, ungeteilt, gleichbedeutend mit dem Rundfunk überhaupt. So gut wie jeder hörte Radio. Aber eben nicht nur das. Es bestanden zwischen den Sendern und ihrer Hörerschaft Beziehungen von einer Intensität, wie sie heute kaum noch vorstellbar ist. Radio, das war: die wichtigste Nachrichtenverbindung in eine aufgewühlte, um Frieden ringende Welt; Anschluß an eine hoffnungsarm-hoffnungsvolle, die zerstobenen Kräfte mühsam sammelnde Zeit; Kommunikation der Überlebenden, sich Wiederfindenden; rangerste Freizeitbeschäftigung, Sammelbecken aller Wünsche nach Freude und Entrückung aus dem niederdrückenden Alltag, des

Verlangens nach geistigem Austausch nach den Jahren der Isolation und Aushungerung; ein magischer Lichtpunkt in der Ärmlichkeit und Dunkelheit der zerbombten Häuser, der notdürftig ausgebesserten Wohnungen; Informant, Gesprächspartner und Alleinunterhalter eines ganzen Volkes; eine Hauptsache im persönlichen und geselligen Leben der Menschen. Man saß in seinen vier Wänden und hörte nach draußen, ließ sich berichten, erzählen, zum Lachen bringen. Der Außenwelt als solcher war sonst noch wenig abzugewinnen: Trümmer, Ruinen, volle Züge und Straßenbahnen, die ersten Restaurants nach der Währungsreform, immerhin; allmählich erst das eigene Auto und nur langsam steigende Mobilität. Die Privatsphäre, nach den kollektiven Überanstrengungen der Hitlerjahre, wurde großgeschrieben. Das Rundfunkgerät (wie etwas später auch noch der Fernsehapparat) waren ihr zeitgemäßer, befindlichkeitskonformer Außenanschluß, die Welt, zu der so viele Verbindungsstränge noch gekappt waren, erschien, akustisch wenigstens, im Zimmer. „Mein Radio", schrieb ein altes Mütterchen, „ist mir das Liebste von der Welt, es denkt für mich, es schwätzt für mich und macht für mich Musik." Und das hätten auch Jüngere von sich sagen können. Man tanzte zu Hause, zur Tanzmusik aus dem Lautsprecher, die Hausfrauen verrichteten nach dem Motto „Mit Musik geht alles besser", angespornt vom Hörerliebling Hermann Haarmann, beschwingt ihre Hausarbeit, bei der Berufsarbeit tauschte man sich über die neueste Folge der „Familie Staudenmaier" aus, und am Samstagabend vergnügten sich Stadt und Land bei Peter Frankenfelds Serie „Ab 8 wird gelacht", die Hörerzahlen auf sich zog wie später die populärsten Shows des Fernsehens.

Eine „Notbrücke zur Welt" (wie die Sonntagsbeilage der Stuttgarter Zeitung in papierknapper Zeit einmal geheißen hatte) war der Rundfunk aber auch für den kulturell interessierten Teil des Publikums, „Alleinunterhalter" (in einem sublimeren Sinn) auch hier. Der Süddeutsche Rundfunk konnte sich schmeicheln, schon Ende der 40er und bis in die 50er Jahre der Sender zu sein, der seinen Hörern die größte Anzahl von Übertragungen aus Salzburg, von den wiedererstandenen Festspielen vermittelte, wo sich damals noch nicht die feine und zahlungskräftige Gesellschaft aus aller Welt im Abenddirndl und Schottenmuster-Smoking ihr Stelldichein gab.

Das „magische Auge", das in den Geräten von damals die optimale Frequenzabstimmung anzeigte, symbolisierte gleichsam das Maß der Übereinstimmung, die innige Verbindung zwischen Sender und Empfänger.

Der Rundfunk, so sagten uns die Demoskopen, kann auf ein ungeheures Potential von good-will und Vertrauen in seiner Hörerschaft bauen. Und auf ein fast unerschöpfliches Maß an Toleranz. Wie hoch beides zu veranschlagen war, die Identifizierungsbereitschaft wie die Toleranz, zeigte sich am Beispiel der Programmgestaltung für den Karfreitag 1951. Und zwar hatten wir uns einfallen lassen, das Programm gleichsam als Stationsweg einzurichten; die Passionsgeschichte, beginnend am späten Abend des Gründonnerstags und fortschreitend am Karfreitag, bildete das Gerüst für eine streng komponierte Abfolge von jeweils darauf bezogenen

Musik- und Wortsendungen. Zwischen 11 und 15 Uhr am Karfreitag waren die sieben Worte am Kreuz die Richtpunkte im Programmablauf. Der Dichter Walter Bauer hatte die Texte dazu geschrieben. Wer Rundfunk hörte an diesem Tag, sah (oder hörte) sich kompromißlos einbezogen in eine Art von 24-Stunden-Liturgie, das biblische Geschehen hatte ihn, sofern er durchhielt, ganz. Das Echo bei denen, die gehört hatten, war gänzlich positiv. Wer nichts damit anzufangen gewußt hatte, schwieg. Auch das ein Teil des Konsenses. Noch übte sich der Pluralismus in Geduld.

Gewohnheit in der Beschränkung kam dabei zu Hilfe: Es gab, wie schon gesagt, bis Ende 1950 ein einziges Programm, auf Mittelwelle. Der totale Karfreitag war unausweichlich. Der Wellenplan von Kopenhagen, seit dem 15. März 1950 in Kraft, hatte die Alternativen bei der Senderwahl drastisch eingeschränkt. Er ließ den Nachfolgeorganisationen des Reichsrundfunks keine exklusiven Mittelwellen. Die des Süddeutschen Rundfunks in Mühlacker war eine der besten, in Europa meistgehörten gewesen. Sie wurde nun von Riga, später von Leipzig gleichfalls benutzt, was das Rundfunkhören, trotz abschirmender Maßnahmen, am Abend oft wenig genußreich machte. Das war die Geburtsstunde des UKW-Rundfunks in Deutschland, der den Verlierern bei der Wellendemontage auf Jahre hinaus einen Qualitätsvorsprung vor den Siegern einbrachte, den Siegern, die sich aus der Erbmasse im Mittelwellenbereich großzügig bedient hatten und vor keinerlei Engpässen bei der Versorgung ihrer Hörer standen.

Bei den westdeutschen Sendern hatte, sogleich nach der Wellenkonferenz, als deren verheerende Konsequenzen für den Mittelwellenempfang in Deutschland abzusehen waren, die technische Planung für den Aufbau der UKW-Sendernetze begonnen. Schon 1948 gab es die ersten Versuchssender: Beim Inkrafttreten des neuen Wellenplans war bereits eine größere Anzahl von Sendern in Betrieb, das Sendegebiet des SDR zum größten Teil abgedeckt.

Es wäre übertrieben, wollte man behaupten, die Programmverantwortlichen im SDR und ihre Mitarbeiter hätten die Begeisterung der Kollegen von der Technik über die neue Art des Empfangs ausnahmslos geteilt. Das Phänomen des nach oben drastisch erweiterten Frequenzumfangs – 15 000 Hz gegenüber 4500 Hz auf der Mittelwelle – hatte beim ersten Hören für viele etwas durchaus Befremdliches. Das wohltätige Mezzo der Mittelwelle verwandelte sich, so schien es, in ein schrilles Sirren und Zirpen. Bemerkenswerterweise zeigten sich gerade auch die Herren der Musikabteilung, von deren feinen Ohren man sich den größten Beifall erhoffte, skeptisch. Ein höherer Frequenzgang, nun ja, daß damit aber schon das von ihnen erzeugte (oder imaginierte) Klangbild in seiner ganzen Schönheit getroffen sei, bezweifelten sie doch sehr. Freilich: der im Grunde störungsfreie Empfang – keine Überlagerung durch andere Sender, keine atmosphärischen Trübungen – wirkte angesichts des herrschenden Durcheinanders und Übereinanders im Bereich der Mittelwelle geradezu verblüffend. Man wartete anfangs gespannt auf die gewohnten Geräusche. Ihr Ausbleiben irritierte zuerst – wieso knackte plötzlich die Symphonie nicht mehr? –, um dann in sensuelles Wohlbehagen umzuschlagen. (Bis auf das Zirpen.) Bis dann im täglichen Gebrauch zu Hause die Zündkerzen vorbeifahrender Autos einen gewissen Ausgleich schufen.

Eigentlich war es ja einzig Sinn und Zweck der neuen technischen Entwicklung gewesen, einen Ausweg aus den voraussehbaren Wirren des Nach-Kopenhagen' schen Mittelwellenempfangs zu weisen, indem bestehende Programme ihren Hörern wieder technisch einwandfrei vermittelt würden. Wer aber annahm, daß es damit sein Bewenden haben würde, hatte Ehrgeiz und Phantasie der Leute vom Programm außer acht gelassen. Wenn es denn schon technisch die Möglichkeit eines zusätzlichen Programmangebots – wie beschränkt auch immer – gab, so mußte diese auch genutzt werden.

Irgendwann im Sommer oder Frühherbst 1950 – „geplant" wurde damals immer sehr kurzfristig – beauftragte ich einen Mitarbeiter des Schulfunks, Dr. Kurt Haase, der mir durch ungewöhnliches Interesse an der Programmarbeit auch außerhalb seines Ressorts aufgefallen war, mit der Vorbereitung einer eigenen Sendefolge über UKW.

Am 19. November 1950, einem Sonntag, hatte das neue Programm seinen Start. Ich hielt eine Eröffnungsansprache an die Hörer dieses Programms – kurios genug war mir zumute. „Sie, meine Damen und Herren", sagte ich, „die Sie mir in diesem Augenblick zuhören, dürfen sich mit Recht zu den Pionieren des Ultrakurzwellen-Empfangs im Süden Deutschlands zählen. Wenn ich Sie in diesem Augenblick aufs herzlichste begrüße, so gestehe ich gleichzeitig, daß mir dabei ein wenig eigenartig zumute ist. Eigenartig deshalb, weil ich keinerlei Aufschluß darüber besitze, wieviele Menschen das neue Programm des Süddeutschen Rundfunks heute abend hören, wer sie sind und wo sie sind – keinerlei Anhaltspunkte dafür, daß überhaupt jemand hört.

Wenn ich also meine Ansprache fortsetze, so eigentlich nur deshalb, weil ich mich zu erinnern glaube, daß vor nicht allzu langer Zeit *Rufer und Hörer* in ähnlich ungeklärten Beziehungen standen wie wir heute abend: vor 25 Jahren nämlich, als das Phänomen Rundfunk zuerst in unser Leben kam und als die wagemutigen Eroberer des Äthers mit ihren Darbietungen vor eine Hörerschaft traten, von der sie mindestens ebenso wenig wußten wie wir von Ihnen, meine Damen und Herren."

Unser Wagemut bestand vorerst in einer 3 3/4 stündigen Sendefolge am Abend zwischen 18.45 Uhr und 22.30 Uhr, die sich, abgesehen von reinen Musikprogrammen, im wesentlichen aus Wiederholungen früherer Produktionen zusammensetzte, und zwar strikt unter dem Gesichtspunkt eines Kontrastes zum Mittelwellenprogramm. Immerhin war der 19. November auch der Geburtstag von Regionalprogrammen beim SDR, indem nämlich die UKW-Sender im badischen wie im württembergischen Teil des Sendegebiets für zehn Minuten getrennt tagesaktuelle Berichterstattung aus ihren Gebieten übermittelten.

Die Ausbreitung des UKW-Empfangs ließ sich äußerst zäh an. Viele Hörer, auch wenn sie ein neues Gerät (mit UKW-Teil) ihr eigen nannten, wußten damit noch nicht umzugehen, wußten vor allem auch nicht, daß es zum Empfang einer Spezialantenne bedürfe, obwohl wir es an Hinweisen nicht fehlen ließen. Auch das Programm, in seiner zeitlichen Beschränkung wie in seiner Zusammensetzung, bot nicht gerade einen überwältigenden Anreiz zu massenhafter Beteiligung. Wir hatten uns von der Programmauswahl wie von der Präsentation her aufs Exquisite kapriziert, wo das bloße Angebot leichter Musik die Nachfrage wohl eher stimuliert hätte. Mir schwebte eine Alternative zur damals schon ausgeprägten Routine des üblichen Angebots vor. „Besinnlichkeit" und „Ruhe" im Ablauf sollten Kennzeichen des neuen Programms sein. Ein „Publikumsrenner" war diese Devise nicht. Mit der Zeit, immerhin, kamen die Leute auf den Geschmack der neuen Klangfarbe, des ungestörten Empfangs und der neuen Programmwahl-Möglichkeiten. Das Angebot wurde langsam erweitert, bis 1959 ein volles zweites Tagesprogramm zur Auswahl stand.

Das neue Programm mußte mit einem Minimum an finanziellem, organisatorischem und personellem Aufwand verwirklicht werden. Ein redaktionell und inhaltlich zuständiger Koordinator, eine Sekretärin, ein fester Sprecher (oder Moderator, wie wir heute sagen würden), ein Team für den technischen Ablauf – das war für den Anfang schon die ganze Mannschaft. Sie mußte auch räumlich mit dem Allernotwendigsten auskommen. Es zeigte sich nämlich gerade hier, daß das „Funkhaus" in der Neckarstraße aus allen Nähten platzte und einer personellen Erweiterung, welcher auch immer, nicht mehr gewachsen war. Das neue Programm wurde deshalb aus einem fahrbaren Studiowagen gesendet, nicht anders als die Amerikaner 1945 die Sendungen von „Radio Stuttgart" begonnen hatten. Der Wagen wurde zu diesem Zweck an der Rückseite einer Baracke im Hof des Funkhauses postiert, seinerseits mit einer Barackenwand umkleidet und bildete auf diese Weise einen neuen Akzent in der Landschaft höchst provisorischer Bauten, mit denen schon vorher den akuten Raumnöten begegnet worden war. Dazu gehörten schon seit 1948 auch das sogenannte „Holzhaus", ein hölzerner Bürotrakt, dessen Haltbarkeit und behördliche Genehmigung auf zwei bis drei Jahre taxiert worden waren, der sich indessen auch 40 Jahre danach noch an alter Stelle befand.

Die Amerikaner hatten 1945 das ehemalige Telegrafenbauamt der Reichspost an der unteren Neckarstraße, weil es vergleichsweise vom Kriege wenig beschädigt war, für ihre Zwecke requiriert. Mit Rundfunk hatte es nie etwas zu tun gehabt. Das alte „Waisenhaus" am Charlottenplatz, in dem der frühere Süddeutsche Rundfunk ebenso wie der Reichssender Stuttgart domiziliert hatten, war weitgehend zerstört. Einiges vom Inventar – darunter ein paar Schallplatten, welche die ursprüngliche französische Besatzung 1945 übrig gelassen hatte – war alles, was der neuen Funkbetriebsstätte zugute kommen konnte. In die Toreinfahrt des Gebäudes stellten die Amerikaner einen US-Army-„Truck", die Post stellte die Leitungsverbindung zum Sender Mühlacker her, dessen Sendemast noch kurz vor Kriegsende gesprengt worden war, errichteten eine provisorische Antenne – und „Radio Stuttgart" begann zu senden. In dem reinen Bürozweckbau wurden 1945 Sendestudios, 1946 im

Souterrain ein sogenanntes „Hörspielstudio" sowie eines für „Kammermusik" eingerichtet und feierlich eingeweiht. Ein etwas größer bemessener Raum für die Produktion von Unterhaltungssendungen sowie ein weiteres kleines Studio folgten bald, etwas später auch eines für die Aktualitäten. Das im Aufbau befindliche Orchester ging in Wirtshaussälen sowie im Foyer eines leidlich erhaltenen Kinos seiner Tätigkeit nach. Kein Wunder, daß der Ruf nach einem neuen Funkhaus sich von Anfang an erhob, und zwar umso mehr, als es Neubaupläne für ein Stuttgarter Funkhaus auch vor dem Kriege schon gegeben hatte. Das damals favorisierte Gebäude befand sich im ehemals vornehmen Westen, im Park der alten Villa Silberburg. Die amerikanischen Radiooffiziere gingen, unterstützt von orts- und sachkundigen deutschen Mitarbeitern, solchen Plänen mit großer Entschiedenheit nach, die rege Anteilnahme aller in dem allezeit beengten Hause war ihnen sicher. Der Park der Villa Silberburg erwies sich rasch als zu klein für ein Projekt, bei dem eine zukünftige Entwicklung noch nicht präzise abzusehen war, jedenfalls aber nicht außer Betracht bleiben konnte. Die Stadt Stuttgart als wichtigste Instanz bei der Suche nach Alternativen begegnete unserer berechtigten Ungeduld, wie wir fanden, mit zögerlicher Langmut, mit Gleichgültigkeit auch, wie es uns manchmal vorkam. Eines Tages verbreitete sich das Gerücht, die Uhlandshöhe, eine der anmutigen Erhebungen inmitten der Großstadt zwischen Wald und Reben, versehen mit der Sternwarte, einem Stuttgarter Wahrzeichen, sei dazu ausersehen, künftig von einem Funkhaus gekrönt zu werden. Ein Omnibus wurde bereitgestellt, der die Betroffenen in großer Schar auf die Anhöhe brachte, die jeder kannte. Ein allgemeines „Ah" und „Oh" an einem warmen Sommertag. Es war zu schön, um wahr zu sein. Und selbstverständlich konnte jeder sehen, daß gerade hier ein größeres Gebäude niemals zu stehen kommen konnte.

Die „Anhöhe" indes blieb Trumpf. Die Stadt mit ihrem Generalbaumeister nämlich brachte das Parkgelände der Villa Berg ins Gespräch. Die Villa selbst, Domizil des Kronprinzen Karl im alten Königreich, danach Repräsentationsgebäude der Stadt Stuttgart, war zerbombt. In ihren erhaltenen Umfassungsmauern, immerhin, konnte ein Orchesterstudio Platz finden. Und nach Nordosten gab es Platz genug, so schien es, für die notwendigen Studio- und Verwaltungsbauten. Im Herbst 1948 wurde ein beschränkter Wettbewerb für ein Funkhaus in diesem Gelände ausgeschrieben. Die Crème der damaligen Stuttgarter Architekten (nebst einigen auswärtigen) war eingeladen. Es gab – neben meisterlichen Burgen aus dem 19. Jahrhundert – faszinierende Entwürfe aus einem neuen Verständnis von Architektur wie auch der speziellen Aufgabe. Einer davon brachte die geforderten Räumlichkeiten in einem System reizvoll über das Gelände verteilter Einzelbauten unter, ein anderer, im Gegenteil, stellte die einzelnen Studiokomplexe, als solche sichtbar, in ein um- und übergreifendes hallenartiges Gebäude, Idee einer in sich vielgestaltigen Produktions-, um nicht zu sagen: Fabrikationsstätte. Beide Entwürfe fanden die vehemente Unterstützung der Juroren aus dem Funkhaus, zu denen als Laienpreisrichter auch ich gehörte. Der erste Preis wurde schließlich dem zweitgenannten Entwurf zuerkannt. Er stammte von dem Karlsruher Architekten Egon Eiermann, einem damals schon hochrenommierten Vertreter neuer Architektur, nachmals berühmt durch seine Lösung einer Restitution der Kaiser-Wilhelm-Gedächtniskirche in Berlin.

Nach dem Übergang in deutsche Hände wurde der Funkhausneubau zum wichtigsten Punkt auf der Tagesordnung des Verwaltungsrats der neuen Anstalt. Und sogleich auch zum Sorgenspender Numero 1. Jeder Bauherr kennt das: die Architekten kommen zur Planung im Detail, neue Überlegungen, neue Wünsche stellen sich ein – so rasch schließlich baut man nicht wieder, besser jetzt an alles denken –, die Kosten kommen ins Laufen. Bald wurden aus geschätzten zehn Millionen (praeter propter) schon präziser geschätzte sechzehn Millionen, damals ein horrender Betrag, noch dazu ohne die technische und sonstige Einrichtung.

Das ließ eine aufs äußerste angespannte Finanzsituation in den nächsten Jahren erwarten. Und wahrscheinlich war es noch nicht die ganze Wahrheit. Die Sorgenfalten auf den Stirnen der Verwaltungsräte wurden tiefer, auch Intendant und Verwaltungsdirektor zeigten Spuren von Betretenheit. Indes, rein wirtschaftlich betrachtet, spricht die Wertschöpfung durch ein stattliches Bauwerk meist für die äußerste Anstrengung. Verwaltungsdirektoren bauen gerne, man hat da wenigstens das berühmte „Etwas" in der Hand, das Geld verflüchtigt sich nicht einfach so, wie das bei den Programmaufwendungen immer wieder zu beklagen ist. Man muß dann eben anderswo sparen – zum Beispiel beim Programm. Dies im Kopfe, überraschte ich die Kollegen in der Geschäftsführung und anschließend den Verwaltungsrat mit dem Vorschlag, schweren Herzens auf das Projekt in solcher Ausdehnung für jetzt zu verzichten, die Verwaltung sowie den größten Teil der Redaktionen mit dem gesamten Sendebetrieb vorerst an der alten Stelle zu belassen und lediglich für die musikalische wie für die künstlerische und sonstige anspruchsvollere Wortproduktion die erforderlichen Produktionsstätten im Park der Villa Berg zu errichten. Das würde vielleicht fünf bis sechs Millionen kosten. Besser, sagte ich mir, Geld übrig zu haben für schöne Programme in bescheideneren Räumen als unter optimalen Verhältnissen, in einem Jahrhundertbauwerk, nur noch das Bescheidenste – und vielleicht nicht einmal mehr das – produzieren zu können. Der Gedanke lag offensichtlich in der Luft. Ein Seufzen der Erleichterung entrang sich der Brust des Verwaltungsratsvorsitzenden. Im Park der Villa Berg wurde ein „Funkstudio" mit einem Sendesaal für die Orchesterproduktion sowie Studiokomplexen für Kammermusik und Hörspiel geplant, allerdings erst viele Jahre später, 1959, fertiggestellt. Der schon bestehende Plan für den Ausbau der alten Villa Berg zu einem Orchesterstudio war unumstritten und 1951 bereits verwirklicht. Damit hatten zunächst das Sinfonieorchester, von 1959 an alle Klangkörper ihre eigenen Produktionsstätten. Das „Funkhaus" an der Neckarstraße erhielt einen weiteren, größeren Büroanbau, in dem ein großer Sitzungssaal nicht fehlte, so daß nun auch der Rundfunkrat über ein angemessenes Ambiente für seine Tätigkeit verfügte.

Was die Mittel für „schöne Programme" anlangte, denen das schöne Funkhaus teilweise zu opfern ich unternommen hatte, so blieben diese gleichwohl nicht unangefochten. Eines Tages, etwas später, wurde ich mit dem Gutachten einer Wirtschaftsprüfungs- und Organisationsberatungsgesellschaft konfrontiert, die anhand der mittlerweile beim Süddeutschen Rundfunk eingeführten Betriebsabrechnung das Programm auf das Verhältnis von Aufwand und Ertrag hin untersucht hatte und zu dem Ergebnis gekommen war, es ließen sich mühelos 1 1/2 Millionen einsparen. Nicht nur, befand der Wirtschaftsprüfer, bedürfe es bei der sinfonischen wie bei der Kammermusik keiner Neuproduktionen mehr, weil ohnedies das meiste auf Schallplatte vorliege (so daß die Unterhaltung eines Sinfonieorchesters im Grunde überflüssig, sein Fortbestehen nur aus Trägheit und sozialer Rücksichtnahme zu erklären sei), nicht nur machte er sich anheischig, das Unterhaltungsorchester zu halbieren (das dann leider allerdings sein Repertoire nicht mehr hätte spielen können), er hatte auch sechs Hörspiele gelesen, von denen er befand, nur drei davon seien es wert gewesen, produziert und gesendet zu werden. Unter den „unwerten" befanden sich Frederico Garcia Lorcas „Bernarda Albas Haus" sowie ein mit dem Prix Italia ausgezeichnetes Hörspiel von Jacques Constant. Der Prüfer knüpfte daran den Ratschlag, die Zahl nicht erstrangiger Produktionen zugunsten zweifelsfrei gelungener einzuschränken, oder anders ausgedrückt: man lasse künftig die weniger guten Hörspiele weg und produziere nur noch gute! Noch lange danach habe ich mit dieser fabelhaften Devise vielerorts Heiterkeit erzeugt. Damals nötigte das tragikomische Opus mich zu umfangreicher Gegendarstellung, den Verwaltungsrat zu einläßlicher Erörterung, wobei das Schwierigste war, den Unsinn auf eine Weise unschädlich zu machen, die wenigstens den Chef des Unternehmens – einen hochangesehenen Wirtschaftsexperten und CDU-Politiker – in der Gewißheit ließ, er habe die Beteiligten zutiefst beeindruckt. Ich selbst blieb, was die Finanzen im Programmbereich betraf, danach für lange unbehelligt.

In meiner eigentlichen Aufgabe, beim Programmemachen, erfreute ich mich rasch und, wie es schien, in stetig steigendem Maße des Vertrauens der Rundfunkräte, das mir nicht lange davor so sehr geholfen hatte, die Turbulenzen am Anfang zu bestehen. Hoch angerechnet worden waren mir dabei, wie ich im Protokoll nachlesen konnte, eine „gute Kinderstube" sowie besonders der Umstand, daß ich anzuhören bereit sei, was andere sagten, und ihnen dann nicht etwa schroff, sondern einfühlsam zu begegnen wisse. Wahrhaftig, was doch den Programmdirektor ausmacht!

Fritz Eberhard, der Intendant, tat sich da schwerer. Er hatte gleich anfangs einen Strauß zu bestehen, der unmittelbare rundfunkpolitische Folgen zeitigte und dessen Nachwirkungen ihn, verbunden mit manchen seiner sonstigen Extravaganzen, über viele Intendantenjahre verfolgten: Er weigerte sich standhaft und ohne jede Spur von Kompromißbereitschaft, 1950, im 200. Todesjahr Johann Sebastian Bachs Kantaten aus der Leipziger Thomaskirche vom Sender Leipzig zu übernehmen, wie das durch andere westdeutsche Anstalten geschah und wie es, angeführt von den Vertretern der Evangelischen Kirche, der Rundfunkrat gewünscht und nach ausführlicher Diskussion mehrheitlich empfohlen hatte. Vergebens. Der Intendant berief sich auf seine alleinige Verantwortung in der Programmgestaltung. Das war zuviel für die meisten. Eine Satzung, die einem einzelnen, dem Intendanten, erlaubte, dem Votum seiner „Aufsichtsbehörde" zu trotzen, mußte geändert, ein also Widersetzlicher zur Raison gebracht werden. Die Landtagsvertreter im Rundfunkrat wurden aufgefordert, eine Gesetzesnovellierung herbeizuführen. Wie es im letzten Augenblick – durch den energischen Einsatz wiederum eines einzelnen, des Abgeordneten und Pforzheimer Oberbürgermeisters Johann Peter Brandenburg – dann doch nicht zu der so gut wie beschlossenen Änderung kam, welche die Alleinverantwortung des Intendanten in Programmfragen aufgehoben hätte, ist in der Rundfunkgeschichte nachzulesen. Zu kurz kommen dort notwendigerweise die Motive des unbeugsamen Intendanten, der sonst durchaus zu Kompromissen neigen konnte, Motive, die er in großer Ausführlichkeit ausbreitete. Was verbarg sich hinter einer Haltung, die vielen als bloße Uneinsichtigkeit erschien? Nichts anderes als das Fazit seines politischen Lebensgangs bis dahin und die Entschlossenheit, daran nicht die geringsten Abstriche zu machen. Eberhard war ein „Radikaler", wenn es um Demokratie und um Freiheit ging. Beides wußte er im sowjetisch besetzten Teil Deutschlands aufgehoben, unterdrückt. Also gab es für ihn hier keine Kompromisse. Er folgte der Linie Kurt Schumachers; mit Ernst Reuter war er befreundet. Dessen früher Tod erschütterte ihn zu Tränen. Die Wiedervereinigung Deutschlands in Freiheit war für ihn unabdingbares politisches Ziel. Jeder Kontakt mit dem sowjetdeutschen Regime, und eben auch der harmlos scheinende bei der Übertragung von Bach-Kantaten, war für ihn unvereinbar mit diesem Ziel. Bach-Kantaten – selbstverständlich, und nicht nur im Bach-Jahr. Aber mußten sie aus Leipzig kommen? Es gab auch in Westdeutschland, meinte er, genügend qualifizierte Ensembles. Am Ende ging er soweit, zu meinen, wer unbedingt die Leipziger Kantaten hören wolle, könne dies ja tun – über den Sender Leipzig nämlich (der damals noch einwandfrei zu empfangen war). Ob er damit im eigenen Sinne schlüssig argumentierte, mag einmal dahingestellt sein. Die damalige Debatte im Rundfunkrat liest sich Jahrzehnte danach wie die vorweggenommene Auseinandersetzung späterer Jahre um den richtigen Weg, die deutsche Einheit zu behaupten, die kategorische Verweigerung dem Regime gegenüber auf der einen, Kontakte, wo immer sie möglich erschienen, auf der anderen Seite. Daß das Bewußtsein von der Einheit wachzuhalten sei, daran ließ Eberhard keinen Zweifel. Schon bald nach seinem Amtsantritt führte er beim Sendeschluß – ein durchgehendes Nachtprogramm gab es noch nicht – die Absageformel ein: „Wir denken an das unteilbare Deutschland und verabschieden uns mit der deutschen Nationalhymne." Nacht für Nacht. Auch eine wöchentliche Abendsendung „Wir denken an Mittel- und Ostdeutschland" entsprang seiner Initiative. Zu seinem 60. Geburtstag bescherten wir dem Intendanten ein Projekt, in dem sich konkretisierte und konzentrierte, was ihm als eine wesentliche Aufgabe des Rundfunks am Herzen lag: das ganze Deutschland, politisch und kulturell. Wir veranstalteten von 1956 an in der Zeit um den 17. Juni eine „Mitteldeutsche Woche", in der zahlreiche Sendungen, politische wie kulturelle, sich mit Themen, historischen wie gegenwärtigen, aus dem Deutschland jenseits des – damals ja wahrhaftig zu recht so genannten – „Eisernen Vorhangs" beschäftigten. Das meiste im Manuskript – und selbstverständlich ohne jeden Kontakt zum Rundfunk der DDR, einmal jedoch im Kontakt zum Informations- und Presseamt der Ostberliner Regierung, dem ich vergeblich die Zustimmung zu einer Informationstour eines Reporters durch die DDR abzugewinnen versuchte.

Ich empfand große menschliche Sympathie für den unbeirrbaren Intendanten, weil ich fand, daß er genau das für sich in Anspruch nahm, was die Satzung, wohlverstanden, ihm auftrug: sich zu entscheiden und dafür die Verantwortung zu tragen. Ich hatte es zwar vermieden, ihn in eine bestimmte Richtung zu drängen – es war in solchen Augenblicken auch schwer möglich, ihn zu beeinflussen –, aber ich gab ihm die erforderliche Hilfestellung bei der Frage, ob und wie denn Bach-Kantaten auch aus „westdeutscher" Produktion ausreichend beigesteuert werden könnten. Und aus voller Überzeugung teilte ich den Standpunkt, daß er mit seiner Entscheidung sich gänzlich im Rahmen der Satzung bewegte, die den Intendanten selbständig als eines der Organe neben Rundfunk- und Verwaltungsrat statuiere und nicht etwa diesen sowie etwaigen Mehrheitsbeschlüssen unterordne. Das Rundfunkprogramm, als Ganzes ebenso wie in seinen Teilen, kann nicht anders als persönlich verantwortet werden. Von geteilter Verantwortung an der Spitze einer solchen Institution (ebenso wie an der Spitze von Redaktionen) und etwa auch von „kollegialen Führungsmodellen" habe ich nie etwas gehalten, was natürlich nicht bedeutet, daß der Mann an der Spitze seine Entscheidungen ohne kollegiale Beratung treffen sollte. Die letztere ist ihm in der Satzung des Süddeutschen Rundfunks ausdrücklich aufgetragen. Und darin liegt das „demokratische" Element in einem solchen Entscheidungsprozeß. Ansonsten aber muß die Demokratie fähig und frei sein, ihren Zwecken, wo dies angezeigt ist, mit demokratisch legitimierter Vollmacht auch einer einzelnen Persönlichkeit zuzustreben.

Ich war deshalb natürlich sehr befriedigt, als die vom Rundfunkrat initiierte Satzungsänderung, die eben dies künftig verhindern wollte, im Landtag in letzter Stunde zu Fall gebracht wurde. Bei den Initiatoren im Rundfunkrat und in der parteipolitischen Szenerie rings herum wurde das natürlich ganz anders gesehen. Der am Ende erfolgreiche Alleingang wurde dem Intendanten nicht vergessen, und da er auch fürderhin frohgemut vollführte, was ihm gut, anderen weniger gut dünkte, umkreiste mit der Zeit eine ganze Luftflotte von Bumerangs sein unbekümmertes Haupt. 1952, nach dreijähriger Amtszeit, wurde er für nur zwei Jahre wiedergewählt – eine deutliche Ermahnung zum Wohlverhalten. Daß es nicht schlimmer kam, war vor allem darauf zurückzuführen, daß ein Gegenkandidat nicht aufgebaut worden war. Den gab es zwei Jahre später; den Gegnern war indessen nichts Besseres eingefallen, als den 63jährigen Alfred Bofinger, den hochangesehenen Gründerintendanten von 1924, zu nominieren, ein Denkmal seiner selbst, und noch dazu eines, das sich auf wunderbare Weise das ganze Dritte Reich hindurch behauptet hatte, angefochten zwar und mit nur wenig braunen Spritzern, Symbolfigur aber doch einer vergangenen, nicht einer künftigen Ära des deutschen Rundfunks. Diesmal ging Eberhard aus der makabren Konkurrenz mit vierjähriger Amtszeit, wenn auch nur mit knapper Stimmenmehrheit, hervor. Und verstimmte sogleich seine Räte, indem er sich nach kurz angebundenem Dankeswort in den Urlaub verabschiedete, ohne am Mittagessen teilzunehmen und, wie man es nun einmal gerne hat, all jenen zuzuprosten, die ihm ihr Wohlwollen bekundet hatten.

Dieses Wohlwollen war auch bei ihm freundlich Gesinnten immer wieder einmal strapaziert worden. Im Frühjahr 1952 beispielsweise durch eine Initiative, bei der es auch mir schwerfiel, dem Intendanten zu folgen. Ihm, der stets ein Ohr für unkonventionelle Ideen hatte, war von einem umtriebigen Journalisten der Gedanke nahegebracht worden, eine Serie von Wettbewerben zu starten, die der Völkerverständigung dienen sollten. Und zwar dadurch, daß – Vorurteile gegen Angehörige anderer Nationen prämiiert würden, Vorurteile, die durch Augenschein zu überprüfen und dabei möglichst zu widerlegen der eigentliche Zweck des Unternehmens sein sollte. „Wer hat", so lautete die Einladung zur ersten Runde, „ein Vorurteil gegen Nummer eins: den Italiener?". Ein stattliches Register kam zusammen und harrte der Überprüfung. Die dreizehn „besten" (oder typischen) Vorurteile wurden von einer umfangreichen Jury ausgewählt, die „Preisträger" zu einer Italienreise mit umfänglichem Pressegefolge eingeladen, damit an Ort und Stelle sich ergebe, was von der jeweiligen Präsumption zu halten sei. „Ist die italienische Industrie zurückgeblieben? Sind italienische Kinder schmutziger als deutsche? Sind Italiener wankelmütig?" – so lauteten einige der zu überprüfenden Befunde, die gleichzeitig in mehreren Sendungen unter die Leute gebracht wurden, damit auch sie teilhätten an Bestätigung oder besserer Einsicht. Die Sache, wahrhaftig, machte Aufsehen, auch in der Presse, und weckte, von den erbetenen Vorurteilen abgesehen, manch sonstige Stellungnahme.

„Liebes Funkhaus", schrieb ein kleines Mädchen, „am Sonntagabend hörte ich im Radio, wie Briefe über die Italiener vorgelesen wurden. Da schrieb einer, als er in Italien war, sah er keine akratiefe (gemeint war: attraktive) Italienerin. Wenn er meint, daß die Italienerinnen nicht schön sind, so soll er zu uns kommen, denn meine Mutti ist Italienerin. Meine Mutti ist nicht unsauber, sie wäscht sich jeden Tag von Kopf bis Fuß, und so muß ich mich auch waschen. Mein Vati würde nie so etwas über andere Frauen reden. – Vielleicht hat der Mann keine so liebe und schöne Frau wie mein Vati. Vielleicht hat der Mann seine Frau nicht so lieb wie mein Vati meine Mutti. Es grüßt Dich mein lieber Rundfunk Deine Karin Rositta H."

Andere waren ärgerlich. „Eine politische Harlekinade" nannte der Alt-Landtagspräsident Wilhelm Keil die Unternehmung, die, was sie bekämpfen wolle, nur verstärke. Das Abstruse lag ersichtlich in der Idee des Wettbewerbs, in der Auszeichnung des „Vorurteils", der Belohnung einer bloßen Attitude. Dem ersten folgte kein weiteres derartiges Preisausschreiben. Ich distanzierte mich, so weit wie möglich, von der Sache, was umso leichter war, als Fritz Eberhard, wenn seinen Plänen widersprochen wurde, dieselben gerne an den Widerstrebenden vorbei dem für ihn unbezweifelbaren Gelingen entgegensteuerte.

An seine Seite habe ich mich, sehr entschieden, dann aber in einer höchst mißlichen Angelegenheit gestellt, die als sogenannte „Tonbandaffaire" wenig später unliebsames Aufsehen machte, für die er aber nun wahrhaftig nichts konnte. „Vom Hundertsten ins Tausendste" war der Titel einer Sendereihe, deren Reiz darin bestand, daß drei bis vier interessante, eloquente Zeitgenossen bei einem Glase Wein sich vor dem Mikrofon ohne Bindung an irgendein festes Thema unterhielten, über „Gott und die Welt" und was sonst dazwischen alles ihnen einfallen mochte. Das Tonband lief mit, die Aufnahmen dauerten oft Stunden, für die jeweilige Sendung wurde das Interessanteste oder auch Vergnüglichste daraus zusammengestellt.

Am 15. Februar 1953, einem Sonntag, war Carlo Schmid, Star-Intellektueller der SPD, Vizepräsident des deutschen Bundestags, der glanzvolle Redner in einer der literarisch-essayistischen Morgenfeiern gewesen, die den Winter hindurch monatlich im Sendesaal der Villa Berg veranstaltet wurden. Im Anschluß daran lud der Intendant den Redner mit etlichen sonstigen Gästen, unter ihnen Friedrich Sieburg, nicht minder glanzvoller „homme de lettres" der vergangenen und dieser Jahre, zu einem Mittagessen. Und danach hatte Fritz-Ludwig Schneider, Chef der Unterhaltung, die beiden – statt einer wohlverdienten Siesta sozusagen – für ein zwangloses Zusammensein gewonnen, bei dem sie auf ihre Weise vom „Hundertsten ins Tausendste" zu kommen gebeten waren. Das ging – bei fortgesetzt schwerem Rotwein nach opulentem Mittagsmahl – für ein paar Hunderterstellen ganz gut, es reichte fast schon für die ganze Sendung, bis Carlo Schmid am Ende erst so recht ins Plaudern kam, ermuntert von weiters Anwesenden, zu denen auch zwei Angehörige der politischen Redaktion gehörten, und zwar eben jede „Frondeure", von denen früher die Rede war und die zum Intendanten Eberhard unverändert in ebenso offener (und öffentlicher) Opposition standen wie zu seinem Vorgänger Rossmann. Der Vizepräsident des Bundestags, nachdem er für den SDR vor dem Essen einen Vortrag gehalten, danach soeben an einer weiteren Aufnahme beteiligt war und dem im Rundfunk der Ruf anhaftete, er frage selbst vor jeder offiziösen Äußerung zuerst nach dem Honorar, er beklagte zunächst, daß er beim SDR beständig zu kurz komme. Anderswo genüge ein Anruf, und schon sei er im Programm. Dies lastete er dem Genossen Eberhard an, über den er sich, vor dessen Mitarbeitern, sodann aufs Unflätigste ausließ (die Gattin eingeschlossen) und den er schließlich den „letzten Dreck" nannte. Auch der Genosse Alex Möller kam nicht ungeschoren davon: der sei ein Opportunist und eigentlich zum Gauleiter geschaffen gewesen. Alle diese Ausfälle wurden begleitet von der teils offenen, teils kichernden Zustimmung der übrigen Anwesenden. Keiner war darunter, der den Fluß der seltsamen Unterhaltung unterbrochen hätte.

Am nächsten Tag wurde das Band von einem empört-verstörten Techniker dem Intendanten übergeben. Der mußte, ob er wollte oder nicht, reagieren. Er tat es nach Beratung in der Geschäftsleitung, indem er den beteiligten Angestellten fristlos kündigte. Es war keiner unter den Direktoren, der nicht gefunden hatte, daß dies unter den gegebenen Umständen die einzig mögliche, leider unumgängliche Antwort auf einen ungeheuerlichen Bruch von Loyalität und Vertrauen sei. Ich begab mich in die betreffenden Abteilungen und begründete die Entscheidung, fand auch Verständnis dafür. Die Klagen der Betroffenen gegen ihre Entlassung wurden in erster Instanz abgewiesen, die in einem Falle betriebene Revision führte zum Erfolg. Dabei zog das Gericht insbesondere auch in Betracht, daß der beleidigte Intendant sich mit dem eigentlichen Beleidiger unter der Hand (nämlich mit Hilfe der SPD-Parteispitze) arrangiert hatte. Das, in der Tat, hatte auch mir höchlich mißfallen. Mit allen wurden daraufhin Abfindungen vereinbart. Fritz-Ludwig Schneider, der hochbegabte Unterhaltungsleiter, dessen Verstrickung in den Fall ich besonders bedauert habe, kehrte später in einem freien Verhältnis zum SDR zurück und war noch etliche Jahre bis zu seinem Tode als Lektor und Programmberater tätig.

Weil bekanntlich der Schritt vom Wege Schlagzeilen macht, nicht aber die tausend anderen, die ihr Ziel erreichen, verdeckten solche Affairen die Arbeit, die ansonsten im Stuttgarter Rundfunkprogramm tagtäglich geleistet und von einer wachsenden Hörerschaft durchaus mit Anerkennung quittiert wurde. Nicht nur, weil diese Hörerschaft lange Zeit nicht viel anderes hatte, aus dem sie Vergnügen und geistige Anregung hätte gewinnen können, der Rundfunk in den 50er Jahren wußte auch von sich aus und aus sich heraus mit Leistungen aufzuwarten, die sich hören lassen konnten, die hinter den immer höher gespannten Erwartungen und Ansprüchen nicht zurückblieben. Das war in Stuttgart nicht anders als in Hamburg, Köln, Frankfurt oder München. Und es galt für die unkomplizierten Beziehungen zwischen einem breiten Hörerpublikum und seinem Sender genauso wie hinsichtlich der Ansprüche von Minderheiten, die gelernt hatten, daß das neue Institut auch und gerade ihnen zu Diensten stehen sollte und die auf die Erfüllung dieses Versprechens setzten.

Die 50er Jahre waren eine Periode, in der die Literatur mit dem Rundfunk eine ungewöhnlich enge Symbiose einging. Kaum ein Autor, der nicht in irgendeiner Form hier publiziert, sich neben dem Druckwerk auch verlautbart und womöglich beides kombiniert hätte. Die literarischen Programme und Redaktionen in den Funkhäusern wurden zu Keimzellen und Kristallisationspunkten literarischen Lebens. Mehr noch und anders: Ernst Schnabel und Axel Eggebrecht in Hamburg, Horst Krüger in Baden-Baden, Walter Dirks in Köln, Gerhard Szczesny in München und viele andere sorgten dafür, daß Ansprüche, die bisher als „literarische" eingegrenzt waren, umgewidmet, zur neuen Sache eines neuverstandenen Mediums gemacht wurden.

Anfang 1955 wurde uns signalisiert, Alfred Andersch, weithin bekannt schon damals durch seine Rundfunkarbeit wie durch seine Autobiographie „Kirschen der Freiheit", würde sich wohl bereitfinden, in Stuttgart ein „Nachtprogramm" als spezielles Ressort aufzubauen, wie er das in Frankfurt getan und woran er zuletzt in Hamburg beteiligt gewesen war. Eine verlockende Aussicht. Die Verhandlungen mit dem eigenwilligen, peniblen Mann, der nichts im Vagen ließ, alles gerne präzis geregelt sah, kamen rasch und gut voran. Bereits im Sommer begannen die Programme, die unter dem von Andersch geprägten Begriff „Radio-Essay" bald von sich reden machten und denen wir ebenso bald den Charakter der ausschließlich nächtlichen Emission nahmen, indem wir die Spätsendungen der Freitage am darauffolgenden Montag im Zweiten Programm zu früherer Stunde wiederholten. Die glänzend redigierte Reihe, zu der Andersch sich als Koredakteur erst Hans-Magnus Enzensberger und danach Helmut Heißenbüttel verband, brachte viele Höhepunkte, von denen mir rückschauend vor allem im Gedächtnis sind: ein Essay von Wolfgang Hildesheimer, geschrieben zum Mozart-Jahr 1956, den der Autor als Keimzelle seines Mozart-Buches von 1977 dort angeführt hat, und Wolfgang Koeppens Reiseberichte, die unter dem Titel „Nach Rußland und anderswohin" (nämlich nach Spanien, Holland, England und Italien) sowie als „Amerikafahrt" nach den Sendungen als Buch erschienen.

Literatur-Symbiose auch beim Hörspiel. Man konnte darüber streiten, wer da wen im einzelnen Fall in Pflicht nahm: die Literatur den Rundfunk oder umgekehrt der letztere die Literatur, Literatur in der Folge, als eine Art von Treuhänder für die flüchtige mündliche Verlautbarung. Fest steht, daß nach ersten Anfängen in den 20er und Anfang der 30er Jahre das Hörspiel in den 50ern qualitativ wie quantitativ zu einem bedeutenden Zweig der literarischen Produktion wurde. Der Rundfunk, genauer: die nebeneinander, unabhängig voneinander tätigen Rundfunkanstalten ermöglichten eine neue Vielfalt von Literatur als Sprachspiel. Der Süddeutsche Rundfunk war daran durch seine Hörspieldramaturgen Gerhard Prager und Hans Jochen Schale maßgeblich beteiligt. Und er verhalf einer großen Anzahl der produzierten Stücke – zurück zur Literatur, indem er sie in den von 1950 an erscheinenden, teilweise mit NDR bzw. WDR gemeinsam herausgegebenen Hörspielbüchern im Druck veröffentlichte. Wer sie durchblättert, findet darin nicht wenige Namen, die zu den bestimmenden in der literarischen Szene von damals gehörten und zugleich Zeugnis ablegen von der engen Verbindung, in der diese mit der Hörspielproduktion sich befand. Ilse Aichinger, Ingeborg Bachmann, Heinrich Böll, Friedrich Dürrenmatt, Günter Eich, Marie Luise Kaschnitz, Dieter Wellershoff sind einige davon.

Im Frühjahr 1949 schon initiierte Gerhard Prager zum ersten Mal eine Autoren-Konferenz, bei der Probleme des Hörspiels und seiner Dramaturgie zur Sprache kamen, thematische, ästhetische und formale Fragen an praktischen Beispielen erörtert wurden. Der ersten derartigen Veranstaltung folgten weitere mit interessanter Besetzung: Gottfried Benn war einmal der bestaunte, wenn auch nicht unkritisch empfangene Mittelpunkt, Eugène Ionesco erschien mit seinem Landsmann Arthur Adamov, einer der Zuhörer, still und aufmerksam, hieß Heinrich Böll. Man kann wohl sagen, daß das Hörspiel noch vor dem Theater und weit vor dem deutschen Film, der zumeist dort weitermachte, wo er 1945 aufgehört hatte, die geistige Befindlichkeit der Nachkriegsjahre zum Ausdruck gebracht, Wirklichkeit gespiegelt, durchleuchtet, vermittelt hat. Folgerichtig wurde das Hörspiel in diesen Jahren auch Gegenstand von Literatur- oder radiophonischen Preisen. Den ersten

Abb. 1: Der Vater Albert Kehm in seinen Stuttgarter Intendantenjahren 1920–1933.

Abb. 2: „Wilhelm Tell", 1930 im Kleinen Haus. Der Titelheld (Emil Hess), Frau Hedwig (Mila Kopp), die Söhne Wilhelm und Walter, nebst „Axt im Haus".

Abb. 3: Mutter, Schwester (mit Freundin) und Peter Kehm auf dem „Dachgarten" der Stuttgarter Wohnung neben dem „Großen Haus" der Landestheater.

Abb. 4: Teestunde beim Generalintendanten Kehm. Rundfunksendung 1932 mit Prominenten der Landestheater (darunter Franz Konwitschny und Ludwig Suthaus). Im Hintergrund die „Südfunk-Stars" Carl Struve und Fred Hoeger.

Abb. 5: Programmbesprechung bei „Radio Stuttgart" 1948. Von links: Fritz Ludwig Schneider, Martin vom Bruch, Hugo Berner, Peter Kehm, Karl Jentsch.

Abb. 6: Radio-Stipendiaten in New York 1948. Franz Reinholz (NWDR Hamburg), Otto Herr (Radio Frankfurt), Hans Herbert Westermann (Radio Bremen), Peter Kehm (Radio Stuttgart).

Abb. 7: Festakt zur Übergabe von „Radio Stuttgart" am 22.7.1949. Ministerpräsident Reinhold Maier, US-Militärgouverneur John McCloy, Charles P. Gross, Direktor der US-Militärregierung Württemberg-Baden, Intendant Erich Roßmann, Gordon E. Textor, Chef der US-Nachrichtenkontrolle.

Abb. 8: Das ehemalige Telegrafenbauamt Neckarstraße 145, Funkhaus für „Radio Stuttgart" und den SDR von 1945 bis 1976.

Abb. 9: Hörerforum 1949 in Karlsruhe. Intendant Fritz Eberhard stellt sich mit seinen Mitarbeitern den Fragen und der Kritik des Publikums.

Abb. 10: Schwetzinger Festspiele. Premierenpublikum bei Werner Egks „Revisor". Erste Reihe von rechts: UdSSR-Botschafter Smirnow, Fritz Eberhard, Ministerpräsident Gebhard Müller, Generalintendant W. E. Schäfer mit ihren Gattinnen.

Abb. 11: Carl Schuricht in seinem Heim in Corseaux sur Vevey als Burgherr inmitten seiner Spielzeug-Soldaten.

Abb. 12: Der Maestro. Sergiu Celibidache.

Abb. 13: Sitzung des SDR-Rundfunkrats: Am Rednerpult Dr. Hans Bayer (alias Thaddäus Troll). Daneben v.l.n.r. die Vorsitzenden von Rundfunk- und Verwaltungsrat Manfred Müller und Heinz Bühringer, Verwaltungsdirektor Friedrich Müller und sein Nachfolger Hermann Fünfgeld, vorne links: Walter Ayass, Rundfunkratsvorsitzender seit 1979.

Abb. 14: „TV-Barocknacht" im Schwetzinger Schloßpark, Fernsehdirektor Hans-Heiner Boelte, Gerhard Reutter, Peter Kehm, Gerhard Konzelmann mit Besuchern.

Abb. 15: Glückwunsch für Erwin Lehn und sein Südfunk-Tanzorchester zum 25-jährigen Jubiläum am 1. 4. 1976.

Abb. 16: 60. Geburtstag von Intendant Hans Bausch 1981. Rechts: Roderich Klett, als Nachfolger von Peter Kehm Hörfunkdirektor von 1984–1987.

„Hörspielpreis der deutschen Kriegsblinden" errang 1951 Erwin Wickert mit seinem für den SDR geschriebenen Stück „Darfst Du die Stunde rufen?", einem Euthanasie-Stoff. Die Rede ist hier natürlich vom originär für den Hörfunk erdachten Spiel. Daneben gab es auch in den 50er Jahren Adaptionen von Bühnenstücken oder auch erzählender Literatur in großer Zahl. Und es gab prominente Interpreten die Menge, Schauspieler und Regisseure. Gustaf Gründgens als Lukullus in Hans Hömbergs „Kirschen für Rom", Oskar Werner, der Hamsuns „Hunger" las, Gertrud Kückelmann als „Heilige Johanna". Leopold Lindtberg „inszenierte" in den „Schillerjahren" 1955 und 1959 die Wallenstein-Trilogie und den „Don Carlos".

Zur Eröffnung der neuen Hörspielstudios im Komplex der Villa Berg 1959 hatten wir eine Reihe weiterer namhafter Regisseure eingeladen, ein Stück ihrer Wahl zu produzieren, von dem sie meinten, daß es im Hörfunk besonders eindrücklich zur Wirkung zu bringen sei. Gustav Rudolf Sellner entschied sich dabei nicht für ein Bühnenstück, sondern für die „Odyssee" in einer neuen Übersetzung von Wolfgang Schadewaldt. Hans Schalla produzierte Jean Paul Sartres „Der Teufel und der liebe Gott", Herbert Maisch den „Woyzeck", Rudolf Noelte war mehrmals zu Gast, Wedekinds „Kammersänger", Brechts „Leben des Galilei", „Unsere kleine Stadt" von Thornton Wilder und Goethes „Tasso" registriert das Archiv unter den Dokumenten einer Produktion, für die Cläre Schimmel verantwortlich zeichnete.

Karl Ebert, ein engagierter Einzelgänger unter den freien Mitarbeitern, widmete sich dem Künstler-Portrait, der dokumentarischen Rückschau von Persönlichkeiten der Bühne und des Kabaretts auf ihr Leben und Wirken. Karl Erb, der aus Ravensburg gebürtige und im Alter dort wieder ansässige Tenor, berühmter Lied-Interpret und Evangelist in der Bach'schen „Matthäus-Passion", davor als Opernsänger auch der erste „Palestrina" in Pfitzners Musikdrama, war der erste seiner Gesprächspartner, die er in faszinierender Weise zum Erzählen zu bringen wußte. Ein weiterer, und wohl der eindrucksvollste von allen, ist, nicht lange vor seinem Tode, der 84jährige Albert Bassermann mit seiner Frau Else gewesen. Er berichtete nicht nur aus seinem Leben, sondern sprach noch einmal auch Ausschnitte aus seinen berühmtesten Rollen, die Hamlet-Monologe, Nathans Ring-Erzählung, Othellos Rede vor dem Senat, die Traumerzählung Wallensteins und schließlich – Emanuel Strieses Apologie des Schmieren-Direktors aus dem „Raub der Sabinerinnen". Mit Frau Else hatte er auch eine „Sezne" aus Thomas Manns „Lotte in Weimar", das Wiedersehen Goethes mit Charlotte Buff, einstudiert. Und schließlich rezitierte der alte Herr in Geberlaune noch eine Anzahl Goethe'sche Gedichte – als Dreingabe sozusagen. Beim „Schatzgräber" hielt er plötzlich inne, stutzte, wiederholte eine Zeile und sagte: „Das versteh ich nicht!". Worauf seine Gattin ihn anherrschte: „Natürlich verstehst Du das!". Worauf wiederum er, ohne weitere Erläuterung, von vorne begann und das Gedicht, ob nun verstanden oder nicht, aufs beste zu Ende brachte.

Eines Tages, 1951, wurde mir in der Unterhaltungsabteilung ein junger Mann präsentiert, der trotz der drangvollen Enge in den wenigen überbesetzten Büros als Hospitant dort Platz gefunden hatte. Er hieß Martin Walser, machte einen schüchternen Eindruck, erstaunt, so schien es, angesichts der seltsamen Agglomeration von ungewöhnlichen Menschen, ungewohnten Tätigkeiten und überraschenden Vorgängen im Funkhaus. Er gehörte bald zu einer Gruppe von jungen Mitarbeitern, die, vielfach interessiert, besonderes Interesse auf sich zogen. Ihr spiritus rector war ein Mann in meinem Alter, erst noch Tübinger Student und Autor einer interessanten Dissertation über „Reproduktivität und Produktivität im Rundfunk", Helmut Jedele, der sich mit Engagement und sicherem Gespür für neue Möglichkeiten im alten Medium schon auch für sich allein eingeführt hatte. Die Gruppe, zu der mit der Zeit noch Hans Gottschalk, Peter Adler und Heinz Huber gehörten, entwickelte das Konzept einer kulturkritischen Sendereihe „Zeichen der Zeit", Streifzüge durch 30 Tage Kultur, die ein früher Vorläufer späterer Magazinformen in Hörfunk und Fernsehen gewesen ist, engagiert, provokant und unerschrocken. Auch der Intendant begegnete den jungen Leuten und ihren Taten mit großer Sympathie. Und als es darum ging, beim SDR eine Mannschaft für die ersten Vorbereitungen auf dem Felde des Fernsehens zusammenzustellen, gab es bei ihm wie bei mir keinen Zweifel, daß Helmut Jedele mit den Seinen dazugehören solle. Er wurde, nachdem es Verhandlungen auch mit Erwin Wickert gegeben hatte, der erste „Fernsehbeauftragte". Martin Walser veröffentlichte einige Jahre später seinen ersten Roman „Ehen in Philippsburg", in dem Angehörige des Rundfunks und andere Stuttgarter sich mehr oder weniger deutlich portraitiert finden konnten.

Auf der musikalischen Seite des Programms spielte die „neue" oder „zeitgenössische Musik" eine ausschlaggebende Rolle, wobei diese Begriffe die Entwicklung seit 1933 ebenso einschlossen wie eine Retrospektive der gesamten Moderne von Anfang an. Damit vertraut zu machen, war für das Verständnis der im engeren Sinne zeitgenössischen Musik ganz unentbehrlich. Und so figurierten denn auch Bela Bartok, Artur Honegger, Paul Hindemith, Arnold Schönberg und Igor Strawinsky ganz selbstverständlich im Zentrum der ersten „Tage zeitgenössischer Musik", die Hans Müller-Kray 1950 in Stuttgart veranstaltete. Karl Amadeus Hartmann, Hans Erich Apostel, Goffredo Petrassi, Karl Höller und der junge Hans Werner Henze waren weitere Namen des ziemlich umfänglichen, über acht Tage sich erstreckenden Programms, an dem auch die Württembergischen Staatstheater (wie sie damals noch hießen) mit der Uraufführung der Oper „Don Juan und Faust" (nach Grabbe) von Hermann Reutter sich beteiligten. Bis in die 70er Jahre hinein wurden solche Tage neuer Musik alljährlich im Frühjahr veranstaltet – in Stuttgart, aber auch in Mannheim, wo Igor Strawinsky 1955 seine "Psalmensinfonie" dirigierte. Zu den regelmäßigen Gästen am Pult des Radio-Sinfonieorchesters gehörte auch Paul Hindemith, nicht nur mit eigenen Werken, sondern auch mit Reger, Bruckner und Schubert. Die Begegnung mit ihm als Dirigenten, unmittelbar überzeugend durch seine musikantisch-zupackende, handwerklich-solide Art, war vorzüglich dazu angetan, der „modernen" Musik etwas von den Schrecken zu nehmen, die sie nach der Musik-Quarantäne des Dritten Reiches für viele in Deutschland mehr als anderswo hatte und wofür Hindemiths Name geradezu als Synonym diente.

Das letzte mag ein Erlebnis zeigen, daß sich mir aus der Zeit Ende der vierziger Jahre eingeprägt hat. Eines Abends, ziemlich spät noch, saß ich im Büro, um allerlei Schriftliches durchzusehen und vom Tisch zu bringen. Daneben, wie üblich, lauschte ich dem Programm, nicht sehr aufmerksam, aber doch genügend, um mitzubekommen, wie alles denn so lief. Ein Symphoniekonzert. Nach einer Ouvertüre – Schuberts „Rosamunde", glaube ich – das Cellokonzert von Anton Dvorak. Es gehörte nicht zu den Werken, die ich besonders gut kannte. In ein umfängliches Schriftstück vertieft, stutzte ich erst nach einigen Minuten, und es drängte sich mir der Gedanke auf, hier müsse etwas nicht stimmen. Dem war tatsächlich so: das Magnetofonband lief verkehrt herum ab, der erste Satz erklang nicht, wie vom Komponisten intendiert, vom ersten bis zum letzten Takt, sondern, wie von ihm nicht intendiert, wenngleich spiegelbildlich immer noch komponiert, vom Ende bis zum Anfang. Es bedarf, wenn nicht absichtlich herbeigeführt, einer Addition von technischen Fehlgriffen, damit so etwas zustandekommt. Und es hört sich merkwürdig an: der Ton des Cellos beispielsweise, normalerweise angestrichen und dann verklingend, findet sich wie aus der Ferne ein, um dann energisch abzubrechen: erstaunlich vor allem die Wirkung eines umgekehrten Pizzicato. Kurzum: es klingt seltsam, aber es klingt, und deshalb wohl wurde die Vorführung von den diensttuenden Technikern nicht sogleich abgebrochen, sondern der Satz zu Ende geführt. Zwei Tage später erreichte uns der indignierte Brief eines Hörers, der sich und uns fragte, was denn da geschehen und wie so etwas möglich sei. Ich machte ihm in der Antwort die Umstände deutlich, die zu dem Vorkommnis geführt und auch verhindert hatten, daß der Fehler sofort bemerkt worden wäre. Er bedankte sich in einem weiteren Schreiben für die Aufklärung, zeigte Verständnis und bemerkte abschließend, im übrigen sei ihm „Dvorak von hinten immer noch lieber als Hindemith von vorn!"

Der Vorgang lehrt übrigens nicht nur etwas über das Verhältnis zahlreicher Musikfreunde zur Musik ihrer Zeitgenossen, er läßt darüber hinaus ahnen, worauf es eben diesen Musikfreunden überhaupt und nicht zuletzt im Rundfunk ankommt. Wie lesen wir bei Goethe (dem Mentor für alles) in den „Maximen und Reflexionen"? „Musik im besten Sinne bedarf weniger der Neuheit, ja vielmehr je älter sie ist, je gewohnter man sie ist, desto mehr wirkt sie." Die Goethe'sche Maxime enthält eine unmittelbare Anweisung für die musikalische Programmgestaltung, wie sie durch alle Erfahrung immer wieder bestätigt wird, und auch der Konzertveranstalter weiß von ihrer Gültigkeit zu berichten: Der Musikfreund hört am liebsten – dasselbe noch einmal!

Nehmen wir hinzu, daß im Rundfunk, wie wir schon erfahren haben, von einem ausreichenden und zufriedenstellenden Musikangebot die Hörbeteiligung ganz allgemein abhängig ist, die ein Programm insgesamt auf sich zu ziehen vermag, so wird deutlich, in welchem Ausmaß auch die Freude am Radio gleichbedeutend ist mit der Freude am da capo: das Musikleben ganzer Nationen – ein einziges Wunschkonzert! (Apropos: Wunschprogramme sind nicht aufs Musikalische beschränkt. Es gibt sie genauso im politischen Teil: Hörer, die mit Lustgewinn nur das zur Kenntnis nehmen, wovon sie ohnehin seit eh und je überzeugt sind.)

Dieser Tatsache mit Anstand und womöglich mit Geschick entgegenzuwirken, gehört natürlich gleichwohl zu den Aufgaben des Programmgestalters. Wo kämen schließlich die Lieblingsstücke her, wenn sie gestern (oder vorgestern) nicht zum ersten Mal gespielt worden wären, weil ihnen die von vorvorgestern im Wege standen? Kein Zweifel, das Neue, auch und gerade im Rundfunk, war zu fördern. Zu fördern aber, fanden wir, war es nicht nur unter den mühseligen Nachfahren einer großen Vergangenheit, denen die Zukunft der inzwischen sogenannten E-Musik aufgebürdet ist, es erschienen uns solcher Zuwendung nicht minder jene bedürftig, die der Erheiterung und dem Vergnügen ihrer Mitmenschen durch die sogenannte „U-Musik" sich verschrieben hatten. Wenn es dabei gelänge, noch dazu, Kompositionen ans Licht zu bringen, bei denen keiner fragte, ob „U", ob „E", umso besser.

Und so veranstalteten wir im Herbst 1951 unter der Leitung von Hans Conzelmann zum ersten Mal eine „Woche der leichten Musik". War sie noch von dem Gedanken bestimmt, einen weitgehend repräsentativen Querschnitt durch die gegenwärtige Musikszene in Deutschland, Frankreich, England, Schweden, Österreich und der Schweiz zu legen, so gewann in den kommenen Jahren unter Wolfram Röhrig mehr und mehr das Konzept an Bedeutung, unter den erprobten und erfolgreichen Matadoren des leichten Genres auch andere, Kollegen von der ernsten Sparte aus ihrer Abgeschiedenheit zu einem Ausflug in die „Leggierezza" zu animieren oder auch nur vorzuführen, was so manches auf diesem Felde die gefürchteten „Neutöner" schon vorzuweisen hatten. Ein Brückenschlag, gewissermaßen. Das Konzept erwies sich als tragfähig. Auch die Musiker – hier U, da E – spielten einträchtig mit. Neben Wal Berg und Hans Carste standen Georg Solti und Ference Fricsay am Pult des Sinfonieorchesters, unter den vielen Solisten waren neben Helmut Zacharias, Kenneth Spencer oder Caterina Valente, Andor Foldes, André Navarra, Jean Francaix, Gerhard Taschner, Hubert Giesen, Sari Barabas – und einige Jahre später ein junger Tenor namens Fritz Wunderlich zu hören. Wie die „Tage zeitgenössischer Musik" im Frühjahr so bestand die „Woche der leichten Musik" bis in die 70er Jahre.

Nach dem frühen Tode Heinrich Burkards blieb die Position des Programmchefs in der Musikabteilung etliche Jahre unbesetzt, bis wir in Willy Gaessler die geeignete Ergänzung zum Musikchef-Dirigenten Müller-Kray fanden. Gaessler, von Haus aus Pianist, war ein gewissenhafter Sachwalter für die gesamte Programmarbeit und ein Glücksfall, was das Gespür für junge Talente unter den Instrumentalsolisten anbelangte, ein Entdecker mancher Namen, die heute die Konzertprogramme zieren.

Die Orchester und der Chor, dazu auch das 1951 gegründete „Südfunk-Tanzorchester Erwin Lehn", waren erfolgreich bemüht, die Meinung des Wirtschaftsprüfers zu widerlegen, sie seien, recht betrachtet, alle überflüssig, weil – wie erinnerlich – es nahezu alles, was sie produzierten, auf Schallplatten schon gebe. Hans Müller-

Kray war dem Sinfonieorchester, das inzwischen 76 Musiker umfaßte, ein allgegenwärtiger, so unermüdlich wie penibel arbeitender Chef, mit einem damals ungewöhnlichen Grad von Präsenz: Er war für sein Orchester da, auch wo es um die administrative Seite oder die personellen Angelegenheiten ging. Freilich war Präsenz auch durch seine Funktion als Chef der Musikabteilung insgesamt gefordert. Er war ein Mann mit Gespür und Erfahrung, was die Erfordernisse der Programmgestaltung und deren professionelle Umsetzung in die Praxis anging, und so kam die eine Verpflichtung der anderen zugute, ganz wie bei der Berufung in die Doppelposition seinerzeit erhofft und beabsichtigt. Müller-Kray wie seine Frau, die Tänzerin Mascha Lidolt (im Kriege Ballettmeisterin der Stuttgarter Staatstheater), waren durch und durch künstlerisch empfindende, allem Neuen gegenüber aufgeschlossene und urteilsfähige Persönlichkeiten, der Musikchef solchermaßen auch von der menschlichen und persönlichen Seite her ein bedeutender „Aktivposten" und eine wenig angefochtene Autorität im Hause, respektiert in der Fachwelt wie auch in der Presse. 1951, zur Eröffnung des neuen Sendesaales in der Villa Berg, ernannte ihn Ministerpräsident Reinhold Maier zum Generalmusikdirektor, später, von 1958 an, leitete er eine Dirigentenklasse an der Staatlichen Musikhochschule und führte den Titel „Professor", wonach ihm all jene Attribute zur Verfügung standen, mit denen ein Künstler in solcher Position sich heutzutage üblicherweise zu schmücken gewohnt ist, und deren Fehlen nachteilige Rückschlüsse auf die Fähigkeiten des Nicht-Titulierten nahezu unvermeidlich macht. Was ihn auszeichnete und für sein Amt in meinen Augen besonders qualifizierte, war überdies eine außerordentliche Vielseitigkeit; die Bereitschaft (und das Interesse), auch gerade und immer wieder Stücke eines entlegenen Repertoires, sei es eine Symphonie Franz Anton Baerwalds, sei es Tschaikowskys „Mazeppa"-Oper, aufzuführen und selbstverständlich selbst zu dirigieren. Mit großer Aufgeschlossenheit und Neugierde begegnete er auch vielen Experimenten mit neuen Funkformen, so einer Reihe von speziellen „Funk-Opern" oder auch einer „Zauberflöte", bei der Mozarts Musik einem Text Hermann Mostars eingefügt war, der die Biographie der Entstehungszeit zum Inhalt hatte. Aber es gelangen ihm auch musterhafte Aufführungen von Standardwerken, z.B. eine glänzend disponierte „Sinfonia domestica" von Richard Strauß.

Was ihm fehlte, war jene Eigenschaft, die für viele Konzertgänger den Dirigenten jedenfalls zuvörderst ausmacht und die auch unser tonangebender Musikfreund im Verwaltungsrat so schmerzlich vermißte: das Charisma einer außerordentlichen Persönlichkeit, des Dompteurs, Magiers und faszinierenden Gebieters über ein inspiriertes, hingebungsvolles Kollektiv, das mit diesem zu einem einzigen Organismus zu verschmelzen scheint. Das ist nicht geringschätzig, nicht aus einer Bewertung e contrario gemeint. Im Gegenteil. Die wahrhaft großen Interpreten am Dirigentenpult bilden eine Kategorie für sich, oft genug eine, die auch gegenüber dem Werk ihre eigene Qualität behauptet und die eigene Individualität gleichgewichtig (manchmal auch übergewichtig) neben die des Werkes treten läßt. Hans Müller-Kray gehörte demgegenüber zum Kreis der sorgfältigen, handwerklich untadeligen

Sachwalter, die in der Wiedergabe weniger „Interpretation" mit eigenem Anspruch sehen, sondern vor allem den gewissenhaften Nachvollzug der Partitur.

Weil das so war und weil mir selbst auch bewußt war, daß das Orchester neben der unerläßlichen kontinuierlichen Arbeit, unter Gewährleistung eines hohen Qualitätsstandards, der Herausforderung durch die außergewöhnliche Persönlichkeit, der Aufschwünge und der Sternstunden bedürfe, hatte ich bei der hochnotpeinlichen Vernehmung im März 1950 im Verwaltungsrat ja auch bekundet, daß die Verpflichtung von Gastdirigenten der ersten Reihe eine wichtige ergänzende Funktion in unserem Konzept für die Orchesterarbeit haben müsse.

Die Erfüllung dieses Versprechens ließ nicht lange auf sich warten. Müller-Kray selbst hatte, in richtiger Einschätzung der Situation, den ersten Kontakt zu einem Mann hergestellt, den er noch aus seiner Frankfurter Tätigkeit kannte: Carl Schuricht. Im April trafen wir uns und verabredeten im Anschluß an eine von ihm geleitete Orchesteraufnahme – eine Art Probespiel des Orchesters vor dem Dirigenten – eine kontinuierliche Zusammenarbeit, die mit einem Symphoniekonzert am 5. November 1950 begann und bis zu seinem Tode Anfang 1967, und besonders intensiv in den Jahren bis 1964, anhielt.

Carl Schuricht war, als sie ihren Anfang nahm, fast 70 Jahre alt. In Danzig geboren, war er nach den damals gewöhnlichen Korrepetitor- und Kapellmeister-Jahren (Mainz, Dortmund, Goslar, Zwickau – Operette inklusive!) sowie nach zwei Jahren als Leiter der Frankfurter Oratoriengesellschaft 1911 zum ersten Dirigenten des Städtischen Orchesters in Wiesbaden berufen worden, das er bis 1944 leitete, dem Jahr, in dem es Freunden auf fast abenteuerliche Weise gelang, ihn, der niemals ein Blatt vor den Mund nahm, dem Zugriff der Staatspolizei zu entziehen und über die Schweizer Grenze zu bringen. Er lebte seitdem, mit einer weit jüngeren Schweizerin verheiratet, in Corseaux sur Vevey. Während der Jahrzehnte in Wiesbaden war Schuricht ein in Deutschland hochgeachteter, durch Gastdirigate auch europaweit bekannter Name. Seine Wiesbadener Musikfeste, bei denen neben den unumstrittenen Klassikern auch damals noch durchaus umstrittene wie Bruckner, Mahler, Reger, Delius, Ravel ebenso wie die Exponenten der Moderne Schönberg, Strawinsky, Bartok, Honegger und Hindemith zu Wort kamen, fanden für damalige Verhältnisse weitreichende Aufmerksamkeit. In den kleinen Kreis der ersten Dirigenten seiner Zeit, der Großen in diesem Jahrhundert, gelangte Schuricht erst durch die zahlreichen Gastspiele in allen europäischen Musikzentren, die nach seiner Übersiedelung in die Schweiz seine ehedem so beständige Tätigkeit an einem Orte ablösten. Das internationale Musikleben entdeckte einen großen alten Mann in den Jahren reifer Meisterschaft. Und das Sinfonieorchester des SDR hatte jahrelang Teil daran, erlebte die erste Phase höchster künstlerischer Entfaltung in seiner jungen Geschichte. Schuricht leitete alljährlich zwei bis drei der Abonnementskonzerte und daneben eine Anzahl von Studioproduktionen. Seine Tätigkeit konzentrierte sich auf das klassische Repertoire: Beethoven, Brahms und Bruckner, Mozart, Schubert, Schumann und Mendelssohn stehen mit den Sinfonien, aber auch mit Chor- und Instrumentalwerken an der Spitze der im Archiv registrierten Aufnahmen unter seiner Leitung, gefolgt von Max Reger, Richard Strauß, Gustav Mahler und Ausschnitten aus Werken Richard Wagners, dessen Studium Schuricht als Pflicht-Pensum in der Orchesterarbeit für unerläßlich hielt.

Die Bedeutung der Arbeit mit einem solchen Dirigenten für ein Orchester ist dem Laien schwer begreiflich zu machen. Die Sinfonieorchester der deutschen Rundfunkanstalten waren in diesen Jahren dabei, sich Spitzenstellungen im Musikleben zu erobern. Das hing mit der Bedeutung, die ihnen vom kulturellen Selbstverständnis des öffentlich-rechtlichen Rundfunks her eingeräumt wurde, und der daraus resultierenden materiellen Fundierung ebenso zusammen wie mit den Persönlichkeiten an ihrer wie an der Spitze der Musikabteilungen und schließlich auch mit dem Streben nach der besonderen Profilierung in Sachen der Neuen Musik. Sie waren, auch wenn sie sich zum Teil aus ehemaligen Angehörigen der früheren Rundfunkorchester zusammensetzten, im Grunde neu geschaffene Ensembles, bestanden zu einem beträchtlichen Teil aus jüngeren Musikern, zeigten künstlerischen Ehrgeiz und identifizierten sich unwillkürlich mit der Konzeption und den Zielvorstellungen der Programmverantwortlichen in den Häusern. Bei dieser rundum positiven, kaum von Bequemlichkeit behinderten Stimmungslage, wie sie für das Stuttgarter Radio-Sinfonieorchester durchaus charakteristisch war, kann die Zusammenarbeit mit einem im Zenit seiner Laufbahn stehenden Dirigenten, konnte die Erziehungsarbeit, die ein Mann wie Schuricht in jeder Stunde leistete, gar nicht hoch genug veranschlagt werden. Einem Kollektiv von Orchestermusikern – selbst bei gleichmäßiger Qualifikation doch eine Versammlung ganz unterschiedlicher Individualitäten und Temperamente – produktive Einsichten in Geist, Form und technische Faktur eines Werkes zu vermitteln, ist, wie man weiß, ein schwieriges Unterfangen und eine Kunst für sich. Schuricht beherrschte sie, aus der handwerklichen Meisterschaft wie aus der gütigen Lauterkeit seiner Person, aufs vollkommenste. Es fehlte ihm, wie auf dem Podium so im Umgang mit den Musikern, jede Eitelkeit. Er konnte es sich leisten, alle Schwierigkeiten, offenen Wünsche und Fragen mit Liebenswürdigkeit anzugehen. Nicht von ungefähr kam, was er von seinem ersten Gastdirigat bei den Wiener Philharmonikern gerne berichtete: Nachdem die anspruchsvollen, selbstbewußten Herren ihn bei der ersten Probe reserviert getestet, er dagegen sich sogleich durch freundliche Unerbittlichkeit Autorität verschafft hatte, bemerkte am Ende einer der Orchestervorstände mit der bekannten Wiener Mischung aus Charme und Boshaftigkeit „Ja, gell'ns, Herr Professor, man kann d'Leut auch mit Liebenswürdigkeit sekkier'n!?" Die Stuttgarter Musiker folgten ihm hingebungsvoll. Nicht zuletzt auch wußte er die rechte Mitte zu treffen zwischen knapper technischer Anweisung, verbaler Erläuterung und wortlosem, den natürlichen Fluß aufnehmendem Gewährenlassen. Es war kein Geheimnis, daß er zuletzt, weit in den Achtzigern, nicht mehr gut hörte; im Gespräch war es offenkundig. Beim Musizieren, unverkennbar in der Anspannung während eines Konzertes, entging ihm nichts, er reagierte anscheinend auf leiseste Schwebungen. Im Orchester gab es Stimmen, die das Phänomen damit erklärten, daß er aus der Erfahrung von Dutzenden von Aufführungen eines Werkes genau gewußt habe, an welchen Stellen welche Nuancen gewöhnlich unerfüllt blieben, und deshalb, auch ohne alles zu hören, darauf reagierte – und siehe da, er traf das Richtige.

Auch in der persönlichen Begegnung war Carl Schuricht eine bezwingende Persönlichkeit. Der schöne Kopf mit der markant hervortretenden Nase, der durchdringende Blick aus den stahlblauen Augen, ernst, aber zugleich gütig und abgeklärt, machten im Augenblick deutlich, mit wem man es zu tun hatte. Er konnte damit sehr wohl auch kokettieren, besaß Humor, vermochte – nicht alltäglich im Metier – anderen aufmerksam zuzuhören, erzählte aber – natürlich – ebenso gern selbst Begebenheiten aus seinem langen Künsterleben und ließ sich, wenn er nicht zu müde war, ebenso gern dazu bringen, künstlerische Überzeugungen und Auffassungen, die seine Interpretation bestimmten, auszubreiten und zu belegen. Im langsamen Satz (Adagio) der siebten Symphonie von Anton Bruckner, auf dem Höhepunkt, wo nach drängender Steigerung des ostinat wiederkehrenden Motivs im äußersten Fortissimo des Riesenorchesters die Spannung mit einem Beckenschlag fast schmerzhaft in C-dur sich löst, ließ er diesen Beckenschlag fort, weil er der (umstrittenen) Auffassung anhing, Bruckner habe ihn nachträglich hinzugefügt und wieder getilgt. Dieser Beckenschlag, in einschlägigen Konzertführern als „sieghaft" bezeichnet, wirke, sagte er, als „betrete plötzlich eine aufdringlich geschminkte Dirne die Kathedrale, und alle, bis dahin in tiefer Ergriffenheit, sähen sich nach ihr um".

Wie viele Künstler seines Ranges, am Ende lebenslanger Auseinandersetzung in vollkommener Übereinstimmung, identisch mit ihrer Kunst, hatte der alte Herr sich kindliche Züge bewahrt oder wieder angeeignet. In seinem Heim in Corseaux sur Vevey, hoch über dem Genfer See, mit freiem Blick auf das Panorama der französischen Alpen, befehligte er die größte Heerschar von Zinn-Soldaten nebst kriegerischem Zubehör, die ich je gesehen habe, unterteilt in die Armeen Ludwigs des XV. (unter dem Marschall Moritz von Sachsen) und Friedrich des Großen (mit dem alten Dessauer). Kein ganz unbefangenes Vergnügen mehr in dieser Zeit, das er sich aber nicht verdrießen ließ. Und das Merkwürdige war, daß die kriegerischen Scharen unter dem so friedfertigen, heiter verklärten Blick ihres obersten Souveräns in ihrer Antiquiertheit jeden Schrecken verloren und weit eher anmuteten wie ein gigantisches Orchester auf einem ebenso gigantischen Podium, Sinfonie der Tausend.

Was eigentlich macht den „großen" Dirigenten aus, was unterscheidet ihn vom bloß „tüchtigen", „guten" oder „sehr guten", seine Interpretationen von den ihren? Thema für einen umfänglichen, facettenreichen Essay, wahrhaftig. Die Wiedergabe eines musikalischen Werkes, seine Evokation aus der Aufzeichnung der Partitur ist zwangsläufig eine Auseinandersetzung mit ihm wie mit dem Komponisten, der es zeichenhaft in der Partitur verschlossen hat. Und weil demnach diese Auseinandersetzung, eben die „Interpretation", zuvörderst ein Aufeinandertreffen künstlerischer Individualitäten und Temperamente darstellt, kommt es auch zuvörderst darauf an, ob die Beteiligten – Komponist, Dirigent und als dritte die „Persönlichkeit" des Orchesters – einer dem anderen etwas zu sagen haben – und was.

Wie meinte Lichtenberg, aufs Literarische bezogen? „Wenn ein Buch und ein Kopf zusammenstoßen und es klingt hohl, ist es dann allemal im Buch?" Die Frage gilt natürlich auch umgekehrt.

Der „große" Dirigent vor der „großen" Partitur ist ein Ebenbürtiger – auch dann, wenn ihm bei der Wiedergabe nichts anderes vorschwebt als die äußerste Werkgerechtigkeit. Dem Zuhörer wird sich dann das Empfinden einer tiefgehenden Übereinstimmung mit Geist und Form des Werkes mitteilen. Ebensowohl kann aber auch ein erregendes Spannungsverhältnis zwischen dem Werk und seinen Interpreten bestimmend sein für den Eindruck des Außergewöhnlichen, Gleichgewichtigen. Die Partitur, je tiefgründiger und vielschichtiger, erlaubt bei der Verwandlung in ihre klangsinnliche Gestalt mehrerlei Akzentuierung, Beleuchtung und Schattierung, ohne deswegen willkürlich entstellt zu erscheinen. Die Faszination hat viele Gesichter.

Schuricht gehörte zu jener Dirigenten-Generation, die nahe genug mit einem großen Zeitalter der Musik und seinen Meistern verbunden war, um in der Werktreue den ganz eindeutigen, verpflichtenden Maßstab aller Interpretation zu sehen. „Der Komponist hat immer recht", so formulierte es einer seiner bedeutenden Kapellmeister-Kollegen, Georg Szell. Ein anderer, jüngerer, Joseph Keilberth, bekannte, was Schuricht genauso hätte sagen können: „Das Dirigieren ist nur ein Hilfsmittel, nie Selbstzweck. Musizieren ist alles – und je unauffälliger dabei „dirigiert" wird, desto schöner wird Musik gestaltet sein und unsere Seele berühren. Das mag der heutigen Mode widersprechen, die ästhetische Wahrheit bleibt es trotzdem."

Joseph Keilberth ist auch einer der Dirigenten gewesen, die neben Carl Schuricht und Hans Müller-Kray das Orchester in Konzerten geleitet haben. Es finden sich große Namen in den Gästebüchern dieser Jahre: an der Spitze Wilhelm Furtwängler, der 1954 neben Beethovens Erster seine eigene Zweite Sinfonie aufführte, Erich Kleiber, Igor Markevitch, der sagenhafte Leopold Stokowsky (der diesem Adjektiv alle Ehre machte), Hans Knappertsbusch, Ferenc Fricsay (der später für das Fernsehen, „Bei der Arbeit beobachtet", Smetanas „Moldau" einstudierte), Karl Böhm (der 1951 das erste Konzert im neuen Sendesaal der „Villa Berg" leitete), Ernest Ansermet, Georg Solti und Carlo Maria Giulini (beide damals schon „prominent", aber in der Rangfolge noch nicht an ihrem späteren ersten Platz). Und 1958 dirigierte zum ersten Mal einer, dessen Namen seit 1945 als Geheimtip gehandelt wurde, ohne daß allzu viele ihn selbst schon gehört hatten: Sergiu Celibidache.

„Gastkonzert zum angegebenen Termin möglich. 16 erste Geigen. Honorar DM 6000,–" lautete sein Telegramm. Das Konzert fand statt. Der Dirigent sollte später für den SDR und sein Orchester eine wichtige Rolle spielen, die wichtigste nach Schuricht, der übrigens – ungewöhnlich genug – das Privileg genoß, von

Celibidache anerkannt (und nicht wie unzählige andere Kollegen der erbärmlichsten Charlatanerie geziehen) zu sein.

Darüber später. Die 50er Jahre im deutschen und auch im Stuttgarter Rundfunk – sie waren eine Zeit der Zuversicht, der Aufbaufreude. Kaum etwas, wenn wir uns nur auf unsere eigentliche Aufgabe konzentrieren konnten, trübte den Blick in eine verheißungsvolle Zukunft.

Festspiele in Schwetzingen. Rundfunk als Bühnenunternehmer

Der Kronzeuge heißt Voltaire, und er wird in Schwetzingen gerne zitiert: „Ich will, bevor ich sterbe, noch einer Pflicht genügen und einen Trost genießen: ich will Schwetzingen wiedersehen, dieser Gedanke beherrscht meine ganze Seele."

Der berühmteste Intellektuelle des Jahrhunderts, verwöhnter Gast der Potentaten, der gefürchtete Raisonneur gerät ins Schwärmen. Und das, obwohl es mit dem Sterben noch gute Weile hatte. Gewiß, bei zwei Besuchen in der kurfürstlichen Sommerresidenz hatte die Hofgesellschaft dem Vielbewunderten zu Füßen gelegen (oder doch gesessen), wenn er aus dem „Candide" vorlas, an dem er eben schrieb, war sein andächtiges Publikum, wenn „Zaire" oder andere seiner Dramen im Rokokotheater aufgeführt wurden. Carl Theodor, der Gastgeber, hatte auch pekuniär durchaus die erwartete Großzügigkeit an den Tag gelegt, was anfangs, gleich nach dem Rausschmiß aus Potsdam durch Preußens Friedrich, sicherlich nicht gering zählte, selbst wenn die ungnädige Entlassung keinen Armen getroffen hatte. Der große Mann hatte schon Anlaß, sich diesem Hofe und seinem Fürsten verbunden zu fühlen. Und enthusiastische Floskeln strömten ihm, dem gelernten Höfling, gewiß ohne jede Mühe aus der Feder. Man ist dennoch versucht zu meinen, daß in die Bekundung einer so intensiven Bindung noch andere Empfindungen eingeflossen sind, Momente in der Erinnerung eines empfindsamen Geistes, die, über rein persönliche Befriedigung hinaus, Schwetzingen, den Ort als solchen, betrafen. Dort war, eben in diesen Jahren, Nicolas de Pigage, Carl Theodors „Intendant über die Gärten und Wasserkünste", mit seinen Helfern dabei, den Schloßbezirk zu jenem unvergleichlichen Ensemble von Landschaft, Gartenkunst und Architektur zu entwickeln, dessen Abglanz uns heute noch trifft, ein Kulturdenkmal erster Ordnung. Damals war das Denkmal lebendige Gegenwart. Der pfälzische Hof – so Cosmas Alexander Collini, Sekretär Voltaires und später Carl Theodors Hofhistoriograph – „war wohl der glänzendste in Deutschland. Feste folgten auf Feste, und der dabei entwickelte gute Geschmack verlieh ihnen immer neue Reize. Jagden, die Oper, das französische Schauspiel, Musikaufführungen durch die ersten Virtuosen Europas, alles dies machte die kurfürstliche Residenz zum angenehmen Aufenthalt für jeden Fremden von Namen und Verdienst, der hier auf herzlichste und schmeichelhafteste Aufnahme rechnen konnte."

„Schwetzinger Festspiele" – es hat sie ganz offenkundig bereits vor mehr als 200 Jahren gegeben, und Voltaire war ihr enthusiasmierter Besucher – Festspiele in einer

Manier, die es den Erben schwer macht, mit Vergleichbarem an Erbauung und Erlustigung aufzuwarten, vom Jagdvergnügen ganz abgesehen. Immerhin: die glanzvolle Ausstrahlung einer geistig aufgeschlossenen, kunstsinnigen Atmosphäre wirkt im Zeugnis der Schloßanlage in die Gegenwart hinein fort. Und auch, wenn die Nachfahren das Erbe nicht gerade pfleglich behandelt haben, der Aufforderungscharakter ist ungebrochen: die Säle, das Theater, der Garten rufen nach künstlerischem Leben, einer lebendigen Entsprechung ihres stummen Vorhandenseins. Es ist nur zu verständlich, daß – nach der Renovation des Rokokotheaters – der Festspielgedanke nicht lange auf sich warten ließ. Ebenso unabweisbar aber stellt das Ambiente auch seine Bedingungen: den künstlerischen Anspruch nämlich, der ihm aus seiner Vergangenheit innewohnt. Dies nicht zuletzt beschäftigte mich, als ich, 1951, Schwetzingen zum ersten Mal sah.

Der Besuch war „dienstlich", ausgelöst durch eine Initiative des SDR-Verwaltungsratsvorsitzenden Alex Möller, seines Zeichens Generaldirektor der Karlsruher Lebensversicherungs AG, Fraktionsvorsitzender der SPD und einflußreicher Exponent des badischen Landesteils im damaligen „württemberg-badischen Landtag".

Es war die Zeit der politischen Auseinandersetzungen um die Errichtung des sogenannten „Südweststaates", nämlich den Zusammenschluß der von den Amerikanern bzw. Franzosen nach 1945 gebildeten „Länder" Württemberg-Baden, Württemberg-Hohenzollern und Baden. Daß daraus ein Land „Baden-Württemberg" werden würde, war damals, vor der entscheidenden Volksabstimmung im Dezember 1951, gar nicht so sicher. Mit Leidenschaft und Erbitterung hatten besonders die südbadischen Patrioten mit ihrem „Staatspräsidenten" Leo Wohleb um die Wiedervereinigung ihrer badischen Heimat in einem Lande Baden gekämpft, wie es bis zum Kriegsende bestanden hatte. Und sie hatten auch im abgetrennten, amerikanisch besetzten Nordbaden beträchtlichen Anhang, wo sich ihre Landsleute mit den ungeliebten Schwaben Nordwürttembergs zwangsvereinigt und – horribile dictu – von der Landeshauptstadt Stuttgart aus regiert und schnöde benachteiligt sahen. Diesen Zustand zu verewigen, waren viele wenig geneigt. Das betraf auch den Süddeutschen Rundfunk, der, als „Spätzles-Sender" verschrien, ihren Geschmack und das sensibilisierte badische Gemüt der Irredenta durch abgeschmackt Schwäbisches fortgesetzt beleidigte. Die Überfremdung Nordbadens durch einen „landesfremd" dominierten Rundfunk war am Rande zu einem Thema der Auseinandersetzung und zu einem integrationswidrigen Faktor geworden. Dem müsse, so befand der Politiker Alex Möller, der mit dem Liberalen Reinhold Maier und dem südwürttembergischen Christdemokraten Gebhard Müller zu den engagierten Promotoren des Zusammenschlusses gehörte, in geeigneter Weise entgegengewirkt werden. Der Süddeutsche Rundfunk solle – dies sein Gedanke – an einem markanten Punkt seines nordbadischen Einzugsgebiets demonstrieren, daß er sich als Institution für das ganze Land verstehe und daß er gerade auch seine kulturelle Verpflichtung in diesem Sinne wahrzunehmen gewillt sei.

Schwetzingen war unter solchen Vorzeichen vermutlich deshalb in seinen Gesichtskreis geraten, weil hier seit 1946, also schon bald nach dem Kriege, im Rokoko-theater und in den Konzertsälen Opernaufführungen benachbarter Bühnen und Konzerte stattgefunden hatten, und zwar unter der ziemlich selbstbewußt anmuten-den Bezeichnung „Schwetzinger Festspiele". Sie waren nach 1949, wohl aus wirt-schaftlichen Gründen, zum Erliegen gekommen. Alex Möller sah hier die Möglich-keit, landes- wie rundfunkpolitisch ein Zeichen zu setzen. Der Süddeutsche Rund-funk sollte die Festspiele wieder aufleben lassen. Den Intendanten Fritz Eberhard und den Verwaltungsrat dafür zu gewinnen, kostete ihn wenig Mühe. Und da man aus dem Lebenslauf des Programmdirektors Peter Kehm wie auch aus der Stuttgarter Theater-chronik wußte, daß dessen Vater Theaterintendant gewesen war, schien auch die Personalfrage zunächst einmal auf einfache Weise gelöst. Der hoffnungsvolle junge Mann würde eben neben seinem Rundfunkprogramm ein Festival zu organisieren haben. Daß die Sohnschaft und ein kurzes Bühnenvolontariat im Kriege zwar Vertrautheit mit dem Metier, nicht aber auch schon Erfahrung und Know-how des Praktikers beinhalteten, blieb außer Betracht. Ich erhielt den Auftrag, Programm-überlegungen anzustellen, und zwar rasch. Es war, wie gesagt, 1951. 1952 sollte die erste Saison über die Bühne gehen. „Schwetzinger Festspiele" sollte darüber stehen. Das war das erste von dem wenigen, was feststand. Fest stand deshalb faktisch auch, daß angesichts der knappen Zeitvorgabe für die Realisierung organisatorisch nur das Modell infrage kam, das den Veranstaltungen vor einigen Jahren zugrunde gelegen hatte und von dem der Initiator Möller ausgegangen war: nämlich mit einer Reihe von Bühnen im Lande Absprachen über je eine Produktion im Rokokotheater zu treffen.

Dessen ungeachtet waren beim Verwaltungsrat und auch beim Intendanten die Erwartungen hochgespannt. Es fiel öfters der Name Salzburg als Leitbild für das Anzustrebende. Etwas dieser Art, meinten die Herren, müsse sich doch in Schwetzin-gen auch arrangieren lassen – und wenn vielleicht auch für den Anfang nicht ganz so prominent, dann doch wenigstens annähernd und in der Folge ganz gewiß ebenso spektakulär. Konkretere Vorstellungen von den künstlerischen, organisatorischen, finanziellen Voraussetzungen (wie auch den historischen) des Salzburger Vorbildes – damals mehr noch als heute der Inbegriff von Festspielen überhaupt – fehlten gänzlich. Die (für den Einsichtigen) offenkundige Diskrepanz zwischen derartigen Erwartungen und einer realistischen Sicht des Möglichen versetzte mich zeitweilig in trübe Stimmung. Ich hatte Mühe, solche Gedankenflüge zu dämpfen, und überlegte, was zweckmäßigerweise zu tun sei, um die Vision vom zweiten Salzburg in den hochgestimmten Gemütern von Anfang an zu tilgen. Ich stellte dem Intendanten Fritz Eberhard die Notwendigkeit vor, sich an Ort und Stelle, nämlich in Salzburg, davon zu überzeugen, was es mit Festspielen solchen Zuschnitts so auf sich habe. Im Verwaltungsrat gab es bedeutsames Kopfnicken zu diesem Gedanken. Der Plan gelang. Fritz Eberhard begab sich vor Ort. Nach der Rückkehr hatte er begriffen; und auch der Verwaltungsrat mochte sich den ernüchterten Einsichten des Intendanten nicht verschließen. Das Vorhaben gewann bescheidenere, realistische Konturen. Aber noch gab es – im Herbst 1951 – keinen Spielplan.

Anfang Dezember erst traf ich mich in Schwetzingen – sozusagen zum Lokaltermin – mit Walter Erich Schäfer, damals noch ganz am Anfang seiner später legendären Stuttgarter Intendantenjahre, Heinz-Wolfgang Wolff, dem Karlsruher Staatsintendanten, Hans Schüler vom Nationaltheater Mannheim, dem Senior in unserem Kreis, und Rudolf Meyer, dem Prinzipal des Heidelberger Stadttheaters. Alex Möller, diesmal in seiner Eigenschaft als Vorsitzender des Finanzausschusses im Landtag, hatte die Herren ersichtlich mit seinen Erwartungen bereits konfrontiert: Sie waren ausersehen, den Schwetzinger Festspielen des Süddeutschen Rundfunks zum Einstand zu verhelfen. Ihre Begeisterung war abgestuft verhalten. Einzig der Heidelberger Rudolf Meyer, handfester Praktiker am Steuer eines kleineren Hauses und schon von daher auch am ehesten an Festspiel-Meriten interessiert, ging die Sache sogleich konkret und zuversichtlich an.

Was aber wollten wir spielen? Einigkeit, von vorneherein und ohne viele Worte, herrschte im Kreise der Fachleute darüber, daß ein Schwetzinger Zyklus nur dann mit Aussicht auf Beachtung und Erfolg in einer weiteren Öffentlichkeit begonnen werden könne, wenn er einer Programmlinie folge, die andernorts nicht ebensowohl anzutreffen war. Also, auch vom Spielplan her, eben nicht, was in Salzburg oder München zu sehen und zu hören war – und dort noch dazu in einer Qualität, die auch von ferne zu erreichen mindestens für diesmal wenig aussichtsreich erschien. Zwei Gedanken wurden des näheren erörtert: eine Serie von Opern Glucks zum einen und zum anderen eine Reihe von Werken des neueren Musiktheaters, die dem in Schwetzingen gegebenen Rahmen sich fügen würde. Das Gluck-Projekt erhielt am Ende den Zuschlag, aus praktischen Erwägungen der Realisierbarkeit innerhalb so kurzer Frist, nicht zuletzt aber auch, weil der Zyklus 1952 ins Jubiläumsjahr des 200jährigen Bestehens des Rokokotheaters fallen, die Besinnung auf einen der Opern-Großmeister dieser Zeit folglich naheliegend und für den Anfang auch der zu erwartenden Besucherschaft gegenüber plausibler sein würde als der andere zeitgenössische Akzent – entfernt genug von ausgetretenen Pfaden, und doch: ein Klassiker! Im Rückblick bleibt bemerkenswert, daß die beiden Komponenten, die das Schwetzinger Repertoire späterhin bestimmt, die sogenannte „Schwetzinger Dramaturgie" begründet haben, von Anfang an im Blickpunkt standen: zeitgenössisches Musiktheater und ältere Oper, die letztere mit Werken, die nicht ohnedies zu den meist gespielten zählten.

Die folgenden Wochen bis weit in das neue Jahr hinein waren gekennzeichnet von einem enervierenden Verwirrspiel um die Terminierung, das die Realisierung fast noch einmal in Frage stellte. Die beteiligten Bühnen, verständlicherweise, hätten die ihnen zugewiesene Extra-Aufgabe gerne möglichst weit ans Ende der laufenden Spielzeit gerückt. Von einer anderthalbwöchigen „Festwoche" war deshalb anfangs die Rede, Ende Juni – Anfang Juli. Dies aber stieß beim Süddeutschen Rundfunk, besonders bei den ortskundigen badischen Auguren im Verwaltungsrat, auf Widerstand: zu spät, zu heiß, kein Flieder, keine Spargel. Die Zeit verstrich unter unsäglich mühevollen Verhandlungen. Im März 1952 endlich war es endgültig soweit. Wir wußten, wer zwei Monate später an welchem Tag mit welchem Werk zu Gast sein würde. Höchste Zeit auch schon, das Programm zu veröffentlichen, den Prospekt, die Eintrittskarten und eine Programmbroschüre zu drucken.

Gluck also, so lautete das Ergebnis, an sechs Wochenenden vom 24. Mai bis 29. Juni. Das Badische Staatstheater Karlsruhe am Anfang mit der „Iphigenie in Aulis", die Stuttgarter Staatsoper sodann mit der anderen „Iphigenie", der „auf Tauris", die Heidelberger Bühne danach mit der buffa vom „Betrogenen Kadi", verbunden mit dem „Don Juan"-Ballett, und am Schluß das Nationaltheater Mannheim mit „Orpheus und Eurydike". Zwei Konzerte des Stuttgarter Kammerorchesters ergänzten den Zyklus an Tagen, die von der Oper nicht besetzt waren. Diese also beherrschte so gut wie ausschließlich das Programm.

„Festliche Operntage im Schwetzinger Schloß" stand darüber. Die Benennung beinhaltete einen – zugegeben eher halbherzigen – Kompromiß zwischen der letztinstanzlichen „Festspiel"-Euphorie und meiner Abneigung, diesen Begriff zu strapazieren. Er war zu dieser Zeit noch nicht so inflationiert wie bald darauf, als im warmen Regen der Wirtschaftsblüte und des Fremdenverkehrs Festspiele allenthalben nur so aus dem Boden schossen. Eben deshalb involvierte er eine Verpflichtung, die einzulösen mir vorerst unmöglich erschien. Das Stichwort „Salzburg", fand ich, warf auch in diesem Punkt noch seine Schatten. Davon ganz abgesehen aber meinte ich, eine Fixierung auf das Festspiel-Etikett werde einer programmatischen Entwicklung, dem eigenen Profil des Schwetzinger Unternehmens, sollte es längerfristig Perspektiven gewinnen, eher hinderlich als förderlich sein. Weshalb es auch in den Folgejahren einige Anstrengungen gab, diesen Begriff zu umgehen. Es zeigte sich aber schon bald, daß es müßig war, auf Festspiel-Titel-Abstinenz zu sinnen. Unser Publikum nämlich – ganz im Gegensatz zum skrupulösen Management – wünschte durchaus, sich im Glanze solcher Titulatur zu sonnen. Es sprach, ob uns das paßte oder nicht, von den „Schwetzinger Festspielen". Man besucht, ganz offenbar, nun einmal „Festspiele" lieber als bescheidener sich gebende Darbietungen, auch wenn es dieselben sind. Das Prädikat schmückt den Besucher. Zusammen mit erhöhten Eintrittspreisen vermittelt es erst so richtig das Gefühl, dem Außerordentlichen beizuwohnen. Professionelle Einsichten, denen wir uns zu beugen hatten.

Die zwölf „festlichen Tage" (oder richtiger Abende) liefen programmgemäß ab. Zur Finanzierung hatte der SDR 100 000,– DM bereitgestellt, die bei der Abrechnung der beteiligten Bühnen indes noch einmal aufgestockt werden mußten. Die Preise reichten von DM 4,– bis DM 12,–, eine 20 %ige Ermäßigung war für „Kulturringe und Reisegesellschaften" offeriert. Für die Dauer der Spielzeit waren zwei kleine Ausstellungen arrangiert, die eine, im Foyer des Theaters, betraf die „Geschichte des Rokokotheaters", die andere, im Jagdsaal, die „europäische Chinamode im Spätbarock und Rokoko".

Die künstlerische Bilanz dieser ersten Saison war insgesamt zufriedenstellend. „Festspielglanz" verbreitete sie nicht in jedem Augenblick. Immerhin: Ferdinand

Leitner dirigierte die Stuttgarter „Iphigenie auf Tauris", in der neben Hilde Scheppan (in der Titelpartie) Marcel Wittrisch als Orest, die junge Friederike Sailer als Diana und Wolfgang Windgassen als Pylades auf der Bühne standen. In der vom Karlsruher Generalmusikdirektor Otto Matzerath dirigierten „Iphigenie in Aulis" machte in der kleinen Partie der Artemis eine junge Sängerin namens Erika Köth auf sich aufmerksam. „Orpheus und Eurydike" wurde in der Pariser Fassung mit dem Tenor Willi Friedrich in der Titelrolle gegeben. Intendant Schüler hatte versucht, für die Inszenierung Mary Wigman zu verpflichten, die jedoch angesichts einer so knappen Vorbereitungszeit nicht zu gewinnen gewesen war. Die Programmatik einer Konzentration auf Gluck wurde, so schien es, richtig verstanden und in der Öffentlichkeit positiv aufgenommen. Von einer „neuen deutschen Festspielmöglichkeit" schrieb Wolfgang Steinecke im Düsseldorfer „Mittag". Die Besucher kamen, wo nicht aus Schwetzingen selbst, so gut wie ausschließlich aus den umliegenden Städten, aus Mannheim mit dem Autobus, aus Heidelberg mit der Straßenbahn, die mit quietschenden Rädern auf dem Schloßplatz ihre Schleife zog. Immer wieder einmal gab es, auch in den folgenden Jahren noch, den Aufbruch verzweifelter Zuschauer aus der Vorstellung, wenn diese nicht fahrplanmäßig zur letzten Bahn, zum letzten Bus beendet war. Genaue Angaben über Kartennachfrage und Kartenverkauf in der ersten Saison habe ich nicht mehr gefunden. Die erstere dürfte den letzteren übertroffen haben, und zwar schon deshalb, weil der Initiator Möller und mit ihm Fritz Eberhard der Sache einen unwiderstehlichen Drive ins Repräsentative zu geben bemüht waren. Wer irgend Rang und Namen hatte, sah sich eingeladen. Die Erscheinenswilligen unter den Ehrengästen der verschiedenen Einladungslisten sperrten sich am Ende beinahe gegenseitig aus. Beim Eröffnungsabend am 24. Mai gab es folgerichtig gewöhnliche Besucher überhaupt nicht. Der Vorstellung ging ein Empfang der Landesregierung, nun schon von „Baden-Württemberg", voraus, von dem mir in Erinnerung geblieben ist, daß gestreßte Politiker (damals wie heute), die, außer einander, niemanden kannten, den Herren vom Rundfunk ihre leergetrunkenen Gläser in die Hand drückten, bevor sie sich im Gluck'schen Aulis der wohlverdienten Ruhe hingaben. Hierum dürfte sie (an einem späteren Abend) der Bundespräsident Theodor Heuss beneidet haben, der bekanntlich mit Oper nichts im Sinn hatte, dem Drama vom ersten Rang aus gleichwohl mit würdiger, wenn auch sichtbar angestrengter Anteilnahme lauschte. Auch etliche der weiteren Vorstellungen waren dadurch gekennzeichnet, daß ein größerer Teil der Anwesenden dem Bühnengeschehen ersichtlich wenig abzugewinnen wußten. Der Gemeinderat von Schwetzingen fühlte sich auf Tauris gar nicht zu Hause. Nach der Pause waren beste Plätze öfters billig zu haben. Ein erfreulicher Umstand für Besucher aus dem zweiten Rang, die der Oper wegen gekommen und zu diesem Zweck ihre Eintrittskarte an der Kasse gelöst hatten. Sie wechselten ins Parterre. Man sieht: auch vom Atmosphärischen her waren Salzburg, aber auch der gesellschaftliche Nimbus späterer Schwetzinger Jahre noch in weiter Ferne.

Auch auf der Klaviatur der schönen Nebensachen lernten wir späterhin, besser zu spielen. Wegen der mühevoll zustandegebrachten, immer noch recht späten Terminierung nämlich waren die Dolden der ungeheuren Fliederbüsche im Eingangshof des alten Schlosses und vor den Zirkelbauten für diesmal längst verblüht. Die Schwetzinger Gastronomie, wenngleich damals noch entwicklungsbedürftig, trug immerhin nach Kräften zu den Sinnenfreuden, nämlich denen des Gaumens, bei. Das Renommee des Spargels bedurfte keiner Wiedererweckung. Inzwischen sind die Schwetzinger Gastwirte in geradezu fabelhafter Weise auf den Geschmack und die finanzielle Opferbereitschaft ihrer Gäste gekommen, das exquisite Gemüse feiert in zehnerlei Variationen Triumphe, selbst dann, wenn es, wegen kühlen Wetters, am Orte so gut wie gar nicht sprießt und der überraschte Gast sich staunend fragt, woher es in der jeweils erforderlichen Menge gleichwohl auf Platten und Teller kommt.

Im Programmheft dieser ersten Saison hatte Alex Möller in einem Geleitwort mit dem Titel „Neues Beginnen auf altem Kulturboden" geschrieben: „Bei der Veranstaltung dieser Festlichen Operntage in der Zeit vom 24. Mai bis zum 29. Juni handelt es sich um einen ersten Versuch, eine lange Zeit leider ruhende kulturelle Tradition im nordwestlichen Teile unseres neuen Bundeslandes wieder aufleben zu lassen. Gelingt dieser Versuch – eine Frage, deren Beantwortung wesentlich davon abhängt, welchen Widerhall unsere vereinten Bemühungen beim Publikum, insbesondere des südwestdeutschen Raumes, finden werden –, so besteht die Möglichkeit, daß die Veranstaltung im kommenden Jahr in noch größerem Rahmen wiederholt und schließlich zu einer ständigen wertvollen Einrichtung unseres kulturellen Lebens wird."

War der Versuch gelungen, die Wiederholung angezeigt? Darüber waren die Meinungen im Süddeutschen Rundfunk nicht ganz einheitlich. Der Verwaltungsrat, unter Möllers Anleitung, befand ohne allzu tiefgründige Erörterungen, der Erfolg verlange nach Fortsetzung. Von einem größeren Rahmen, der natürlich auch eine Aufstockung der Mittel bedeutet hätte, war nicht die Rede. Man war's im Grunde zufrieden, daß es und wie's gewesen war, man wollte „Festspiele", und sie sollten sich in vergleichbarem Rahmen, jedenfalls in keinem aufwendigeren halten. Das Unternehmen als solches stieß auch im Rundfunkrat auf freundliche, bei den badischen Räten naturgemäß auf nachdrückliche Zustimmung. Fachliche Kritik gab es im federführenden Musikausschuß des Rundfunkrats. Hier war der Gluck-Planung schon in einem frühen Stadium „unbestreitbare Dürftigkeit" bescheinigt worden. Statt Gluck hätte der Ausschuß, in dem der Komponist Rolf Unkel als Vorsitzender sowie der Dirigent und Stuttgarter Intendant der Jahre 1946–49, Bertil Wetzelsberger, das Wort führten, lieber zeitgenössisches Musiktheater und wenn schon ältere Opern, dann jedenfalls andere als die aufgeführten, gesehen. Es bildete sich für weitere Planungen eine „Fachkommission Schwetzingen 1953/54", in der Bertil Wetzelsberger sich erbot, „als quasi künstlerischer Oberleiter" für die Vorbereitung der nächsten Spielzeit zur Verfügung zu stehen. Da die Frage eines sachkundigen Mitarbeiters für die Details der weiteren Planung sich ohnedies stellte und die Zeit

162

auch für eine Saison 1953 bereits drängte, befanden Intendant Eberhard und ich, es sei vermutlich das der Sache Dienlichste, diese Offerte anzunehmen.

Die „Fachkommission" stellte, erstaunlich genug, das Zeitgenössische vorerst einmal hintan und empfahl, 1953 „Cosi fan tutte" durch die Bayerische Staatsoper und „Ariadne auf Naxos" durch die Württembergischen Staatstheater aufführen zu lassen. Gespielt werden sollte an drei Wochenenden. Das lag ziemlich abseits der im ersten Jahr verfolgten Programmlinie und zeigte nicht gerade das seinerzeit postulierte Schwetzinger Eigenprofil. Darauf machte in einem flammenden Brief der Heidelberger Mitstreiter Rudolf Meyer aufmerksam, wobei seine im Grunde ganz berechtigte Kritik zu einem guten Teil aus der Überzeugung herrührte, Schwetzingen müsse ein Prärogat der benachbarten Bühnen bleiben. In diesem Punkt war auch mit dem gestrengen Oberbürgermeister Heimerich aus Mannheim nicht zu spaßen. Der ließ apodiktisch wissen, er wünsche eine Beteiligung des Mannheimer Nationaltheaters auch bei künftigen Festspielen. Punktum. (Eine starke Persönlichkeit nannte man das – und die war er denn auch, wovon ich mich gelegentlich überzeugen konnte.)

Andererseits: eine gleich stimmige Programmidee, wie sie der Gluck-Zyklus fürs erste Jahr gewesen war, gab es so einfach ein zweites Mal nicht. Und um das neue Unternehmen bei den Rokoko- und Opernfans der Gegend als den potentiellen Besuchern erst einmal gefällig einzuführen, war die Mozart/Strauß-Kombination sicherlich keine Fehlanzeige, auch wenn damit Salzburger Schatten sich neuerdings auf das Unternehmen zu legen drohten. Immerhin aber würden sie in der Sonne eines der führenden deutschen Opernhäuser, der Münchner Staatsoper, geworfen. Der Verwaltungsrat, dem Wetzelsberger die Planung vortrug, zeigte sich äußerst angetan. Indes, es kam für diesmal ganz anders. Wetzelsberger, nach Kriegsende und vor seiner Stuttgarter Tätigkeit selbst Dirigent an der Bayerischen Staatsoper, besaß, wie er meinte, die feste mündliche Zusage des Staatsintendanten Rudolf Hartmann für das Schwetzinger Gastspiel. Eine bindende schriftliche Bestätigung aber ging nicht ein, es gab im Gegenteil Vorbehalte bezüglich der Verpflichtung durch den Süddeutschen Rundfunk – eine Rundfunkanstalt als Vertragspartner für ein Operngastspiel konnte (oder mochte) man sich in München nicht so recht vorstellen. Der Süddeutsche Rundfunk, meinte man, möge sich, wie doch rundfunküblich, die Sänger einzeln verpflichten, deren Beurlaubung man dann wohlwollend erwägen werde. Um diese Klippe zu umschiffen, erging eine Einladung durch das Stuttgarter Kultusministerium. Einige Zeit schien damit alles auf dem „richtigen" Wege. Im Frühjahr kam die Absage, diesmal schriftlich und endgültig. (Der Vorgang war übrigens einer der Anlässe für die spätere Gründung der Schwetzinger Festspiele GmbH als einer selbständigen Organisationsform für das Unternehmen.)

Nun war guter Rat teuer. Alex Möller, der Festspielprotektor, der sich in ganz außergewöhnlicher Weise für den Fortgang seiner Initiative engagierte und geradezu das eigene Renommee mit dem der Festspiele verband, zeigte sich äußerst ungehalten. Den Gedanken, angesichts der weit fortgeschrittenen Zeit eine neue Schwetzinger Saison, nach ausreichender Vorbereitung, erst im nächsten Jahr wieder anzusetzen, wies er entrüstet von sich, nahm ihn sogar persönlich übel.

Vereinten Anstrengungen aller bislang Beteiligten gelang es schließlich, in wenigen Wochen doch noch ein Programm zu fixieren, das nicht als Notlösung erscheinen mußte und in der Öffentlichkeit auch keineswegs so gewertet wurde. Es blieb bei der Stuttgarter „Ariadne"; „Cosi fan tutte" wurde vom Badischen Staatstheater Karlsruhe beigesteuert, und zwar in einer Neuinszenierung; Rudolf Meyer, Heidelberg, brachte eine Aufführung von Strawinskys „Rakes Progress" zuwege, und Hannes Tannert mit dem Baden-Badener Ensemble verhalf mit „Wie es Euch gefällt" dem Schauspiel zum Einstand im Schwetzinger Zyklus. Erstaunlich genug, was damals die beteiligten Bühnen in wenigen Wochen zu realisieren vermochten, heute wäre der bloße Gedanke an so etwas absurd.

Das künstlerische Ergebnis war dabei durchaus respektabel, „Festspiel" im eigentlichen, anspruchsvollen Sinne konnte und wollte es so wenig sein wie das erste Mal. Im Gegensatz zur ursprünglichen Planung war die zeitgenössische Oper, war Strawinsky mit einem Werk vertreten, das sich dem Rahmen des Rokokotheaters genuin einfügte. Das Heidelberger Ensemble bildete die Grundlage, für die Hauptpartien wurden Gäste verpflichtet, darunter als Ann Trulove die fabelhafte Lore Wißmann aus Stuttgart, die gleich darauf auch den Komponisten in der Stuttgarter „Ariadne" sang. Walter Pohl war der Regisseur, Wetzelsberger dirigierte. Eine durchaus beeindruckende Aufführung auf anständigem Niveau. „Cosi fan tutte" – nun ja, das schimmernde Juwel unter den Mozart-Opern stellt andere Ansprüche, als die Karlsruher sie damals erfüllen konnten. Das hätte sich gewiß aus München anders angesehen und angehört. Immerhin: Erika Köth war Despina, den Guglielmo sang ein junger Bariton, Marcel Cordes, der, wie die Köth, nicht viel später zum Münchner Ensemble gehörte. Im Baden-Badener Shakespeare prägte sich ein köstlich-verspieltes Bühnenbild ein, es stammte von Jean-Pierre Ponnelle, einem gänzlich unbekannten, doch, wie man fand, recht talentierten jungen Bühnenbildner, Sohn eines französischen Weingutbesitzers und Kontrolloffiziers beim Südwestfunk. Aus dessen Sprecherensemble waren vier der Hauptrollen vorzüglich besetzt.

Attraktion der Saison, in einer einzigen Aufführung, war natürlich die Stuttgarter „Ariadne", vom Publikum bejubelt, auch wenn die Besetzung nicht in allen Partien ersten Ranges war. Ferdinand Leitner dirigierte, Wolfgang Windgassen war der Tenor (im Vorspiel), Bacchus (in der Oper).

Obschon auf solche Weise die Saison achtbar über die Runden kam und auch in der Presse ein überraschend freundliches Echo fand, ließ im Verwaltungsrat Alex Möller nochmals seinem Unwillen über das „geplatzte" Münchner Gastspiel freien Lauf. Er kritisierte den Intendanten und insbesondere mich, die wir unsere Verantwortung an den Musikausschuß abgetreten hätten, ein beratendes Gremium, dem nach der Rundfunksatzung keinerlei Kompetenz zukomme. Diese Schelte traf – ins Formelle verhüllt – mit uns natürlich auch den unglücklichen Wetzelsberger. Der zog sich halb schmollend, halb erlöst auf die monierte beratende Rolle im Musikausschuß zurück, dem er noch kurze Zeit angehörte. Im Grunde aber war das meiste, was es zu diesen Anfangsjahren kritisch auszustellen gab, darauf zurückzuführen, daß das Unternehmen mit allen Zeichen einer Frühgeburt behaftet war, die nur mit Not am Leben zu erhalten war. Es fehlte der zeitliche Vorlauf einer vernünftigen Planung. Das galt in nur abgemilderter Form auch noch für die Vorbereitungen zur Saison 1954, bei denen anstelle von Wetzelsberger der neue Leiter der badischen SDR-Sendestellen Heidelberg und Karlsruhe, Ernst Martin, tätig wurde – gleichfalls ein ehemaliger Theaterintendant, altgedient, erfahren und ein liebenswürdiger Mensch obendrein.

Kennzeichnend für die damit beginnende neue Phase des Unternehmens war im Verein mit ihm einerseits das Festhalten am Nebeneinander von Moderne und klassischer Oper, vor allem aber ein entschiedener Vorstoß über die Bindung an regionale Bühnen hinaus in die internationale Szene. Benjamin Brittens „English Opera Group" erschien 1954 mit dem „Raub der Lucrezia" zum ersten Mal in Schwetzingen – Beginn der Verbindung mit einem Komponisten und einem Ensemble, die sich dem Theater stilistisch wie wenige andere zwanglos verwandt zeigten und noch in mehreren Folgejahren dort zu Gast waren. Oskar Wälterlins Züricher Schauspielhaus brachte (in der Regie des Hausherrn) die Komödie des jungen Friedrich Dürrenmatt „Ein Engel kommt nach Babylon" ins Rokokotheater. Und mit dem Ballett der Janine Charrat gab es erstmalig eine Tanzdarbietung im Programm. Das Mannheimer Nationaltheater, zur Beschwichtigung des den Intendanten Eberhard bedrängenden Heimerich, steuerte einen „Idomeneo" (in der Bearbeitung von Richard Strauß) bei, der mich in meiner tiefen Skepsis gegenüber jeder Art von „Festspiel-Imitation" eindrucksvoll bestätigte. Konzerte des SDR-Sinfonieorchesters (mit Strawinsky, Honegger, Haydn und Mozart) und des Stuttgarter Kammerorchesters (mit den Brandenburgischen Konzerten an zwei Abenden) ergänzten den Zyklus, in dem sich Möglichkeiten und Grundlinien eines zukünftigen Konzepts schon deutlicher abzeichneten. Eines „zukünftigen Konzepts": Daß der Süddeutsche Rundfunk sich eine Schwetzinger Theater- und Konzertsaison alljährlich zur Aufgabe machen wolle, ist niemals eigentlich beschlossen worden, hatte sich eher beiläufig von einem zum andern Jahr ergeben. Die Zukunft stellte sich, merkwürdig genug, durch die Hintertür ein. In Frage gestellt wurde sie öfters. Aber das Unternehmen, einmal begonnen, erwies sich als zählebig.

Klar wurde mir dies im Sommer 1953, nachdem die herbe Kritik an der abgelaufenen Saison im Verwaltungsrat nichts anderes bewirkt hatte als gesteigerte Erwartungen für die nächste. Die Funktion eines Bühnenunternehmers würde dem Süddeutschen Rundfunk offenbar nicht nur vorübergehend, sondern auf längere Dauer zuwachsen. Wenn das so war, stellte sich als Dringlichstes die Aufgabe, dem Unternehmen nach den ersten tastenden Versuchen das bislang mehr beschworene als verwirklichte eigene künstlerische Profil zu geben. Daß die Pflege zeitgenössischen Musiktheaters dazugehören müsse, war für mich ausgemacht. Wollte man aber diesen Aspekt zu einem tragenden Element im Konzept machen, so kam es darauf an, neue Werke zu initiieren, mit anderen Worten: Kompositionsaufträge für Opern zu erteilen, die in Schwetzingen uraufgeführt würden. Der Anfang mußte mit einem Prominenten gemacht werden, damit von einem solchen ersten Auftrag Signalwirkung ausgehe – in der „Branche" ebenso wie bei Presse und Publikum. Im August 1953 suchte ich Werner Egk auf, in seinem damaligen Heim in Lochham bei München, ein paar Schritte nur entfernt vom elterlichen Haus in Gräfelfing, wo ich die letzten Vorkriegsjahre als Schüler, die Kriegsjahre als Student und Soldat zugebracht hatte. Im Vorortzug nach München war uns auch der bajuwarische Meister der „Zaubergeige" immer wieder einmal begegnet. Er empfing mich freundlich. Anders als bei der Münchner Staatsoper hatte die Kombination Festival/Rundfunk für ihn nichts Befremdliches, sondern war wegen der damit verbundenen Rundfunkübertragungen wohl eher der Grund für ein ernsthaftes Interesse an einem solchen Auftrag. Egk war damals für viele Jahre Präsident des Deutschen Komponistenverbandes und Mitglied des Beirats der GEMA. Für die materielle Seite seines Metiers hatte er kein geringeres Gespür als für die künstlerische. Der Umgang mit ihm hatte etwas handfest Herzerfrischendes. Er wußte ziemlich genau, was er wollte und was nicht, wo und womit Erfolg zu erzielen war und womit nicht. Er hatte auch schon einen Stoff, an den er sich gerne gemacht hätte: Molières „Schule der Frauen". Für Schwetzingen natürlich ein famoses Sujet. 1956 sollte die Uraufführung sein. Großen Wert legte der Komponist natürlich auf eine erstklassige Besetzung. Anneliese Rothenberger, Christa Ludwig, Benno Kusche, Carl Christian Kohn standen auf der Wunschliste. Ferenc Fricsay sollte dirigieren.

Leider hatten wir, ohne es damals zu ahnen, die Rechnung ohne „den Wirt" gemacht. Dieser verbarg sich in der Person des Komponisten-Kollegen Rolf Liebermann, der die „Schule der Frauen" als Opernsujet gleichfalls entdeckt hatte und, unserem Plane zeitlich voraus, für ein amerikanisches College-Theater daran arbeitete. Egk resignierte. Er wollte dem anderen nicht, wie weiland Puccini dem Leoncavallo mit einer doppelten Bohème, ins Gehege kommen. Die Liebermann'sche „Schule" erlebte 1957 in Salzburg die Uraufführung ihrer „deutschen Fassung". Es sangen übrigens Anneliese Rothenberger und Christa Ludwig.

Für Egk und Schwetzingen ergab sich eine Denkpause. Sie dauerte nicht allzulang und förderte als neues Sujet den „Revisor" zutage, Gogols Meisterkomödie als komische Oper. 1957, mit einem Jahr Verspätung, erlebte sie als erste der Schwetzinger Auftragsopern ihre Uraufführung.

Im Herbst 1953 machte sich der Justitiar des Süddeutschen Rundfunks daran, Vertragsentwürfe für die Gründung einer „Schwetzinger Festspiele GmbH" auszuarbeiten. Die Erfahrungen der beiden ersten Spielzeiten hatten gezeigt, daß es dem Unternehmen förderlich sein würde, wenn der Süddeutsche Rundfunk seine Rolle als Theaterveranstalter künftig nicht unmittelbar, sondern über eine dem Unternehmenszweck besser angepaßte eigene Gesellschaft wahrnehmen würde. Aus mehreren Gründen. Einmal weil, wie geschildert, die Vertragspartnerschaft einer Rundfunkanstalt bei Bühnen und Bühnenangehörigen die Aufmerksamkeit (oder auch

Begehrlichkeit) zuvörderst auf Honoraransprüche (für die Übertragungen) und erst in zweiter Linie auf das Gastspiel als solches lenkte. Zum anderen mußte dem Süddeutschen Rundfunk auch sonst daran gelegen sein, den Eindruck zu vermeiden, als mache es keinen Unterschied, ob er Rundfunkprogramme (für die Allgemeinheit) oder Opernaufführungen (für Besucher des Rokokotheaters) veranstalte und finanziere. Und schließlich war eine eigene Organisationsform die Voraussetzung dafür, daß den Festspielen Erträge aus der Rundfunkwerbung steuerbegünstigt zufließen konnten. Und diese Art der Finanzierung wiederum hat das Festival in allen Folgejahren allein ermöglicht. Zumindest bei denjenigen Rundfunkhörern, die Schwetzinger Veranstaltungen besuchten oder Übertragungen von dort zu schätzen wußten, ist auf diese Weise vielleicht auch der Ärger über manche Zumutung des Werbefunks ein wenig gemildert worden.

Im November 1953 fand die vorbereitende Sitzung zur Gründung der GmbH statt. Ernst Martin sollte, da wir die Organisation zweckmäßigerweise so weit wie möglich beim Heidelberger Studio ansiedeln wollten, als Geschäftsführer fungieren. Ein Kuratorium war vorgesehen, in dem neben Alex Möller und dem Intendanten Fritz Eberhard die Namen des Heidelberger Psychologen und Politikers Willy Hellpach und des in Mannheim stadtbekannten Theater- und Kunstfreunds Florian Waldeck zu finden waren. Sie zierten auch bereits den Prospekt und das Programmheft 1954, obwohl die Gesellschaft formell erst später, am 30. Juni 1954, urkundlich ins Leben trat.

Kurz darauf, am 3. Juli, starb unerwartet Ernst Martin – vier Wochen nach einer Saison, in der das Unternehmen sich nicht zuletzt dank seiner Mitwirkung spürbar konsolidiert und in der Öffentlichkeit vermehrt Beachtung wie auch positive Resonanz gefunden hatte.

Organisatorisch standen wir damit wieder einmal am Anfang, von der hilfreichen Konstruktion der GmbH als Hülle unserer Bestrebungen einmal abgesehen. Die fragenden Blicke des Verwaltungsratsvorsitzenden wie des Intendanten ruhten einmal mehr auf dem Abkömmling einer Theaterfamilie. Meine Einstellung war ambivalent. Natürlich war ich in den drei zurückliegenden Jahren nicht unberührt geblieben vom Reiz der Aufgabe, die sich hier stellte. Und ich war beteiligt genug gewesen, die Sache auf einen gangbaren Weg zu bringen. Auf der anderen Seite bestand meine Skepsis gegenüber dem undifferenzierten „Festspiel"-Drängen der Initiatoren fort, vor dem die erfreulichen Aspekte in den Spielplänen der drei Jahre sich eher als Schritte vom eigentlich favorisierten Wege ausnahmen. Wie auch immer: ich stand vor Erwartungen und Forderungen, denen ich mich nicht entziehen konnte (und letztlich auch nicht wollte), die zu erfüllen und denen die eigene Richtung zu geben ich einfach versuchen mußte. Am 20. Dezember 1954 wurde ich zum Geschäftsführer der GmbH bestellt.

Mir kam zur Hilfe, was wie ein halber Zufall begann und sich dann für die Schwetzinger Jahre von großer Tragweite erwies: Ich fand einen Mitarbeiter, der als Koadjutor für das Schwetzinger Unternehmen die denkbar besten Voraussetzungen mitbrachte. Er hieß Willy Grüb, war, 42jährig, ein erfahrener Theatermann, der sein Handwerk von Grund auf gelernt hatte, anfangs von 1933 an übrigens in Freiburg, woher wir uns auch persönlich kannten. Die Wiederbegegnung ergab sich 1952/53 bei der Suche nach einem Hörspieldramaturgen und nach einem persönlichen Mitarbeiter für Aufgaben in der Programmdirektion. Während in der ersteren Funktion Kurt Hübner, späterhin legendärer Theaterleiter in Ulm und Bremen, für zwei Jahre nach Stuttgart kam, begann Grüb zum Sommer 1954 seine Stuttgarter Tätigkeit. Der plötzliche Tod Ernst Martins sowie meine Bestellung zum Geschäftsführer hatten zur Folge, daß die Vorbereitungen für die nächste Schwetzinger Saison weiterhin in der Stuttgarter Programmdirektion zusammenliefen. Es verstand sich fast von selbst, daß Willy Grüb – neben anderen Aufgaben – auf diesem, seiner Laufbahn ganz entsprechenden Felde tätig wurde. Es begann eine Zusammenarbeit, die mehr als 30 Jahre andauerte und der die Bemühungen des Süddeutschen Rundfunks um den Platz Schwetzingen in der Theater- und Musikszene dieser Jahre fraglos den Erfolg verdanken, der ihnen zuteil und mehr als einmal attestiert wurde. Es herrschte in einem Verhältnis produktiver Auseinandersetzung völliges Einvernehmen in den grundlegenden Fragen der Zielsetzung für das Schwetzinger Unternehmen, wie sie sich in den ersten Jahren herausgebildet hatte, nun aber mit großer Konsequenz weiterverfolgt und weiterentwickelt wurde. Ein reibungsloses Zusammenwirken, in dem sich das meiste von selbst verstand, in dem an den Halte- oder Knotenpunkten wenige Worte genügten, um Entscheidungen zu treffen, Kursbestimmungen vorzunehmen, die „Sache am Laufen" zu halten.

Der organisatorische Aufwand war dementsprechend gering. Die „Schwetzinger Festspiele" waren, gestützt auf die Infrastruktur des Funkhauses, ein Zwei-Mann-Unternehmen mit einem Sekretariat – für alle Beteiligten eine Aufgabe neben anderen, wobei die letzteren nicht nur quantitativ im Vordergrund standen: bei mir die Funktion des Programmdirektors, bei Grüb die Tätigkeit des Hörspieldramaturgen, die er nach Hübners Weggang versah, und die des Unterhaltungschefs, in die er einige Jahre später überwechselte. Ein vergleichbares Festival mit derart minimalem administrativen Aufwand hat es, so weit ich sehen kann, sonst nirgends gegeben.

Was für mich aber vor allem am Beginn der Zusammenarbeit von Bedeutung war: Der Optimismus und die Theaterleidenschaft des neuen Mitarbeiters drängten ganz einfach zunächst einmal meine Skrupel und Zweifel in Bezug auf das in Schwetzingen Erreichbare zur Seite. Die „Motivation", wie man heute sagen würde, wurde verbessert. Dadurch wurden zwar nicht automatisch auch die künstlerischen Ergebnisse besser (oder gar untadelig), aber es wurden andererseits auch Ergebnisse gezeigt, die besser waren, als ich sie erwartet und im einen oder anderen Fall sonst vielleicht riskiert hätte. Für die bevorstehende neue Saison 1955 stellte Grüb dem bisherigen Schema von Veranstaltungen an drei, vier oder fünf Wochenenden das Modell der dichteren Folge einer vermehrten Zahl von Veranstaltungen in einem Zeitraum von drei bis vier Wochen gegenüber, das sich in jeder Hinsicht als erfolgreich erwies und dem wir von da an folgten.

Im Herbst 1954 fuhr ich nach London, wo Benjamin Brittens neueste Oper „The Turn of the Screw" bei Saddlers Wells eben herausgekommen war. Die wunderbare Transparenz der auf 13 Musiker gestellten Partitur, die vorzügliche Besetzung (mit Peter Pears in der Schlüsselrolle des Dieners Quint) beeindruckten mich tief. Daß das Sujet der Novelle von Henry James mit seiner homoerotischen Komponente nicht von allen unseren Besuchern als „festspiel- oder rokokolike" empfunden werden würde, war mir klar. Ich hatte dennoch keinen Zweifel, daß die Erstaufführung dieses Werkes für Deutschland unter Brittens Leitung ein richtiger und wichtiger Schritt auf dem Wege zu einer eigenständigen Schwetzinger Dramaturgie sein würde. Verbunden damit war übrigens ein Liederabend von Peter Pears (mit Britten am Flügel), der einen künstlerischen Höhepunkt sondergleichen und auf Jahre hinaus bezeichnete. Eine Sternstunde für das immer noch junge Festival.

Zur Eröffnung der Saison 1955 gab es Rossinis damals in Deutschland fast unbekannte buffa „Il Signor Bruschino" – die erste und einzige Eigenproduktion der Festspiele, die trotz einzelner guter Sänger (wie Marcello Cortis in der Titelrolle) über ein achtbares Niveau nicht hinauskam, vom Publikum gleichwohl freundlich aufgenommen wurde. Sie markierte die Grenzen des für das junge Festival aus Eigenem Erreichbare, verhalf deshalb aber auch zu der Einsicht, daß es generell sinnvoller war, für Schwetzinger Produktionen die Kooperation einer ständigen Bühne zu gewinnen, in deren Repertoire die jeweilige Inszenierung anschließend überging. Diesem auch wirtschaftlich plausibleren Prinzip sind wir von da an so gut wie ausschließlich gefolgt, wobei die Mitwirkung des SDR-eigenen Sinfonieorchesters (wie auch gelegentlich des Chors) für die auswärtigen Ensembles, die ja gleichzeitig auch den heimischen Spielplan aufrechtzuerhalten hatten, einen oftmals wesentlichen Faktor bedeutete. Daneben gab es, vor allem im Schauspiel, das gute alte „Gastspiel" eines renommierten Theaters mit einer vorzeigens- und sehenswerten Inszenierung. Im Schillerjahr 1955 war es „Der Parasit" in einer Aufführung des Düsseldorfer Schauspielhauses (in Willi Schmidts Inszenierung mit dem unvergeßlichen Hermann Schomberg in der Titelrolle).

Zum ersten Mal wurden vier Schwetzinger Serenadenkonzerte mit Musik der „Mannheimer Schule" eingefügt, welch letztere damals von Eugen Bodart und seinem Kurpfälzischen Kammerorchester kontinuierlich und systematisch für das Musikprogramm des Heidelberger Studios auch außerhalb der Festspiele produziert wurde. Im Konzertprogramm gastierten ferner Hans Rosbaud mit dem Südwestfunk-Orchester und Georg Solti, der als damaliger Frankfurter Musikchef mit seinem Orchester den Beschluß der Saison machte.

1956 – das ursprünglich anvisierte Jahr der Egk-Premiere – war das 200. Geburtsjahr Mozarts. Es wäre hübsch gewesen, dabei neben der unumgänglichen Hommage an den Jubilar mit der Uraufführung einer musikalischen Charakterkomödie herauszukommen. Diese hatten wir, wie geschildert, verschieben müssen. Wir versuchten, aus der Not eine Tugend zu machen, indem wir, abgesehen von einem Stuttgarter „Don Giovanni" (mit George London in der Titelpartie) und einer abermaligen „Cosi fan tutte" (diesmal vorzüglich, in Günter Rennerts Hamburger Inszenierung), Vorläufer und Zeitgenossen Mozarts sprechen ließen, das Genie in seinen künstlerischen Voraussetzungen, in seinem theater- und musikgeschichtlichen Umfeld zeigten. Ein in der Vorbereitung anspruchsvolles, mühsames Unterfangen, das aber recht zufriedenstellend gelang. Es begann mit einer Oper des italienischen Buffonisten Baldassare Galuppi „L'amante di tutte", die vom Teatro La Fenice Venedig unter Virgilio Mortari für Schwetzingen vorbereitet wurde, als erste in einer Reihe von Wiederaufführungen vergessener Opern aus Barock und Vorklassik, die zum festen Bestandteil der „Schwetzinger Dramaturgie" wurden. Ihr folgte des dreizehnjährigen Mozart „La finta semplice", nach Goldoni, die den Wunderknaben ganz im Schema der zeitgenössischen buffa und ihrer Formulierungen zeigt. Bernhard Paumgartner war Bearbeiter und (mit dem Salzburger Mozarteumsorchester) Dirigent der Aufführung. Im Schauspiel gab es eine fulminante Inszenierung des Figaro-Urbildes „Der tolle Tag" von Beaumarchais durch Herbert Maisch mit seinem Kölner Ensemble, zu dem René Deltgen (als Figaro), Romuald Pekny (als Graf Almaviva), Gisela Holzinger (als Gräfin) und Edith Teichmann (als Susanne) gehörten. Die Baseler „Komödie" steuerte Goldonis „Schlaue Witwe" bei – womit jener Autor im Programm eigens vertreten war, der das Theater im 18. Jahrhundert, ob Oper, ob Schauspiel, wie kein zweiter befruchtet und geprägt hat.

Unter den Konzerten war – 1956! – denkwürdig der Auftritt des Leipziger Gewandhausorchesters mit einem Mozart-Abend unter Franz Konwitschny.

1957 dann war es soweit: Die erste Auftragsoper des Süddeutschen Rundfunks für die Festspiele ging in Szene, Egks „Revisor". Günter Rennert inszenierte, Egk selber dirigierte, das Stuttgarter Opernensemble (mit Gerhard Stolze als Chlestakow) brillierte in der handfest, routiniert und bühnenkundig gearbeiteten Musik-Komödie. Es war ein außerordentlicher Erfolg, der, wie erwartet, Schwetzingen weit nach vorne und in die Feuilletons der internationalen Presse brachte. Und nicht nur das: ein opulenter Empfang nach der Premiere, mit dem sowjetrussischen Botschafter Smirnow (wegen Gogol!) im Mittelpunkt, sorgte für Beachtung sogar im politischen Teil. Intendant Eberhard, dessen politische Ambitionen als ehemaliger Leiter des „Büros für Friedensfragen" stets virulent waren, strahlte ob der Gelegenheit, dem sowjetischen Gast seine Sicht der Weltläufte vermitteln zu können, welche dieser mit unverrückbar säuerlicher Diplomatenmiene, sonst aber – wie den ganzen Abend – mit freundlicher Herablassung quittierte.

Ein Jahr später, 1958, war Carl Orff der zeitgenössische Meister im Programm. Seine Monteverdi-Neuschöpfungen „Klage der Ariadne", „Orfeo" und „Tanz der Spröden" erschienen in der Zusammenfassung zum Trittico teatrale „Lamenti" erstmalig auf der Bühne. In der Inszenierung des Heidelberger Intendanten Paul Hager machte die Ausstattung von Jean-Pierre Ponnelle Furore.

Der junge Ponnelle ist es auch gewesen, der zusammen mit Kurt Jooss, einem der

Protagonisten des modernen Bühnentanzes zwischen den Kriegen, die „Fairy Queen" für Schwetzingen schuf, Henry Purcells Ballettoper nach dem „Sommernachtstraum", die in dieser Version zum Schwetzinger Ereignis schlechthin wurde und in den Folgejahren noch dreimal wieder aufgenommen worden ist.

In diesen Jahren verfolgte ich den Gedanken, dem Schwetzinger Zyklus jeweils einen Mittelpunkt oder jedenfalls ein Motto zu geben, auf das sich die einzelnen Werke gemeinsam beziehen ließen. 1958 waren es antike Stoffkreise und ihre Verwandlung oder Anverwandlung durch die Zeitgenossen. Neben den Orff'schen „Lamenti" gab es im Schauspiel eine Neuübersetzung der „Lysistrata" des Aristophanes (durch Wolfgang Schadewaldt), inszeniert von Gustav Rudolf Sellner mit seinem Darmstädter Ensemble, und das Wiener Burgtheater gastierte mit Thornton Wilders „Alkestiade", worin Käthe Gold (in der Titelrolle), Albin Skoda, Hans Thimig, Raoul Aslan und andere Koryphäen Burgtheaterstil demonstrierten. 1959 waren Natur und Naturmythos die thematischen Bezugspunkte, denen wesentliche Teile des Programms sich zuordnen ließen: Haydns „Jahreszeiten" (in einer denkwürdigen Aufführung mit Agnes Giebel, Fritz Wunderlich und Kieth Engen unter Hans Müller-Kray, dem immer wieder einmal solche exemplarische Produktionen gelangen), Händels „Acis und Galatea" (welch letztere in Marmor von Grupellos Hand auch im Park zu besichtigen war und ist), der schon erwähnte „Sommernachtstraum" Purcell-Shakespeares (in dem eine junge Tänzerin namens Pina Bausch tiefen Eindruck hinterließ) und im Schauspiel als neuzeitlicher Kontrapunkt die „Undine" von Jean Giraudoux. Geplant war ursprünglich auch Hans Werner Henzes „König Hirsch" in einer Version für Schwetzingen mit Sellner als Regisseur. Das Projekt überstieg aber am Ende unsere Möglichkeiten und, wie wir fanden, die des Darmstädter Ensembles.

Ein Jahr später, 1960, war Walter Felsenstein mit der Komischen Oper aus Ost-Berlin zu Gast. Er inszenierte für Schwetzingen den „Barbier von Sevilla" – nicht den von Rossini, sondern den des Mozart-Zeitgenossen Giovanni Paisiello, eine musikalische Charakterkomödie, in der die Nachbarschaft zu „Figaros Hochzeit" ungleich deutlicher wird als bei dem jüngeren Spaßmacher Rossini. Die bejubelte Aufführung war ein Markstein in unseren Bemühungen um exemplarische „Remakes" vergessener Opern. Aber nicht nur das. Ebenso bemerkenswert war die Tatsache dieser Gastinszenierung aus Ost-Berlin selbst, die 1961 wiederholt wurde, aber schon bald darauf so nicht mehr möglich gewesen wäre. Noch über zwei, drei Jahre hinweg blieb ich mit Felsenstein im Gespräch wegen eines Schwetzinger „Don Giovanni". Aber dazu kam es nicht. Ohnedies „litt" der große Regisseur an diesem „opus summum", das er immer wieder einmal in der ihm eigenen Zuspitzung „unaufführbar" nannte, womit nichts anderes gemeint war als die Unmöglichkeit einer Realisierung, die seinen Ansprüchen genügt hätte. Einige Jahre darauf, bei der dann schließlich zustande gekommenen Berliner Inszenierung, bestätigte er diese Befürchtung gleichsam vor sich selbst – ein Beispiel von „self-fulfilling prophecy". Bis zu seinem Tod im Jahre 1975 bin ich dem einzigartigen Mann, dem ich Bewunderung entgegenbrachte und der mich freundschaftliche Verbundenheit spüren ließ, noch mehrmals begegnet. Für Schwetzingen, leider, geriet nichts mehr.

1961 erlebte als weitere Auftragsoper des Süddeutschen Rundfunks Hans Werner Henzes „Elegie für junge Liebende" ihre Uraufführung durch die Bayerische Staatsoper vor einem internationalen Publikum, darunter W. H. Auden als einer der beiden Librettisten, mit Dietrich Fischer-Dieskau in der Partie des Dichters Gregor Mittenhofer. In Schwetzingen hatte sich damit, so darf man sagen, neun Jahre nach dem Anfang Operngeschichte ereignet. Die „Elegie" bezeichnet einen Markstein in der Opernproduktion der 60er Jahre. Die Aufmerksamkeit, die das Mini-Festival (wie wir es nicht ganz ohne selbstzufriedene Koketterie gelegentlich nannten) auf sich gezogen hatte, blieb uns auch im nächsten Jahr erhalten. Es brachte bereits die nächste Uraufführung: Wolfgang Fortners Oper „In seinem Garten liebt Don Perlimplin Belisa" nach Federico Garcia Lorca. Zu Gast war die Kölner Oper. Oscar Fritz Schuh inszenierte, Wolfgang Sawallisch war der Dirigent einer gleichfalls vorzüglich gelungenen Aufführung. Zugleich brachte die Spielzeit 1962 eine weitere Produktion des Gespanns Jooss/Ponnelle: Rameaus „Castor und Pollux", mit der sich – wegen des entlegenen Stoffes – der fulminante Erfolg der „Fairy Queen" zwar nicht einfach wiederholte, die aber gleichwohl ein eindrucksvolles Beispiel für den Widerschein barocker Festlichkeit in der Vision zweier bedeutender Künstler des Gegenwarts-Theaters lieferte.

Neue Werke für das Musiktheater auf der einen Seite, ältere Stücke, vergessene insonderheit, deren Reproduktion in der Gegenwart lohnend und erfolgversprechend erschien, auf der anderen: dieses Grundmuster einer „Schwetzinger Dramaturgie" hatte sich nach zehn Jahren in vielerlei Variationen ausgeprägt und behauptet, das Rokokotheater war zu einem Kristallisationspunkt zeitgenössischen Theaters am historischen Ort geworden und dieser umgekehrt zu einem Ort der Auseinandersetzung mit der Vergangenheit aus dem Geiste und unter den Händen der Zeitgenossen. Es war, denke ich, gelungen, den „Festspielen", der Name hatte sich mittlerweile unumstößlich eingebürgert, das eigene Profil zu geben, das den künstlerisch Beteiligten von Anbeginn vorgeschwebt hatte. Es blieb maßgebend auch für die folgenden 25 Jahre, in denen ich dem Unternehmen verbunden blieb, Thema mit vielerlei weiteren und neuen Variationen.

Schwetzingen hatte also eine „Dramaturgie". Hatte es aber auch, wie es sich gehört, eine „Philosophie"? Eine Antwort nämlich auf die Frage, wieso eine Rundfunkanstalt – ein wenig abseits doch wohl von ihren eigentlichen Zwecken – als Bühnenunternehmen, als Veranstalter eines Theaterfestivals sich betätigt? Natürlich, mit dem Hinweis auf die Mäzenatenrolle des Rundfunks war man auch in diesem Falle schnell zur Hand, nicht zuletzt diejenigen, die gleichzeitig Sparsamkeit als höchstes Ziel anmahnten und zusahen, wie der Rundfunk im Zeichen rigoroser Gebührenpolitik immer weniger imstande war, diese Rolle zu spielen.

Mir schien die Formel immer vordergründig und zu wenig substantiiert, nicht nur in Bezug auf Schwetzingen. Wieso war der Rundfunk ein Mäzen? Wer hatte uns autorisiert, ob das Geld nun reichte oder nicht, als Mäzen aufzutreten? Und wer erwartete es von uns? Das „Massenpublikum" der „Massenmedien" doch wohl kaum? Wie also rechtfertigte (und rechtfertigt) sich das selbstverordnete oder zudiktierte „Mäzenatentum"?

Ich habe mich dazu immer wieder einmal geäußert, ohne den alten Maecenas, der ja ein Privatmann war und sein Geld lassen konnte, wo und wie es ihm behagte, als unpassenden Berufungsfall bemühen zu müssen, zum Beispiel, als es in der leidigen Gebührendiskussion um rundfunkeigene Klangkörper, Orchester und Chöre ging, deren Unterhalt ja nicht eben billig ist. „Der Rundfunk", sagte ich 1968 vor dem Deutschen Musikrat, „ist ein Vermittler, ein Medium, und so bezeichnet ihn bekanntlich auch die einschlägige Fachliteratur. Ganz zu recht. Das gilt ganz allgemein, nicht nur für den musikalischen Sektor seiner Programme – und dennoch hier in ganz besonderem Maße. Er überschüttet, ein ungeheurer Warenumschlagplatz, seine Hörer als Konsumenten mit einem Massenangebot der Ware Musik. Das ist, wie sehr im einzelnen auch seine Programmgestalter sich um das beste, charakteristische und ästhetisch befriedigende Programm bemühen, aufs Ganze gesehen doch eine Verteilerfunktion: dem Großhandel näher als einer künstlerisch-schöpferischen Tätigkeit. Von der aber leben wir doch letztlich. Man braucht dabei gar nicht pathetisch in die hohen Gefilde großer Kunst entweichen: vom Einfall, der Fähigkeit, ihn zu formulieren, vom Talent, der Begabung, ihn zu reproduzieren, hängt die Unterhaltungsindustrie genau so ab wie unsere eigentliche Musikkultur. Und deshalb ist es meine Überzeugung, daß wir mitten in unserer Tätigkeit fürs Programm, mitten im Auswählen, Anbieten, Vermitteln ein Zeichen, einen Bezugspunkt für all das setzen müssen: wir müssen die Voraussetzungen dafür schaffen, daß bei uns selbst musiziert wird. Anders sind die Rundfunkanstalten als kulturelle Institutionen, als Stätten, an denen etwas ‚gepflegt' wird – denn das heißt ja ‚Kultur' – überhaupt nicht existent und auch nicht glaubhaft. Ein ‚Rundfunkprogramm' ist an sich noch kein Ort der Musikpflege, es ist ein publizistisches Organ zur Verbreitung von Musik – aber es ist als solches vollkommen davon abhängig, daß es Musikpflege, daß es Musikkultur gibt. Und hierin liegt, denke ich, der Grund dafür, daß Rundfunkanstalten Orchester und Chöre unterhalten müssen. Es geht um Identität und Glaubwürdigkeit im Verhältnis zur Aufgabe und zur Funktion: der größte Promotor, der größte Verbreiter von Musik, der größte Popularisator von Musik hat im Interesse derer, denen er dient, im Interesse seiner Hörer ebenso wie in einem gesamtgesellschaftlichen Interesse die Verpflichtung, Musik nicht nur als Produkt, sondern Musik als produktiven Prozeß zu verstehen, glaubhaft zu machen, selbst zu vollziehen und sichtbar vorzustellen. Ich glaube, daß es dafür bei einer ganz überwiegend großen Zahl von Hörern, weit über die eigentlichen Interessenten an sinfonischer Musik hinaus, ein elementar richtiges Gefühl und Verständnis gibt. Musik ist das, was Musikanten machen, und wer Musik will, muß sich an die Musiker halten. Auf die Dauer kann Musik nicht davon leben, was irgendwer irgendwann einmal ‚eingespielt' hat."

Und auf Schwetzingen bezogen, 1976: „Der Rundfunk wird gerade in seinem künstlerischen Programm stets nur zum kleinsten Teil schöpferisch aus sich selbst sein. In eminentem Maße bleibt er angewiesen, direkt und indirekt, auf das, was hervorgebracht wird in den ursprünglichen Bereichen von Musik und Theater, aus denen sich dieses Programm speist und aus denen es seine Funktion für ein breites Publikum herleitet. Gerade deshalb aber und in demselben Maße sind die Programmverantwortlichen – Arrangeure, Disponenten weithin – darauf angewiesen, an einigen wenigen Punkten selbst gestaltend und nicht nur vermittelnd zu wirken. Denn nur dadurch bleiben sie in Verbindung mit dem Ursprung ihrer Betätigung. Ja, letztlich empfangen sie nur aus diesem schmalen Sektor ihres Wirkens ihre Legitimation als künstlerisch Tätige."

Bestärkt durch solche Gedankengänge, Mustersätze geradezu eines „ideologischen Überbaus", und gestützt auf steigenden Erfolg und öffentliche Anerkennung in diesem ersten Jahrzehnt, führten wir das Begonnene fort. Bis 1987, dem Jahr, in welchem ich ausschied, gab es in Schwetzingen mehr als 30 Uraufführungen oder Deutsche Erstaufführungen, zurückgehend fast alle auf Kompositions-, Bearbeitungs- oder Übersetzungsaufträge des Süddeutschen Rundfunks bzw. der Schwetzinger Festspiele, ferner rund 30, häufig von Schwetzingen angeregte Inszenierungen älterer Opern und Schauspiele, darunter auch mehrere Gastspiele italienischer, französischer und österreichischer Truppen; musterhafte Goldoni-Aufführungen Luigi Squarzinas mit dem Teatro stabile di Genova (unvergeßlich „Una delle ultime sere di Carnovale"), Giorgio Strehlers „Diener zweier Herren" natürlich, Roger Planchon mit „George Dandin" zum ersten Mal in Deutschland, Hugo von Hofmannsthals „Rosenkavalier", die Komödie für Musik als Schauspiel vom Wiener Theater in der Josefstadt.

Inzwischen hatte Schwetzingen auch sein Publikum gefunden oder das Publikum Schwetzingen, je nach dem. Es waren zumeist natürlich Besucher aus den umliegenden Großstädten und Wirtschaftszentren, aber mit der Zeit auch solche, die von weiter her kamen. Der große Hermann Josef Abs gehörte viele Jahre zu ihnen, auch manch anderer Bankier oder sonstige Prominenz aus der musengeneigten Wirtschaft. Die große Garderobe beherrschte mehr und mehr die Premieren und viele weitere Vorstellungen im Rokokotheater. Die Auffahrt der Limousinen in den nördlichen Alleen des Parks nahm nachgerade bedrohlichen Umfang an.

Aber auch bescheidenere Besucher, Schwetzingen-pilgernde Fußgänger fanden Zutritt. Ich erinnere mich an einen pensionierten Beamten, der Jahr für Jahr, bis zu seinem Ableben, für die Dauer der Festspiele in eines der preiswerteren Hotels übersiedelte, jede Vorstellung und jedes Konzert „buchte" und tagsüber in einer Wanderkluft aus der Zeit vor dem Ersten Weltkrieg die Schönheiten der Schwetzinger Umgebung, die Rheinauen, den Pfälzer- wie den Odenwald erkundete.

Die Eintrittspreise hielten sich, hielten wir in vergleichsweise moderaten Grenzen. Ein und dieselbe Darbietung beispielsweise der Bayerischen Staatsoper war im Schwetzinger Rokokotheater für die Hälfte des Preises zu sehen, der in München zum Eintritt ins Cuvilliés-Theater erlegt werden mußte. Das führte natürlich auch zu internen Diskussionen und Überlegungen. Aber zum einen zweifelten wir an der Vergleichbarkeit rheinpfälzischer mit weltstädtisch Münchnerischer Theaterlandschaft, zum anderen meinten wir, der Charakter eines von der gemeinnützigen Institution des Rundfunks getragenen und schließlich aus Werbeerträgen subventionierten, der kunstinteressierten Öffentlichkeit gewidmeten Unternehmens verpflichte dazu, dies auch bei den Preisen spüren zu lassen. Wahrscheinlich ist das Verständnis dieser Art von Noblesse auf uns selbst beschränkt gewesen. Als 1987 die Eintrittspreise bei der Oper ziemlich drastisch angehoben wurden, hatte dies keinerlei Rückwirkungen auf die Nachfrage. Im Gegenteil, man konnte – bei einem allerdings höchst attraktiven Programmangebot – den Eindruck haben, als empfänden die Nachfragenden den weit höheren Preis nur umso mehr als Affidavit ihres Festspielbewußtseins. Natürlich spielte dabei nicht zuletzt auch die geringe Zahl der im kleinen Rokokotheater überhaupt verfügbaren Plätze eine Rolle. Dabeizusein war für viele von jeher schon das meiste. Von daher hatte das Ganze dann schließlich doch einen Anhauch von Klein-Salzburg.

Den Kritikern blieb das nicht verborgen. Der Flieder und der Spargel stimmten sie doppelt mißtrauisch. Kaum eine Rezension – selbst, wenn sie sich mit der künstlerischen Seite ernsthaft auseinandersetzte –, die nicht wenigstens in einem Halbsatz Besucher wie Veranstalter der „Konsumhaltung" geziehen, Kulinarismus angekreidet hätte. „Vor dem Spargel" lautete in der „Stuttgarter Zeitung" die Überschrift über die Programmankündigung einer Spielzeit, in der immerhin die Uraufführung einer neuen Auftragsoper sowie die Inszenierung einer weiteren bis dato unbekannten Oper von Paisiello mitzuteilen war. Wobei der criticus übersah, daß die von ihm Apostrophierten den Spargel *vor* der Oper, die Oper *nach* dem Spargel zu konsumieren pflegen. Das Wort vom „Spargel- und Fliederfestival", von einem Kollegen in einer Sternstunde schon lange vor der zeitungsverlegerischen Sprachregelung wider alles Öffentlich-Rechtliche geprägt, wurde von der Zunft danach nur umso williger in Lizenz weiterverwandt und weidlich strapaziert. Gewiß doch: viele der Festival- und Gartengänger im Schwetzinger Mai suchten und suchen vor allem das sinnliche Vergnügen – das geistige, immerhin, reist hie und da als blinder Passagier mit und gibt sich doch am Ende zu erkennen. Womit in der Tat nichts ausschließlich Positives über die Motivation der Besucher gesagt ist. Nur sollten die unschuldigen Akzidenzien – Flieder, Spargel, Rokoko – dafür nicht in Beugehaft genommen werden. Die strenge Alternative, Festspiele im November, haben wir jedenfalls nicht in Erwägung gezogen.

Das Schwetzinger Unternehmen des Süddeutschen Rundfunks hat sich finanziell immer wieder als krisenanfällig, am Ende aber immer wieder auch als krisenbeständig erwiesen. Die Anfälligkeit rührte her von der Unsicherheit, in der seit Ende der 60er Jahre die Rundfunkanstalten bezüglich ihrer Finanzen, nämlich fälliger Gebührenerhöhungen, gehalten wurden. Das immer gleiche Ritual des „Zu spät" und „Zu wenig" (worüber ich an anderer Stelle etwas ausführlicher spreche) erzeugte per

Druckwelle in den zuständigen Gremien das schwetzingenspezifische Folgeritual, nämlich den mit Sorgenfalten vorgetragenen Zweifel, ob der Süddeutsche Rundfunk sich die Schwetzinger Festspiele noch weiter werde leisten können oder ob er unter solchen Umständen die Überschüsse aus dem Werbegeschäft nicht vielmehr in vollem Umfange für die eigenen Zwecke selbst vereinnahmen müsse. Hierauf dann regelmäßig der Hinweis, daß die Subvention aus steuerbegünstigten Anteilen des Gewinns der Rundfunkwerbung sich herleite, wodurch, recht betrachtet, zwei Drittel dieser Subvention nicht den Werbeerträgen, sondern dem Finanzamt abgewonnen würden. Nun ja, man werde sehen... so lange wie möglich solle und werde Schwetzingen erhalten bleiben. Woraus erhellt, daß das Unternehmen auch zwanzig und mehr Jahre nach der Gründung unverändert als ein Anhängsel betrachtet wurde, und manchmal auch als Klotz am Bein. Gelegentlich bei solchen Diskussionen kam ich mir vor wie einer, dem aus Sympathie für seine Person, wenn auch nicht ohne Bedenken, ein Spielplatz eingeräumt blieb, auf dem er sich, wie man wußte, nun einmal mit Vergnügen tummelte.

Nun war, solange der Hörfunk allein die Festspielprogramme verwertete, die szenische Aufführung von Opern, Schauspielen und Ballettdarbietungen tatsächlich eine Betätigung hart am Rande des Unternehmenszwecks, von den Notwendigkeiten der Programmherstellung für dieses Medium kaum gedeckt, jedenfalls nicht im ganzen Umfang. Es blieb trotzdem, mehr als 30 Jahre, dabei. Das Fernsehen, das der Sache ein anderes Ansehen gegeben hätte, blieb abstinent, sieht man von zwei Übertragungen am Anfang, der „Schlauen Witwe" 1956 und des „Revisor" 1957, ab. Schwetzingen paßte nicht ins Konzept des Kollegen von der Fernsehdirektion, nicht einmal aus prominentem Anlaß gab es Ausnahmen von der Regel. Und so blieben selbst theatralische Spektakel erster Ordnung, Feststücke fürs Auge wahrhaftig, wie „Fairy Queen", „Castor und Pollux", „Paris und Helena", „Der gestiefelte Kater", ein „Sturm"-Ballett vom Bildschirm verbannt; undokumentiert denkwürdige Uraufführungen oder Inszenierungen von Felsenstein, Schuh, Rennert und Sellner. Der Süddeutsche Rundfunk hat, was das Fernsehen betrifft, mit dem Schwetzinger Pfund wahrhaftig nicht gewuchert. Das wurde anders erst in der letzten Phase meiner Tätigkeit, mit einem Wechsel in der Fernsehdirektion des Hauses und bedingt durch den Eintritt eines erfahrenen Fachmannes für die Fernseh-Opernproduktion, Gerhard Reutter, ins Schwetzinger Leitungsteam. Von 1985 an gab es Fernsehproduktionen von Schwetzinger Aufführungen ziemlich plötzlich in dichter Folge, realisiert nicht allein vom Süddeutschen Rundfunk, sondern auch von anderen Rundfunkanstalten bzw. im Verein mit ihnen: Händels „Agrippina", die Uraufführung des „Werther" von H. J. von Bose, Cimarosas „Heimliche Ehe", Rossinis „Italienerin in Algier" und Glucks „Echo und Narziß", verbunden mit der Opernserenade „I cinesi". Was vorher nur gleichsam theoretisch postuliert werden konnte, erwies sich dabei in praxi: das Rokokotheater als fernsehgerechte, „telegene" Szene, in der selbst die „Totale", im Gegensatz zu den illustren, großen Opernhäusern, menschliche Maße bewahrt, den Bildschirm kaum überfordert.

Schwetzingen hatte und hat also dem Fernsehen etwas zu geben, Singuläres, an anderer Stelle nicht einfach Wiederholbares sogar. Das Festspielunternehmen in der Hand einer Rundfunkanstalt, noch dazu an einem der reizvollsten Orte der deutschen Theatervergangenheit, bietet einzigartige Voraussetzungen für den Sektor der Opernproduktion im Fernsehen, ideell wie ökonomisch. Die Schwetzinger Veranstaltungen können die Basis schaffen für Fernsehproduktionen, deren Kosten auf solche Weise deutlich gesenkt werden, während sie gleichzeitig in einer Gesamtkostenrechnung umgekehrt auch dem Festival zugute kommen – ganz zu schweigen davon, daß im Zeitalter der Medien die Bedeutung des Fernsehens mit seiner Breitenwirkung, seinem Massenappeal für das Festspielunternehmen als solches gar nicht hoch genug eingeschätzt werden kann. Nachdem diese Zusammenhänge sich in der Praxis zu verdeutlichen begannen, habe ich darin mehr und mehr ein ausschlaggebendes Moment für eine zukünftige und zukunftssichere Entwicklung des Festivals gesehen. Gewiß, dem Fernsehen wohnt die Tendenz inne, Ereignisse und Gegenstände, denen es sich zuwendet, nach seinen Bedürfnissen zu modeln, zu Objekten seiner Produktionserfordernisse zu machen. Die Schwetzinger Festspiele müssen aber ihre eigene Dramaturgie auch in einer künftigen Entwicklung bewahren. Diese zu ermöglichen, war der eigentliche Inhalt meiner Tätigkeit in den letzten drei Jahren, in denen ich mit Schwetzingen verbunden war. Drei Jahre, die man, zeitlich gesehen, als eine Art „Überhangmandat" bezeichnen könnte. Ich war als SDR-Programmdirektor ausgeschieden, im Ruhestand, versah aber noch weiterhin die Funktion des Geschäftsführers und Künstlerischen Leiters der „Schwetzinger Festspiele GmbH", auf Ersuchen des Intendanten Hans Bausch, nachdem eine passende andere Lösung sich damals nicht anbot. Später äußerte er gelegentlich die Sorge, es könne das „Interim" sich ungebührlich ausdehnen. Sie war unbegründet. Als leidlich ordnungsliebender Mensch empfand ich schlicht und einfach die Verpflichtung, besagte Zukunftsvorsorge für das Unternehmen zu betreiben, das ich mehr als 30 Jahre zuvor mit so großen Zweifeln begonnen, mehr und mehr aber als eine wesentliche Aufgabe im Süddeutschen Rundfunk zu begreifen gelernt hatte. Zukunftsvorsorge – sie schloß ganz selbstverständlich von Anfang an den Übergang in andere Hände, neue Aspekte und Impulse und schließlich den eigenen Rücktritt ein. Mit dem langjährigen Weggenossen Grüb gab es da Schwierigkeiten: Er zog sich grollend von einem Werke zurück, das auch das seine gewesen war, dies aber unbegrenzt so wenig bleiben konnte wie das meine. Zukunftsvorsorge – sie betraf die Stellung des Unternehmens unter den mittlerweile zahlreichen und nicht weniger renommierten anderen Festspielen, mit denen es sich zu messen hatte und an denen es gemessen wurde; und sie betraf nicht zuletzt auch die finanzielle Sicherung und in beiderlei Zusammenhang eben wieder das Fernsehen. Was das anging, so blieb es aber beim Unverbindlichen. Das Fernsehen, anders zwar als in den vielen Vorjahren, zeigte sich interessiert, war mit von der Partie von Fall zu Fall, zu einer grundlegenden Programmentscheidung, die auch eine programmpolitische Entscheidung gewesen wäre und Schwetzingen zu einem festen Bestandteil der Fernsehproduktion des Süddeutschen Rundfunks gemacht hätte, kam es so wenig wie früher. Das Festival blieb im Grunde das Anhängsel aus den 50er Jahren auch weiterhin, ein attachiertes Bühnenunternehmen, ein wunderliches Schaustück im Kranz der Absonderlichkeiten, mit denen der öffentliche Rundfunk seine Gegner und Anhänger immer wieder zu verblüffen weiß.

„Kultur" sei „das Überflüssige", habe ich aus der Feder eines gescheiten Zeitgenossen – war es Bert Brecht? – einmal gelesen. Ein famoses Wort, sofern es nicht dahin mißverstanden wird, als sei das „Unnötige" oder gar „Entbehrliche" gemeint. Überflüssig in solchem Sinne sind ganz gewiß zahlreiche Aktivitäten des Rundfunks, wie er sich in Deutschland von Anbeginn, ganz besonders aber nach dem Kriege entwickelt hat. Gottlob, daß es sie, wenn auch zunehmend erschwert, immer noch gibt. Und überflüssig in solchem Sinne, hervorgegangen aus dem Überfluß künstlerischer und geistiger Interessen, dem Bedürfnis nach Durchdringung und Steigerung des Daseins, sind die Schloß- und Gartenanlagen in Schwetzingen, Überfluß bezeichnet ihre Entstehung, Blütezeit und Geschichte. Die tätige Reminiszenz hieran ist, 200 Jahre danach, was uns mit den Geistern ihrer Gründungszeit verbindet – unter ihnen der berühmte Voltaire, den es so sehr nach Schwetzingen zurück verlangte.

Hörfunk für Zuschauer. Mehrheiten, Minderheiten, zu viele Programme, zu wenig Geld

Am 6. Dezember 1949 erwachten mehr als 40 Intendanten, Direktoren, Vorsitzende von Aufsichtsgremien und weitere Chargen der damals bestehenden sechs bundesdeutschen Rundfunkanstalten und von RIAS Berlin im ehemals prachtvollen, leidlich erhaltenen Kurhotel von Bad Neuenahr. Ein jeder fand in einem seiner Schuhe, die man damals noch vor die Zimmertür stellte, ein Angebinde von Süßigkeiten und Souvenirs der Kur- und Bäderverwaltung. Es war Nikolaustag, und die örtlichen Amts- und Würdenträger ließen es sich nicht nehmen, auf diese Weise den Vertretern der hochangesehenen Institutionen des Rundfunks ihre Wertschätzung nebst dem Dank dafür zum Ausdruck zu bringen, daß ihr Städtchen zum Tagungsort für die umfangreichste bisher abgehaltene Konferenz ausersehen worden war. Das waren noch Zeiten!

Zum ersten Mal versammelten sich neben und zusammen mit den Intendanten und ihren leitenden Mitarbeitern auch die Vorsitzenden der gesetzlichen Aufsichtsorgane bei den einzelnen Anstalten, also der Rundfunk- und Verwaltungsräte in Bayern, Württemberg-Baden, Hessen und Bremen sowie der länderübergreifenden Gremien des Südwestfunks und des Nordwestdeutschen Rundfunks. (Welch letzterer keinen Rundfunkrat, sondern einen Hauptausschuß sein eigen nannte, bei dem schon damals Staat und Parteien die Unabhängigkeit wirksam in ihre Obhut genommen hatten.)

Beim Hessischen Rundfunk führte den Vorsitz im Rundfunkrat Kurt Magnus, bis 1933 Geschäftsführer der Reichsrundfunkgesellschaft RRG, Vorsitzender des Verwaltungsrates war Hans Bredow, der „Vater des deutschen Rundfunks". Ihm gesellte sich als stellvertretender Vorsitzender des NWDR-Hauptausschusses der rheinische Prälat Bernhard Marschall in wallender Soutane, auch er ein Pionier aus alten Rundfunktagen, der sich darauf nicht weniger zugute hielt als der Vater. Weshalb die respektlosen Enkel ihn „Mutter des deutschen Rundfunks" nannten – ein Titel, den er sich, schien es, noch nicht einmal ungern gefallen ließ.

Die Tagung in solcher Zusammensetzung, besonders aber eine Vorbesprechung der Vertreter der Aufsichtsorgane unter sich war das Werk Bredows, dem die bis dahin geübte Alleinvertretung der Anstalten durch die Intendanten gar nicht gefiel. Die meisten von ihnen waren ihm als unberechenbare Provinz-Potentaten äußerst suspekt, ihre Selbstherrlichkeit an die kurze Leine zu legen, schien ihm dringend geboten. Er initiierte eine Entschließung, derzufolge die Aufsichtsorgane künftig in einer Arbeitsgemeinschaft zusammenzuarbeiten beschlossen, deren Vorsitz folgerichtig ihm übertragen wurde.

Die Bekanntgabe dieser Entschließung in der eigentlichen Konferenz geriet ihm ziemlich pompös, er genoß sie sichtlich als Triumph seiner althergebrachten Autorität über etwa Widerstrebende. Wobei ihm auch die Wendung unterlief, die Intendanten hätten sich nach dem Inhalt der Entschließung zu richten. Das rief den impulsiven Fritz Eberhard auf den Plan, der sich einen derart bevormundenden Ton schlicht und einfach verbat und damit auch seinen Kollegen zweifellos aus dem Herzen sprach. Die Kuh vom Eis brachte der Münchner Intendant Rudolf von Scholtz, der vorschlug, die Zusammenarbeit der Rundfunkanstalten künftig unter Beteiligung von Vertretern der Aufsichtsorgane, also gemeinsam mit ihnen fortzuführen. Dem konnte Bredow nicht gut widersprechen, und als am folgenden Tage bei einer neuerlichen Sonderbesprechung der Gremienvorsitzenden der bayerische Landtagspräsident Horlacher ins gleiche Horn stieß, war die Bredow'sche Arbeitsgemeinschaft der Kontrolleure tot. An deren Statt traten nun Verhandlungen über eine Arbeitsgemeinschaft der Anstalten mit den Intendanten als deren gesetzlichen Vertretern und unter Beteiligung, von Fall zu Fall, der gesetzlichen Aufsichtsorgane. Man war auf dem Marsch zur ARD. In Neuenahr hatte er begonnen. Nicht allzu lange danach, im Sommer 1950, endete er in München mit der formellen Gründung einer „Arbeitsgemeinschaft der Rundfunkanstalten in der Bundesrepublik Deutschland".

Tagungen der Intendanten, Programmdirektoren, Verwaltungschefs, Justitiare und anderer Verantwortlicher hatte es auch vorher schon gegeben. Jetzt wurden sie institutionalisiert, ausgestattet mit der gleichen Unverbindlichkeit, die ihnen auch vordem eigen gewesen war. Denn die Satzung der neuen ARD kannte Beschlüsse nur bei Einstimmigkeit (es sei denn, ein Mehrheitsbeschluß würde im Einzelfall einstimmig beschlossen) und beschloß daher wenig. In Programmfragen schon gar nichts. Umso bemerkenswerter, daß, ganz ohne Beschlüsse, immer wieder gemeinsam berührende Fragen gemeinsamen Lösungen zugeführt wurden und daß ein freier Austausch von Informationen und Programmen stattfand, der die Vielfalt bei jeder der beteiligten Anstalten förderte.

Als Vorsitzender in der Hörfunk-Kommission, also unter den Kollegen Programmdirektoren, hatte man sich demgemäß als Makler und Mittler zu betätigen, der die Probleme auf den Tisch legte, um sie nach freundlichem (oder auch einmal leidenschaftlichem) Gedankenaustausch wieder einzusammeln – mit unterschiedlichem Erfolg, was die Nachwirkungen der Diskussion anbetraf. Im Laufe der Zeit – ich war viermal Vorsitzender – lernte ich die Brisanz der zur Debatte stehenden Fragen und folglich die Chancen für Konsens oder Dissens einigermaßen zutreffend einzuschätzen, so daß ich dazu übergehen konnte, die Ergebnisprotokolle in den wesentlichen Zügen schon vor den Beratungen fertigzustellen, was dem zügigen Ablauf der Verhandlungen sehr zustatten kam.

Daß die Arbeitsgemeinschaft – das Kürzel ARD war damals in der Öffentlichkeit kaum bekannt – zwischen ihren so strikt auf Unabhängigkeit und Unverbindlichkeit haltenden Gliedern so unverhältnismäßig rasch mit Satzung, Brief und Siegel zustande kam, war nicht etwa einem drängenden Willen zur deutschen Einheit und Zentralgewalt im Rundfunk zu danken (wie Vater Bredow ihn verkörperte), sondern vielmehr der akut drohenden Gefahr, daß der neue Faktor Bundesrepublik sich anschickte, in solcher Richtung tätig zu werden. Es galt, zum ersten Mal, dem organisatorischen Zugriff der politischen Zentralgewalt durch ein Minimum an freiwilliger Koordination zuvorzukommen. Das wiederholte sich in vielen folgenden Jahren. Die Arbeitsgemeinschaft erfüllte sich immer dann mit Leben und emsiger Arbeit, wenn die Ministerialen des Bundes das Gelüst zeigten, dem Länderrundfunk, den die Anstalten nun einmal verkörperten, ein Bundesgewand überzustülpen (oder auch nur einen Wimpel anzustecken). Die Länder hatte sie damals auf ihrer Seite. Gleichwohl: daß der zunächst in der ARD, vom WDR, betriebene Kurzwellenfunk zu einer Bundesanstalt „Deutsche Welle" und die für lange Zeit vom NDR vorgehaltene „Lange Welle" als „Deutschlandfunk" in eine Organisation nach Bundesrecht überführt wurden, konnten weder ARD noch die Länder verhindern. Es waren hier ja Bundeszuständigkeiten schlecht zu leugnen.

Dem Fernsehen war von Bundes wegen das gleiche Schicksal zugedacht. Hier aber war die ARD notgedrungen schneller, und die Bundesambitionen waren, anders als bei der weltumspannenden Kurzwelle und beim gesamtdeutsch intendierten „Deutschlandfunk", weniger unabweislich. Im Sommer 1953 unterzeichneten die Intendanten der sechs Länderanstalten den Vertrag über das Fernseh-Gemeinschaftsprogramm, das am 1. November 1954, nachdem alle Sender an die von Norden nach Süden verlaufende Fernseh-Schiene angeschlossen waren, seinen Anfang nahm.

Man kann nicht sagen, daß die Rundfunkintendanten samt und sonders überzeugte Promotoren des Fernsehens gewesen wären. Im Gegenteil. Skeptische Zurückhaltung war an der Tagesordnung. Einige sparten nicht mit Ausdrücken der Geringschätzung für den Medien-Parvenu, von dem sich erst einmal erweisen mußte, ob er dem Rundfunk als kulturell renommierter Institution von Anbeginn überhaupt zuzurechnen sei. 1953, bei einem Mittagessen anläßlich der deutschen Vorauswahl zum internationalen „Prix Italia" – einem der Nachweise solchen Renommees –, konnten Friedrich Bischoff, der Baden-Badener Dichter-Intendant, und sein Kölner Kollege Hanns Hartmann, vormaliger Theaterleiter, sich gar nicht genug tun in spöttischer Verachtung. „Können Sie mir sagen, Herr Kollege, was wir da eigentlich senden sollen!?", tönte der schlesische Psalmist mit seiner sonoren Stimme über den Tisch. „Ich weiß es wahrhaftig auch nicht", erwiderte Hartmann, „wahrscheinlich läuft es hinaus auf van de Velde, mit Erläuterungen am Klavier!". Dröhnendes Gelächter. Und dabei waren beide wahrhaftig eindrucksvolle Gestalten – vielleicht die eindrucksvollsten unter ihren damaligen Kollegen –, denen es an Phantasie so wenig fehlte wie an leidenschaftlicher Hingabe an ihre Profession. Fernsehen – das war für sie und viele andere die nichtssagende Bebilderung des Beiläufigen, eine mit ungeheurem Kostenaufwand betriebene Eskapade ins Unverbindliche. Und was aus dem ersten Programmlabor der Anfangszeit, dem „NWD-Fernsehdienst" in Hamburg, sich sehen ließ, war wenig geeignet, sie zu widerlegen.

Der Rundfunkrat des SDR bildete im Sommer 1952 einen „Fernsehausschuß", der sich, vermehrt um reisewillige weitere Rats-Mitglieder, Anfang Februar 1953 zu einer Besichtigung nach Hamburg begab. Ich weiß nicht mehr, was wir gesehen haben, nur, daß ein niederschmetternder Eindruck auf den anderen folgte. Vergeblich mühte sich Werner Pleister, der Hamburger Programmdirektor, den verstockten Süddeutschen den Versuchscharakter der Darbietungen und diese selbst als respektable Beispiele für die Möglichkeiten des neuen Mediums nahezubringen. Auch Adolf Grimme, Generaldirektor des NWDR, dem die Entwicklung des neuen Mediums an erster Stelle anvertraut war, hatte nicht mehr Erfolg mit idealistisch getönten Ausblicken auf die erzieherische und volksbildende Rolle, die dem Fernsehen dereinst unaufhaltsam zuwachsen werde. Man blieb enttäuscht. Dem Verwaltungsrat ging es nicht anders. Und der hatte – zu allem hin – noch zu bedenken, was das Ganze kosten würde. Wahrhaftig, es hätte schlecht gestanden um den neuen Zögling, wäre man sich nicht – wie noch so manches Mal – einig gewesen in jener Überzeugung, der die Menschheit den Fortschritt auf so vielen Gebieten verdankt und die da lautet: Verhindern können wir es nicht, schauen wir also, daß wir das Beste daraus machen. (Was bekanntlich nicht immer gelingt.)

Beim Stuttgarter Intendanten Fritz Eberhard zeigte sich solch fatalistische Zuversicht durchaus ins Optimistische gewendet. Und es gab zwischen ihm und mir keine Meinungsverschiedenheit darüber, daß die Sache pragmatisch angegangen werden müsse. Warum, so sagte ich mir, sollte es im Kreis der publizistischen Aktivitäten des Rundfunks, wenn denn die Technik es ermöglichte, nicht auch eine Illustrierte geben? Und warum, da wir uns doch unsere Leistungen auf dem radiophonischen Sektor so sehr zugute hielten, müßten wir auf dem der Bilder von vornherein versagen? Was ich in den USA, Kanada und England gesehen hatte, verwies nicht bloß ins Negative, sondern vermittelte manche Anregung – und sei es aus dem Widerspruch. Hinzu kam, daß wir in dem schon erwähnten Kreis von Mitarbeitern um Helmut Jedele eine Gruppe interessierter, phantasievoller Leute bei uns hatten, von denen wir uns für die neue und neuartige Aufgabe einiges erhoffen durften. Über praktische Erfahrungen aus dem Berliner Fernsehfunk der Vorkriegsjahre verfügte Cläre Schimmel. Wir richteten unter Jedele ein „Büro für Fernsehfragen" ein, in dem Möglichkeiten und Perspektiven des Fernsehens beim SDR studiert, die andernorts einsetzende oder bereits fortschreitende Entwicklung beobachtet werden sollte. Studienreisen nach Italien, England, Holland und in die Schweiz verschafften einen Überblick über den Stand der Entwicklung oder der Vorbereitung in diesen Ländern.

Als mit der Unterzeichnung des Vertrages über ein ARD-Fernseh-Gemeinschaftsprogramm im Sommer 1953 die Beteiligung des SDR und die daraus erwachsenden Aufgaben konkret absehbar wurden, mußten auch personell und organisatorisch die erforderlichen Entscheidungen getroffen werden. Helmut Jedele wurde zum Fernsehbeauftragten ernannt. Diesbezüglich waren unsere Absichten, die des Intendanten und meine eigenen, völlig übereinstimmend. Der Vorschlag, den ich sozusagen kraft Amtes zu machen hatte, und die Zustimmung des obersten Dienstherrn waren bloße Formalität. Er wußte, daß ich keinen anderen machen würde, ich, daß er keinen anderen erwartete. Und doch bahnte sich hier ein ernsthafter Konflikt zwischen uns an. Naturgemäß interessierte mich die Entwicklung des neuen „Mediums" (welchen Ausdruck man damals noch nicht gebrauchte), ich hatte begonnen, mich auch innerlich dafür zu engagieren. Und ich durfte mit einer gewissen Selbstverständlichkeit davon ausgehen, daß, mindestens bis auf weiteres, solange nämlich die Stuttgarter eigenen Aktivitäten sich in überschaubaren Grenzen hielten, die neue Programmaufgabe organisatorisch dem Programmdirektor zugeordnet und mir selbst eine berufliche Entwicklung hin zu der neuen Aufgabe offengehalten sein würde. Für etwas anderes gab es keinerlei Hinweise. Und zwar um so weniger, als die auserkorene Mannschaft ganz aus dem Hörfunk hervorgegangen war und der neue Betriebszweig auch finanziell mit diesem völlig verzahnt war. Fritz Eberhard indes hatte andere Vorstellungen. Ihm machte das Fernsehen so großen Spaß, daß er sich anschickte, die Entwicklung so nahe wie möglich bei sich selber anzusiedeln. Dafür gab es auch anderwärts Beispiele. Fernsehen wurde das Lieblings-Spielzeug von Intendanten, auch von solchen, die es ihrer ernsthaften Aufmerksamkeit anfangs für wenig würdig erachtet hatten. Unserer Projektgruppe, Jedele und seinen Mitarbeitern, konnte das Interesse des obersten Dienstherrn nur recht sein; bedeutete doch seine direkte Zuwendung zwangsläufig ein Stück Aufwertung und faktisch zugleich ein Mehr an Unabhängigkeit. Paradoxerweise. Irgendwo in den Köpfen spielte auch die Oberspielleiterin Cläre Schimmel eine Rolle, von der man fürchtete, es werde ihre frühere Fernsehtätigkeit – verbunden mit weitergehenden Ambitionen (die es nicht gab) – zu Beschränkungen der eigenen Bewegungsfreiheit führen. Der Entschluß, Fernsehen ohne den Programmdirektor zu machen, den Fritz Eberhard irgendwann für sich ja gefaßt haben mußte, wie seine Motive wurden niemals klar und offen ausgesprochen. Er schälte sich vielmehr durch eine Unzahl von Handlungen und Entscheidungen über den Programmdirektor hinweg undeutlich, aber doch unmißverständlich heraus. Das Ganze nahm groteske und intrigenhafte Züge an und führte zu peinlichen Auftritten im Rundfunk- und Verwaltungsrat, die zum Nachteil des Intendanten lange nachwirkten – bis hin zu seiner Abwahl im Jahre 1958. Das Verhältnis zwischen Fritz Eberhard und mir blieb längere Zeit getrübt. Die wenigen Konflikte, die ich mit meinen Intendanten hatte, stellten sich (ausschließlich) dann ein, wenn ich das Gefühl haben mußte, es fehle an Offenheit. Ich war stets ein ebenso überzeugter wie entschiedener Anhänger der alleinigen Verantwortlichkeit und der daraus folgenden Entscheidungsfreiheit des Intendanten. Sie zu respektieren, kostete mich niemals irgendwelche Überwindung, mochte ich die Entscheidung selbst im Einzelfall auch für falsch halten. Voraussetzung dieser Haltung war die Bereitschaft zu offener, sachlicher Auseinandersetzung auf jeder Seite. Die fand in diesem Falle erst statt, nachdem die Positionen sich unnötig verhärtet hatten, schriftlich, auf Veranlassung des Verwaltungsratsvorsitzenden. Memoranden wurden ausgetauscht, die faktisch nichts änderten. Die Trennung des Fernsehens vom Hörfunk war vollzogen, zu einem Zeitpunkt, den ich für verfrüht hielt, und noch dazu in einer rigorosen über Jahrzehnte anhaltenden Abgrenzung, die der gemeinsamen Sache nicht förderlich war und die es solchermaßen in keinem anderen Hause gegeben hat. Sie mutete um so widersinniger an, und ich habe sie um so mehr bedauert, als keinerlei Meinungsverschiedenheiten im Urteil über die ausgezeichnete Mannschaft bestanden, die beim SDR den Aufbau des Fernsehprogramms in die Hand bekam. Sie fand in kurzer Zeit hohe Anerkennung in der Fachwelt wie in der Öffentlichkeit. Jedele, Martin Walser, Hans Gottschalk, Heinz Huber sorgten für eine originelle Annäherung an das neue publizistische Potential – thematisch, optisch, dramaturgisch. Von einem „Stuttgarter Stil" war die Rede. 1956 wurde Helmut Jedele Fernsehdirektor, 1959 wechselte er mit einer ganzen Anzahl wichtiger Mitarbeiter zur „Bavaria Atelier GmbH" nach München über, die – im wesentlichen nach seinen Vorstellungen – vom SDR gemeinsam mit dem WDR als Fernseh-Produktionsgesellschaft gegründet wurde und deren Generaldirektor er bis 1979 gewesen ist.

Der Vorgang hatte mich menschlich enttäuscht und mich natürlich auch in meinem beruflichen Ehrgeiz getroffen. Ein Knick in der bis dato so ungestört verlaufenen Karriere? Es gelang mir ziemlich rasch, dieses Gefühl zu überwinden. Die kurze engere Berührung mit dem so andersartigen, ganz aufs Optische konzentrierten Medium hatte meine Neigung zum Hörfunk als der mir gemäßeren Ausdrucksform mit ihren im Grunde viel weiter gespannten Möglichkeiten eher bestärkt. Auch war ich mir bald im klaren darüber, daß auf Dauer (und bei der zu erwartenden Ausdehnung des Fernsehprogramms) die Programmgestaltung beider Bereiche nicht in einer Hand liegen könne. Mein Interesse war, wie ich mir einzugestehen hatte, das einer Option gewesen. Sie nicht mehr ausüben zu können, war, so sagte ich mir, zugleich ein Fingerzeig in die für mich richtige Richtung. Daß ich im Vorfeld der Entwicklung und in Bezug auf die Wahl der Akteure, die nun erfolgreich zum Zuge kamen, nicht unbeteiligt war, durfte ich mir immerhin zugute halten.

Schmeicheln konnte ich mir, wenn ich schon dabei war, auch damit, daß ich eine Art von Vermittlung im Vorfeld eines Projekts geleistet hatte, das damals die Gemüter mehr und mehr beschäftigte und eine der Großtaten im heraufziehenden Stuttgarter Fernsehzeitalter markierte: des Fernsehturms auf dem Hohen Bopser. Zur Versorgung des wachsenden Netzes von UKW-Sendern wie auch des geplanten Fernseh-Senders durch einen „Muttersender" (wie der fürsorgliche technische Terminus lautete) sollte auf eben dieser südöstlichen Anhöhe ein 200 m hoher Sendemast errichtet werden. Mangels anderer Vorbilder war auch ihm kein anderes Erscheinungsbild zugedacht, als es Funktürme von jeher boten: ein Gittermast oder, etwas moderner, eine Stahlröhrenkonstruktion mit Haltetauen, wie in Mühlacker für den großen Mittelwellensender des SDR soeben eine errichtet worden war. Kein besonders schöner Anblick für die „Großstadt zwischen Wald und Reben" (wie der Fremdenverkehrs-Slogan der Schwabenmetropole lautete). Im Rotary-Club, dem ich seit kurzem angehörte, sprach mich Fritz Leonhardt, der heute weltberühmte Brückenbauer, auch damals schon ein international bekannter Spezialist für Konstruktionen in „Spannbeton", auf unsere Pläne an. Anstelle eines solchen Mastes herkömmlicher Art könne man heute, versicherte er, einen Turm in der erforderlichen Höhe aus anderem Material, eben aus Spannbeton, errichten, der nicht nur eleganter aussehe, sondern dazuhin den Vorteil habe, daß in luftiger Höhe ein Restaurant angesiedelt werden könne. Ob das denn nichts Verlockenderes für uns sei? Ein „Fernseh-Turm" in doppelter Bedeutung, neben dem Ultra-Kurzwellen-Strahler ein Aussichtsturm fürs bloße Auge, unweit von der Stelle, an der ein ebensolches Gebäude (geringerer Höhe), der „Degerlocher Aussichtsturm", bis zum Krieg den Stuttgartern einen Fernblick in und über ihren Talkessel geboten hatte. Die Leonhardt'sche Vision für unsere Television fand ich faszinierend. Ich beeilte mich, sie dem Kollegen Technischen Direktor, Helmut Rupp, zu vermitteln. Einer weiteren Promotion bedurfte es nicht. Der Intendant Eberhard und vor allem Friedrich Müller, der Verwaltungsdirektor, waren von Anbeginn engagierte, fast könnte man sagen: enragierte Verfechter des (keineswegs unumstrittenen) Projekts und führten es gegen alle Widerstände zu Ende.

Solche Widerstände gab es, angefangen von den Naturschützern bis in den Verwaltungsrat, in Menge. Alex Möller, der gestrenge Vorsitzende, zeigte sich skeptisch und bezweifelte insbesondere die optimistischen Prognosen des Verwaltungsdirektors hinsichtlich der Amortisation durch stattliche Besucherzahlen. Als die mit rund einer Million DM kalkulierten Baukosten – zuverlässige Erfahrungswerte für ein derartiges Bauwerk fehlten damals – am Ende auf drei Millionen stiegen, verwandelte sich der Verwaltungsrat in ein hochnotpeinliches Halsgericht. Die Enthauptung der Geschäftsführung stand dicht bevor. Zu allem Überfluß ging auch die Stadt Stuttgart auf Distanz und beteiligte sich vorerst nicht an der Betriebsgesellschaft für das Unternehmen, das der SDR als Anstalt des öffentlichen Rechts nicht in eigener Regie führen konnte. Im Februar 1956 wurde das Bauwerk seiner Bestimmung übergeben. Es war das erste seiner Art und zugleich, wie man inzwischen wohl sagen kann, das ästhetisch bestgelungene. Für Stuttgart in den folgenden Jahren eine wirkliche Attraktion, für den SDR ein Markenzeichen. Und die Skeptiker behielten unrecht, die Optimisten recht: die Besucher strömten in hellen Scharen herbei, von weither wie aus der nächsten Umgebung. Die Amortisation gelang in kürzester Zeit, weit früher als selbst die Kalkulation der engagierten Promotoren dies angenommen hatte. Tiefe Zufriedenheit breitete sich aus – voran bei jenen, die das Projekt für eine verrückte Sache gehalten, ihm in der Welt der harten Tatsachen kaum eine Chance gegeben hatten. Jetzt hatte es viele Väter.

Der Fernsehturm stand, das Fernsehen befand sich auf dem Vormarsch. Im Sendebereich des Süddeutschen Rundfunks gab es zu diesem Zeitpunkt, 1956, rund 18000 angemeldete Fernsehgeräte (bei rund 1020000 Hörfunkteilnehmern), ein

Jahr später waren es rund 50 000 (bei 1 125 000 Hörfunkgeräten) mit zunehmender Progressionsrate – Zeit, wie ich fand, für den Hörfunkdirektor, als welchen ich mich nun zu verstehen hatte, sich Gedanken für die Zukunft zu machen, über die zukünftige Rolle nämlich des Hörfunks neben dem Fernsehen. Zwar gab es, auch in den Aufsichtsgremien, noch genügend Leute, die dem nicht ganz geheueren Wechselbalg keine günstige Prognose stellen wollten und nur widerstrebend zusahen, wie er mit immer beträchtlicheren Summen aus dem Gebührenaufkommen, faktisch also aus den Einkünften des erwachsenen, sein Brot ehrlich verdienenden älteren Bruders ausgehalten oder, euphemistisch, subventioniert wurde. Ich hielt realistischerweise nichts von solchen Betrachtungen, so freundlich sie auch meiner eigenen Tätigkeit gegenüber gedacht waren. Im Herbst 1957 verfertigte ich eine Denkschrift mit dem Titel „Das Fernsehen und die Zukunft des Hörfunks. Versuch einer Aufgabenbestimmung". In ihr, wenn ich sie nach 30 Jahren wieder lese, verbindet sich Klarsicht mit allzu spekulativen Zügen. Klarsicht, was die Ausbreitung des Fernsehens und die künftige Stellung und Bedeutung des Hörfunks neben dem neuen Medium anbelangte. Gestützt auf die bis dato registrierten Zahlen der Fernsehteilnehmer lieferte ich eine Hochrechnung für die nächsten sieben Jahre, bis 1964 also, die für die nächste Zukunft eher etwas optimistisch, im ganzen aber als durchaus realistisch sich erwies. „Das Fernsehen", schrieb ich sodann, „wird als Mittel der Information und der Unterhaltung beim breiten Publikum ziemlich genau den Platz einnehmen, den bis heute und in abnehmendem Maße auch für die kommenden Jahre noch der Hörfunk behauptet." Auch danach aber, so befand ich, werde – wegen des zeitlich begrenzten Programmumfangs im Fernsehen sowie hörersituationsbedingt – der Hörfunk sich noch mit einem beträchtlichen Teil seines Programmangebots auch an die Fernsehteilnehmer unter seinen Hörern wenden. Das klingt aus heutiger Sicht wie eine Binsenwahrheit, banal und platterdings selbstverständlich. Damals war es das nicht und zwar deshalb nicht, weil kaum jemand den Hörfunk in die zweite Reihe verwiesen, als Ergänzung des Fernsehens, in einer komplementären Funktion also, sich vorstellen konnte, mochte oder sich vorzustellen überhaupt Anlaß sah. Man machte sich darüber (noch) keine Gedanken. In Deutschland wie in Mitteleuropa jedenfalls war dies die Situation. Zukünftiges, möglicherweise auch für uns, lehrte der Blick nach England. Und ich versäumte nicht, die dortige Entwicklung, vor allem die eben damals sich vollziehenden gravierenden Veränderungen bei der BBC in die Betrachtung einzubeziehen, wo die Verantwortlichen sich einem alarmierenden Rückgang der Hörerzahlen bei rasch zunehmender Zahl der Fernsehteilnehmer gegenüber sahen und rascher auf eine Entwicklung zu reagieren hatten, als dies offenbar erwartet worden war. Mit einschneidenden Folgen auch fürs Hörfunk-Budget, beispielsweise und besonders beim weltberühmten „Third Programme", das sich mit seinen Hörern drastische Kürzungen gefallen lassen mußte. Daraus, dachte ich mir, sollte man lernen. Besser, eine neue Konzeption für den alten Hörfunk in Ruhe entwickeln, die Zukunft im Visier, doch ohne Zeitdruck, um sie ohne sensationellen Beigeschmack dann umzusetzen, wenn möglichst viele im Publikum sich darüber weder wundern noch ärgern würden.

Wie aber könnte, sollte eine solche neue Konzeption aussehen? Sie ließ sich, anders als die wachsenden Teilnehmerzahlen, nicht plus-minus einfach hochrechnen. Die Antwort, die ich versuchte, trug deshalb zwangsläufig spekulative, aber doch auch ideologisch oder besser: idealistisch eingefärbte Züge. Eine „wohlüberlegte Gesamtplanung für alle Bereiche unseres Programmdienstes" schwebte mir vor, für Hörfunk und Fernsehen also gleichermaßen, die „davon auszugehen hat, daß beide Medien ihren spezifischen Aufgabenkreis haben und weniger konkurrieren als vielmehr sich in sinnvoller Weise ergänzen" sollten. Zu schön, um wahr zu sein. Der einzelne Teilnehmer, so liest sich das, würde somit von der Programmgestaltung nach Gesamtplan zu Nutz und Frommen vom einen an das andere Medium weitergereicht. Das war natürlich unverbindlicher gedacht, als es klang, als Möglichkeit und Angebot nämlich. Mir war schon klar, daß eine solche hochgestimmte Art von Planwirtschaft gegenüber den Bedürfnissen, Neigungen, Süchten und Sehnsüchten unseres Publikums nicht einfach funktionieren werde, aber die innere Ordnung, die dahinter stand, erlaubte ja durchaus, von dem in solchem Rahmen Angebotenen ganz individuellen Gebrauch zu machen. Und überdies gehörte zu diesem System im Hörfunk die klare und konsequent durchgehaltene Unterscheidung zwischen zwei Programmen von unterschiedlichem Charakter. „Zwei" nicht zuletzt deshalb, weil zu diesem Zeitpunkt weder finanziell noch von den verfügbaren Frequenzen her an mehr zu denken war. Ein „Drittes Programm" nach BBC-Muster schied schon deswegen aus. Ich hielt es aber auch nicht für vordringlich, denn ich gedachte, dem einen der beiden Programme, und zwar dem über Mittelwelle und das erste UKW-Netz ausgestrahlten, den „repräsentativen Charakter eines Bildungsprogramms im weitesten Sinne" zuzuerkennen. Der bedrohlich klingende Ausdruck „Bildungsprogramm" war faute de mieux gewählt. Er deutete immerhin prägnanter als andere die allgemeine Richtung an. Eine „höhere Bildungsanstalt" im Äther war, so versicherte ich, damit nicht gemeint, auch kein Studio für intellektuelle Snobs, vielmehr sollte dieses Programm „in einem breiten Strom lebendiger Darstellung alles enthalten, was dem aufgeschlossenen und aufnahmewilligen Zeitgenossen dabei behilflich sein kann, zum besseren Verständnis seiner Zeit und Umwelt in ihren historischen, politischen und kulturellen Voraussetzungen – letzten Endes also zum besseren Verständnis seiner selbst und seiner Mitmenschen zu gelangen". Und ich zitierte, zum noch besseren Verständnis, Walter Dirks, der sich eben damals über Grenzen und Chancen einer Bildungsarbeit im Rundfunk geäußert hatte. „Der Rundfunk", so hieß es da, „bietet der Bemühung um Weltbildung, um Gesprächs- und Geschichtsfähigkeit vielerlei. Das beginnt mit der Information, unmittelbar und in Form der gedeuteten Information, des Kommentars. Er bietet in großer Zahl Kunstwerke, die ja nicht nur in der unmittelbaren Begegnung jener Grundbildung dienen können, die den Menschen prägt, sondern die auch Zeugnisse und Bestandteile des gemeinsamen Gesprächs sind, an dem teilzunehmen Weltbildung bedeutet. Er vermittelt auch Kontakt indirekter Art mit Kunstwerken, die er nicht selbst senden kann, so mit der bildenden Kunst. Der Rundfunk treibt nicht selbst Wissenschaft, er vermittelt nicht (oder nur am Rande) wissenschaftliche Vorlesungen, aber er erschließt Zugänge zu den Wissenschaften und hilft also dem, der selbst kein Wissenschaftler ist, aber sich nicht ohne Kontakt mit den Ergebnissen und auch mit der Blickweite der Wissenschaften ein „Weltbild" erarbeiten, sich bilden kann. Der Rundfunk präsentiert ständig Menschen, die zu den kritischen und auf Entscheidung hin angelegten geistigen und politischen Fragen Stellung nehmen und die Orientierung und Stellungnahme des Hörers anregen und erleichtern.

Vor allem aber, und darin faßt sich alles dies zusammen, dient er einem gemeinsamen Problembewußtsein und Aufgabenbewußtsein, einem Bestand und Horizont von Fragen und auch von mehr oder weniger gesicherten Antworten. Hier liegt seine gewaltigste Bildungschance."

Kurzum, mir schwebte ein Programm vor, in dem der aufgeweckte, nachdenkliche Zeitgenosse sich Antwort und Anregung verschaffen könne in ihn bedrängenden Fragen, Begegnung auch mit dem künstlerischen Leben seiner Zeit. Das also war das eine, erste der Programme. Das andere, zweite, über das zweite UKW-Netz verbreitete Programm „sollte der Unterhaltung, vor allem der musikalischen Unterhaltung vorbehalten sein und nur an wenigen wohlüberlegten Stellen ein anspruchsvolleres, zum Bildungsprogramm hinüberweisendes Gesicht zeigen".

Beide Programme sollten, wenn auch in verschiedener Form, der politischen Orientierung breiten Raum gewähren.

Die Ausprägung der gegensätzlichen Programmtypen sollte und mußte synchronisiert werden mit der Entwicklung der Teilnehmerzahlen im Fernsehen sowie mit der fortschreitenden Zahl von UKW-Geräten, hatte also gute Weile. Das Konzept demnach war perspektivisch, war als Anstoß zur Diskussion gedacht. Eine Umsetzung sogleich oder in Kürze war weder geboten noch überhaupt möglich. Es sollte Zeit für reifliche Überlegung lassen, durch rechtzeitige Entscheidungen genügend Spielraum für ihre Realisierung schaffen, Zeitdruck vermeiden. Und dies vor allem war gut so, ohne daß es mir damals schon so bewußt gewesen wäre wie in späteren Jahren bei weiteren Programmanpassungen, die der ersten großen Reform mit fortschreitender Zeit notwendig folgten.

Rundfunkprogramme nämlich erzeugen Gewohnheiten – bei denen, die ihre Hörer (oder Zuschauer) sind, nicht minder aber auch bei denen, die sie machen. Genau so wie ein beliebiger Hörer sich daran gewöhnt hat, beispielsweise um 19 Uhr 30 „seine" Nachrichten, ein anderer um 17 Uhr 30 eine Buchbesprechung zu hören, genau so haben sich der Nachrichtenredakteur und sein Kollege von der Literatur an diese Zeiten gewöhnt. Mehr noch: sie wissen aus zahlreichen Reaktionen ihrer Adressaten, daß „sie" um diese Stunde gehört werden, seit langem (nämlich seit der Festlegung dieser Zeit vor – sagen wir – fünf Jahren), regelmäßig, täglich, immer wieder. Wieso muß das geändert, die Nachrichtensendung auf 19 Uhr, die Buchbesprechung auf 16 Uhr 45 vorverlegt werden? Der Programmdirektor führt hierfür zwar Überlegungen genereller, das Programm insgesamt betreffender Art an, die sich indes den Betroffenen vorerst verschließen, dem Redakteur oft nachhaltiger noch als dem Hörer, welch letzterer nach einem Kopfschütteln eher geneigt ist, zu einer anderen Tagesordnung überzugehen als der erstere. So kommt es, daß Programmdirektoren ein Lied zu singen wissen von der harten Mühe, Einsicht und Überzeugung von der Notwendigkeit einer Programmänderung, die sie – hoffentlich! – nicht zufällig gewonnen haben, auch bei ihren Mitarbeitern zu wecken. Die Erkenntnis, daß dies doch noch gelungen ist, stellt sich meistens dann ein, wenn nach weiteren fünf Jahren vielleicht der Zeitpunkt einer neuen Änderung gekommen sein sollte, und sie dabei erfahren, wie sehr man sich an das vordem Unbegreifliche inzwischen gewöhnt hat. Woraufhin alles von vorne beginnt. Glücklicherweise erlaubt bei der zeitlichen Anordnung das Massenmedium den Programmverantwortlichen einen gewissen Spielraum zwischen richtigen und falschen Entscheidungen, oder anders ausgedrückt: die für alle Hörer gleichermaßen richtige Entscheidung gibt es nicht, die eindeutig falsche gottlob ebenso wenig. Was auch immer, zu welcher Stunde auch immer durch den Äther transportiert wird, es kommt irgendwo an, bei Gleichgültigen und Interessierten. Die Sortierung der Adressaten nach richtigen und falschen in einen Stundenraster ist immer approximativ. Es kommt darauf an, die höchstmöglichen Annäherungswerte zu erzielen.

Weil die 1957er Perspektiven eine Programmumstellung von Grund auf zum Ziele hatten, bedurfte es eines besonders langen Atems in der Diskussion. Und weil das Konzept, wie gesagt, vorerst als Anstoß solcher Diskussion, nicht als ein Rezept gedacht war, stellten sich Modifikationen auf ganz natürliche Weise ein. Der Bildungsfuror mit der Strenge des Akzents auf dem ersten, technisch ebenso wie traditionell an die breite Mehrheit adressierten Programm wich einer gefälligeren Betrachtung. War es nicht wichtiger, statt diese breite Mehrheit mit Ansprüchen zu konfrontieren, die sie nicht hatte, denen, die sie hatten (durchaus auch innerhalb der Mehrheit), ein Angebot unter neuer Adresse zu offerieren, in dem sie künftig finden würden, was ihnen frommte? Das widersprach zwar meinen anfänglichen Vorstellungen von der primären Funktion des Hörfunks neben dem Fernsehen; die andere Sichtweise hatte aber den Vorzug, der Wirklichkeit (der Hörer und ihrer Hörgewohnheiten) auf der Spur zu bleiben. Schließlich hatte ich schon einmal, zu Anfang der 50er Jahre, erfahren, wie leicht der Programmgestalter in Gefahr gerät, den Rezipienten nach einem eigenen abstrakten Bild zu modeln, statt ihn zu nehmen, wie er ist, und an dem Weg, auf dem er daherkommt, die Orientierungstafeln zu postieren, die ihm andere Routen zeigen und ihn vielleicht bewegen, eine davon einzuschlagen. Das bedeutete zugleich auch, daß der idealtypische streng durchgehaltene Charakter der beiden Programme als Grundtenor verstanden wurde, der Elemente des einen im anderen in spezifischer Ausprägung nicht aus-, sondern einschloß. Intellektuelle konnten in „ihrem" Programm einem Krimi begegnen, die Freunde des Wunschkonzerts einer Ratgebersendung zur praktischen Lebensgestaltung in dem ihren. Entscheidend aber war und blieb der Schritt vom herkömmlichen Mischprogramm, das über den Tag hinweg „für jeden etwas" bereithielt, hin zu generell unterschiedenen (und leicht unterscheidbaren) Programmtypen, die den unterschiedlichen Ansprüchen und Erwartungen an den Hörfunk wenigstens grob entsprachen. In einer Einführung zu dem am Ende verabschiedeten neuen Rahmenprogramm „für alle, die damit umzugehen oder es zu beurteilen haben", ist deshalb von Modifikationen gegenüber der Denkschrift von 1957 die Rede, aufgrund deren vom Herbst 1962 an das „Mittelwellen-Programm" – neben der Mittelwelle zugleich auch, wie bisher, über UKW verbreitet – den Charakter eines für die Allgemeinheit, für das breite Hörerpublikum bestimmten Programms erhalte, das in den Abendstunden – also neben dem Fernsehen – den Anspruch der Unterhaltung betont, ohne deshalb aber durchweg anspruchslos zu sein, während das „UKW-Programm" – über das zweite UKW-Sendernetz verbreitet – für die besonderen Ansprüche, für bestimmte Hörergruppen und Interessen gedacht sei, die z. B. in den Abendstunden mit dem weit verbreiteten Verlangen nach regelmäßigen Sendungen klassischer Musik, nach kulturell und künstlerisch bedeutsamen Programmen gleichgesetzt werden.

Als diese Neustrukturierung in Kraft trat, am 6. Oktober 1962, zählte man bundesweit (West-Berlin eingeschlossen) rund 17 Millionen angemeldete Hörfunk- und rund 7 Millionen Fernsehgeräte. Im Gebühreneinzugsgebiet des SDR, also in Nordwürttemberg und Nordbaden, gab es rund 1 450 000 Hörer und rund 450 000 Fernsehteilnehmer. Die „Fernsehdichte", wie man das prozentuale Verhältnis des Fernsehens zu den Hörern nannte, lag hier damals und noch für lange Zeit unter dem Bundesdurchschnitt. Die Änderungen im gewohnten Programmangebot trafen also überwiegend Hörer, die noch nicht auch Fernsehzuschauer waren. Das aber änderte sich von Monat zu Monat. Und es war unsere Absicht, die Vorzüge der neuen Angebote (an die wir glaubten) im Bewußtsein unserer Hörer zu verankern, bevor sie sich hauptsächlich dem Bildschirm zuwandten – damit sie, wegen solcher Vorzüge, auch danach sich an das ältere, gewohnte Medium weiterhin gebunden fühlten.

Das gelang. Wir waren mit unserer neuen Programmkonzeption über Erwarten erfolgreich. Um die Reaktionen in unserem Hörerpublikum so präzise wie möglich testen zu können, hatten wir vor der Veränderung eine demoskopische Bestandsaufnahme gemacht, so daß die Ergebnisse einer zweiten Umfrage im Herbst 1963, also ein Jahr nach den Umstellungen und nachdem die Hörerschaft sich mit ihnen vertraut gemacht hatte, mit dem status quo ante verglichen werden konnten. Es war ein Erfolg auf der ganzen Linie. Der Süddeutsche Rundfunk – so die Ermittlungen der Allensbacher Demoskopen – hatte die zufriedensten Hörer in der Bundesrepublik. Für die Fernsehteilnehmer hatte der Hörfunk, wie vorauszusehen, eine andere Funktion bekommen, aber er war für sie „alles andere als gegenstandslos" geworden. Die fortdauernde Bindung einer beträchtlichen Mehrheit unter ihnen auch an den Hörfunk war bestätigt. Der Hörfunk, so ließ sich mit einiger Sicherheit prognostizieren, würde auch im Zeitalter des Fernsehens eine eigene Funktion behalten.

Die Stuttgarter neue Programmkonzeption hatte ein lebhaftes Echo in der Öffentlichkeit. Selbst der „Spiegel" ließ es an einer obligatorisch süffisanten, aber relativ sachlichen Betrachtung nicht fehlen. Was die Reaktionen in Fachkreisen, speziell unter den Hörfunk-Kollegen in der ARD, anbetraf, so konnten wir uns schmeicheln, daß in Deutschland die allgemeine Entwicklung zu signifikant unterschiedlichen Programmtypen im Hörfunk von hier aus einen nachhaltigen Anstoß erhalten hatte.

Von den ersten Anfängen unserer Überlegungen in meiner Denkschrift von 1957 bis zum Start des neuen Programms waren fast fünf Jahre vergangen, die natürlich nicht restlos ausgefüllt waren von den Roh-, Grob- und Feinarbeiten an einer neuen Programmstruktur. Es gab in dieser Zeit wahrhaftig noch ein paar andere Einschnitte, die uns beschäftigten. Zum Beispiel hatte der SDR seit 1958 einen neuen Intendanten, Hans Bausch, den vierten in der Reihe meiner obersten Dienstherren seit 1947. Und dieser erwies sich als dauerhaft. Er blieb, sechsmal wiedergewählt, der letzte bis zu meinem Ausscheiden aus dem Programmdirektoren-Amt. Nahezu 26 Jahre dauerte unsere Zusammenarbeit, in der am Anfang naturgemäß auch die neue Programmstruktur eine wichtige Rolle spielte, deren entschiedener Förderer er war.

1958, im Sommer, zum Ende der dritten vierjährigen Amtszeit von Fritz Eberhard, stand die Neuwahl an. Diesmal, kurioserweise, gab es kaum Zweifel, daß Eberhard wiedergewählt werden würde. Man konnte zwar nach wie vor nicht sagen, daß er unumstritten gewesen wäre. Aber in neun Jahren hatten die Rundfunkräte doch ausreichend Gelegenheit gehabt, sich an seine Eigenarten zu gewöhnen und das Ungewöhnliche seiner Persönlichkeit auch von der positiven Seite, den unbestreitbaren Leistungen für Programm und Institution her zu beurteilen. Bedeutendere Eskapaden aus Rundfunkratssicht oder gar ein Zerwürfnis (wie anläßlich der „Bach-Kantaten") hatte es nicht mehr gegeben, wenn auch Mißstimmungen älteren oder neueren Datums sich immer wieder einmal bemerkbar machten. Und schließlich gab es – man denke – zwischen den Parteien keine Meinungsverschiedenheiten bezüglich der Wiederwahl und deshalb auch keinen „offiziellen" Gegenkandidaten, schon gar nicht einen von der gewichtigen Art Alfred Bofingers wie vier Jahre zuvor. Im Lande regierte unter Gebhard Müller eine große Koalition aus CDU, SPD, FDP/DVP und BHE. Verständlich also, daß Fritz Eberhard sich seiner Sache sicher fühlte, obwohl auf die übliche Stellenausschreibung im Staatsanzeiger kurz vor Meldeschluß beim Rundfunkratsvorsitzenden Valentin Gaa eine weitere Bewerbung eingegangen war: die des 36jährigen Rundfunkjournalisten (zuletzt beim SWF) und derzeitigen CDU-Landtagsabgeordneten Hans Bausch. Die Parteioberen registrierten sie mit Widerwillen. Es gab, wie man hörte, Versuche, den Störenfried von seiner „wilden" Kandidatur abzubringen, indem ihm von höherer Stelle das ebenso Aussichtslose wie Unerwünschte seiner Bewerbung bedeutet (und angeblich auch die Position des Chefredakteurs offeriert) wurde. Vergebens. Der junge Mann wollte offenbar partout Intendant werden und rechnete sich, nachdem er die Situation und die Stimmungslage unter den Rundfunkräten im einzelnen erkundet hatte, zumindest eine Chance aus. Nicht ohne Grund, wie sich zeigen sollte.

Die Wahl stand auf der Tagesordnung der Sitzung am 27. Juni 1958, zu der sich der Rundfunkrat, weil neugierig, vollzählig versammelt hatte. Der Kandidat Bausch erhielt als erster Gelegenheit, sich vorzustellen. Er tat es mit einer äußerst geschickt angelegten, aber auch inhaltlich überzeugenden Rede. Überraschung reihum. Der Kandidat schien zu wissen, wovon er sprach, ein Naturtalent, und er ließ Maßstäbe erkennen, auf die es ankam.

Fritz Eberhard, danach, machte es kurz. Man werde, sagte er, wohl verstehen, daß er nicht beabsichtige, eine Kandidatenrede zu halten. Man kenne ihn, denke er, aus seiner neunjährigen Tätigkeit ja wohl zur Genüge. Eben weil dies richtig war, war es die falsche Taktik. Der Vorsitzende schritt zur Abstimmung. Erforderlich die absolute Mehrheit von 17 Stimmen. 15:14:4(Enthaltungen) im ersten, 16:16:1 im zweiten Wahlgang. Wenn auch im dritten, bei dem die einfache Mehrheit genügte, keiner diese Mehrheit erreichte, mußte nach der Wahlordnung das Los entscheiden. Ferdinand Sieger, länger gedientes Mitglied des Rates, verwies (an die Adresse des letzten Enthaltsamen) auf das Unschöne einer Intendantenkür nach den Regeln des Glückspiels. Und siehe da, es fühlte sich noch eine(r) mehr angesprochen, er (sie) besann sich um: 18 zu 15 lautete das Ergebnis für Bausch. Die Sensation war perfekt.

Weil in der anschließend ausbrechenden, teils betretenen, teils belustigten Stimmung offenbar niemand daran dachte, die Kandidaten zu benachrichtigen, die sich während der Wahlhandlung entfernt hatten, machte ich mich auf den Weg ins Verwaltungsratszimmer, zu dem Abgewählten. Chefredakteur Malburg begab sich in sein Büro zum Sieger.

Fritz Eberhard saß einsam auf seinem Stuhl und blickte mir freundlich entgegen. Daß ich ihm nicht die erwartete Nachricht seiner Wiederwahl brachte, entnahm er wohl sogleich meiner betroffenen Miene. Auch überraschte ihn vielleicht die Person des Boten. Noch während ich ihm die Wahl seines Konkurrenten schilderte, verfärbte sich sein meist lebhaft gerötetes Gesicht. Er folgte mir wie geistesabwesend in den Sitzungssaal, faßte sich dort aber rasch und brachte mit Anstand seine Gratulation an den Nachfolger und seine Zukunftswünsche für den SDR über die Lippen. Er tat mir leid. In den vergangenen neun Jahren hatte er mit enormer Arbeitsintensität sein Bestes gegeben. Ein origineller, unkonventioneller Mann. Die bevorstehende Wahlperiode wäre für den bald 62jährigen die wohl letzte gewesen. Ich hätte sie ihm gegönnt, auch wenn das Verhältnis zwischen uns nicht mehr das alte ungetrübte war. Ein großer Teil des Rundfunkrats, Mitglieder ganz unterschiedlicher Couleur, darunter auch solche, die ihn nicht abwählen, ihm „nur einen Denkzettel" hatten „verpassen" wollen, zeigten sich gleichfalls betroffen.

Indessen hatte sich der Stuttgarter Rundfunkrat, wie schon öfters davor und immer wieder danach, von einer für ihn höchst charakteristischen Seite gezeigt: Er war im Sinne wiederkehrender Grob-Raster nicht berechenbar, insbesondere parteipolitisch war er es nicht. Eine genügende Anzahl von Mitgliedern, die, unbeeinflußbar von exogenen Faktoren, sich strikt an ihrer Aufgabe orientierten und danach ihre Entscheidung trafen, bildete eine verläßliche Sperrminorität gegenüber politischen Fraktionen, Freundeskreisen oder sonstigen Gruppierungen, wie sie anderswo im öffentlich-rechtlichen Rundfunk, schamhaft verhüllt und doch meist völlig durchschaubar, ein etwa vorhandenes Stimmenübergewicht rigoros zur Geltung brachten. In Stuttgart waren, um nur die wichtigsten Namen zu nennen, der evangelische Oberkirchenrat Manfred Müller, langjähriger Rundfunkratsvorsitzender nach Valentin Gaa, der Regierungsrat im Kultusministerium und Leiter der Stuttgarter Volkshochschule, Helmut Walter, der Schriftsteller Hans Bayer (alias Thaddäus Troll), die Pfarrvikarin Renate Ludwig, der katholische Stadtpfarrer Hermann Breucha, Helmut Cron, der Senior unter den Journalistenvertretern, Ferdinand Sieger, kunstsinniger Rechtsanwalt und Urheberrechtsexperte, Walter Ayass, Jugendverbandsvertreter und Ratsvorsitzender nach Manfred Müller, über die Jahre hinweg wichtige und kraft persönlicher Ausstrahlung auch einflußreiche Vertreter jenes Kreises der „Nicht-Zurechenbaren", die in wichtigen Angelegenheiten immer wieder den Ausschlag gaben. Sie haben Jahrzehnte hindurch das menschliche Klima sachlicher Erörterung bestimmt, dem sich kaum einer auf Dauer entziehen konnte. Von 1956 an, nach der Wahl von Helmut Walter in den Verwaltungsrat, hat dies auch dort gegolten. Und in Alex Möller wie später in Heinz Bühringer hatte der Verwaltungsrat Vorsitzende, die, obgleich parteipolitisch bekanntermaßen gebunden, die Linie strikt unabhängiger Sachbezogenheit kompromißlos verfolgten.

Alex Möller präsidierte, nach dem Ausscheiden Josef Ersings 1951, dem Rat für achtzehn Jahre, bis zu seinem Eintritt als Bundesfinanzminister in die Regierung Willy Brandts im Jahre 1969.

„Genosse Generaldirektor", wie seine Parteifreunde, bei denen er keineswegs rundum beliebt war, den „Boß" der Karlsruher Lebensversicherung nannten, bot tatsächlich nicht gerade das Bild, das man sich von einem altgedienten Sozialdemokraten damals noch machte. Er war ein auf höchste Effizienz bedachter Top-Manager, hart, unbeugsam, durchsetzungsfähig, mit sicherem Blick und Gespür für das Durchsetzbare und deshalb auch stets flexibel genug, um einzulenken, wenn er merkte, daß Widerstände, auf die er traf, nicht ohne weiteres überwindbar sein würden. Sachlichen, überzeugenden Argumenten war er zugänglich, verläßlich, wenn er überzeugt war. Umgekehrt wirkte er selbst meist überzeugend, und zwar schon durch die Art seiner Verhandlungsführung. Er beherrschte die Materie, die zur Entscheidung stand, vollauf – oder wußte jedenfalls den Eindruck zu erwecken, daß dem so sei. Mit einem untrüglichen Blick für das Wesentliche brachte er die Debatte jeweils auf den Punkt. Ganz offensichtlich hatte er in seinem Unternehmen einen oder zwei Referenten, die ihm dabei behilflich waren, indem sie das Material für die Sitzungen des Verwaltungsrats so aufbereiteten, daß er in den Sitzungen selbst rasch zu Entscheidungen oder schlüssigen Ergebnissen kommen konnte. Erleichtert wurde das dadurch, daß nicht alle der übrigen Räte in gleich perfekter Weise vorbereitet waren.

Pünktlich auf die Minute zur festgesetzten Stunde eröffnete Möller die Sitzungen. Während andere eben ihre Papiere ausbreiteten, um vielleicht einmal hineinzuschauen, war er bereits in die Tagesordnung eingetreten mit der regelmäßig wiederkehrenden Feststellung, die Unterlagen seien rechtzeitig zugegangen, er gehe davon aus, daß alle sie gelesen hätten, wonach er in die Runde blickte und um Wortmeldungen zu Punkt eins bat. Auf solche Weise bestritten die Diskussion zunächst meist wenige Mitglieder, auf die seine Annahme zutraf, während die übrigen den Gang der Dinge allmählich einzuholen trachteten, indem sie in später aufzurufende Unterlagen wenigstens flüchtig sich vertieften, um dann hierzu die eine oder andere Bemerkung oder Frage anzubringen. Das Tempo war atemberaubend. Die Haushaltspläne, Kompendien immerhin von vielen Kapiteln mit unzähligen Untertiteln, waren in der Regel in zwei Stunden beraten. Besonders streng und unerbittlich war der Vorsitzende bezüglich der Einlassungen von Herren der Geschäftsführung und des Intendanten. Das allmähliche Verfertigen von Gedanken beim Reden war nicht seine Sache. Er liebte Kürze und Präzision. Die Herren des Verwaltungsrats, auch wenn der eine oder andere zwangsläufig immer wieder einmal Mühe hatte zu folgen, waren sich der Vorzüge solcher Verhandlungsführung wohlbewußt und folgten ihr im ganzen willig, um so mehr, als der Vorsitzende im Rundfunkrat dann die Beschlüsse, die er quasi alleine gefaßt hatte, als Verdienste aller so überzeugend zu vertreten und zu erläutern wußte, daß das andere Gremium trotz gelegentlicher Eifersüchteleien immer wieder hingerissen und mit Stolz dem Zirkel seiner Finanziers applaudierte. Möllers Verhältnis zum scheidenden Intendanten Eberhard war nicht das beste, oder richtiger: da er die Widerstände kannte, mit denen der Genosse im Rundfunkrat und auch sonst zu kämpfen hatte, versuchte er, diese, so gut es ging, dadurch zu neutralisieren, daß er kantig, manchmal ruppig mit ihm umging. Für ein einträchtiges Verhältnis waren die beiden aber auch von Grund auf zu verschieden. Mit dem Nachfolger von der CDU verstand er sich auf Anhieb besser.

Der neue Intendant, Hans Bausch, trat sein Amt am 1. September 1958 an. Im Funkhaus begegnete ihm freundliche, abwartende oder auch distanzierte Zurückhaltung, die letztere insbesondere auf Seiten der Fernsehmannschaft, die sich, wie beschrieben, der unmittelbaren Gunst Fritz Eberhards erfreut und, getragen von seinem Vertrauen, in einem auch persönlich engen Verhältnis ihre Vorstellungen hatte verwirklichen können. Wie würde „der Neue", für die meisten denn doch ein gänzlich unbeschriebenes Blatt, in seinem einflußreichen Amt sich gerieren, das nicht wenige als „ein paar Nummern zu groß" für ihn ansahen? Es gelang ihm ziemlich rasch, solche Vorbehalte zu zerstreuen. Er hatte sich offensichtlich sehr genau überlegt, wie er eine solche Aufgabe anzugehen hatte, und seine hohe Intelligenz (wie auch manch offenkundiger Fehler seines Vorgängers) hatten ihm dabei den richtigen Weg gewiesen. Mit einer für sein Alter erstaunlichen Zurückhaltung ließ er zunächst einmal auf sich wirken, was da so täglich auf allen Einzelgebieten um ihn herum ablief, um sich dann nach und nach in die Vorgänge einzuschalten, von denen er meinte, sie seien Chefsache. Es waren immer die richtigen, so daß in kurzer Zeit die „Hierarchie" (oder, wenn der Begriff stört, die Geschäftsverteilung mit ihren Kompetenzen) aufs reibungsloseste funktionierte, ohne daß darüber allzu viele Worte gewechselt wurden. Zu Hilfe kamen dem „Neuen" dabei seine meist große Offenheit und Direktheit im Umgang mit seinen Mitarbeitern. Und erfreulicherweise hatte er es mit Leuten zu tun, die solche Eigenschaften zu schätzen wußten. Ziemlich rasch wurde auch deutlich, daß sein Bekenntnis zu strikter Unabhängigkeit in der Kandidatenrede vor dem Rundfunkrat kein Lippenbekenntnis gewesen war. Er hatte tatsächlich, wie er zu sagen pflegte, sein CDU-Parteibuch an der Pforte des Funkhauses abgegeben. Und eben diese, seine eigene Partei bekam dies die Jahre hindurch am eindeutigsten zu spüren. Weil er Inkompetenz nicht leiden konnte, auf gute Ratschläge wenig Wert legte und, wo es um seine Verantwortung ging, auf dem kleinen Dienstweg, von Parteifreund zu Parteifreund, nicht ansprechbar war, holten sich ebensolche Freunde, gleichgültig welchen politischen Ranges, manche harsche Abfuhr und jedenfalls keine andere als die Genossen von anderer Couleur. Einmal, ich glaube vor der ersten oder zweiten Wiederwahl, meinten wir in der Geschäftsleitung sogar, von der politischen Gegenseite habe er nichts zu fürchten, in den eigenen Reihen aber, da müsse er vielleicht doch noch für etwas besseres Wetter sorgen. Was er natürlich weder dieses Mal noch irgendwann später jemals tat. So daß die Beziehungen zu seiner Partei am Ende, Jahrzehnte später, in ein ausgesprochen kritisches Stadium gerieten, nachhaltiger als ihm für die von ihm vertretene Sache lieb sein konnte. Bald auch wurde klar, daß der neue Intendant über eine weitere Eigenschaft verfügte, die an Chefs und obersten Dienstherren gemeinhin geschätzt wird: Er sparte nicht mit interner Kritik, wenn er – meist zurecht – fand, daß im Programm etwas „danebengegangen" sei. Aber er bezog auch solche Fehlleistungen ohne viel Aufhebens in seine Verantwortung gegenüber der Öffentlichkeit ein und vertrat sie in den Aufsichtsgremien auch bei harter Kritik. Courage, starke Nerven, eine robuste Natur – das, was man eine dicke Haut nennt – zeichnete diesen Intendanten von Anfang an und für immer aus. Anders ließ sich seine Linie kaum durchhalten. Wer an sensibleren Formen des Umgangs Gefallen hatte, die Andeutung bisweilen mehr schätzte als drastische Deutlichkeit und also gelegentlich die feinfühlige Erwiderung solcher Valeurs vermißte, erwartete offensichtlich mehr, als der Schöpfer an guten Eigenschaften in einem einzelnen zu versammeln willens oder fähig ist – der Schöpfer, zu dem Hans Bausch als festverwurzelter Katholik eine gleichermaßen realitätsbewußte Beziehung unterhielt wie zu seinen Geschöpfen.

Ich selbst war dem neuen Mann bis zu seiner Wahl nur ein einziges Mal begegnet: bei einem Treffen im Funkhaus, bei dem ein Stuttgarter Zweig des „Clubs republikanischer Publizisten", einer Münchener Gründung Gerhard Szczesnys, entstehen sollte, wozu es aber meines Wissens nicht gekommen ist. Der aufgeweckte, agile junge Mann, im Hause nicht unbekannt, weil er vom SDR aus seine Beiträge für den SWF zu sprechen pflegte, hatte sich mir eingeprägt, ohne daß sich weitere Beziehungen ergeben hatten.

Jetzt, nach seinem Amtsantritt als Intendant, kam es bald zu einer gründlichen Aussprache, einer „tour d'horizon" über den Stand der Dinge beim SDR, die wir in einer der schönen Weinwirtschaften im Remstal absolvierten. Wegen meines abgekühlten, nicht unkritischen Verhältnisses zu Fritz Eberhard in den letzten Jahren war ich in der Geschäftsleitung vermutlich derjenige, der dem Überraschungssieger am wenigsten mit irgendwelchen Vorbehalten begegnete; ich hoffte im Gegenteil, daß ein Wechsel auch positive Seiten haben werde. Daß dazu eine Revision der zurückliegenden Entscheidungen über die organisatorische Zuordnung des Fernsehens gehören würde, erwartete ich nicht. Das Stadium einer zweckmäßig kombinierten Personalunion war vorüber, die Dinge hatten sich anders und ja auch keineswegs ungünstig entwickelt. Und daß bei der Aufmerksamkeit, die das neue Medium mittlerweile auf sich zog, auch die Aufmerksamkeit des Intendanten diesem zuvörderst gelten mußte, war gänzlich unumstritten. Nachdem andererseits feststand, daß der neue Mann an der Spitze von meinem Verbleiben in der Führungsriege ausging, kostete es uns also wenig Zeit und Mühe übereinzukommen, daß, was die Schwerpunkte der Aufgabenverteilung anbetraf, am besten alles beim alten bliebe, der Intendant – ohne den Hörfunk aus dem Auge zu verlieren – sich auf die weitere Entwicklung des Fernsehens konzentrieren, ich mich weiterhin ganz dem Hörfunk widmen würde, zu dessen Fortentwicklung ich ja eben erst die tiefschürfenden Überlegungen in Gang gesetzt hatte, von denen schon die Rede gewesen ist. Hans Bausch brachte mir Vertrauen entgegen, ließ mich in großer Freiheit und Selbständigkeit gewähren. Ob es ihm immer leicht gefallen ist, weiß ich nicht. Aber es ist, ohne merkliche Irritationen, die ganzen 26 Jahre hindurch so geblieben.

Die Gelegenheit, meine „vorübergehende" Tätigkeit beim Rundfunk mit einer anderen zu vertauschen, war ein weiteres Mal verstrichen. Es war die letzte, die sich von den äußeren Umständen her geboten hätte. Ich war Ende dreißig, die Tätigkeit machte Spaß und fesselte mich, niemand – offenkundig – beabsichtigte, mir eine vergleichbare Position beim Theater anzubieten, und für einen Eleven war ich nun doch schon ein bißchen zu alt – der Gedanke eines Wechsels, auch wenn ich ihn noch nicht völlig aus dem Kopfe verbannt hatte, geriet mehr und mehr zur Koketterie.

In der Programmarbeit herrschte immer noch – und erst recht nach der Reform von 1962 – Aufbaustimmung. Das Zweite Programm war seit 1959 zu einem Vollprogramm ausgebaut. Mit dem „Funkstudio Berg", der Ersatzlösung für das seinerzeit verschobene Funkhaus-Projekt im Park der Villa Berg, war ein moderner Produktionskomplex für Hörspiel und Musik entstanden, so daß nun sämtliche Ensembles: Sinfonieorchester, Unterhaltungsorchester, Chor und Tanzkapelle ihre festen Arbeitsstätten hatten. Beide Orchester konnten 1960 verstärkt werden (das Sinfonieorchester um 10 auf 85 Musiker, das Unterhaltungsorchester um 9 auf 45 Mann). Wenig später, 1962, gelang es, die Sinfoniker noch einmal zu verstärken. Die große Politik kam den künstlerischen Ambitionen zu Hilfe: Der Bau der Berliner Mauer hatte eine beträchtliche Zahl von Musikern, die im Westen wohnten, jedoch in Ostberliner Ensembles, vor allem in der Staatskapelle spielten, von ihrer Beschäftigung abgeschnitten. Ein Solidaritätsopfer der westlichen Brüder war gefordert, auch derer im schwäbischen Süden, wie wir dem Verwaltungsrat mit Emphase erklärten. Niemals zuvor oder danach ist eine Erweiterung des Stellenplans so prompt und klaglos über die Bühne gegangen. Ohne jedes Zögern, die deutsche

Einheit fest im Blick, genehmigten die Herren zwölf Stellen, die nicht zu den gering dotierten im Hause gehörten. Noch manches Mal später hatte ich Grund, mir zu wünschen, die bloßen aus der Sache herrührenden Argumente hätten dieselbe Durchschlagskraft besessen wie Ulbrichts politische Untat!

Auch im kulturellen Programm war die Bilanz positiv. Hans Jürgen Schultz, schon seit 1957 Leiter der Kirchenfunk-Redaktion, später Chefredakteur des Kultur-Programms, setzte immer wieder mit aufsehenerregenden Vortragsreihen – „Kritik an der Kirche" war die erste, „Juden – Christen – Deutsche" eine weitere – wichtige Programmakzente; in Heidelberg hatte sich die Wissenschaftsredaktion unter Johannes Schlemmer einen führenden Platz in der wissenschaftlichen Publizistik errungen und erfreute, nebenbei, anspruchsvolle Hörer mit dem Quiz „Gedächtnis im Kreuzverhör". Im Hörspiel machte, neben der intensiven Pflege neuer Arbeiten, eine Reihe „Dramatiker dieses Jahrhunderts" mit Werken deutscher Expressionisten wie auch Lorcas, Sartres, O'Neills, Faulkners und anderen bekannt. Das Referat für Bildungs- und Erziehungsprogramme entwickelte eine im Hörfunk neuartige pädagogische Reihe für Kinder im Vorschulalter mit dem Titel „Der grüne Punkt" und leistete seine Beiträge zum ARD-Verbund des „Funkkollegs". Wir konnten uns sagen, daß wir es jedenfalls an Anstrengungen, Anspruch und Verpflichtung des öffentlich-rechtlichen Rundfunks einzulösen, nicht fehlen ließen. Hinter den Erwartungen der breiten Hörerschaft blieben wir mit dem Ersten Programm offenkundig gleichfalls nicht zurück. Der Publikumsliebling Hermann Haarmann zog nicht nur um 9 Uhr morgens seine „lieben, verehrten Hausfrauen" an die Lautsprecher, um ihnen die Hausarbeit zu verschönen, er erfreute mit ihnen zusammen regelmäßig auch schon zwischen 6 und 8 Uhr früh ihre Männer und Kinder. Ein phänomenal erfolgreicher Plauderer am Mikrofon, dessen Geheimnis, ihm selbst nur halb bewußt, darin bestand, daß seine liebenswürdige, heitere Natur sich völlig im Einklang mit Gemüt, Neigungen, Interessen und Wünschen des durchschnittlichen Zeitgenossen jener Jahre befand. Behaglichkeit als Lebensziel – damit konnte fast jeder von ihnen sich in irgendeiner Beziehung identifizieren, als Häuslesbauer, Ehegatte und Familienvater, Autofahrer, Kleingärtner, Tierfreund und Nachbar überm Zaun. Er, Haarmann, war all das selbst und wußte der weitverbreiteten Genugtuung über die wohlgelungene Privatisierung einer rauhen Welt – mit manch kritischem Bonmot auch über ihre Störer – beredten Ausdruck zu verleihen.

Zum Überfluß fast hatte ich eines Tages auch noch die Eingebung einer neuen Form von „Wunschkonzert" (dem meistfrequentierten, unsterblichen Ingrediens eines zufriedenstellenden Rundfunkprogramms). Wir hatten im Herbst 1967 die Grundzüge der erfolgreichen Reform von 1962 mit ihrer Differenzierung und Typisierung des Angebots in den beiden Programmen noch weiter ausgeprägt. Im ersten gab es nun stündlich Nachrichten und vor allem noch mehr musikalische Unterhaltung, so z.B. zwischen 11 und 12 Uhr „Leichte Musik am Vormittag". Aber just diese blieb offenbar zu unverbindlich und zog die Hörer nicht in Scharen an, wie sie es eigentlich sollte. Nachdenken auf allen Ebenen. Ich erinnerte mich an eine „öffentliche Veranstaltung", in der Peter Frankenfeld während einer Funkausstellung einzelnen Besuchern auf dem Podium, nachdem sie irgendeine possierliche Aufgabe gelöst hatten, als Belohnung ein Musikstück ihrer Wahl offerierte, das zwei Minuten später, aus dem Archiv des Funkhauses zugespielt, zum allgemeinen Entzücken über die Lautsprecher im Saal erklang. Dies, dachte ich, müßte den Leuten auch zu Hause gefallen. Wer wollte, sollte sich melden, per Postkarte, mit Telefonnummer, und würde dann durch telefonischen Rückruf zum Gesprächspartner des Moderators am Mikrofon, der ihm sein Lieblingsstück vorspielt. Die Sache, im Mai 1968 gestartet, wurde schon nach kurzer Zeit ein eindeutiger Erfolg. „Sie wünschen – wir spielen" war jahrelang die meistgehörte Sendung in einem bundesrepublikanischen Rundfunkprogramm. Daran hat sich noch 20 Jahre danach nicht viel geändert. Es war und ist ganz offenbar zu schön für aktiv Beteiligte wie für die passiv Zuhörenden: die aus dem Schallarchiv eigens herbeigeholte Platte, gespielt zum Hörvergnügen von Frau W aus Xelfingen im Oberschwäbischen, mit gleicher Hingabe gehört von tausend anderen im Unterland, der Kurpfalz wie in Bayrisch-Schwaben, der Gruß der Oma vom Bodensee an Kinder und Enkel im Taubergrund (oder auch an den im Sessel neben ihr sitzenden Gatten und Vater), die Kleinigkeiten aus dem Leben einfacher Bürger im Gespräch mit der freundlichen Dame, dem heitergestimmten Herrn im Funkhaus, der auf alles eine prompte, manchmal sogar witzige Antwort weiß. Und alles dies verbreitet mit vielen hundert Kilowatt. Nur zu begreiflich, daß da so manches biedere Gemüt ein Schluchzen überkam am Telefonhörer, der sich mit den Radiowellen zu solcher Fernwirkung verband. Die Sendung fand viele Nachahmer und bildete für lange Zeit die große Attraktion im Potpourri des Ersten SDR-Programms. Kurzum, wir konnten mit dem Erfolg der Arbeit auf vielerlei Gebieten zufrieden sein und uns sagen – wie viele Hörfunkkollegen auch anderwärts –, daß wir bei dem Vorsatz, unser Publikum, von dem zwei Drittel mittlerweile Fernsehteilnehmer waren, gleichwohl dem Hörfunk zu erhalten, ein gutes Stück vorangekommen waren.

Das war aber auch nötig. Wir brauchten die Zustimmung unserer Hörer. Denn mittlerweile zeichnete sich ab, daß alles, was wir taten, und erst recht alles, was wir noch tun zu sollen meinten, mit der Rundfunkgebühr von zwei Mark aus dem Jahre 1924 nicht mehr zu leisten sein würde. Auch das Fernsehen würde mit den fünf Mark aus dem Jahre 1953 nicht lange mehr auskommen. Etwas völlig Neues in der bald 45jährigen deutschen Rundfunkgeschichte stand im Raum: Gebührenerhöhung. Und damit auch ein völlig neuer Abschnitt in dieser Geschichte. Es begann die Epoche der Sparzwänge – unterschiedlich hart für die einzelnen Anstalten, einschneidend für jede. Und sie haben von da an den Rundfunkalltag begleitet. Vorbei die Zeit, in der neue Pläne und deren Verwirklichung selbstverständliche Priorität genossen, vorbei die Zeit einer zureichenden Dotierung der Aufgaben des öffentlich-rechtlichen Rundfunks und ihrer natürlichen Fortentwicklung unter dem Zeichen einer sich wandelnden und weiter differenzierenden Medienwelt.

Sparzwänge – sie machten sich als Teil der Auseinandersetzungen um eine Gebührenerhöhung schon Jahre davor bemerkbar. In doppelter Weise. Die bislang gewohnten Zuwachsraten der Teilnehmer im Hörfunk flachten ab, steigender Aufwand mußte mit unveränderten Einnahmen bestritten werden. Im Fernsehen, dessen Entwicklung zunächst vom Hörfunk subventioniert worden war, hielten sie nicht mehr Schritt mit den unvermeidbaren Kostensteigerungen und erlaubten schon gar nicht, nunmehr umgekehrt und auf längere Dauer das andere Medium mitzufinanzieren. Eine faktisch zunehmende Verknappung der Mittel – das war die eine, die reale Seite der Zwänge. Zusammen mit der mehr und mehr einsetzenden öffentlichen Diskussion bewirkte sie aber zugleich auch die Zwangsvorstellung eines angeblich übertriebenen, aufgeblähten Programmangebots, vor allem im Höfunk, dessen unkontrolliertes Wachstum auf ein vernünftiges Maß zurückgeführt werden müsse. Das bedenklich Bemerkenswerte war, daß diese Vorstellung nicht nur unter Politikern und in der Presse sich ausbreitete, sondern allmählich auch auf den Chefetagen der Funkhäuser. Ein wahrer Schuldkomplex schien so manchen in der Hierarchie befallen zu haben. Vorwurfsvolle Blicke von Intendanten trafen die Hörfunkdirektoren, die es – wie nur? – dahin hatten kommen lassen, während sie, die Intendanten selbst, mit dem Fernsehen beschäftigt, kaum bemerkt hatten, was da vor sich ging. Natürlich betrafen die Zwänge und die daraus resultierende Verstörung vor allem die sogenannten „kleinen und mittleren Anstalten" (nach Maßgabe ihres Gebührenaufkommens nämlich), im Südwesten also den SDR, den SWF, den Saarländischen und nördlich davon auch den Hessischen Rundfunk. Angeführt vom neuen Intendanten des SWF, Helmut Hammerschmidt, dem Nachfolger Friedrich Bischoffs, und seinem gleichfalls neuen Programmdirektor Günter Gaus, begannen die Chefs von 1965 an ernsthaft zu überlegen, wie dem „Wildwuchs" zu steuern sei. Und verfielen auf die immer wieder so naheliegende, wenn auch nur vordergründig überzeugende Idee, es müsse, da es nun einmal zu viele Programme gebe, an eben diesen Programmen gespart werden. Gespart, indem die vier, wo immer möglich, viermal ein- und dasselbe Programm ausstrahlten. „Quadriga" war, als stolzer Name für das neue Gespann, einem der Rosselenker eingefallen. Die Sache war nicht ganz neu, schon einmal, anfangs der 50er Jahre, hatte es Pläne einer Doppelausstrahlung von Programmen zwischen SWF und SDR gegeben, die verdientermaßen in den Schubladen verschwanden, nachdem sich herausgestellt hatte, daß wegen urheber- und leistungsrechtlicher Hemmschwellen sowie wegen kostspieliger Leitungsverbindungen der erwartete wirtschaftliche Effekt sich nicht einstellen werde. Jetzt traf man sich – Intendanten, Programmdirektoren, Hauptabteilungsleiter – in Frankfurt am Main, um die Quadriga zum Laufen zu bringen. Außer der Bekräftigung, es müsse, da jeder für sich zuviel produziere, ein Abbau des Zuvielen durch ein gemeinsames Weniger angestrebt werden, kam nicht viel dabei heraus. Was tut man, wenn Konferenzen eine Lösung der Probleme, derentwegen sie zusammengetreten, nicht (oder jedenfalls nicht bis zum Mittagessen) zustandebringen? Man beauftragt die nachgeordneten Chargen mit der Untersuchung und Klärung der Details. So auch hier. Mit den Kollegen aus Baden-Baden und Saarbrücken traf ich mich in der Folge zu einer Serie von Besprechungen. Der Hessische Rundfunk – vermutlich wegen der anderen Couleur – ging schon nach kurzem auf Distanz, noch ehe es zu konkret wurde. Aber allzuviel wurde auch im übrigen nicht konkretisiert. Modellvorstellungen einer intensiveren Zusammenarbeit wurden entwickelt. Ich wirkte nach Kräften dahin, daß sie, was sie auftragsgemäß zunächst einmal waren, auch blieben: konjunktivisch nämlich. Was wäre (und wie sähe es aus), wenn wir... Einmal bestand ich darauf, daß der saarländische Kollege, der in seiner Niederschrift die Details im Indikativ wiedergegeben hatte, als handle es sich um faktisch Verabredetes, die Chose auch buchstäblich in den Konjunktiv zurückübersetzte. Das Ganze verlief noch einmal im Sande, von ein paar zwischen SDR und SWF wechselseitig beschickten Programmen abgesehen.

Weil in der Öffentlichkeit, unter Politikern und in der Presse auch weiterhin der angebliche „Luxus" von 25 oder gar 29 Hörfunkprogrammen der ARD auf der Tagesordnung blieb und die Notwendigkeit einer „Rationalisierung" nachgerade auch innerhalb der Arbeitsgemeinschaft in, wie ich fand, ärgerlicher Weise verinnerlicht wurde, schrieb ich mir diesen Ärger in einem Artikel „Schlagwort oder Notwendigkeit – Rundfunk-Rationalisierung und was sich dahinter verbirgt" vom Herzen – durchaus auch an die Adresse der ARD selbst. Ich wies nach, daß es unter Kostengesichtspunkten und bei Berücksichtigung von Teilprogrammen, Parallelausstrahlungen, Programmaustausch und Werbefunk (der per saldo auf der Ertrags- und nicht der Kostenseite zu verbuchen war, weil er kein Geld kostete, sondern welches brachte) keine 29 oder 25 Hörfunkprogramme gab, sondern deren 12. Womit, so meinte ich, der Schrecken, der den Uneingeweihten befallen hatte, sich ohne allzu große Mühe halbieren und womöglich weiter reduzieren lasse, wenn berücksichtigt werde, daß auch diese 12 Programme ja nicht etwa ein Angebot an den einzelnen Hörer darstellten, der vielmehr für sich allein in seinem Sendebereich kaum mehr als die Programme zweier Anstalten, vielerorts nur die einer einzigen empfangen könne. „Unsere Rundfunkordnung", schrieb ich, „entsprach in ihrer Anfangszeit und sie entspricht heute betonter der betonteren politischen Struktur des föderalistischen Bundesstaates. Gewiß: die Besatzungsmächte haben sie beeinflußt und vorgeprägt, aber die deutschen Gesetzgeber haben sie mitgeschaffen und mehrfach bestätigt. Die Rundfunkanstalten haben, neun von zehn, ihren Auftrag aus der Region, für die sie errichtet worden sind. Wer dem deutschen Rundfunk einige Bedeutung für das kulturelle Leben nicht abspricht, wird auch sagen müssen, daß diese Ordnung der stets vielfältigen geschichtlichen Struktur des kulturellen Lebens in Deutschland entspricht. Auf dieser Basis einer historisch begründeten „Vielstimmigkeit" haben sich die Rundfunkzentren entwickelt, und nur so konnten die Anstalten ihre Bedeutung im musikalischen, literarischen und publizistischen Bereich erlangen, auf die sie heute zu verweisen imstande sind. Eine Bedeutung, die nicht zuletzt auch wirtschaftlicher Art ist. Würde sie – durch den da und dort angepriesenen Kahlschlag – erlöschen, so würden sich nicht zuletzt viele von denen, die laut und oberflächlich nach ‚Rationalisierung' rufen, überrascht vor schwerwiegende Fragen gestellt sehen."

Ein paar weitere Betrachtungen über die Rolle des Rundfunks im kulturellen Leben, die Folgen von Einsparungen, den Nutzen und Wert von DM 1,–, absolut und relativ, schlossen sich an. Ich will sie hier nicht wiederholen, weil davon noch ausführlicher die Rede sein wird, wenn wir später das glorreiche Schlachtfeld der sogenannten Medienpolitik inspizieren werden.

In der ARD riefen meine Ausführungen, soweit sie beachtet wurden, beifälliges Erstaunen hervor. So genau hatte man das bisher gar nicht genommen. Später gab es bei der wiederkehrenden Forderung nach höheren Gebühren auch ARD-offizielle Dokumentationen zu deren Begründung und Stützung. In der Presse wurde wenig, bei den zuständigen Politikern so gut wie keinerlei Notiz davon genommen. Es herrschte wenig Neigung, sich seine vorgefaßte Meinung durch Argumente verderben zu lassen, deren Lektüre noch dazu Zeit kostete. Und das Publikum, unsere Hörer? Anders als heute, da kaum einer weiß, was ihm per Lastschrift für Hörfunk und Fernsehen, auf den Monat gerechnet, vom Konto abgebucht wird, war die altehrwürdige Rundfunkgebühr von DM 2,– aus dem Jahr 1924, vom Postboten allmonatlich eingesammelt, waren auch die DM 5,– für das neue Fernsehen den meisten bekannt. Ob sie (noch) angemessen oder – nach bald 45 Jahren – eine Erhöhung angezeigt sei, darüber machte man sich wenig Gedanken. Die öffentliche Diskussion verfehlte zwar nicht eine gewisse Wirkung: Daß der Rundfunk Geld verschwende, durch „Stargagen" zum Beispiel, konnte man schon damals öfters hören, ebenso gab es aber immer wieder Stimmen aus dem Publikum, die sich ohne Wenn und Aber für eine Gebührenerhöhung erklärten, weil sie Umfang und Qualität des Gebotenen erhalten wissen wollten und einsahen, daß angesichts von Preis- und Kostensteigerungen allüberall nicht ausgerechnet nur der Rundfunk ein- für allemal dasselbe kosten könne, dürfe, müsse. Einigermaßen drastisch wurde die heikle Finanzlage unseren Hörern vor Ohren geführt, als im September 1968 der morgendliche Werbefunk, bis dahin auf die gewohnte Zeit zwischen 7 und 8 beschränkt, schon um 6 Uhr früh Einzug hielt, um sich von da an mit den Plaudereien des Publikums-Lieblings Hermann Haarmann zu einer ungewohnten Melange zu verbinden. Ein Sturm der Entrüstung fegte durch die Hörerpost, obwohl wir von Anfang an versprochen hatten, es werde diese Notmaßnahme nach einer Gebührenerhöhung sogleich wieder aufgehoben, wie es dann auch geschah. Mit dem Ärger hatten wir zugleich aber unstreitig auch ein Problembewußtsein geweckt, mit der Empörung wuchs ein guter Teil an Einsicht in die Finanzbedürfnisse eines Unternehmens, das vom ungeschmälerten Zuhören und wachsenden Zuschauen allein nicht leben konnte.

Daß eine Gebührenerhöhung unumgänglich sei – nach und nach setzte sich diese Einsicht in der Öffentlichkeit auf allen Ebenen durch. Fraglich aber war immer noch der Umfang und der Zeitpunkt. Da umgekehrt bei uns die Einsicht wuchs, die Erhöhung werde, wann immer sie käme, zu spät eintreten und zu gering ausfallen, erkgriff Intendant Hans Bausch 1967 eine weitreichende rundfunkpolitische Initiative, der – zugegeben – auch taktische Merkmale eigneten. Und zwar schlug er zur besseren wirtschaftlichen Fundierung des Rundfunks im Südwesten die Überprüfung der bestehenden Abgrenzungen der sogenannten „Sendegebiete" oder richtiger Gebühreneinzugsgebiete der südwestdeutschen Rundfunkanstalten durch eine von den zuständigen Landesregierungen berufene unabhängige Sachverständigen-Kommission vor. Diese Grenzen markierten zwischen SDR und SWF (und markieren auch 20 Jahre danach) ein Unikum in der deutschen Rundfunklandschaft, ein Relikt aus der Besatzungszeit nach dem Kriege, indem sie unverändert den Demarkationslinien zwischen amerikanischer und französischer Besatzungszone folgten – mitten durch das Land Baden-Württemberg noch 15 Jahre nach dessen Gründung. Ob dies denn noch die zweckmäßige Rundfunkordnung sei und welche Alternativen sich vernünftigerweise statt dessen etwa anböten, sollte die Kommission herausfinden. Die Landesregierungen von Baden-Württemberg, Rheinland-Pfalz und gleich auch noch die des Saarlandes (damals allesamt brüderlich der CDU zugehörig) machten sich den Vorschlag zu eigen und beriefen 1968 eine siebenköpfige Expertengruppe mit Vertretern aus Wirtschaft, Betriebswirtschaft, öffentlichem Recht und Rundfunkpublizistik. Ihr Vorsitzender, der Generaldirektor der Salamander AG Schuhfabriken, Dr. Elmar Michel, zugleich Vorsitzender der Wettbewerbskommission des deutschen Markenartikelverbandes, hatte kurz davor auch einer von der Bundesregierung eingesetzten Kommission zur Untersuchung des Wettbewerbs zwischen Presse, Film und Rundfunk vorgesessen. Die hatte Aufmerksamkeit auf sich gezogen, weil sie in gründlicher Arbeit die maßgeblich von Axel Springer lancierte These vom Verdrängungs- und Substitutionswettbewerb der Funk- und Fernsehwerbung zu Lasten der Presse nicht bestätigt, sondern widerlegt hatte. Daß der Vorsitzende inzwischen mein Schwiegervater war – ich hatte mich 1965 mit seiner Tochter Eve in zweiter Ehe verheiratet –, erschien uns in der SDR-Geschäftsleitung nicht gerade als Nachteil, aber auch die Landesregierungen und die übrigen Kommissionsmitglieder nahmen offenbar keinen Anstoß daran. Es bestand bei dem überkorrekten ehemaligen Ministerialbeamten Elmar Michel auch wahrhaftig kein Anlaß dazu. Ein paar erheiternde Situationen gleichwohl rief der ungewöhnliche Umstand hervor. Die Kommission hielt mehrere Sitzungen zur Anhörung der Intendanten der betroffenen Anstalten mit ihren leitenden Mitarbeitern ab, so auch in Stuttgart. Dabei ging es mit angemessener Förmlichkeit zu, die jäh unterbrochen wurde, wenn ich mich zu Wort meldete und der Vorsitzende es mir, der Reihe nach, mit den Worten erteilte: „So, und jetzt, Peter, was willst Du sagen?".

Was ich sagen wollte, diente der Erläuterung und Stützung des vom SDR für eine Neuordnung vertretenen Standpunktes. Wir plädierten für den „Landessender", eine einzige Anstalt in den Grenzen des Landes Baden-Württemberg. Eine zweite wäre dann gleichzeitig in Rheinland-Pfalz und dem Saarland zu errichten gewesen. Die Kommission legte ihren Bericht im Februar 1970 vor. Vier Mitglieder, eine deutliche Mehrheit, befürworteten die vom SDR (wie auch in Saarbrücken) favorisierte Lösung, zwei gaben einer „Dreiländeranstalt", also einem Zusammenschluß von SDR, SWF und SR, den Vorzug, einer, der Freiburger Politologe Wilhelm Hennis, plädierte für den „status quo", weil er die im Südwesten vorhandene Programmvielfalt keineswegs für sanierungsbedürftig hielt und weil, wie er im Vertrauen verlauten ließ, dabei selten etwas Besseres herauskomme. Der SWF, natürlich, sah das Heil (nämlich seine Interessen am besten gewahrt) in der Dreiländeranstalt, wobei man als Pointe, nämlich als neutralen Sitz der Anstalt das Kurstädtchen Baden-Baden beizubehalten gedachte, mit der hübschen Begründung, auch in den USA sei Washington und nicht etwa New York Hauptstadt und Regierungssitz. Von Staatsvertrags wegen war (und ist) der SWF weit enger mit den Regierungen in Stuttgart und Mainz verbunden (die in Rundfunk- und Verwaltungsrat Sitz und Stimme haben), als dies beim SDR der Fall war. Weshalb, unverkennbar, der SWF sich, anders als der SDR mit seinem unbelehrbar unabhängigen Intendanten, der landesherrlichen Gunst einseitig erfreute und nichts versäumte, um diesen warmen Platz durch anheimelnde Fügsamkeit auch weiter zu bewahren. Das zahlte sich aus. Schon der Ministerpräsident Kurt Georg Kiesinger, vor seinem Wechsel nach Bonn 1967, hatte ritterlich versichert, man könne und werde bei einer Neuordnung den SWF nicht „über die Klinge springen lassen". Jetzt, 1970/71, dachte die Regierung Hans Filbingers ebensowenig daran, nur war sie, anders als der Vorgänger, gezwungen, sich zu den Ergebnissen der von ihr berufenen Kommission zu äußern und womöglich Folgerungen daraus zu ziehen. Die Regierungen und Landesparlamente in Saarbrücken und Mainz erklärten sich eindeutig quer durch die Fraktionen im Sinne der auch von den hier betroffenen Rundfunkanstalten eingenommenen Positionen: das Saarland für die Zweier-, Rheinland-Pfalz für die Dreieinheitslösung. In Stuttgart befaßte sich der Landtag, eigentlicher Gesetzgeber für das Rundfunkwesen, gar nicht erst mit der Sache, sondern überließ alles der landesherrlichen Weisheit und Entscheidung des Ministerpräsidenten mit seinem Kabinett, beziehungsweise, was die Weisheit anbelangte, seiner wendigen Ministerialbürokratie. Deren Weisheit wiederum bestand darin, Zuflucht zu nehmen zu einer „möglichen Neugliederung des Bundesgebiets" und damit auch einer „Länderneugliederung im mittelwestdeutschen Raum", für welche die Chancen durch Berufung eines Sachverständigengremiums soeben angeblich gestiegen seien. Schon Mitte der 70er Jahre werde sie sich abzeichnen. Eine Rundfunkneuordnung könne und solle jene nicht „präjudizieren", insbesondere auch nicht die Interessen Baden-Württembergs in Richtung auf eine rheinüberschreitende Erweiterung seines Gebiets. Stolze Perspektiven. Ob einer der Autoren glaubte, was er da schrieb, mag füglich bezweifelt werden. Staatsmännischen Klang hatte die Attitüde immerhin. Und sie enthob Regierung und Landtag einer unerfreulichen Entscheidung, so oder so. Weil dies aber nicht bedeutete, so verlautbarte man weiter, daß Regierung, Parlament und Rundfunkanstalten berechtigt oder verpflichtet seien, untätig zu warten, bis die Länderneugliederung gelinge oder scheitere, sollten die Anstalten sich gefälligst zu „qualitätsverbessernder und kostensparender Kooperation zusammenfinden, die zumindest einige der von einer Neuordnung erwarteten Vorteile vorweg verwirklicht." Das war fabelhaft! Die verantwortlichen politischen Instanzen blieben untätig, eine Neuordnung unterblieb, deren mutmaßliche Vorteile (sprich: Rationalisierungseffekte) aber sollten gleichwohl erzielt werden. Wie – das blieb den Anstalten überlassen. Ein paar rührende Hinweise betrafen eine „Angleichung der Haushaltspläne" und die „gemeinsame Nutzung der elektronischen Datenverarbeitung". Sonst aber lautete die Devise „Drei Anstalten – ein Programm". Sie leuchtete mir absolut nicht ein. Der Michel-Kommission war es nicht anders gegangen. Lediglich der SWF sah hierin, wenn es schon zu keiner Dreiländeranstalt mit Sitz an der Oos kommen würde, das geringere Übel, nämlich die Bewahrung der selbständigen Anstalt. Die Kollegen aus Baden-Baden gingen das Kooperationsmodell mit Verve an: die Zweiten und die (noch zu entwickelnden) Dritten Programme sollten überhaupt nur noch „Kooperatives" (d.h. Anteiliges) enthalten, die Ersten allerdings (obschon die ähnlichsten, nahezu inhaltsgleichen) sollten unberührt bleiben und dreimal nebeneinander weiterbestehen.

Demgegenüber entwickelte ich, ziemlich auf eigene Faust und anfangs ohne Deckung durch den Intendanten oder die Gremien, das Konzept einer Kooperation bei den einzelnen Sparten und Sendezeiten quer durch alle Programme. Daß angesichts der herrschenden Finanzlage mögliche Rationalisierungseffekte, wie gering auch immer, nicht außer acht gelassen werden konnten, mußte ich einsehen. Daß andererseits beim unveränderten Weiterbestehen selbständiger Anstalten auch Bedeutung und Profil als selbständige redaktionelle Einheiten bewahrt werden müßten – dies zur schließlich unbestrittenen Maxime zu erheben, gelang mir nach und nach in den ebenso zeitraubenden wie oftmals wahrhaft frustrierenden Verhandlungen, deren Aufwand den erhofften Rationalisierungsgewinnen gegenüberzustellen ich mich immer wieder einmal anheischig machte, wenn es allzu zäh herging. Schließlich einigten sich die Programmdirektoren, Intendanten, Kooperationsausschüsse der Gremien und am Ende diese selber auf ein Konzept, das von 1972 an Gestalt gewann. Die Ersparnisse rundum waren gering (beim SDR rund eine Million DM oder knapp ein Prozent des Haushaltsvolumens), der Aufwand für die laufende Koordination beträchtlich. Das vorgegebene Ziel aber hatten wir erreicht, den Erwartungen entsprochen. Ein schöner Triumph für den Leitgedanken, der, wie so oft, auch hier über den Bemühungen um sogenannte Rationalisierung stand: „Wir müssen sparen – koste es, was es wolle". Die Ministerpräsidenten waren's zufrieden, sie spendeten reiches Lob.

Nur die Finanzlage, die blieb prekär. Zwar war zum 1. Januar 1970 die erste heißumkämpfte Gebührenerhöhung inzwischen eingetreten; sie blieb aber um die Hälfte hinter der begründeten Forderung und Erwartung zurück: 50 Pfennig für den Hörfunk, 1 Mark zusätzlich für das Fernsehen, das war's, was sich die widerstrebenden Herren über Wohl und Wehe des Rundfunks hatten abringen lassen. Die im Haushalt der Folgejahre dadurch bewirkte Ertragssteigerung half (verbunden mit solchen bei der Werbung) mit Mühe und Not über diesen Zeitraum hinweg. Letzten

Endes aber führte der 50-Pfennig-Triumph im Hörfunk folgerichtig dazu, daß der Diskussion um die erste Gebührenerhöhung die nächste auf dem Fuße folgte. Das Thema blieb aktuell, wahrhaftig. Und in den Funkhäusern blieben Einsparungsüberlegungen an der Tagesordnung. In Stuttgart kam hinzu, daß im Hinblick auf die Gebührenerwartungen zu Ende der 60er Jahre der überfällige Bau eines neuen Funkhauses – 20 Jahre nach den ersten Plänen und nach einem neuerlichen Wettbewerb – nun konkret geplant worden und von 1970 an ins Stadium baulicher Verwirklichung getreten war. 1962 schon war nach den Produktionsstätten des Hörfunks im Park der Villa Berg auch der Komplex für die Programm- und Produktionserfordernisse des Fernsehens fertiggestellt worden. 1964 hatten wir das unterhalb der Villa Berg gelegene Gelände der ehemaligen, im Krieg zerstörten Stadthalle erwerben können, ein Glücksfall, der es erlaubte, nun die gesamten Anlagen in räumlicher Nachbarschaft und gleichzeitig in reizvollster Umgebung anzuordnen. Das von Rolf Gutbrod ebenso wie der Fernsehkomplex entworfene neue Haus schuf Raum für den (1949, wie erinnerlich, ausgesparten) Bürobedarf der Programmabteilungen des Hörfunks, der Technik und der gesamten Verwaltung nebst den noch erforderlichen Sende- und Produktionskomplexen des Hörfunks sowie für alle ergänzenden Einrichtungen wie z. B. den Fuhrpark und weitere, bislang ausgelagerte Betriebsteile. Das alles war lange (zu lange?) hinausgeschoben, dringend erforderlich und gab der stetig angewachsenen und in sich immer anspruchsvolleren Programmarbeit endlich ein zureichendes äußeres Fundament.

Aber das Bauvorhaben belastete, trotz einer beträchtlichen Rücklage, mit der Zeit durch Kostensteigerungen zusätzlich die Haushaltspläne dieser Jahre. Und weil die Programmetats, also die frei verfügbaren Mittel für Honorare und Leistungsvergütungen, im Gegensatz zu den fixen unveränderlichen Positionen die einzigen kurzfristig beeinflußbaren Positionen im Haushalt darstellen, waren die Programmdirektoren, im Hörfunk wie im Fernsehen, immer wieder gefordert, 100 000 DM hier, eine halbe Million dort zur Verbesserung der zwangsläufig defizitären Finanzlage zu opfern. Mehr als einmal brachte ich im Herbst, bei der Aufstellung des Haushaltsplans für das kommende Jahr, das Wochenende damit zu, 1000 Mark oder auch einmal 10 000 in mühseliger Kleinarbeit beim Budget der einzelnen Programmbereiche oder Redaktionen abzustreichen, um anschließend den Betroffenen, die dafür wenig Verständnis zeigten, die Notwendigkeit solcher Maßnahmen zu vermitteln. Nicht einmal die betrübte Versicherung, gerade in diesem Fall habe mir die Streichung eine schlaflose Nacht bereitet, half zuverlässig, weil die Addition solcher Bekundungen unter den Kollegen einen durchweg schlaflosen Programmdirektor ergab, was zu seinen täglichen Aktivitäten auf Dauer im Widerspruch stand. Aber es gab auch weiterreichende Überlegungen und Sparmaßnahmen. Längere Zeit brachte ich damit zu, die von der Geschäftsleitung ins Auge gefaßte „Herabstufung" – so die amtsdeutsche Bezeichnung für eine Umwandlung – des „Studios Karlsruhe" zu einem „Regionalstudio" vorzubereiten, das nur noch Aufgaben für die aktuelle Berichterstattung aus dem Lande wahrgenommen hätte, wohingegen Musik und kulturelle Sendungen nur noch von Heidelberg aus besorgt worden wären. Dazu kam es nicht.

Ernst aber wurde es 1974 mit der Auflösung des zweiten Orchesters, des ehemaligen Südfunk-Unterhaltungsorchesters, zuletzt „Radio-Orchester Stuttgart" geheißen, das sich seit 1970 unter seinem neuen Dirigenten Willy Mattes mit exzellenten Produktionen im Bereich semi-klassischer Musik wie in der Moderne des Unterhaltungsfachs hervorgetan hatte. Ein schwerer Entschluß, um so mehr als wir den einsparungsbesessenen Gebühren-Instanzen wiederholt vorgerechnet hatten, mit welchen Verzögerungen eine derartige Maßnahme „greift", weil die vertrags- und leistungsschutzrechtlich bedingten Folgekosten für längere Zeit noch erheblich zu Buche schlagen und nur sehr allmählich abnehmen. Oder anders ausgedrückt: ein Orchester, das nicht mehr spielt, kostet in unserer sozial abgesicherten Arbeitswelt für längere Zeit genau so viel wie eines, das musiziert.

Daß es nicht mehr spielen sollte, führte zu lebhaften Reaktionen in der Hörerschaft, die selbst unsere Erwartungen übertrafen. Wir erfuhren, welch festen Platz ein derartiges Ensemble sich in der Gunst einer breiten Hörerschaft zu erringen vermag. Soweit diese den Zusammenhang mit der Gebührenpolitik begriff, gab es keinen Zweifel an der Bereitschaft, eine ausreichende Gebührenerhöhung zu akzeptieren, damit derartige Verluste vermieden würden. Da die Mehrzahl der Hörer indes sich über die wirtschaftlichen Probleme eines „Dienstleistungsbetriebs" den Kopf nicht zu zerbrechen pflegt, sondern schlicht und einfach weiterhin erwartet, was diesen Kopf bislang entspannt und erfreut hat, ernteten wir, mehr denn Einsicht, Unverständnis und harte Kritik. An die Spitze des letzteren setzten sich unverzagt auch eben jene Instanzen, denen wir die Folgen ihres – rational nicht mehr begründbaren – Sparkurses immer wieder vor Augen gerückt hatten.

Die Auflösung eines renommierten Klangkörpers war ein weitgehender, die Öffentlichkeit alarmierender Schritt. Ich hätte mit Sicherheit versucht, ihn zu verhindern, wenn nicht auch in diesem Falle (wie bei der „Kooperation") der Verlust sich mit einem relativen Gewinn als ausgleichendem Element hätte verbinden lassen. Der Ausgleich bestand in einer abermaligen Aufstockung des Sinfonieorchesters, dem von den 47 Musikern des aufzulösenden Ensembles 21 der qualifiziertesten zugeführt wurden, so daß es mit einer Stärke von 114 Mitgliedern in die Reihe der stärksten sinfonischen Ensembles aufrückte. Das allein wiederum hätte wenig Sinn gemacht, wenn nicht auch seine künstlerische Entwicklung schon seit einiger Zeit einen glänzenden Verlauf genommen, einem neuen Höhepunkt zugestrebt hätte.

Am 30. Mai 1969 war, völlig überraschend, noch nicht 61jährig, Hans Müller-Kray gestorben. Dem hageren, sportlich wirkenden Mann, Musterbeispiel, wie es schien, gesunder Lebensführung, der Haus und Garten in ländlicher Umgebung bestellte, seiner Arbeit und seinen weitgespannten künstlerischen Interessen lebte – ihm hätte wohl jeder ein langes Leben prophezeit. Auf dem Weg ins Orchesterstudio hatte er einen Herzinfarkt erlitten, dem wenige Tage später, im Krankenhaus, der zweite, tödliche folgte. Mehr als 20 Jahre hindurch hatte er als Musik- und vor allem als Orchesterchef des Hauses gewirkt, die Arbeit des Sinfonieorchesters auf ein solides Fundament gestellt und dadurch die Voraussetzungen für eine Entwicklung geschaffen, in der wir ihm selbst, einer großen Zahl bedeutender Gastdirigenten, unter ihnen vor allem Carl Schuricht, dem ständigen Gast, glänzende Höhepunkte verdankten.

Einen Mann wie Müller-Kray als Orchesterchef zu ersetzen, in gleicher Weise, nämlich als ständig präsenten, gewissenhaften Kontrolleur und Gewährsmann des künstlerischen Anspruchs im täglichen Umgang, war zu dieser Zeit kaum mehr möglich. Die Szene hatte sich gewandelt, bei Konzert- und Rundfunkorchestern wie in der Oper. Publicity hieß die Losung. Unter geräuschvollem Beifall von Theater- und Konzertagenten hatte sich herumgesprochen, daß Dirigenten, die auf sich hielten, etwas gelten wollten, in immer mehr Sälen, Opernhäusern, Schallplatten-studios in Erscheinung zu treten hätten. Sie gehörten ins Flugzeug und jedenfalls nicht beständig an ein einzelnes Pult. Die Zeiten, in denen Bruno Walter in München die Klavierproben für „Don Giovanni" besorgte, waren seit langem vorbei. Auch Geringere hatten sich längst in Bewegung gesetzt. Der gute Müller-Kray war diesbezüglich ein gar nicht hoch genug einzuschätzender Aktivposten, zugleich aber eben auch ein „Restposten" gewesen. Das betraf auch die von ihm innegehabte Personalunion von Orchester- und Programmchef. Den letzteren hatten wir de facto schon seit längerem in Müller-Krays Stellvertreter Willy Gaessler. Er nahm künftig diese Position ganz natürlicherweise als gleichrangige, komplementäre ein, wie das auch anderwärts die Regel war. Bei der Suche nach einem Nachfolger als Chefdirigent nannte Gaessler schon ganz zu Anfang den Namen Michael Gielen. Ihn hatte er kurz davor in einem Konzert gehört, das ihm Eindruck gemacht hatte.

Gielen, Anfang vierzig, Sohn des Dresdener Opernregisseurs und späteren Burg-theaterdirektors Josef Gielen, von 1960–65 Chefdirigent der Stockholmer Oper, danach in freier Tätigkeit, war soeben zum Nachfolger von André Cluytens als Chef des Orchestre National de Belgique in Brüssel bestimmt worden, zeigte sich aber gleichwohl an der Stuttgarter Position beim Radio-Sinfonieorchester nicht uninter-essiert. In den alsbald folgenden Gesprächen lernten wir einen Mann von bestechen-den Qualitäten kennen. Selbst komponierend, musikalisch wie literarisch umfassend gebildet, hatte er ein seismographisch reagierendes Empfinden für künstlerische Strömungen, ein ausgeprägtes Bewußtsein von den Möglichkeiten musikalischen Ausdrucks wie von den Bedingungen musikalischer Rezeption in der zweiten Hälfte des zwanzigsten Jahrhunderts, ein Zeitgenosse im umfassenden Sinne des Wortes, intellektuell gewiß, reflektiv, analytisch, zugleich aber auch sensibel, mit untrügli-chem Gespür für das Ursprüngliche, Originale und von daher auch ausgestattet mit lebendigem, gesundem Sinn für das Hinterfragen von „Tradition", für Texttreue, das Vordringen zum wahren Original. Seine Repertoirekenntnis betraf über das Selbstverständliche hinaus auch die wenig gespielte, zu Unrecht verdrängte Litera-tur. Viele seiner Konzertprogramme enthielten die interessantesten Zusammen- und Gegenüberstellungen, denen ich begegnet bin.

Ich war überzeugt, daß wir, gemessen an der Aufgabenstellung für ein Rundfunkorchester sowie an dessen Funktion im öffentlichen Musikleben, in Gielen den denkbar geeignetsten Chef vor uns hatten. Auch über die Modalitäten einer Verpflichtung wurden wir uns einig. Mit einer Präsenz von 16 Wochen (oder gut einem Drittel des jährlichen Orchesterpensums) lagen wir an der Obergrenze des für erstrangige Namen damals Üblichen. Wir waren äußerst zufrieden, und zwar um so mehr, als es gelang, neben Gielen einen weiteren ständigen Gastdirigenten zu gewinnen, der den ersteren in mehrfacher Hinsicht ergänzen konnte: Karl Münchinger, der eben damals dabei war, sich über die Arbeit mit seinem Stuttgarter Kammerorchester hinaus auch als Dirigent der klassischen Sinfonik in großer Besetzung einen Namen zu machen, und der natürlich für das traditionell gestimmte Publikum am Lautsprecher wie im Konzertsaal besondere Anziehungskraft auszuüben versprach. Das Tableau, fanden wir, berechtigte zu den schönsten Hoffnungen.

Aber es kam anders. Schon einige Zeit zuvor hatten wir, dem zeittypischen Drange folgend, alles und jedes, auch das Selbstverständliche, säuberlich zu regulieren, in einer „Orchesterordnung" die Mitsprache des Vorstands bei der Berufung eines ständigen Dirigenten niedergelegt. Abgesehen vom Anspruch des Orchesters, einen neuen Mann am Pult, bei einem Konzert und im Studio, kennenzulernen, war darin die „Anhörung" des Orchestervorstands verankert und zugesichert, daß dessen Votum bei der Entscheidung „ernsthaft in Betracht gezogen" werde. Das Orchester, ganz überwiegend Musiker mit einem gefühlsbetont-traditionellen Verhältnis zu ihrem Handwerk, fand am nüchtern und rational operierenden Kandidaten Gielen wenig Gefallen. Es vermißte „Wärme" und was sonst noch für Eigenschaften, die schon Gustav Mahler hinterfragt hatte. Das Votum des Vorstands fiel ablehnend aus und versuchte sich in umfänglicher Begründung. Ich war entschlossen, unsere Wahl dennoch durchzusetzen, weswegen ich wiederum mit dem Vorstandsvotum hart ins Gericht ging, auch und eben, indem ich es „ernsthaft in Betracht" zog. Nur hatte ich diese Rechnung ohne den Kandidaten gemacht. Der nämlich gab zu verstehen, daß, wenn schon das Orchester ihn als Chef partout nicht haben wollte, Stuttgart nicht unbedingt die nächste Station auf seinem Wege sein müsse. Es gäbe – und es gab – auch andere.

Personalentscheidungen, jedenfalls negative, durch die Nicht Verantwortlichen diese Abart unter den Errungenschaften der Mitbestimmung begegnete mir hier zum ersten Male. Intendant und Programmdirektor mochten getrost ihre Wahl treffen – im Ergebnis bestimmten die Anzuhörenden, was geschehen würde, indem sie den Gekürten durchaus nach Statut, wenn auch indirekt, mit ihrer Abneigung konfrontierten. Auch dies einzukalkulieren gehörte nunmehr zur Beherrschung der Klaviatur. Gielen immerhin blieb uns für die Folgezeit gleichwohl verbunden, indem er regelmäßig Gastdirigate absolvierte. Alle wurden zu Höhepunkten im Konzertprogramm dieser Jahre.

Chefdirigenten aber hatten wir keinen. Jedoch: die Nornen fuhren, was das betraf, fort, sich die Enden des goldenen Seils zuzuwerfen. Und diesmal riß es nicht gleich am Anfang. Gelegenheit schuf einen neuen Anknüpfungspunkt. 1971 bestand das Sinfonieorchester, 1946 als „Großes Orchester von Radio Stuttgart" neu begründet, 25 Jahre. Ein Festkonzert im Juni sollte das Jubiläum krönen. Dazu bedurfte es eines Gastdirigenten der prominenten bis illustren Klasse. An der Suche beteiligten sich die Herren des Orchesters auch selbst aufs lebhafteste. Es besaß nämlich das Ensemble durchaus künstlerischen Ehrgeiz, stets bereit, ja geradezu darauf brennend, sich fordern zu lassen. Man wollte etwas gelten, sich einen Platz erobern unter den führenden Orchestern, und dazu erschienen unter den Dirigenten die allerersten Namen gerade gut genug. Für das Jubiläumskonzert, versteht sich, erst recht. Einen gab es, der noch dazu den Vorzug besaß, sich rar zu machen, ein Geheimtip fast, schon auch deshalb, weil er sich der Schallplatte konsequent versagte: Sergiu Celibidache. Der gebürtige Rumäne, jugendlicher Nachfolger (oder besser: Statthalter) Furtwänglers bei den Philharmonikern im Berlin der Nachkriegsjahre, war jetzt Chef der schwedischen Rundfunk-Sinfoniker in Stockholm, mit denen er gelegentlich auch auf Tournee in Mitteleuropa erschien und Aufsehen machte wie mit jedem Ensemble, dem er sich kontinuierlich widmete. In Stuttgart hatte er mit dem SDR-Sinfonieorchester Ende der 50er sowie in den 60er Jahren einige Konzerte gegeben und auch im Fernsehen mit dem „Till Eulenspiegel" eine Produktion in der Reihe „Bei der Arbeit beobachtet" bestritten. Ich hatte mich schon beim ersten Mal um eine engere Zusammenarbeit mit dem ungewöhnlichen Mann bemüht, damit aber zunächst keinen Erfolg gehabt. Einmal traf ich nach mehreren unbeantworteten Briefen den noch jugendlich wirkenden Maestro unversehens auf dem Bahnhofsplatz in Stuttgart, wo er gelegentlich einen befreundeten Arzt konsultierte, und es gelang mir, ihm spontan das Versprechen eines Konzerts abzugewinnen, das er dann auch erfüllte. Er hielt gerne Kontakt mit Orchestermusikern, die er schätzte, die ihm anhingen, ja, er bevorzugte derartige Kontakte gegenüber solchen mit der „Administration".

Es war deshalb auch auf diesem Wege gelungen, ihn für das Jubiläumskonzert zu interessieren. Die Absprache mit der Musikabteilung machte danach keine Mühe. Am 8. Juni 1971 fand das Konzert statt, Hindemiths „Mathis"-Sinfonie und Bruckners Siebente auf dem Programm. Ein anschließender Empfang gab Gelegenheit, den Gedanken einer engeren Bindung an das Orchester zur Sprache zu bringen. Celibidache – nach Konzerten, mit denen er zufrieden war, stets leutselig – zeigte sich, anders als zwölf Jahre zuvor, zugänglich, wohl auch nicht ganz unvorbereitet. Konkrete und detaillierte Gespräche über eine mögliche Zusammenarbeit von der Saison 1972/73 an wurden in Aussicht genommen.

Dazu begab ich mich Anfang Januar 1972 mit Willy Gaessler nach Courchevel in den französischen Alpen, wo der Maestro mit seinem Sohn, dem „kleinen Serge", an dem er mit großer Liebe hing, in den Winterferien weilte. Er empfing uns freundlich, und wir wurden rasch einig. Zwei drei- bis vierwöchige Arbeitsperioden pro Saison, eine im Herbst, eine im Frühjahr, wurden verabredet, mit drei bis vier öffentlichen Konzerten in jeder, darunter auch auswärtige Auftritte, so daß, worauf Celibidache großen Wert legte, jedes Programm zweimal in Stuttgart und womöglich weitere Male auswärts gespielt werden konnte. Außerdem fungierte der Maestro als Berater für die Orchesterarbeit, an der er auch in allen personellen Fragen, bei der Verpflichtung neuer Mitglieder nämlich, mitwirken sollte. Den Titel eines Chefdirigenten wollte er nicht annehmen, obgleich er es de facto war. Die Zusammenarbeit begann, noch vor der neuen Saison, im Rahmen der Schwetzinger Festspiele 1972 mit einem Konzert im Dom zu Speyer, Strawinskys „Psalmensinfonie" und Bruckners Neunte bildeten das Programm, dem zu lauschen wegen der extremen Nachhallzeiten ein sehr ungewöhnliches Vergnügen war. Danach lieferte Celibidache ein „Röntgenbild" (wie er es nannte) des Orchesters mit einer peniblen Beschreibung des Leistungsstandes in den einzelnen Gruppen wie auch bei einzelnen Musikern und verband damit seine Forderungen für Qualifizierung und Ergänzung – ein höchst eindrucksvolles Dokument, das uns (wie auch den Orchestervorstand) vor erhebliche Probleme stellte, finanzielle wie auch einzelne Musiker betreffende.

Der Maestro unterschrieb keine Verträge, grundsätzlich nicht. Er bevorzugte althergebrachte Formen. Ein Handschlag unter Männern, ein Blick ins Auge des Partners genüge, meinte er, um Abmachungen zu besiegeln. Einen von ihm spontan gegengezeichneten Brief, bezeichnenderweise nach einer heftigen Auseinandersetzung, hütete ich als seltenes, vermutlich einzigartiges Dokument bei den Akten. Weil Handschlag und Erinnerungsvermögen am Ende aber vielleicht doch nicht genügten, hielt man zweckmäßigerweise das Abgemachte in einem Brief fest, der niemals bestätigt, dem aber auch nie widersprochen wurde. Briefe, die in laufenden Angelegenheiten, z.B. wegen der aufzuführenden Werke oder auch wegen Probeneinteilungen, notwendig wurden, blieben ebenso unbeantwortet, was in der Regel als Zustimmung gelten konnte. Maestro Celibidache gestattete aber auch Telefonanrufe zur Klärung unentschiedener Fragen – nur konnten diese einen heiklen Verlauf nehmen, wenn dabei Kleinigkeiten zur Sprache kamen, die ihn reizten, weil sie vom einzig Wichtigen, der künstlerischen Arbeit, ablenkten. War alles geklärt oder ohnehin klar, konnten Monate ohne jeglichen Kontakt vergehen, pünktlich zum vorgesehenen Termin traf der Zauberer ein, erschien im Studio und hob den Stab zur ersten Probe.

Ich habe niemals vorher oder nach ihm einen Musiker erlebt, der sich gleichermaßen an seine Arbeit verlor – und an ihr litt, litt unter der Diskrepanz zwischen dem, was ihm das imaginäre Orchester in seinem Innern, sein Klangsinn, sein dynamisches Empfinden zu hören gaben, und dem, was er in der Realität zu hören bekam. Robert Schumanns Aphorismus, Kunst sei immer approximativ, so unbestreitbar er auf das Ergebnis künstlerischer Arbeit zutrifft, war ihm – völlig zurecht – im künstlerischen Arbeitsprozeß ein Unding. Er erstrebte, forderte und erwartete beständig Vollkommenheit, das Zurückbleiben dahinter erfüllte ihn mit Verzweiflung, was sich in buchstäblich schmerzverzerrten Gesichtszügen ausdrückte. Umgekehrt konnte man ihn nach einem Konzert, in der Garderobe, selig lächelnd, zu Tränen gerührt antreffen, wenn seine Vorstellungen erfüllt waren. Die Intensität seiner Empfindungen war unbeschreiblich. Aus ihr erklärten sich alle Eigenarten des genialen Mannes, erklärten sich die extremen Schwierigkeiten, die der Umgang mit ihm brachte. Weil alles für ihn dem einzigen Ziel künstlerischer Vollendung, wie er sie in sich trug, zu dienen hatte, erwartete er die völlige Unterordnung unter dieses Ziel von allen, denen er begegnete, selbst von denen, die dazu direkt wenig beitragen konnten. Und weil sie, mehr noch als das Orchester, hinter solchen Forderungen zwangsläufig zurückbleiben mußten, wurde ihnen vom Intendanten über den Programmdirektor, Musikabteilungsleiter und die weiteren Bediensteten bis hin zum Orchesterwart eine abgestuft reservierte bis miserable Behandlung zuteil. Am meisten zu leiden hatten darunter die unmittelbaren Kontaktpersonen bei der Vorbereitung und Abwicklung von Proben und Konzerten. Dabei konnte der Meister in seiner Impulsivität extrem ungerecht sein. Den unglücklichen Musikabteilungsleiter Willy Gaessler, der sich – neben einem auch sonst nicht gerade geringen Arbeitspensum – darin verzehrte, seinen Wünschen gerecht zu werden, mußte ich eines Tages aus der Schußlinie nehmen und durch einen dem Maestro aus Berliner Studienjahren vor dem Kriege bekannten Mitarbeiter ersetzen, Wolfram Röhrig, den Leiter der Unterhaltungsmusik, der sich dieser neuen und zusätzlichen Aufgabe mit rührender Hingabe unterzog.

Ich selbst kam mit Celibidache recht gut zurecht. Aus irgendeinem mir nicht völlig deutlichen Grunde und wohl auch, weil ich zum Orchester ein gutes Verhältnis hatte, respektierte er mich, vermutete mich gar in glücklichen Stunden an seiner Seite im Kampf gegen all die Unzulänglichkeiten, von denen er sich beständig verfolgt glaubte. Die nachfolgende Szenenbeschreibung, die ich einmal ohne direkte Namensnennung in einer Plauderei gegeben habe, war zwangsläufig etwas konzentriert, aber durchaus realistisch.

Maestro Celibidache zu einer Arbeitsperiode mit dem Radio-Sinfonieorchester in Stuttgart. Kurzbesuch am Morgen, vor der zweiten Probe. Herzliche Begrüßung, Küsse auf beide Wangen. „Maestro, wie schön, Sie wieder bei uns zu haben. Wie geht es Ihnen, wie geht es mit der Probe?"

„Mir geht es gut. Mit der Probe geht es schlecht. Das Orchester ist in einem entsetzlichen Zustand!"

„Schrecklich, ich ahne, womit das zusammenhängt..."

„Es hängt damit zusammen, daß Sie, wie meistens, in den letzten Monaten Leute haben dirigieren lassen, die von Musik keine Ahnung haben. Vorige Woche war, wie ich höre, XY hier und davor Z. Sie brauchen sich nicht zu wundern, wenn auf diese Weise das Orchester zugrunde geht."

„Wie konnte das nur wieder passieren! Aber wenn wir es konsequent bedenken, hängt es einfach damit zusammen, daß zwangsläufig dann, wenn nicht Sie dirigieren, ein anderer es tun muß. Einziges Heilmittel also: Sie müssen öfters kommen."

„Ja, es wäre gut, aber Sie wissen, ich kann nicht."

„Nun, Verehrter, wir bauen wie so oft darauf, daß durch ihre Arbeit alles wieder gut gerät!"

„Zu kurz. Zu viel verdorben. Dabei könnte man aus dem Orchester Weltklasse machen. Weltklasse!"

„Ich bitte Sie, Liebster, tun Sie, was Sie können."

Mittagessen nach der fünften Probe.

„Sie schauen, verehrter Meister, etwas zufriedener aus. Wie war die Probe?"

„Etwas besser. Aber es ist unmöglich, in ein paar Tagen aufzubauen, was in Monaten und Jahren durch andere zerstört wird. Mord an der Musik – diese Leute haben in ihrem Leben noch keinen einzigen Takt Musik dirigiert."

„Unbegreiflich, Maestro, bleibt, daß sie dieses gleichwohl fortgesetzt an prominenter Stelle tun. Hoffen wir auf die nächsten Tage und am Ende auf das Konzert."

Nach dem Konzert, Gedränge vor dem Künstlerzimmer, der Maestro in euphorischer Stimmung, der Programmdirektor ebenfalls.

„Teuerster, ich denke, Sie sind zufrieden."

„Ja. Ausgezeichnet."

„Sehen Sie! Was niemand hoffen, keiner erwarten konnte, ist eingetreten. Sie haben es wieder einmal geschafft. Das Orchester..."

„... so wie heute: Weltklasse. Aber in vier Wochen...?"

„... Erinnern Sie mich nicht daran! Vor uns liegt eine Tournee. Der Erfolg Ihrer Arbeit wird sich von Abend zu Abend steigern. Und er wird vorhalten! Leben Sie wohl. Dank und auf Wiedersehen in sechs Monaten!" –

Sechs Monate später – kaum variiert – die Wiederholung des Gleichen.

Die Ergebnisse der Arbeit waren, fast immer, fulminant. Zwar habe ich Haydn- und Mozart-Aufführungen erlebt, mit denen ich gar nichts anzufangen wußte, weil die „Sinfonie mit dem Paukenwirbel" oder die „c-moll-Messe" sich anhörten, als habe einer sie aufs subtilste auseinandergenommen, gründlich gereinigt, aber leider nicht wieder zusammengesetzt. Auch vermied man besser die Verpflichtung von Solisten, weil sie neben dem Dirigenten als dem eigentlichen Solisten schwerlich bestehen konnten und von ihm sozusagen ins Orchester zurückversetzt wurden. Standen wir aber vor Aufführungen der großen sinfonischen Literatur mit dem groß besetzten Orchesterapparat, so waren Sternstunden zuverlässig angesagt. Es war keine bloße Freundlichkeit, wenn K. H. Ruppel von einem Konzert im 100. Geburtsjahr Ravels im Dezember 1975 in der Süddeutschen Zeitung schrieb, um Ravel in Vollendung zu hören, müsse man derzeit nach Stuttgart fahren. „Ma mère l'oye", „Rhapsodie espagnole", „Alborada del Grazioso", die Suiten aus „Daphnis et Chloé" oder von Debussy „Prélude à l'après-midi d'un Faune", „Iberia", die „Nocturnes" habe ich niemals begeisternder gehört. Und im Dezember 1974 geriet die Aufführung der 8. Sinfonie von Anton Bruckner aufs großartigste. Man fühlte sich auf einsamem Gipfel.

Das Orchester, inzwischen auf 114 Musiker verstärkt, folgte seinem Meister mit Anstrengung und Hingabe, ertrug Ausbrüche, Launen, Ungerechtigkeiten diszipliniert, nahezu klaglos. Am Ende beschwerlicher Arbeitswochen stand fast immer der Triumph, in den Stuttgarter Konzerten und oft genug auf den Tourneen durch Deutschland und einmal auch durch Österreich.

Gleichwohl zehrten die extremen Belastungen beim Zustandekommen solcher Triumphe auf beiden Seiten am Bestand der Zusammenarbeit. Auch gab es Anomalien im Verhältnis zwischen dem Dirigenten und einer Rundfunkanstalt als der Trägerin „seines" Orchesters. Bekanntlich lehnte er Schallplattenaufnahmen ab, weil er Musik ausschließlich als dynamisch-lebendigen Prozeß verstand. (Um so erstaunlicher, daß er gegen die Fixierung im Verein mit der optischen Komponente im Fernsehen nichts hatte, sondern im Gegenteil monierte, daß dies nicht öfters geschah.) Ton-Aufnahmen für den Gebrauch des SDR ließ er zu, nahm sie aber sozusagen nicht zur Kenntnis, die Toningenieure und Techniker mochten damit zurechtkommen, wie sie wollten und so gut sie konnten.

Zunehmende Schwierigkeiten bereitete die Auswahl der aufzuführenden Werke. Das Repertoire des Maestro war im Grunde gänzlich auf jene Werke der klassischen Literatur beschränkt, in deren immer neuer und womöglich immer vollkommeneren Interpretation er seine Berufung sah. Es endete bei Strawinsky und Bartok. Alban Berg bildete eine Ausnahme, zu der er sich überreden ließ. Mahler dirigierte er überhaupt nicht. Schönbergs Orchesterstücke scheiterten, weil er behauptete, es gäbe keinen Gitarristen, der seinen Part darin zufriedenstellend absolvieren könne. Das führte mit der Zeit zwangsläufig zu Differenzen mit dem Programmchef der Musikabteilung, dem daran gelegen sein mußte, die Palette der Produktionen zu erweitern. Auch schrumpfte naturgemäß durch die vermehrte Zahl von Konzerten mit gleichem Programm das Produktionsvolumen beim Sinfonieorchester, oder anders betrachtet: es verteuerten sich die Sendeminuten der wirklichen Neuproduktionen. Zum dritten Mal die Vierte von Brahms zu Sonderpreisen (was die Betriebskosten anbelangte, nämlich) – das konnte, wie vollkommen auch immer das künstlerische Ergebnis, nicht einfach immer so weitergehen. Andere Produktionsvorhaben blieben liegen oder mußten dem Pensum von Kollegen zugeschlagen werden, die nach Meinung des Maestro niemals an ein Pult hätten treten dürfen, und schon gar nicht an das seines Orchesters.

Es kam hinzu, daß er sich in Stuttgart nicht so gut behandelt fühlte, wie er es erwartete und glaubte, verdient zu haben. Womit er recht hatte. Die Stuttgarter Presse entdeckte seine Vorzüge, als es zu spät war, bei seinem Weggang. Von hochoffizieller Seite kümmerte sich niemand um ihn, kein Oberbürgermeister, kein Ministerpräsident, niemand auch bei einem Konzert in der Bundeshauptstadt. Von den Protagonisten auf der Stuttgarter kulturellen Szene blieb der eminente Künstler unbeachtet, wie sehr ihm auch das Publikum zujubelte. Hier manifestierte sich wahrhaftig Provinz.

Neben den sachlich begründeten Spannungen entwickelte sich solchermaßen auch psychologisch die Situation ungünstig. Sie explodierte im Sommer 1976, als der Maestro plötzlich die Direktübertragung eines Konzertes beim „Septembre Musical" in Montreux verweigerte, obwohl unsere vertraglichen Abmachungen, die in diesem Falle sogar von ihm gegengezeichnet waren, sie zweifelsfrei einschlossen. Es war trotz aller Versuche unmöglich, ihn umzustimmen. Wir mußten für die Tournee einen jungen, damals hoffnungsvollen Dirigenten, Daniel Orèn, verpflichten. Dies wiederum nahm der Maestro entsetzlich krumm, und es führte letztendlich zur Beendigung der ersten Periode unserer Zusammenarbeit.

Daß eine zweite, eine Wiederaufnahme, folgen würde, wußte damals niemand von uns. Und deshalb wurde hier nun die Presse aktiv, indem sie uns vorhielt, einen Mann ziehen zu lassen, der das Orchester „vom Mittelmaß zur Elite" geführt habe. Wovon man vorher leider wenig hatte lesen können. „Gewiß", erwiderte ich, „wer einen Künstler wie Celibidache verliert, hat in den Augen der Öffentlichkeit, gleichgültig, ob zu Recht, immer unrecht. Ihn für fünf Jahre an Stuttgart gebunden zu haben, zählt demgegenüber offensichtlich weniger. Um so erfreulicher, daß die Bedeutung der Zusammenarbeit mit ihm aus Anlaß seines Abschieds auch in der Stuttgarter Presse in einer Weise gewürdigt worden ist, wie es während dieser fünf Jahre kaum vergleichbar geschehen ist. Daß Celibidache, bliebe es, wie leider zu befürchten ist, endgültig bei seiner Absage, eine schwer zu schließende Lücke hinterließe, ist niemandem schmerzlicher bewußt als den Verantwortlichen im Süddeutschen Rundfunk."

Nach dem zunächst letzten Konzert, in Paris, am Ende einer Tournee im Februar 1977, schrieb ich dem Maestro einen Brief, handschriftlich – das schätzte er –, in dem ich ihm sagte, daß wir und daß insbesondere das Orchester auch in Zukunft innerhalb der Grenzen, die uns nun einmal gezogen seien, bereitstünden für die Fortsetzung einer Zusammenarbeit, an der uns unverändert gelegen sei. Wann immer er wolle und könne – er sei herzlich gebeten und eingeladen, wiederzukommen.

Danach herrschte Stille. Einzelnen Kontakten, die Orchestermusiker sowie auch Studienfreund Röhrig weiterhin unterhielten, war zu entnehmen, daß Celibidache in den Monaten danach wenig dirigierte, einige Termine beim London Symphony Orchestra waren offenbar die einzigen, die er wahrnahm. Sonst verweilte er in seinem Pariser Heim. Auch gesundheitlich, meldeten die Späher, ging es ihm nicht zum besten.

An einem schönen Septembermorgen 1977 läutete das Telefon: Celibidache, in Stuttgart, auf der Durchreise nach Kopenhagen, wünschte mich zu besuchen. Ein mild gestimmter Meister – er konnte in solchen Augenblicken geradezu kindlich wirken – erschien und erzählte mir von Frau und Sohn, um schließlich, Blick zurück ohne Zorn, zu äußern, zwischen uns habe alles nur so kommen können, weil er sich mit mir nicht genügend beschäftigt und mir sein Verständnis von Musik nicht ausreichend nahegebracht habe. Es war rührend, aber mit der Wirklichkeit hatte es ja nun nicht viel zu tun. Ansätze zur Einführung in seine musikalische Gedankenwelt hatte es übrigens immer wieder gegeben. Er schrieb zeitlebens (und schreibt wohl noch immer) an einem Buch über Phänomenologie der Musik, dessen Erscheinen vermutlich weiter auf sich warten lassen wird. Und wahrhaftig, mir schien (und scheint) wichtiger, daß er dirigiert. Davon war an diesem Tag nicht weiter die Rede. Aber der Kontakt war neu geknüpft, und im Februar 1978 kam es zur Verabredung einer Wiederaufnahme der Zusammenarbeit. „Das Orchester", sagte mir der Meister mit feuchtem Auge, „braucht mich, und ich kann es nicht allein lassen." Daß seiner Bereitschaft nach allen unseren Bekundungen die unsere entsprechen müsse, war mir ebenso unzweifelhaft wie die Tatsache, daß sich die Orchesterzukunft nicht, allem voran, hierauf erneut würde bauen lassen. Zu lebendig war die Erinnerung an die gemeinsame tägliche Zwietracht – bei allen künstlerischen Höhenflügen, auch denen, die dadurch verhindert worden waren.

Zu dieser Zeit waren die Münchner Philharmoniker, nach Rudolf Kempes Tod, immer noch ohne ständigen Dirigenten. Mir kam der Gedanke, es ließe sich eine Kombination München-Stuttgart ersinnen, die geeignet wäre, Celibidache als Chef der Philharmoniker zu etablieren und gleichzeitig an uns zu binden, wodurch die latent unveränderten Komplikationen in seinem Verhältnis zu einem Rundfunkorchester entschärft würden. Er wäre Chef eines renommierten Konzertorchesters, und das andere, das rundfunkgebundene die Ehe zur linken Hand, mit den vielen Vorzügen, die solche Verhältnisse oftmals ausgezeichnet haben. Kontakte mit dem Münchener Kulturreferenten offenbarten ein just zu dieser Zeit dringliches Interesse, mit dem Maestro ins Gespräch und mit der auch in der Öffentlichkeit zunehmend monierten Vakanz zu Ende zu kommen. Ich brachte „Celi" (wie wir ihn nannten) den Gedanken mehrfach nahe, zunächst ohne allzu spürbares Echo. Eine verfrühte Münchner Pressenotiz hatte ihn geärgert. Immerhin: zu Versuchen, der Erprobung einer möglichen Zusammenarbeit war er bereit. Die Bindung wurde, wie erwartet und wie ja auch unsererseits erwünscht, rasch enger. So daß es bereits Schwierigkeiten machte, die Stuttgarter Termine neben denen von München unterzubringen. Und man konnte leider nicht sagen, daß die Münchner umgekehrt auch unseren Interessen Rechnung trugen. Das war nicht gerade „gentlemanlike". Schon im Sommer 1979 schrieb ich dem Maestro einen (handschriftlichen) Brief, in dem ich ihn an die doppelte Absicht unserer Initiative erinnerte. „München habe ich Ihnen", hieß es da, „wie Sie wissen, vor allem auch deshalb nahegebracht, weil jeder Zug von Paris nach dort in Stuttgart längeren Aufenthalt hat. Das bloße Überfliegen Stuttgarts, das Sie weiterhin genau so braucht wie München, war nicht verabredet." Indes, mein fein ausgedachter Plan konnte sich nicht nur gegenüber einer massiven Münchner Interessenvertretung schlecht behaupten, die Rechnung konnte wohl auch bei einem Mann auf die Dauer kaum aufgehen, der, wie Celibidache, wenn schon eine Aufgabe von ihm Besitz ergriffen hatte, sich ihr nur mit leidenschaftlicher Ausschließlichkeit zu widmen vermochte. Die Ehe zur linken Hand hielt – mühsam für die Beteiligten – noch einige Jahre an. 1982 ging sie zu Ende.

Soviel vom Umgang mit einem außergewöhnlichen Mann, dem aufregendsten in meinen vielen Rundfunkjahren. Wer der umfänglichen, wenn auch schon stark verkürzten Darstellung gefolgt ist, wird sich fragen, ob die Verantwortlichen daneben noch Zeit für anderes hatten. Ich frage mich das selbst, wenn ich daran zurückdenke. Die Antwort ist: Gewiß doch, die Arbeit an allem anderen ging weiter. Die Fortbildung des Programmangebots, seine fortschreitende Anpassung an Gewohnheiten und Erwartungen der Hörerschaft, die gleichzeitig zu einem immer höheren Prozentsatz vor allem eine Zuschauerschaft des Fernsehens geworden war, blieb dauernd auf der Tagesordnung. Besonders hatte uns schon zu Anfang der siebziger Jahre die aktuelle Berichterstattung in den sogenannten „Magazinen" beschäftigt, jener höchst erfolgreichen Mischung aus Musik und Neuigkeiten, womit der Hörfunk sich als schneller Informant tagsüber auch für Zuschauer empfahl. Wir entwickelten unter Friedmar Lüke einen eigenen Typ solcher Programme, der es sich zur Aufgabe machte, durch Beteiligung der im Hause vorhandenen Fachredaktionen den einzelnen Beiträgen ein Optimum an sachlicher Fundierung zu geben. Jedoch: die Zeiten, da uns künstlerische und Programm-Fragen als solche, um ihrer selbst willen, beschäftigten, gingen zu Ende. Chefdirigenten, exzentrische Maestri, hochmögende Literaten, bedeutende Zeitgenossen – es kostete Mühe zu verhindern, daß sie zu bloßen Randfiguren wurden. Wirtschaftlicher Druck, die mittelfristige Finanzplanung bestimmten die Planung von Programmen. Programmgestaltung wurde zur Verwaltung des Verbliebenen. Medienpolitik ersetzte Programmpolitik. Das letzte Kapitel, auch (und gerade) da, wo es, wie die vorigen, von Programmen spricht, redet in Wahrheit von Politik, vom Versuch, den Rundfunk als gemeinnützige, freie, unabhängige Institution zu beschränken, abzudrängen, eine 40jährige Epoche in der deutschen Rundfunkgeschichte zu beenden.

216

Belagerungszustand. Medienpolitik ersetzt Programmgestaltung

> „Difficile est, satiram non scribere" (Juvenal)
> „... wird man wieder einmal vor der Frage stehen, ob man
> das alles eigentlich noch komisch finden soll" (Herbert
> Riehl-Heyse am Ende seines Artikels „Beutezüge. Wie
> die Parteien in der Bundesrepublik allmählich die Verfas-
> sung unterwühlen" in der „Süddeutschen Zeitung" vom
> 28./29. 5. 1988)

Der Rundfunkrat des Süddeutschen Rundfunks, ehrlich bemüht, seinen Fürsor-
gepflichten im rauher werdenden Klima gerecht zu werden, begann Ende der 70er
Jahre, seine Sitzungen häufiger als vorher außerhalb von Stuttgart abzuhalten,
besonders auch in kleineren Städten des Sendegebiets. Es sollte dadurch den Bürgern
und örtlichen Institutionen ins Bewußtsein gerufen werden, wie und von wem ihre
Interessen in Sachen Rundfunk wahrgenommen würden. „Der Rundfunkrat ist die
Vertretung der Öffentlichkeit auf dem Gebiete des Rundfunks" – so das Gesetz. Ein
Parlament von Treuhändern für die Hörerschaft also, entsandt von vielerlei in der
Satzung bestimmten Organisationen des öffentlichen Lebens. In Stuttgart hatten
seine „Abgeordneten" – anders als manchenorts – von jeher den naheliegenden
Schluß daraus gezogen, es seien die Sitzungen in aller Regel öffentlich zu halten. Und
so geschah es. Die Beteiligung der Öffentlichkeit war nicht eben stark. Auch die
Kollegen von der Presse hatten meist Wichtigeres vor. Wenn nicht gerade ein neuer
Intendant gewählt, ein alter ab- oder wiedergewählt wurde, irgendein Skandälchen
(oder was man dafür hielt) die Szene zu beleben versprach, blieben die meisten der
für die Öffentlichkeit reservierten Stühle unbesetzt. In der „Provinz" war das nicht
grundsätzlich anders, aber ein paar aufmerksame oder neugierige Gesichter mehr
oder auch einen Lehrer mit seiner Schulklasse konnte man – anders als in der
Landeshauptstadt – schon einmal in der Weite der Räume entdecken. Gelegentlich
widerfuhr dem Gremium auch freundliche Begrüßung durch den Bürgermeister.

Am 18. September 1978 tagte der Rat in Bad Mergentheim. Auf der Tagesordnung
ein Bericht des Programmdirektors über „Neue Programmpläne im Hörfunk". „Es
ist lange her, meine Damen und Herren", sagte ich, „seit der für den Hörfunk
zuständige Programmdirektor über Programmpläne zu Ihnen, mit Ihnen gesprochen hat. Und wenn es in den vergangenen Jahren einmal geschehen ist, so ging es
meist nicht um Erweiterung oder Fortentwicklung von Programmen, sondern um

deren Einschränkung, wie wir sie z. B. mit der sogenannten „Südwest-Kooperation" vor etlichen Jahren nicht eben freiwillig betrieben haben. Damals war die durch unzureichende Gebühren gekennzeichnete Finanzsituation für den Verlust an Vielfalt (vor allem des kulturellen Programmangebots) ebenso maßgebend, wie sie es seither für den Verzicht auf neue Programmvorhaben, auf eine Erweiterung des Spektrums der Programme gewesen ist. Heute nun, also nach Jahren, fast nach Jahrzehnten, wieder einmal etwas Neues – der Programmdirektor nicht als Programmverhinderer (aus finanziellen Zwängen), sondern als Promotor neuer Pläne und Aktivitäten, für die er Ihre Zustimmung erhofft."

Die Rede war zum einen vom Plan eines „subregionalen" Programms für das Rhein-Neckar-Gebiet, zum zweiten vom Aufbau eines dritten Hörfunkprogramms, genauer: von der Umgestaltung einer eher zufälligen Ansammlung von Sendungen über das dritte UKW-Netz zu einem für den SDR neuen, in sich geschlossenen Programmangebot.

Das erste Projekt war tatsächlich etwas Neues. Wir wandelten auf Pionierpfaden. „Subregional" – das hieß, den Versuch machen, die Hörer eines enger umgrenzten Gebiets anzusprechen, Programme für sie zu entwickeln, Kommunikation speziell mit ihnen, unter ihnen zu stiften. In England wie in Schweden gab es so etwas bereits. In beiden Ländern schien die Entwicklung auf vielversprechendem Wege, in England waren die ersten Ansätze der BBC zum „Local Radio" bereits ergänzt und variiert worden durch die Lizenzierung der ersten privat betriebenen Stationen. Ob in der „Subregionalisierung", der Unterschreitung also bisher üblicher, als sinnvoll empfundener Abgrenzungen für den Ausstrahlungsbereich eines Rundfunkprogramms, ob darin die Zukunft des Radios läge, darüber wurde damals, nicht nur von uns, „philosophiert", spekuliert, unter Zuhilfenahme manch ideologischen Überbaus trefflich diskutiert. Ich sah darin die Möglichkeit der „Nahaufnahme", das Vehikel zu besserer Annäherung des Journalisten an die Menschen, die ja im Zentrum seiner Bemühungen zu stehen haben, als Objekte wie als Subjekte. Der einzelne, als Person wie als Bürger, der sich unmittelbar verlautbart, sein eigener Publizist sozusagen – hier lagen die Möglichkeiten einer solchen Entwicklung, hier sah ich die Chance, einen Schritt voranzukommen auf dem Wege vom „Distributionsapparat" zum Mittel der „Kommunikation" (wie Bert Brecht bekanntlich in frühen Radiozeiten das Problem formuliert hatte).

„Kurpfalz-Radio", wie die Sache sich nannte, war als Versuch auf drei Jahre deklariert. Das schien gerechtfertigt, denn tatsächlich betraten wir im deutschen Rundfunk Neuland. Anders aber wäre in dieser Zeit der immer rascher wiederkehrenden finanziellen Engpässe auch die Bewilligung der erforderlichen Mittel durch den Verwaltungsrat schon nicht mehr zu erlangen gewesen. Der „Versuch" erlaubte die Verpflichtung zusätzlichen Personals sowie die Veranschlagung sonstiger Kosten auf Zeit. Auch technisch war der Versuchscharakter nur zu offenkundig. Die UKW-Sendernetze der deutschen Rundfunkanstalten waren zur „flächendeckenden" Versorgung der einzelnen Sendegebiete konzipiert und angelegt, eine stimmige

Eingrenzung regionaler Empfangsgebiete ergab sich dabei nur zufällig und ausnahmsweise. „Kurpfalz-Radio" und seine Hörer mußten mit einer mühsam ausge-
handelten zusätzlichen Frequenz bei äußerst schwacher Senderleistung vorlieb nehmen. Das Empfangsgebiet beschränkte sich auf einen Ausschnitt der Kurpfalz, und
selbst dort konnten einzelne Hochhäuser dem Empfang im Wege stehen. Nachdem
das neue Programmangebot am 9. Mai 1979 begonnen hatte, gab es Enttäuschte und
Klagen genug. Gerade sie aber bezeugten zugleich das lebhafte Interesse, das die
Bewohner dieses Gebietes einem Programm mit eigener Identität entgegenbrachten.
Das Unternehmen, nachdem der Empfang mit der Zeit noch etwas verbessert
werden konnte, wurde zum Erfolg – nicht zuletzt dank einer jungen Redaktions-
mannschaft, die mit Begeisterung, Einfallsreichtum und persönlicher Hingabe am
Werk war, bis hin zu Wanderungen im Pfälzer- oder Odenwald am Wochenende, zu
denen sich die Enthusiasten unter ihren Hörern mit den Redakteuren zusammenfan-
den. Wahrhaftig eine „Innovation" – bei außertariflicher Leistung der Beteiligten!

Das zweite der in Bad Mergentheim avisierten Projekte, der Ausbau eines Dritten
Programms, war neu nur für den SDR. Andere Anstalten boten drei Programme
bereits an, mit unterschiedlicher Zuordnung der Inhalte. Der Bayerische Rundfunk
hatte schon 1970 mit seiner „Servicewelle" begonnen, Südwestfunk und Hessischer
Rundfunk waren einige Jahre später gefolgt. Alle drei waren beim Publikum äußerst
erfolgreich. Vorreiter beim Typus derartiger Angebote durchgehend leichter Musik
war 1965 der Österreichische Rundfunk mit „Ö 3" gewesen, einem Programm, das
sich der Tatsache verdankte, daß die Herren über die Sendertechnik in der Alpenre-
publik seit längerem ein UKW-Sendernetz sozusagen zum eigenen Benefiz vorhiel-
ten, bis es im Zuge einer grundlegenden Rundfunkreform der Gesamtplanung
integriert und „Ö 3" sogleich zu einem „Publikumsrenner" wurde. Auch über die
Grenzen hinaus. So daß die bayerischen Nachbarn – sie wußten nicht recht, wie
ihnen geschah – sich mit einer dramatischen Abwanderungsbewegung ihrer Hörer
in den angrenzenden Gebieten konfrontiert sahen. Und „Bayern 3" in den Äther
sandten, den Trend zur Popmusik kombinierend mit den steigenden Erfordernissen
der Verkehrsinformation auf ihren Straßen.

Wir in Stuttgart waren also spät dran mit dergleichen. Im Süden und Westen hatte
der SWF, im Norden der HR die entsprechenden Positionen bereits besetzt. Daß
wir im Verzuge waren, hing einerseits mit der beschränkten Verfügbarkeit über die
Frequenzen zusammen, auf denen vom Spätnachmittag an die Sendungen für aus-
ländische Arbeiter ausgestrahlt werden mußten, zum anderen schlicht und einfach
mit dem Geld. Dem Geld, das wir nicht gehabt hatten. Jetzt, nach Bereinigung der
Frequenzfrage, gab es die Erwartung neuer Werbeeinnahmen in einem neuen Programm. In Mergentheim wurde zum ersten Mal in der Öffentlichkeit unverblümt
und deutlich ausgesprochen, daß Programmplanung beim SDR, nämlich die Realisierung eines neuen Programmtyps (und somit die Fortentwicklung des Programmangebots), abhängig geworden war von der Erwartung zusätzlicher Erträge aus
zusätzlicher Werbung. Dies nämlich, daß die zusätzlichen Werbeeinschaltungen

von Anfang an die Kosten des neuen Angebots decken müßten, war im Verwaltungsrat in der vorhergehenden Beratung zur strikten Vorbedingung der Zustimmung zu dem ganzen Unternehmen gemacht worden, auch wenn man davon nicht so gerne sprach.

Der öffentlich-rechtliche Rundfunk, mehr als ihm seiner Titulatur nach angenehm sein konnte, war auf Erträge aus der Fernseh- wie der Hörfunk-Werbung seit langem angewiesen, hätte seine Aufgaben ohne sie niemals wahrnehmen können. Das war nichts Neues. Am allerwenigsten beim SDR, in dessen Haushaltsplänen die daraus fließenden Einkünfte bis zu 20% der Erträge insgesamt ausmachten. Neu aber, und erhellend für die Situation, war doch die unmittelbare Koppelung: Programm nur dann, wenn es aus Werbung sich finanziert. Was, fragte ich mich von da an, unterscheidet uns, die „Öffentlich-Rechtlichen", noch von dem „Kommerziell-Privaten"? Ein wenig Überschuß, etwas an Rendite, Profit – ein kleiner Schritt, und wir hatten es: das „duale" Rundfunksystem unter einem Dach, im eigenen Haus! Das hatten sich die Verantwortlichen am Anfang kaum vorgestellt, als Ende 1949 vom Rundfunkrat die Einführung von Werbesendungen beschlossen wurde.

Wirtschaftliche Überlegungen und Erwartungen waren damals zwar auch schon im Spiele. Die Anforderungen ans Programm und an die Technik stiegen, der Zuwachs an Teilnehmergebühren hielt damit kaum Schritt, das Fernsehen als neue und neu zu finanzierende Aufgabe schien absehbar. Für zwei Jahre wurden gleichwohl Überschüsse aus der Werbung, wie anderwärts, allgemeinen kulturellen Zwecken zugeführt, bevor sie von 1953 an dem finanziellen Eigenbedarf dienten, zu einem wesentlichen Teil den Schwetzinger Festspielen. Für solch edle Zwecke schien eine Stunde Unterhaltungsmusik mit 10–12 Werbespots, je einmal am Morgen von 7–8 Uhr und am Mittag von 13–14 Uhr, vertretbar. Am 6. März 1950 nahm beim SDR die verborgene Zukunft des öffentlich-rechtlichen Rundfunks solchermaßen ihren Anfang. Der immer wieder einmal aufflammenden Diskussion darüber, ob Werbung überhaupt in dessen Programme gehöre, konnte ich nie viel abgewinnen. Für den SDR (wie für andere Anstalten seiner Größenordnung) war sie unnütz. Wir brauchten ganz einfach das Geld; an eine Gebührenausstattung, die Werbeerträge entbehrlich gemacht hätte, war nicht zu denken. Wir wären ohne diese Erträge rasch in unüberwindliche Schwierigkeiten geraten. Davon aber ganz abgesehen: Werbung, da sie unabdingbar zum System einer freien, auf Wettbewerb angelegten Wirtschaftsordnung in einer auch sonst von konkurrierenden Kräften bestimmten Gesellschaft gehört, gehörte nach meiner Auffassung als publizistisches Element auch in den Rundfunk dieser Gesellschaft und somit zum Kreis der Aufgaben, womit sich dessen Mitarbeiter professionell auseinanderzusetzen haben. Sie können sich davon nicht dispensieren, und sie sollten es auch nicht. Gelegentlich konnten wir auch für die eigene, eigentliche Aufgabe daraus lernen. Und ein Anhauch aus dem harten Geschäft kommerziellen Wettbewerbs konnte unserem manchmal elitären Bewußtsein, fand ich, auch nicht schaden. Nicht aber durften Ertragsorientierung und optimale Plazierung von Werbung im öffentlich-rechtlichen Rundfunk zu einer Bedeutung anwachsen, eine Eigendynamik gewinnen, die das Ausmaß von Werbung bestimmte und ganze Programmstrukturen nach ihren Bedürfnissen zu modeln begann. Hier verlief und verläuft, für jeden einsehbar, die Grenze zwischen öffentlich-rechtlichem, also gemeinnützigem, und kommerziellem Rundfunk. Und diese Grenze war nunmehr überschritten bis zu einem Punkt, an dem ohne den Blick auf die Werbung nichts mehr ging. Das war nicht nur in Stuttgart so. Und es wäre verwunderlich, wenn dieser Tatbestand den Rundfunkanstalten nicht immer wieder vorgehalten worden wäre – nicht zuletzt von denen, die ihn herbeigeführt hatten, nämlich den für die Gebührenfestsetzung und also für die Finanzierung des öffentlich-rechtlichen Rundfunks Verantwortlichen.

Die Sache hat, natürlich, mit der Unabhängigkeit zu tun. Es ist eine ziemlich platte, wenn auch in sich folgerichtige Geschichte – leicht durchschaubar wie das meiste von dem, worauf die Innung der politischen Handwerker sich etwas zugute hält. Reinhold Maier, wir erinnern uns, konnte sich im Jahre 1949, bei der Entlassung von „Radio Stuttgart" aus amerikanischer in deutsche Verantwortung, nicht vorstellen, daß „eine Radiostation im Grunde genommen niemand gehöre". Das aber hatten nach seiner Auffassung die Amerikaner verfügt. Nun war er „begierig, zu welchem zukünftigen ‚Jemand' der heutige anscheinende ‚Niemand' sich entwickeln wird". Niemand – das waren für ihn jederlei Instanzen oder Organisationsformen, wie demokratisch legitim auch immer, die nicht mit dem Staat zusammenfielen oder von ihm kontrolliert würden. Jemand, auch in der Demokratie, das war allein der Staat, und also gehörte der Rundfunk, wollte er jemand sein, dem Staat, mit ein paar Sicherungen gegen einseitige politische Einflüsse vielleicht, aber jedenfalls dem Staat.

Der Redliche! Seine Vorstellungen, das wußten wir aus den mühsamen Verhandlungen der vorangegangenen Jahre, waren einfach strukturiert, aber folgerichtig. Und wäre er damit zum Ziele gekommen, es hätte wahrhaftig keine Finanznöte beim Rundfunk gegeben! So, wie die Dinge lagen, dauerte es nicht allzulange, bis seine Neugier, wer der künftige Jemand sein und wem er gehören würde, befriedigt wurde. Die Antwort, wenn er richtig erkannte, was vorging, dürfte selbst ihn überrascht haben: Die Parteien waren es, die ohne viel Federlesens, wo immer Gelegenheit war, sich daranmachten, die Besitzverhältnisse für sich zu entscheiden, eben jene Politiker, deren unabhängig-kritisches Gegenüber die neue Institution des Rundfunks nach dem Willen ihrer Initiatoren sein sollte. Und weil sie es mit dem Staat, wenn ausreichende Mehrheiten es ermöglichen, nicht anders halten, läuft am Ende der Besitz des einen auf den des anderen hinaus. Und auch die jeweilige Regierung, getragen von der Mehrheitsfraktion, muß nicht verzagen. Ihr Einfluß, schon auch im Konzert der Länder, ist gewährleistet. Ein unentwirrbarer Knoten zusammengeballter Macht, nicht gerade verfassungskonform, aber gleichwohl wirksam. Der Zugriff erfolgt durchaus pragmatisch, keine finstere Verschwörung mit erheblichem Unrechtsbewußtsein, bewahre, deshalb auch immer wieder einmal das basse Erstaunen, wenn Sprüche des Verfassungsgerichts die Handlung stören, –

man langt ganz einfach zu, wo es vermeintlich lohnt. Und oft genug tut es das dann ja auch.

Beim öffentlich-rechtlichen Rundfunk, den die Besatzungsmächte ihren deutschen Widersachern als Festungsbauwerk mit manch schwer einnehmbarer Bastion hinterlassen hatten, war der Einstieg vergleichsweise schwieriger als sonstwo, zeitraubender, aber kein Anlaß zur Entmutigung. Drei Wege führten ins Innere. Zunächst einmal galt es, die Vorschriften bestehender Gesetze nutzend, die höchstmögliche Zahl von Parteigängern der eigenen Couleur in die Wahl- und Kontrollgremien zu bringen bzw. anderweitig dorthin entsandte als Gesinnungsgenossen zu identifizieren, sich anzuverbinden und mit ihnen den gehörigen Einfluß auszuüben. Wo Gelegenheit zu Hilfe kam, neue Gesetze und Satzungen erforderlich wurden, etwa bei der Aufspaltung des NWDR (in NDR und WDR) oder der Errichtung einer neuen Anstalt (wie in Berlin), konnte sodann das Verfahren vereinfacht, nämlich von vorneherein so angelegt werden, daß Zweifel an der Legitimität der Parteienherrschaft gar nicht mehr auftreten konnten. Und schließlich arbeitete die Zeit in einem ganz entscheidenden Punkte für die Rückgewinnung politischer Verfügungsgewalt über den ungeliebten Rundfunk: bei den Gebühren nämlich. Hier, wo zum Ende der 60er Jahre die seit 1924 bestehende Rundfunkgebühr von 2 DM und die 1953 eingeführte Fernseh-Zusatzgebühr von 5 DM zwangsläufig ins Defizit führten, konnte den Anstalten, begleitet von ebenso populären wie unsubstantiierten Anschuldigungen über mangelnde Sparsamkeit, am wirksamsten demonstriert werden, wer nunmehr wieder das Sagen habe: eben die Parteien als diejenigen, denen in den elf Landesparlamenten die Festsetzung der Rundfunkgebühren übertragen ist. Und da die Gebühren nach bundesweit einheitlicher Festsetzung verlangen, sind es wiederum die Landesregierungen, die sie auszuhandeln haben und staatsvertraglich faktisch präjudizieren. Schrittweise wurden dabei die Daumenschrauben enger gezogen, die Folterwerkzeuge in immer erschrecklicherem Maße vorgezeigt.

Die erste Gebührenerhöhung zum 1.1. 1970 kam noch verhältnismäßig einfach zustande, indem die von den Anstalten aus dem veranschlagten Bedarf errechneten Forderungen schlicht halbiert wurden. 50 Pfennig statt einer Mark bei der Grundgebühr, eine statt zwei Mark für das Fernsehen. Der 50-Pfennig-Triumph oder sonst eine wesentliche Reduzierung des geltend gemachten Bedarfs herrschte auch weiterhin als handsames Prinzip. War die zweite Erhöhung von einer „Arbeitsgruppe der Länderregierungen zur Überprüfung der Vorschläge der Rundfunkanstalten für eine Anpassung der Rundfunkgebühren an die Kostenentwicklung" vorbereitet worden – Ergebnis: 50 Pfennig und DM 1,50 –, so schritt 1975 mit der Errichtung einer „Kommission zur Ermittlung des Finanzbedarfs der Rundfunkanstalten" (auch KEF genannt) die Entmündigung zweckmäßig voran. „Fortlaufend" sollte der Bedarf ermittelt, alle zwei Jahre den Ministerpräsidenten Bericht erstattet werden. Wie schon der Name sagte, stand nunmehr die staatliche „Ermittlung" an erster Stelle, die „Vorschläge" der Rundfunkanstalten bildeten nurmehr *ein* Element der

Wahrheitsfindung. „Staatsferne" drückte sich auch in der Zusammensetzung des Gremiums nicht gerade aus: Vier Beamte der Staatskanzleien, vier von Rechnungshöfen und – in gebotenem Abstand – „vier unabhängige sachverständige Persönlichkeiten (Sachverständige)" waren von nun an aufgerufen, unter dem Vorsitz eines weiteren Staatskanzlisten über die Finanzen (und damit die Budgets) des „staatsfreien" öffentlich-rechtlichen Rundfunks zu befinden. Daß sie ihre Sache nicht genau genommen hätten, kann niemand sagen. Sie hielten ganze Abteilungen in den Funkhäusern in Atem, die das gewünschte Material verfügbar und transparent zu machen, Auflistungen, Aufstellungen, Aufgliederungen nebst Begründung zu liefern hatten, tarifliche Einstufungen und – weit interessanter – die außertariflichen, Urheber- und Leistungsvergütungen jeder Menge und Art. Bei der federführenden Anstalt mußten zusätzliche Stellen zur Befriedigung solch sachverständiger Neugier eingerichtet werden, Überstunden in den Finanzressorts waren regelmäßig angesagt, wenn nach einer Kommissionssitzung ein neuer Nachfrageschub zur Auswirkung kam, aber auch im Programmbereich ächzten die Verantwortlichen unter dem Zwang, die Kostengründe für das zu liefern, was sie taten. In solchen Phasen saß der Programmdirektor mit den Herren der Finanzverwaltung weit häufiger und intensiver zusammen als mit Redakteuren und Programmgestaltern. Doch auch die letzteren bekamen zunehmend den Rechenstift in die Hand gedrückt. Was ihnen fürs Programm so durch den Kopf ging, interessierte weniger als, was es koste. Manch waidwunder Blick traf die Verursacher solcher Pein.

An zweierlei Untiefen liefen die Lastkähne der vereinten Bemühungen von Kommission und Anstalten regelmäßig auf Grund. Zum einen bei der Unwilligkeit der Kommissionäre, als Kostenfaktoren Programmpläne zu akzeptieren, die nicht beschlossene und auch von den Kontroll-Gremien gutgeheißene Sache seien. Just dies aber, Programmpläne zu verabschieden, ohne zu wissen, ob die Kosten gedeckt sein würden, mußte solide Haus- und Haushaltsväter, als welche wir ja zwangsläufig seit langem geübt waren, erschauern machen. Und dies erst recht noch angesichts der Ungewißheit, ob die Kalkulation, selbst wenn von der Kommission in Rechnung gestellt, bei der endgültigen Entscheidung nicht doch wieder zur Disposition stehen würden.

Zum anderen rechnete die Kommission, um zu ihrem Votum zu gelangen, mit schöner Regelmäßigkeit die Einkünfte aller Anstalten zusammen, ohne Rücksicht darauf, daß sie in der Tat höchst unterschiedlich waren, beim SDR beispielsweise weniger als die Hälfte von denen des WDR betrugen. Finanzausgleich – nun ja, Vorbedingung einer Gebührenanhebung war er immer, über den kleinsten Nenner aber gelangte er nie hinaus; wer meint schon, daß es ihm im Überfluß gegeben, und wer gibt gerne von dem ab, was er in seinen Verhältnissen zu brauchen meint?

Die Untersuchungen und Auseinandersetzungen verschlangen Zeit, sie waren quasi permanent im Gange. Und war die Kommission schließlich zu einer Empfehlung gelangt, bedeutete dies nicht mehr als den Beginn des count down in dem nicht minder zeitraubenden, von vielerlei konträren Deklamationen begleiteten hochnotpeinlichen Verfahren zwischen den politischen Instanzen von elf Bundesländern. Eine endgültige Entscheidung (in einem neuen Gebührenstaatsvertrag) kam jeweils so kurz vor dem fraglichen Termin zustande, daß ihre Ergebnisse in der Programmplanung erst zu einem Zeitpunkt wirksam werden konnten, in dem eben diese Planung, weil eine vernünftige Fortschreibung der Mittel erneut unsicher, schon wieder fragwürdig geworden war. Der öffentlich-rechtliche Rundfunk, fest im Schwitzkasten staatlicher Bevormundung, lebte (und lebt bis heute) von der Hand in den Mund. „Die Rundfunkanstalten bekommen, was sie brauchen, nicht, was sie wollen." So, auf dem Höhepunkt der bisherigen Entwicklung, 1988, der CDU-Fraktionsvorsitzende im baden-württembergischen Landtag bei der Verweigerung einer Gebührenanpassung zum 1.1. 1989. „Was sie brauchen" – darüber befinden nicht die gesetzlich bestellten Organe, Verwaltungsrat und Rundfunkrat (in denen beiden die Parteien durch Männer ihres Vertrauens vertreten sind), auch nicht die eigens dazu berufene staatliche Kommission, nicht zehn von elf Ländern, die in diesem Falle dem Kommissionsvorschlag gefolgt waren, nein, es entscheidet gegen sie alle die Fraktionsspitze einer einzelnen Partei in einem einzelnen Landesparlament. Sie kann es, denn sie verfügt über die Mehrheit in diesem Parlament.

Ein Lehrstück parteipolitischer Willkür im demokratischen Staat! Das Nachsehen haben die, denen das Instrument des Rundfunks mit seinen Programmen anvertraut ist. Der Programmgestaltung weitgehend enthoben, warten sie darauf, daß dem mündigen Bürger gestattet werde, seinen Obolus in der am Ende für gut befundenen Höhe zu entrichten. L'état c'est nous! Hier wären wohl selbst dem Liberalen Reinhold Maier Bedenken gekommen.

Und doch leitet sich die leidige Entwicklung folgerichtig aus der Ära her, in der er und andere deutsche Demokraten ihren Dissens über unabhängige Presse- und Rundfunkorgane mit den Besatzungsmächten auszutragen bemüht waren und sich nur widerwillig in die neue Ordnung schickten, geschweige denn sie als Chance zu verstehen geneigt waren.

Wie meinte Josef Ersing im württemberg-badischen Landtag 1948? „Da wir schließlich... nicht dauernd unter einer Militärregierung leben müssen, wird, wie jedem Negerstaat, auch uns die Freiheit der Selbstbestimmung gegeben (werden)." Die Entwicklung hat ihm, 40 Jahre danach, Genugtuung verschafft. Freiheit, die ich meine! 1980, nicht lange nach meinem 60. Geburtstag und nach bald 35 Jahren beim Süddeutschen Rundfunk, hielt ich einen Vortrag, betitelt „Nachruf? 30 Jahre öffentlich-rechtlicher Rundfunk", in dem ich von meinen Beobachtungen und Erfahrungen in diesen 30 Jahren sprach. „Der öffentlich-rechtliche Rundfunk ist ein ungeliebtes Kind der deutschen Demokratie nach 1945 von Anfang an gewesen: eines, zu dessen Adoption man sich widerstrebend bereitgefunden, das aber letztlich ein fremdes geblieben war, dessen Alimentation so lange hingehen mochte, als sie nicht weiter von sich reden machte. Die Presse – nun, das war etwas anderes. Nicht daß man Journalisten – und gar die Unerbittlichen unter ihnen – hierzulande je besonders geliebt hätte, aber Presse und Pressefreiheit gehörten nun einmal zum längst erstrittenen klassischen Inventar der Demokratie, niemand würde sie hinwegargumentieren können. Und sie bewegten sich auf säuberlich abgegrenztem Feld, für eigene Rechnung, außerhalb der Bannmeile des Staats und seiner herrschenden Diener. Die öffentliche Meinung mochte erträglich sein, solange sie sich nicht mit einer öffentlichen Aufgabe gleichsetzte und „verwechselte". Just dies aber geschah mit der Konstruktion öffentlich-rechtlicher publizistischer Institutionen. Man denke: Sie erfüllen nach dem Spruch des Bundesverfassungsgerichts eine „Aufgabe der öffentlichen Verwaltung", die der Staat selbst nicht wahrnehmen darf. Und: „Die Tätigkeit der Rundfunkanstalten vollzieht sich daher im öffentlich-rechtlichen Bereich. Die Rundfunkanstalten stehen in öffentlicher Verantwortung und erfüllen, indem sie Aufgaben öffentlicher Verwaltung wahrnehmen, zugleich integrierende Funktionen für das Staatsganze." Wie das? Wie kann einer öffentliche Aufgaben erfüllen – vorbei an den gewählten Repräsentanten des demokratischen Staates oder gar gegen sie? Das Bewußtsein, daß und warum dies möglich sein müsse, hat sich bis heute auf der politischen Tribüne nicht eingestellt. Das mag mehrere Ursachen haben. Man wird nicht ganz fehlgehen, wenn man eine davon in dem bei uns fortwirkenden Verständnis vom Staat sieht, dem Staat als einer von „oben" gesetzten, zur Herrschaft geborenen Autorität anstelle – wie es demokratischem Verständnis einzig entspräche – des von der Souveränität der Bürger geschaffenen Gemeinwesens, der res publica. Diese, die wohlverstandene Republik würde es selbstverständlich nicht nur zulassen, sondern geradezu gebieten, in der Information der Bürger eine öffentliche Aufgabe zu sehen und ihre Erfüllung – im Gegenüber zur staatlichen Autorität – einer Institution mit eigener demokratisch legitimierter Autorität zu übertragen. Weil dies nicht so gesehen und schon gar nicht eingesehen wurde, ist das öffentlich-rechtliche System auch nicht, wie es nötig gewesen wäre, konsequent fortentwickelt und abgesichert, sondern bestenfalls sich selbst überlassen worden. Sich selbst überlassen auch bei dem – nur teilweise erfolgreichen – Versuch, die eigene Sache als die Sache aller, den Rundfunk als unantastbares Eigentum der Bürger in deren Bewußtsein zu verankern.

Jetzt, nach weiteren zehn Jahren, kann nicht einmal dies mehr gesagt werden: Das öffentlich-rechtliche System ist keineswegs sich selbst überlassen, seine Autonomie und ihre Grundlagen werden permanent in Frage gestellt. Durch nichts, auch nicht durch höchste Richtersprüche, lassen sich die Sappeure und Mineure des Belagerungsrings davon abhalten, Gänge und Gräben voranzutreiben. Verstopft das Gericht den einen, ist der daneben schon in Arbeit. Der Abschnürung auf dem Wege der Gebührenpolitik folgte in den 80er Jahren die Umfassungsbewegung durch die sogenannte „Medienpolitik".

„Medienpolitik" – die hatte freilich auch schon Konrad Adenauer betrieben, als er dem mißliebigen öffentlich-rechtlichen Länderrundfunk sein höchst privates bundesweites „Deutschland-Fernsehen" zur Seite oder richtiger: entgegenstellen wollte. Er scheiterte 1961 vor dem Verfassungsgericht, das von da an im Zehnjahresabstand und nach 1981 noch häufiger mit seinen Urteilen den öffentlich-rechtlichen Rundfunk bestätigt, in seinen institutionellen Grundlagen jedesmal gefestigt und gegenüber politisch (im Grunde aber parteipolitisch) motivierten Eingriffen geschützt hat. Bestätigt wurden damit zugleich aber auch (wie Hans Bausch in seiner Darstellung der „Rundfunkpolitik nach 1945" es ausdrückt) „die Impulse der Amerikaner und Briten", auf denen die Ordnung des öffentlich-rechtlichen Rundfunks in Deutschland beruht. Seine Finanzierung freilich war in diesen Impulsen offengeblieben – ein folgenreiches Versäumnis. Sie ist auch verfassungsrechtlich bis heute nicht geklärt. In diesem Punkte, so fand ich mit manchem Kollegen, wäre eines Tages das nächste Urteil fällig, das die Frage einer ausreichenden, der parteipolitischen Willkür entzogenen Finanzierung zu regeln hätte. Inzwischen hat der Bayerische Verwaltungsgerichtshof eben diese Frage dem Verfassungsgericht vorgelegt. Das Urteil wird für die Unabhängigkeit des Rundfunks von größter Bedeutung sein.

Die Adenauer'sche Eskapade war politisch ganz einfach motiviert: Mißvergnügen mit dem unabhängigen Rundfunk auf höchster Ebene und daraus resultierend der Versuch, mittels privater Organisationform, vorbei an verfassungsrechtlichen Schranken, ein Instrument konformistischer Meinungsbildung (oder besser Meinungsbeeinflussung) zu schaffen. Wirtschaftliche Zwecke traten dahinter gänzlich zurück.

Jetzt, zum Ende der 70er/Anfang der 80er Jahre, war das anders. Frontalangriffe waren zur Genüge gescheitert. Neue Techniken, zu „Neuen Medien" deklariert (was sie nicht waren), boten die willkommene Gelegenheit, neue Gangarten scheinbar unverdächtig vorzuführen. „Medien-Politik" regierte die Stunde. Sie war, was den öffentlich-rechtlichen Rundfunk betraf, mit neuem Namen ganz die alte. Eine parteipolitische Veranstaltung mit dem Ziel, den eigenen Einfluß zu stärken, den gegnerischen zu schwächen, den unabhängigen Rundfunk, in dem der eigene zu schwach, der gegnerische zu stark erschien, aus seiner zentralen Rolle zu verdrängen. Ein taugliches Vehikel dazu ließ sich just zu dieser Zeit leicht ausmachen: die Förderung privater Veranstalter. Es hatte noch dazu den Vorteil, positiv im Trend einer freiheitlichen Ordnung zu liegen. Nicht mehr nur den „Öffentlich-Rechtlichen" Knüppel zwischen die Beine zu werfen, wo immer es ging, war die Aufgabe, nein, jetzt konnte darauf abgehoben werden, es gelte, der privaten Initiative auch hier nun, auf dem Feld des Rundfunks, freie Bahn zu schaffen, die Programmvielfalt zu stärken, Konkurrenz zu etablieren, die bekanntlich das Geschäft belebt. Das Entzücken unter den falschen Flaggen war groß!

Für kurze Zeit standen die neuen Verbreitungstechniken, Verkabelung (nebst Satellitenperspektiven), im Vordergrund. „Pilotprojekte" wurden mit beträchtlichem gesetzgeberischen und finanziellen Aufwand gestartet. Eines davon, geplant für Mannheim-Ludwigshafen, blieb schließlich aufs Linksrheinische beschränkt, weil der baden-württembergische Ministerpräsident – instinktsicher in politisch wesentlichen Fragen, leicht entflammbar aber auch fürs Periphere – auf seine eigene, andere Weise dem rheinland-pfälzischen Kollegen (nebst allen übrigen) den Rang als

Medienmarktführer abzulaufen gedachte, noch dazu als einer, der dem neuen Zeitalter die theoretische Fundierung liefere. Eine „Expertenkommission Neue Medien" (EKM in der obligatorischen Kürzelsprache) wurde berufen, der ich vorübergehend, bis zu einer Erkrankung im Frühjahr 1980, angehörte. Sie erarbeitete, zahlreich besetzt, eine Fülle von Materialien, Gutachten, Stellungnahmen und Projektempfehlungen nebst einem fabelhaften „Kommunikationsatlas" der „Medienlandschaft" Baden-Württembergs.

Drei Bände füllten der Bericht, die Materialien und der Atlas. Als sie im Frühjahr 1981 vorlagen, konnten sie sogleich der Altpapierverwertung zugeführt, in genügender Anzahl aber auch für die spätere historische Forschung hinterlegt werden. Irgendwelche Bedeutung gewann, worüber namhafte Vertreter aus Wirtschaft, Wissenschaft und Medien sich den Kopf zerbrochen, in keinem Punkte. Mit den Ergebnissen der Michel-Kommission, zehn Jahre zuvor, hatten sich, wenn auch nicht die Volksvertreter, so doch noch ein paar Ministeriale befaßt und ihre Nicht-Beachtung zu begründen versucht. Diesmal blieb's gänzlich beim Verschieben der Kulissen. Für eine Vorstellung mit Publikum interessierte sich unter Politikern niemand mehr. Der Vorhang fiel. Die „Medienpolitik" war inzwischen zu handfesteren Gegenständen fortgeschritten, zu realistischeren Vorstellungen von dem, was „Sache ist". Experten konnten dabei nur stören.

Die baden-württembergischen Zeitungsverleger waren es diesmal, die den Ministerpräsidenten des Landes für den Gedanken gewannen, es sei nun an ihnen, auf dem Meinungsmarkt für neue Vielfalt zu sorgen, indem sie, was in ihren Zeitungen stand, mittels der „neuen" Medien zu eben jenen Hörern transportierten, die auch ihre Leser waren. Das, in der Tat, hatte den Experten nicht vorgeschwebt. Der Ministerpräsident sah darin ein Mittel, die „überwiegend mittelständisch strukturierten Presseunternehmen des Landes" zu stärken und „auf jene Phase vorzubereiten, wenn durch eine flächendeckende Verkabelung mittels Glasfaser das Monopol der öffentlich-rechtlichen Rundfunkanstalten obsolet wurde". Im Vorgriff auf dieses goldene Medienzeitalter sollte deshalb in einer Kooperation zwischen den Rundfunkanstalten und der Presse ein lokales Hörfunk- bzw. Fernsehprogramm erprobt werden.

Für die Zeitungsverleger eröffnete sich auf solche Weise die Gelegenheit, den vielberufenen Fuß in die Türe zu bringen. Ihre Sorge, es könnten sonst andere, z.B. die Rundfunkanstalten selbst, in einen neuen elektronischen Zweig des Anzeigengeschäfts vordringen, war vermutlich sogar echt. Sie mußten danach drängen, dieses Feld selber zu bestellen. Daß sie deswegen eigene Radio- oder gar Fernsehprogramme zu produzieren hätten, erschien vielen eher als unliebsame Hypothek. Ich habe keinen getroffen, der die Veranstaltung zusätzlicher Programme als seine vordringliche Aufgabe angesehen hätte. Es ging stets um die Werbung. Im lokalen und auch regionalen Einzugsbereich ihrer Blätter sahen sie Konkurrenz auf diesem Felde als bedrohlich, wenn nicht tödlich an.

Solche Befürchtungen hatte es, überregional, schon in den 60er Jahren gegeben.

Axel Springer hatte eine wahre Kampagne gegen die Werbung der Rundfunkanstalten in Fernsehen und Hörfunk geführt und die von ihm behauptete Wettbewerbsverzerrung gleichfalls als tödliche Bedrohung der freien Presse hingestellt. Weswegen der Bundestag 1964 eine eigene Enquete-Kommission zur Untersuchung dieser Frage eingesetzt hatte, die sogenannte erste „Michel-Kommission" zur „Untersuchung über die Wettbewerbsgleichheit von Presse, Funk/Fernsehen und Film". Sie war sehr zum Mißvergnügen Springers und seiner Mitarbeiter 1967 zu dem Ergebnis gekommen, die behaupteten Wettbewerbsverzerrungen zwischen Presse und Rundfunk gebe es nicht, insbesondere auch keinen Verdrängungs- oder Substitutionswettbewerb zwischen diesen beiden, wohl aber alles dies zwischen Zeitungen und Zeitschriften selbst, innerhalb der Presse also. Daß es im regionalen Bereich nicht viel anders sein würde, konnte man vermuten, „beweisen" natürlich nicht. Weshalb der SDR auch stets erklärte, es sei keine regionale Werbung beabsichtigt, insbesondere auch keine bei der Fortentwicklung der mit dem „Kurpfalz-Radio" begonnenen „Subregionalisierung" von Programmen. Der Verdacht, daß solche Erklärungen bloß zur Beruhigung dienten, die Regionalprogramme eines Tages zwangsläufig doch zu Werbeträgern werden könnten, wurde vom Ministerpräsidenten höchstselbst genährt, wenn er vor dem Landtag, aber auch bei sonstigen Gelegenheiten sein Mißfallen bekundete, daß die „Rundfunkanstalten" ihr Monopol bis „in die letzte Nische hinein" ausbauten. Gemeint war damit der SDR und seine subregionalen Pläne, die sich indes, der fehlenden Mittel wegen, bis dahin bescheiden genug ausnahmen. Ich konnte mir schmeicheln, auch persönlich angesprochen zu sein. Denn tatsächlich trieb ich, fast instinktiv, solche Planungen, so gut es irgend ging, voran – gelegentlich schon zum Mißvergnügen des Intendanten, der sich bei vielerlei Gelegenheiten mit der Opposition gegen den Unternehmungsgeist seines anscheinend in die „Subregion" verliebten Programmdirektors konfrontiert sah. Angesagt war Subregionales für den Großraum Stuttgart sowie für Ulm und die Ostalb mit Heidenheim und Aalen. Für das fränkische Gebiet mit Heilbronn als Programmzentrum sowie für den Raum um Karlsruhe fehlten vorerst die Frequenzen.

Während im Funkhaus die, wie bemerkt, noch ganz rudimentären Planungen im Gange waren, konzentrierten sich in der Medienpolitik des Landes die Aktivitäten konkret auf zwei Bereiche: zum einen auf die Vorbereitung eines Landesmediengesetzes zur Zulassung privater Rundfunkveranstalter, zum anderen auf das besagte Projekt einer Kooperation zwischen Zeitungsverlegern und Rundfunkanstalten bei der Erprobung lokaler Programme in Hörfunk und Fernsehen. Das letztere Projekt erfreute sich der unmittelbar tätigen Anteilnahme des Ministerpräsidenten und überrundete solchermaßen, mit erheblichem Echo in der Presse (kein Wunder!), die Arbeiten am Mediengesetz, die vorerst in ministerieller Abgeschiedenheit Sache der einschlägig programmierten Juristen blieb.

Im Juni 1981 lud der Ministerpräsident die baden-württembergischen Zeitungsverleger sowie die Intendanten von SWF, SDR und ZDF zu einem ersten Gespräch nebst „Arbeitsessen" ins Schloß-Hotel „Monrepos" bei Ludwigsburg, dessen Name von da an für mehr als ein Jahr Synonym für die seltsame Verhandlungsrunde wurde, in welcher es darum ging, Zeitungsverleger als Programmgestalter im öffentlich-rechtlichen Rundfunk zu privilegieren. Zunächst einmal probeweise. „Kooperationsmodell" nannte sich wohlklingend die Sache. Vom Fernsehen war – aus Kostengründen – bald nicht mehr die Rede. Von „neuen Medien", schon gar von Glasfaser, ebensowenig. Die Programme sollten ja gehört werden, und dazu taugten keine Fasern, sondern die guten alten UKW-Frequenzen. In einer Sitzung im Juli 1982, in der dies verhandelt wurde, hatte ich den Intendanten zu vertreten. In ihr erschien nach einiger Zeit ein ungnädiger Landesherr, der unter Weglassung von Floskeln konventioneller Höflichkeit mit der Hand auf den Tisch schlug und, nicht ohne Anspielung auf die Gebührenfrage, nun, nach einem Jahr des Hin- und Herredens, endlich zu wissen begehrte, ob sein „Kooperationsmodell" Wirklichkeit werde oder nicht, und wenn ja, wann. Es gelang, ihn zu beruhigen. Daß irgendetwas zum Laufen kommen werde, war ohnedies klar. Was ausstand, waren die Details einer konkreten Vereinbarung, die uns in den nächsten zwei Jahren, mich in den letzten meiner Tätigkeit, beschäftigten, darunter die Kostenfrage: in Ulm 2/3 zu Lasten des SDR, 1/3 zu Lasten der Zeitungsverleger. Ein vom Intendanten bestimmter Redakteur sollte, ihm verantwortlich, im Ulmer Studio einem Redaktionskollegium, gemischt aus Angehörigen des SDR und solchen der Ulmer Presse, vorsitzen, um mit ihnen das „Modell" von Sendungen zu verwirklichen, die – nun buchstäblich unter dem gleichen Dach – eine parallel ausgestrahlte Konkurrenz zum eben dort produzierten eigenen Regionalprogramm des SDR zu bilden bestimmt waren. Ein institutionalisierter Loyalitätskonflikt für die beteiligten Mitarbeiter.

„Modell" war die Sache für etwas ganz anderes: dafür nämlich, wie massiver Druck der staatlichen Autorität die Institution des unabhängigen Rundfunks vorbei an Gesetz und Satzung in Pflicht zu nehmen vermag. Das vom Ministerpräsidenten ins Visier genommene Projekt war unsinnig von Anfang an, strikt zuwiderlaufend auch allen medienpolitischen Grundsätzen, die lange Zeit unstrittig waren, daß nämlich markt- und meinungsmarktbeherrschenden Presseorganen nicht auch noch bei den „neuen Medien" die gleiche beherrschende Rolle im gleichen Bereich zuwachsen dürfe. Jedoch: wie widersinnig auch immer, das Projekt wurde durchgesetzt. Durchgesetzt ohne irgendeinen legitimen Anspruch auf Einflußnahme, ganz wie die andere „Kooperation" zwölf Jahre davor, die Kooperation zwischen den drei südwestdeutschen Anstalten im Gefolge des Michel-Gutachtens, das von ihr so wenig etwas gehalten hatte, wie die Experten-Kommission Neue Medien sich von einer Privilegierung der Zeitungsverleger im öffentlich-rechtlichen Rundfunk etwas hatte träumen lassen. Mehr noch als damals war die Widersinnigkeit den Organen der Anstalten bewußt. Theoretisch, nach Buchstaben und Geist der Gesetze und Satzungen und selbstverständlich nach den offiziellen Bemerkungen des Regierungschefs, waren sie frei, der sachfremden Anmutung zu folgen oder nicht. Wie aber sollten sie es faktisch, da sie von eben jener Stelle kam, die über ihre Finanzen, ihre Stellung in einer veränderten Medienordnung und letztlich über ihre Existenz zu befinden hatte? Einladungen, die Ministerpräsidenten aussprechen, kann man schlecht ausschlagen. Sind Gespräche einmal begonnen, Kontrahenten vorhanden, die etwas wollen (und noch dazu dasselbe wie der Gastgeber), kann schlecht ein bloßes Nein die immer wiederholte Antwort sein. Man prüft und redet, Kompromisse sind gefragt. Die Kreuzung von Abhängigkeit und Freiheit treibt seltsame Blüten, die Abhängigkeit erweist sich meist als dominant. Am 6.2. 1985 nahm das sogenannte „Stadtradio Ulm" (wie gleichzeitig eines des SWF in Freiburg) seine Sendungen auf. Am 30.9. 1986 wurden sie wieder eingestellt. Das inzwischen vorliegende „Landesmediengesetz" nämlich verbot ausdrücklich die Kooperation zwischen dem öffentlich-rechtlichen Rundfunk und privaten Veranstaltern!

Die „Erprobung" lokalen Rundfunks mit den Zeitungsverlegern enthielt keine Werbung, war also genau dort enthaltsam, wo der eigentliche Zielpunkt ihrer Bestrebungen lag. Und allenfalls dies, nämlich die flexible Kombination des lokalen Anzeigengeschäftes der Presse mit den Möglichkeiten der Funkwerbung, hätte Sinn gemacht und wäre praktischer Erprobung wert gewesen. Eben deshalb aber, weil ich nach wie vor überzeugt war, daß es den Zeitungsverlegern um nichts anderes ging als um das Werbegeschäft und eine befürchtete Beeinträchtigung durch regionale (oder gar lokale) Werbung der Rundfunkanstalten und weil die Widersprüchlichkeiten des „Monrepos"-Projekts bei der Festschreibung in Vertragsparagraphen immer grotesker zutage traten, versuchte ich während der Verhandlungen wiederholt, den Knäuel durch einen eigenen Vorschlag zu entwirren. In die vom SDR geplanten „Subregionalprogramme", darunter das von Ulm ausgehende, wollte ich regionale Werbung eingeführt sehen, die jedoch für Rechnung der regional bzw. lokal tätigen Zeitungsverlage betrieben werden und deren Erträge nach Abzug anteiliger Ausstrahlungskosten ihnen zufließen sollten. Programm-Kooperation sollte durch eine Beteiligung der örtlichen Zeitungs-Korrespondenten an der Rundfunk-Berichterstattung sowie an der diskursiven Erörterung regionaler bzw. lokaler Ereignisse stattfinden, wobei die von der Meinungsvielfalt her gebotene Trennung zwischen Nachricht und Kommentar verlaufen sollte. Einen Gleichlaut auf diesem letzten Sektor sollte es nicht geben. Der Vorschlag ist in die Verhandlungen nicht eingeführt worden. Hinweise darauf, daß er für die Verlegerseite nicht uninteressant sein würde, gab es. Möglicherweise hätte er die stetig sich verhärtenden Fronten zwischen Presse und öffentlich-rechtlichem Rundfunk aufgelockert. Diese Frontstellung geriet immer rigoroser. Was die Haltung der Presse gegenüber dem öffentlich-rechtlichen Rundfunk in der aufgeregten Medien-Diskussion dieser Jahre angeht, so ist „Sprachregelung" die zutreffende Bezeichnung. „Erwartungshaltung" seines Verlegers nannte es mir gegenüber ein vorsichtiger Presse-Kollege. Die oft etikettierte „Unabhängigkeit" der Zeitungen – in diesem Punkte war sie dispensiert. Von „Meinungsspektrum" keine Spur. Interessenten nutzten das eigene Medium für die eigenen Ansprüche im aufkommenden Rundfunk der Privaten. Die Rundfunkanstalten, sie waren die Gegner. Und sie fügten sich widerspruchslos in diese Rolle. Falsche Fronten, wie ich fand. Die Rivalität zwischen der Presse und dem damals tatsächlich neuen Medium Rundfunk ist zwar so alt wie dieses selbst. Eigentlich begründet war sie nie. In der Bundesrepublik erfüllen beide, Presse und Rundfunk, Aufgaben mit Verfassungsrang, die eine in privatwirtschaftlicher, die andere in öffentlich-rechtlicher Organisationsform. Auf diese „duale" Ordnung haben sich nicht zuletzt die Rundfunkanstalten stets viel zugutegehalten und sie gleichsam auch als politischen Anspruch vertreten. Umso mehr wäre es die richtige Politik gewesen, sich mit der Presse um einen modus vivendi in Sachen Werbung und also in einer kardinalen Frage der wirtschaftlichen Basis einer freien Presse zu bemühen.

Im März 1982 hatte die Landesregierung den ersten „Entwurf für ein Gesetz über die Neuen Medien" vorgelegt. Darin war zwar auch von „kabelgebundener Verbreitung" sowie von „Abruf-" oder „Zugriffsprogrammen" in Text, Musik, Sprache und Film die Rede. Zukunftsmusik, die derzeit niemanden ernstlich interessierte, weshalb auch ins einzelne gehende Bestimmungen hierfür „zurückgestellt" wurden. Vorschriften, die praktisch wirksam werden konnten, enthielt das Konvolut ausschließlich in Bezug auf „drahtlose Verbreitung" von Rundfunksendungen privater Veranstalter – die „alten" Medien also und nichts anderes sollten dem „Zugriff" privater Veranstalter alsbald geöffnet, diese staatlich protegiert werden. Daß überhaupt so umständlich verfahren werden mußte, verdankten die Promotoren des „Privaten" einem neuen ärgerlichen Spruch des Bundesverfassungsgerichts, mit dem dieses Teile eines saarländischen Gesetzes zur (weit unkomplizierteren) Zulassung außer Kraft gesetzt und wesentlich höhere Hürden für die private Betätigung auf diesem Felde aufgestellt hatte. Das hatte aber auch sein vermeintlich Gutes, konnte doch nun in den notwendig gewordenen Katalog von Vorschriften auch eine den öffentlich-rechtlichen Rundfunk betreffende und beschränkende aufgenommen werden. Die bestehenden Rundfunkanstalten, so hieß es da, sollten „die Möglichkeit behalten, auf den bislang benutzten Frequenzen drahtlos in dem Umfang Sendungen zu verbreiten, die sie bis zum 31. Dezember 1981 kraft Landesrecht für das Gebiet des Landes oder einen Teil des Landes ausgestrahlt haben". Das war tatsächlich etwas Neues, in schlechtem Deutsch zwar, in der Absicht aber unmißverständlich. Die staatlichen Programmgestalter gingen dazu über, dem „autonomen" Rundfunk vorzuschreiben, welche Sendungen auf welchen Frequenzen weiterhin gestattet seien, welche nicht: nämlich keine, die es bis dahin nicht gegeben und also keine neuen. Ein neuer Gipfelpunkt in der immer dreister betriebenen Beschränkung der Unabhängigkeit. Der finanziellen Einengung folgte das schlichte Programmverbot. Die Bestimmung zielte natürlich auf die im Gefolge des Heidelberger „Kurpfalz-Radios" fortschreitenden „Subregionalisierungspläne", das Vordringen des SDR bis in „die letzte Nische", eben jene Nische, in der – und wo es irgend ging, auch darüber hinaus – sich die Zeitungsverleger einzurichten gedachten. Am 30. 3. 1981 hatten wir mit einer Frühabendsendung für den Großraum um die Landeshauptstadt, betitelt „Radio Stuttgart", begonnen, und eben jetzt zum 8. Mai 1982 sollte das „Ulmer Samstagsradio" seinen Anfang nehmen – beides vorläufige, aus finanziellen Gründen beschränkte Unternehmungen. Vor allem das letztere weckte den neuerlichen

Unwillen des Ministerpräsidenten, der in einer Chefredakteursrunde den nischen-
süchtigen Programmdirektor ungnädig apostrophierte. Alles zusammen bestärkte
mich in der Überzeugung, daß wir auf dem richtigen Wege waren, daß es nicht
„Nischen", sondern Felder zu besetzen galt, von denen wir uns freiwillig nicht
zurückziehen und auch nicht verdrängen lassen durften.

Daß wir im Begriff waren, uns damit noch auf ein ganz anderes Feld zu begeben,
auf das eines weiteren Konflikts nämlich mit den politischen Instanzen bis hin zu
einem neuen Gang vor die Gerichte, hielt ich für möglich. Worauf aber konnten wir
in diesem Falle mit unseren Ansprüchen fußen? In der Satzung für den SDR stand zu
lesen, er sei „berechtigt, alle Geschäfte zu betreiben, die seiner Zweckbestimmung
und seinem Aufgabengebiet entsprechen". Diese, Zweckbestimmung und Aufgabengebiet, aber waren, was die Programmgestaltung anbetraf, gesetzlich nicht näher
definiert. Im Entwurf des neuen Mediengesetzes stand ferner, die Landesregierung
werde ermächtigt, im begründeten Einzelfall bestimmte Frequenzen zur Nutzung
durch die bestehenden Rundfunkanstalten freizugeben, „wenn dies zur Erfüllung
des gesetzlichen Programmauftrags ... erforderlich ist". Der aber war gleichfalls
gesetzlich nicht näher beschrieben. Mit gutem Grund. Der Intendant sollte für die
Programmgestaltung allein verantwortlich sein. Er und seine Mitarbeiter machten,
um es einfach auszudrücken, die Programme, die sie für richtig hielten, folgten dabei
den aus Erfahrungen und Erkenntnissen ihrer täglichen Arbeit sowie der internationalen Entwicklung gewonnenen Perspektiven und hatten, was sie taten, kontinuierlich dem Rundfunkrat gegenüber zu verantworten. Da es nun strittig zu werden
drohte, ob nicht ganz andere Instanzen darüber zu entscheiden hätten, was der
Programmauftrag sei, und weil bekanntlich auch die Gebührenkommission KEF
wiederholt an der Praxis von Programmentscheidungen durch die Exekutive gemä-
kelt hatte, fand ich es an der Zeit, daß die gesetzlichen Organe und insbesondere der
Rundfunkrat für sich in Anspruch nähmen, den allgemein gehaltenen „gesetzlichen
Programmauftrag" zu definieren und mit entsprechenden Konzeptionen auszufül-
len. Das war auch so etwas wie Medienpolitik. Warum aber, so sagte ich mir, sollten
Medienpolitiker mehr und mehr Programmgestaltung betreiben und nicht auch die
Programmgestalter einmal Medienpolitik? Die Sache (oder auch das Durcheinander) konnte dadurch an Farbe nur gewinnen. Ich verfertigte ein „Regionalisierungs-
konzept für den Hörfunk im SDR", das in den Programmausschüssen des Rundfunkrates und anschließend im Plenum beraten und verabschiedet wurde. Für eine
verfassungsgerichtliche Auseinandersetzung schien mir der SDR dadurch zusätzlich
und besser gerüstet.

Nach der Verabschiedung des Landesmediengesetzes im Dezember 1985 und dem
dadurch wirksam werdenden Verbot eines ab Januar 1986 beginnenden subregionalen Frühmagazins von „Radio Stuttgart" kam es tatsächlich zu dem gerichtlichen
Verfahren, das mit einer einstweiligen Anordnung zugunsten des SDR begann und
in dem am Ende, 1987, den Medienpolitikern verboten wurde, dem autonomen
Rundfunk regionale Programme zu verbieten. Ein weiteres Mal die Bestätigung des

öffentlich-rechtlichen Rundfunks in seiner unabhängigen Funktion, zum fünften Male in den 26 Jahren seit 1961. Kaum fünf Monate vorher waren durch das Urteil zum niedersächsischen Landesrundfunkgesetz dem Belieben bei der Privilegierung privaten Rundfunks erneut Schranken gesetzt, Regierungseinflüsse bei der Auswahl privater Veranstalter gekappt und dem öffentlich-rechtlichen Rundfunk die Funktion des Trägers der „unerläßlichen Grundversorgung" in der Rundfunkordnung zugesprochen worden. Welch letztere Aufgabe es auch notwendig mache, „die technischen, organisatorischen, personellen und finanziellen Vorbedingungen ihrer Erfüllung sicherzustellen". In der Tat: ohne diese Urteile, ohne das Bundesverfassungsgericht, stünde es schlecht um den unabhängigen Rundfunk. Wenn er am Leben geblieben, relativ handlungsfähig, trotz allem, seinen Aufgaben nachkommt, so gut es geht, verdankt er dies Deutschlands Richtern, nicht seinen Politikern.

Den Urteilen der gleichen Richter ist freilich zu entnehmen, daß in der Bundesrepublik neben dem öffentlich-rechtlichen auch privat veranstalteter Rundfunk möglich (und nicht etwa von Verfassungs wegen unzulässig) ist. Die Normen der freiheitlichen Gesellschaftsordnung verbieten ihn nicht, gestatten ihn vielmehr. Wer will (und es am Ende fertigbringt), kann bei uns auch mit Rundfunksendungen Geld verdienen. Er muß dabei vergleichsweise hoch angesiedelte, an öffentlich-rechtlichen Maßstäben orientierte Zulassungsbedingungen erfüllen, aber deren Beachtung wird, wenn die Hürde einmal genommen ist, ja nicht täglich in allen Einzelheiten kontrolliert. Zur Entmutigung kein Anlaß.

Den politischen Willen also, privaten Rundfunk einzuführen, wird man respektieren müssen, auch wenn als Antriebskraft hinter der politischen Absicht die parteipolitische unschwer erkennbar ist und auch, wenn man gewinnorientiertes Unternehmertum als Motor auf dem Felde von Information und Kommunikation mit mehr als einem Fragezeichen zu versehen geneigt ist. Mit der Entscheidung für privaten Rundfunk ist aber nicht auch schon die politische Aufgabe gelöst, die sich mit ihr verbindet und in Wirklichkeit erst stellt. Sie nämlich würde es allen Beteiligten zur Pflicht machen, die anvisierte „duale Ordnung", nämlich das Nebeneinander von kommerziellem und gemeinnützigem Rundfunk, auf ihre Bedingungen hin zu untersuchen, den Gedanken zu Ende zu denken. Wenn der öffentlich-rechtliche Rundfunk mit seinen Maximen aus Verfassungsgründen herrschendes Prinzip ist und nicht etwa zur Disposition steht, der kommerzielle gleichwohl daneben ermöglicht werden soll, sind solche Perspektiven die eigentliche Herausforderung.

Folgt man den Promotoren der „dualen Ordnung", so soll diese zu einer Verbesserung des Leistungsangebotes insgesamt, zu einer Belebung des „Marktes" führen, indem das angebliche „Monopol" der öffentlich-rechtlichen Anstalten der Konkurrenz durch Private ausgesetzt wird.

Ich glaube daran nicht, habe vielmehr schon im Vorfeld der Entwicklung, vor zehn Jahren, eine entschieden gegenteilige, wenngleich zugespitzt formulierte Auffassung vertreten. „Es mag, wer will" – sagte ich damals – „aus welchen Gründen immer für den privaten Rundfunk eintreten. Aber er muß dies dann im Bewußtsein tun, daß er einem kommerzialisierten System in toto das Wort redet, weil es neben dem kommerziellen ein öffentlich-rechtliches System, das von diesem unberührt funktionieren würde, auf Dauer nicht geben kann."

Wenn ich, ein Jahrzehnt danach, in der ausladenden multimedialen Mehrzweckhalle von heute mich umsehe und auch umhöre, finde ich meine Prognose nicht widerlegt, meine Befürchtungen nicht zerstreut. Im Gegenteil. Zwar kann man nicht sagen, daß die private neue Programmflut auf den vielen neuen Kanälen das Publikum bereits gänzlich in ihren Bann geschlagen hätte. Umso auffälliger, daß ARD und ZDF in ihren Programmen den Eindruck erwecken, als liefen ihnen die Zuschauer bereits in Scharen davon. Freilich: In der als heilsam angepriesenen Konkurrenz mit den Privaten müssen sie systemkonform verhindern, daß es dazu überhaupt erst kommt. Und so finden sich ihre Zuschauer – noch vor den Privaten – „in der ersten Reihe" vor allem auf Fußball- oder Tennisplätzen, bei Krimis und gängigen Spielfilmen anstelle von Fernsehspielen künstlerischer Provenienz. Wahrhaftig, die Konkurrenz belebt das Geschäft, noch ehe es eines geworden, am falschen Ende. Die Deformation zum Einerlei des Gleichen vollzieht sich vorsorglich, noch ohne Not. Ob freilich der Ernstfall, dessen Merkmale wir in vorauseilender Anpassung zu spüren bekommen, deshalb vermeidbar sein wird, bleibt fraglich. Schon kaufen die Privaten die Tennis-Idole, eins nach dem anderen, aus den öffentlich-rechtlichen Programmen heraus in eigene hinein. Dem Fußball droht (oder lacht, je nachdem) dieselbe Zukunft. Die privaten Millionen rollen, die „gemeinnützigen" auch, aber die ersteren werden die letzteren hinter sich lassen. Im kommerziellen Wettbewerb zwischen Kommerz und Gemeinnützigkeit siegt der Kommerz. Wie auch anders?

Also, möchte man denken, wäre es Sache einer verantwortungsbewußten „Medienpolitik", dafür zu sorgen, daß der öffentlich-rechtliche Rundfunk, Träger der vom Bundesverfassungsgericht beglaubigten „Grundversorgung", „Medium und eminenter Faktor der öffentlichen Meinungsbildung" in seiner Funktion, die sich – so das Gericht – keineswegs nur aufs Politische, sondern ebenso auf den kulturellen und künstlerischen Sektor erstreckt, nicht nur nicht angetastet, sondern gestärkt wird. Dafür gibt es kaum Aussichten. Am allerwenigsten in Baden-Württemberg. Die Mehrheitsfraktion im Landtag hat sich vom jüngsten, gegen ihre Verbotspolitik in Sachen Regionalisierung gerichteten Urteil des Verfassungsgerichts im Gegenteil gekränkt und nur umso entschlossener gezeigt, ihrem Willen auf andere Weise Geltung zu verschaffen. Die Rundfunkanstalten, so konnte man in einem keineswegs geheimen Fraktionspapier lesen, entwickelten sich zu einem Staat im Staate ..., als einzige echte Einflußmöglichkeit sei die Festsetzung der Rundfunkgebühren geblieben. Die Gebührenschraube, heißt das, als letzte Zuflucht im Kampf gegen die Programmpolitik des autonomen Rundfunks. Der Ankündigung folgte die Tat auf dem Fuße: Verweigerung der Zustimmung zum unterschriftsreifen Gebührenstaatsvertrag mit allseits empfohlener Gebührenerhöhung zum 1. 1. 1989. Daß dabei sachliche Erwägungen, um es zurückhaltend auszudrücken, untermischt waren mit persönlichen Animositäten, mit dem Wunsch nämlich, dem mißliebigen Parteifreund Hans Bausch im Stuttgarter Funkhaus zu zeigen, wer das letzte Wort hat, brauchten die Spatzen nicht von den Dächern pfeifen, weil die Beteiligten selbst es offen bekundeten. Schon einige Zeit vorher hatte der „Medienexperte" der Fraktion in einem Zeitungsinterview frank und frei geäußert, „man habe in seiner Partei registriert, daß eine ganze Anzahl der ARD-Intendanten – auch die des SWF und des SDR – das CDU-Parteibuch hätten, ihre Loyalität jedoch woanders liege". Ja, wo lag sie wohl, mißlicherweise, die Loyalität dieser Intendanten? Vielleicht bei ihrem Amt?

Da verlautbart der Ministerpräsident sich unverfänglicher und vor allem auch in größeren Zusammenhängen. Neben „High-tech" huldigt er gerne der „Kultur". Und verbindet beides. Nichts dagegen. Was man „kulturelle Breitenarbeit" nennt, ist in der Industrie- und aufkommenden Freizeitgesellschaft ganz gewiß ein Gebot der Stunde. „Das eigentliche Zukunftspotential unserer Gesellschaft sind nicht Computer oder Roboter, sondern Kultur und Kreativität." Derartige Äußerungen, den jeweiligen Gelegenheiten angepaßt, sind inzwischen Legion. Daß der öffentlich-rechtliche Rundfunk seit vier Jahrzehnten einzigartiger Promotor solcher Entwicklungen ist, wird offenbar übersehen. Geflissentlich? Vom Rundfunk nämlich abgesehen, versäumt das Land Baden-Württemberg keine Gelegenheit, spektakuläre Förder-Ambitionen nicht nur in Sachen „High-tech" sondern gerade auch in „High-culture" dem staunenden Volke nahezubringen. Hundert Millionen da für eine Theater-Akademie, hundert dort für ein Museum der Gegenwartskunst, viele hundert Seiten einer prächtig ausgestatteten „Kunst-Konzeption des Landes" mit noch nicht abzusehenden Kostenfolgen – das ist die stolze Voraus-Bilanz allein von einigen Monaten!

„Der Kulturbegriff" – so können wir im Vorwort des Ministerpräsidenten und des Staatsrats für Kunst zu dieser Konzeption lesen – „hat in den letzten Jahrzehnten eine tiefgreifende Änderung erfahren. War Kultur jahrhundertelang ein dem Alltag geradezu entgegengesetztes, stark elitär geprägtes Interessen- und Tätigkeitsgebiet für wenige, so ist sie heute ohne Zweifel ein integraler Bestandteil aller Lebensbereiche. Kunst und Kultur haben den elfenbeinernen Turm verlassen, sie sind zu einer sozialen Notwendigkeit unseres Zusammenlebens geworden."

Eine zutreffende Feststellung. Man kann sie so oder ähnlich formuliert seit vierzig Jahren in den Überlegungen finden, mit denen die Programmverantwortlichen im öffentlich-rechtlichen Rundfunk ihre Arbeit begleitet und reflektiert haben. Und die Rundfunkanstalten folgen mit ihrer Programmgestaltung schon ebenso lange solchen Maximen. Sie leisten „kulturelle Breitenarbeit" wie keine andere Institution in der Gesellschaft. Keine andere hat so umfassend und kontinuierlich wie sie für das größte denkbare Publikum die essentiellen Fragen der Zeit thematisiert, Kunst popularisiert, dem einzelnen in der Vielzahl ihn bedrängender Fragen als Ratgeber zur Seite gestanden, kurzum: Kultur zu einer gemeinsamen Sache aller gemacht.

Jedoch: In der Landes-Kunst-Konzeption kommt dieser Rundfunk gerade noch am Rande und – „nicht zu vergessen" – als Zählkandidat an letzter Stelle vor. Von der dort „geleisteten Kulturarbeit" ist in einem Nebensatz die Rede. Funktioniert also dieses Theater nur, soweit es „Staats-Theater" ist?

Den Rundfunk kulturell als „quantité néglégeable" zu behandeln, hat freilich auch sonst, in sogenannten besseren Kreisen, Tradition. Die „Gebildeten", die unter seinen Verächtern immer schon ein ansehnliches Kontingent gestellt haben, nehmen, was er ihnen zu bieten hat – Konzerte, einen Vortrag –, zwar gerne, aber meistens isoliert wahr, losgelöst von der Institution, mit der man sich ansonsten nicht so gerne gemein macht und von deren kulturellen Aktivitäten insgesamt man wenig weiß – nicht zuletzt wohl deshalb, weil man dabei sich und seinesgleichen in Abendrobe nicht begegnen kann. Darin liegt auch ein Grund, daß Einschränkungen bei diesen Aktivitäten wenig öffentliche Resonanz erfahren, wenn auch eine speziell interessierte Hörerschaft sich davon umso betroffener zeigt.

Noch einmal Ministerpräsident und Staatsrat für Kunst zur Konzeption des Landes: „Das Grundgesetz weist die Kulturhoheit den Bundesländern zu. Deshalb ist es eine zentrale politische Verantwortung der Länder und ihrer Kommunen, die bestmöglichen Voraussetzungen für ein freies, dynamisches und pluralistisches Kulturleben zu schaffen... Die Landesregierung wendet zur Kunst- und Kulturförderung im engeren Sinne jährlich rund 400 Millionen Mark auf. Bezieht man die indirekten Wirkungen mit ein, die durch die Ausgaben für Universitäten, Schulen und durch die Unterstützung des Vereinslebens entstehen, liegt der Betrag noch weit höher. Diese Mittel sind keine Subvention im herkömmlichen Sinn und erst recht nicht ‚Luxusausgaben'. Sie sind Investitionen, die für den Bestand und die Zukunftssicherung unserer Gesellschaft nicht weniger wichtig sind als wirtschafts-, wissenschafts- oder sozialpolitische Ausgaben."

Fabelhafte Leitsätze auch dies für die Förderung eines vielgestaltigen Kulturlebens im demokratischen Staat. Für den Rundfunk gelten auch sie offenbar nicht. Und dies zwar, obgleich die nicht-staatliche Finanzierung seiner unmittelbar für alle geleisteten Kulturarbeit durch einen unmittelbar erbrachten Obolus aller die einleuchtendste und günstigste ist, die sich innerhalb eines demokratischen Kunst- und Kulturkonzepts denken läßt. Der „Kulturrundfunk", als welcher in Deutschland der Rundfunk von Anbeginn begriffen worden ist, beruht allein auf dieser Basis. Gerade sie aber wird von denen, die ihre Garanten zu sein hätten, permanent in Frage gestellt und nachgerade ausgehöhlt. Die Medienpolitik im „Musterländle" steht in krausem Widerspruch zu seinen kulturpolitischen Konzeptionen, Deklarationen, Deklamationen.

Die vorerst letzte Folge in dieser Fortsetzungsserie ist von gleicher Trivialität wie die vorhergegangenen. Sie bietet keine Überraschungen.

Weil die Gebührenverweigerung durch die Mehrheit im Stuttgarter Landesparlament (gegen alle übrigen und gegen das Votum der gemeinsam berufenen Kommission) denn doch einige Fragen offen läßt und es beim bloßen Affront nicht einfach sein Bewenden haben kann, erscheint der Rückgriff auf den Gedanken einer „Rundfunkneuordnung" hilfreich. Sie soll „angesichts der nationalen und internationalen

Medienentwicklung den öffentlich-rechtlichen Rundfunk im Südwesten stärken, ihn auch künftig in die Lage versetzen, seinen Programmauftrag umfassend zu erfüllen" und ihm noch dazu „in der ARD mehr Gewicht verleihen". Mit leerem Portemonnaie also in die größere Zukunft! Wie so etwas gemacht wird, ist der voluminösen Aktensammlung gleichen Inhalts aus den Jahren 1968 bis 1972 zu entnehmen. Dort läßt sich studieren, wie vor zwanzig Jahren schon einmal der autonome Rundfunk sich unter dem Druck staatlicher Bevormundung dazu verstanden hat, Konzentrationsprozesse in Gang zu setzen, Kreativität und Programmvielfalt einzuschränken, Wohlverhalten durch Kooperation zu demonstrieren. Damals – auf Initiative des Intendanten Hans Bausch – immerhin ein präzise auslotendes Sachverständigen-Gutachten über Alternativen einer Programmvielfalt verbürgenden Neuordnung. Es verschwand, weil nicht in den politischen Kram passend, in den Schubladen. Jetzt die oberflächliche Idee einer Fusion von SDR und SWF, infragegestellt mehr denn untermauert durch das eilfertige Gutachten einer Consulting-Firma. Baden-Württemberg und Rheinland-Pfalz diesmal ohne die Saar (die es am nötigsten hätte), Rundfunkordnung nach politischen Mehrheitsverhältnissen statt nach Besatzungsgrenzen, der Zufall von heute anstelle des Zufalls von einst. Diese Variante einer Neuordnung schien der Michel-Kommission 1970 so absurd, daß sie ihr auf 337 eng bedruckten Seiten ihres Berichts gerade 50 Zeilen eingeräumt hatte.

Damals wie jetzt der Ausweg: Kooperation, die ohne Neuordnung gefälligst die Ergebnisse der Neuordnung zeitigen möge, die „kostensparende" Kooperation damals, die „verstärkte" heute – und wehe, die letztere verfehlt etwa das ihr verordnete Resultat, dann kommt sie doch noch, die Fusion! Der Zeigefinger bleibt drohend erhoben.

Fürs erste aber lassen die politisch Erziehungsberechtigten Milde walten: „Die Vereinbarung läßt erwarten, daß SDR und SWF den oftmals hemmenden Wettbewerb untereinander durch eine intensive und kreative Zusammenarbeit ablösen wollen." Der Medienbürger reibt sich verdutzt die Augen: Wettbewerb, jahrzehntelang als Elixier gegen „Verkrustung" im öffentlich-rechtlichen Rundfunk gefordert – ihn hat es also doch gegeben!? Nur war er leider hemmend. Und muß nun beseitigt werden – der Kreativität zuliebe! Vor Tische las man's anders. Wahrhaftig, die Argumente lassen sich beliebig tauschen.

Daß die Verantwortlichen in den Anstalten ein weiteres Mal ihre Zuflucht zur „freiwilligen" Unterordnung genommen haben, ist verständlich. Auch ich hätte in solcher Lage in der Erhaltung der Selbständigkeit die erste Priorität gesehen. Hat die Institution den abermaligen Wirbel überstanden, so bleibt wie jedesmal die Hoffnung auf ruhigere Gewässer, in denen rationales Handeln vielleicht doch noch die Oberhand gewinnt. Die Unwetterschäden freilich sind heute schon beträchtlich. Klimaveränderung droht weiterhin. Die Inseln des öffentlich-rechtlichen Rundfunks, dem politischen Festland auf Beobachtungsposten vorgelagert, sind den blinden Naturgewalten, als welche sich unsere sogenannten politischen Kräfte in

Sachen Rundfunk immer häufiger erweisen, empfindlich ausgesetzt. Nach jedem Wirbelsturm, mit welchem Namen immer, fehlen Stücke vertrauten Landes, hängen bewährte Einrichtungen zur Rekreation von Geist und Gemüt unterspült über dem Abgrund. Medienpolitik: Für die Betroffenen nachgerade ein Kampf ums schiere Überleben. Und für ihr Publikum, gänzlich ungefragt, die rigorose Beschneidung der gewohnten Leistungen in einem vielgestaltigen Programmangebot.

Daß die vor mehr als 40 Jahren entstandene Rundfunklandschaft im deutschen Südwesten von der Nachkriegszeit geprägt ist, steht fest. Daß in ihr publizistische und kulturelle Vielfalt gewachsen ist, gehört nicht minder zu einer objektiven Bestandsaufnahme. Nichts spricht dafür, sie anzutasten. Nichts auch spricht natürlich gegen eine Zusammenarbeit zwischen den Anstalten, die gemeinsame Zukunftsperspektiven im Auge hat und nicht unter dem Diktat falscher Prämissen steht. Die Funktion des öffentlich-rechtlichen Rundfunks in seinen Programmangeboten kann und muß laufend weiterentwickelt werden. Das war noch nie anders. Wer daran festhalten, wer weiterhin Vielfalt, Kreativität und publizistische Initiative auch im Rundfunk will, muß dessen Vielgestalt bewahren und stärken, nicht sie dezimieren, muß eine Vielzahl unterschiedlicher, eigengeprägter Programme ermöglichen, wie sie die Rundfunkstruktur im Südwesten von Anfang an hervorgebracht und im Wetteifer um den Zuspruch des Publikums entwickelt hat, im publizistischen Wettbewerb, dem einzigen, von dem die Hörer und Zuschauer etwas haben. Und er muß den Preis dafür bezahlen. Der Aufwand lohnt. Die geringfügigen Einsparungen, die bei einer Minderung vielleicht herausspringen, lohnen nicht.

Ich bin weit über die Zeit hinausgelangt, in der ich selbst noch mitzuwirken, Verantwortung zu tragen hatte. Erinnerungen geraten zur Betrachtung, zum Kommentar des Gegenwärtigen. Zwangsläufig.

Als ich 1984 aus dem Amt des Programmdirektors schied, kündigten sich die hier berührten Entwicklungen erst an. Die von da herrührenden Fragen, Probleme und Sorgen blieben bei meinem Ausscheiden für den Nachfolger auf dem Tisch liegen, so sehr ich im übrigen bemüht war, ihn aufgeräumt zu hinterlassen. Diesen Nachfolger hatte Hans Bausch (obwohl er mir gegenüber davon nicht sprach) schon seit längerem in Roderich Klett ausgemacht, einen Mann mit bestechenden Eigenschaften, engagiert, ehrgeizig, energisch, phantasievoll und durchsetzungsfähig, dessen politisches wie professionelles Talent der Intendant früh erkannt, im Fernsehen erprobt und dem er von 1976 an in der Position des Chefredakteurs für Politik im Hörfunk zu Geltung verholfen hatte. Und man ging wohl nicht fehl in der Annahme, daß er ihn irgendwann auch gerne als seinen Nachfolger auf dem Intendantenstuhl gesehen hätte. Indes: Roderich Klett, noch keine drei Jahre im Amt, erlag völlig unerwartet, 52jährig, im März 1987 einem Herzinfarkt. Für den SDR zweifellos ein einschneidendes Datum. Und zwar umso mehr, als die Ära Bausch sich ihrem Ende zuneigte und im Dezember 1989, noch vor Auslaufen der letzten Wahlperiode, mit dem schon länger vorher angekündigten Rücktritt des Intendanten auch tatsächlich endete. Kein rundum zufriedenstellender Ausklang, wenn man die Umstände – die rundfunkpolitischen vor allem – betrachtet, von denen er begleitet war. Ein Mann, dem der öffentlich-rechtliche Rundfunk Dank schuldet wie kaum einem zweiten für die Konsequenz und Unermüdlichkeit, mit denen er die Idee dieser Institution verfochten hat. Der Blick auf diese Lebensleistung weckt eben deshalb am Ende nur umso dringlicher die Frage nach dem Verhältnis unserer Politiker zu unserem Rundfunk und seinen Möglichkeiten im demokratischen Gemeinwesen. Die Epoche politischen Neubeginns, in der wir leben, eröffnet, denke ich, die Chance der Rückbesinnung auf eine neue Antwort – gegeben vor vierzig Jahren. Sie sollte genutzt werden, von allen Beteiligten. Auf der Höhe unserer Zeit zeigt sich, wer die Institutionen demokratischer Freiheit stärkt, sie in ihrer legitimen Autonomie als notwendig für das Ganze anerkennt und wirksam werden läßt.

Resümee

Am 30. Mai 1984 verließ ich als Programmdirektor a. D. das Stuttgarter Funkhaus, das neue, in der Neckarstraße 230; am 1. Februar 1946 hatte ich das alte in der Neckarstraße 145 betreten. Dreißig Jahre habe ich unter der alten, acht unter der neuen Adresse zugebracht. Nehme ich hinzu, daß ich in der Neckarstraße 5 aufgewachsen bin, kann man nicht eben sagen, daß ich in der Welt weit herumgekommen wäre. Die Beschäftigung, die unabsichtlich zum Beruf geworden war, hatte mich mehr als 38 Jahre festgehalten. Weswegen ich auch Wert darauf gelegt hatte, mich aus eigenem Entschluß, noch vor dem Erreichen der sogenannten Altersgrenze, zurückzuziehen, den Platz, den ich so ungewöhnlich lange besetzt gehalten hatte, für einen Jüngeren freizumachen. Ich selbst war durch die Gunst der Umstände ungewöhnlich jung und rasch in eine verantwortungsvolle Position gerückt, junge Leute von heute müssen darauf länger warten. Durch das Vertrauen der Amerikaner war sie leicht errungen, nicht ganz so leicht war es gewesen, sich dort auch zu behaupten. Im Mai 1984 gab es zum 60jährigen Stuttgarter Rundfunkjubiläum im Funkhaus eine Ausstellung, in der diese 60 Jahre dokumentiert wurden, im Druck, im Bild sowie durch technisches Gerät aus dieser Zeit. „Aus den Erinnerungsstükken", so sagte ich in meiner Abschiedsrede, „blicke ich mir gleichsam selbst entgegen. Man muß sich, denke ich, darüber klar werden, ob man nun *in* die Vitrine gehört oder *davor*, beizeiten, ehe es einem andere sagen. Beides zusammen tut nicht allzulange gut."

Und die persönliche Bilanz? Radio hat für mich von Anfang an etwas von Zauberei an sich gehabt und immer behalten. Signal einer unsichtbaren Wirklichkeit. Am Beginn standen für die Nicht-Techniker meiner und der älteren Generation Erstaunen, Verwunderung, Unglauben. Ganz so, wie es in einer Anekdote aus Stuttgarter Pioniertagen anklingt. Einer der vom Rundfunkgründer Theodor Wanner als Geldgeber für seine „Süddeutsche Rundfunk AG" Angegangenen soll damals geäußert haben (in Honoratiorenschwäbisch, versteht sich): „Sie glaubet doch net, daß dia Leut' im Winter ihre Fenschter offe lasset, damit Ihre Welle neikönnet!?" Aber auch jenseits solcher praktischen Erwägungen: Musikalische Klänge, die menschliche Stimme – irgendwo laut geworden, umgewandelt, entsinnlicht, der Wahrnehmung entzogen im Transport durch den Äther, dann wieder materialisiert, versinnlicht, dem Ohr, dem Aufmerken zurückgewonnen am weit entfernten Ort – was war das anderes als Zauberei, ein Wunder!?

Die Nachfahren sehen das wahrhaftig nüchterner. Der Rätsel- oder Wunderglaube ist gründlich säkularisiert. Was ist schon Wunder? Was Zauberei? Spaziergänge auf dem Mond? Der düsengetriebene Aeronaut, der ins Olympiastadion von Los Angeles schwebt? Computer, die in Sekundenbruchteilen Rechenoperationen ausführen, mit denen die Mathematikprofessoren unserer Schulzeit in vielen Stunden viele Tafeln füllten? All das ist blanke Wirklichkeit. Wieviel mehr das mittlerweile altgediente Vehikel „Rundfunk"?

Und dennoch, unbestreitbar von gestern, wie ich es nun einmal bin: Die Verzauberung ist es gewesen, die – denke ich zurück – mich in meiner Tätigkeit zuerst, und immer wieder, gefangengenommen hat. Jedes neue Radio-Gerät, das ich zum ersten Mal einschaltete – es waren nicht wenige, vom Taschenradio bis zur Hi-Fi-Stereo-Anlage –, weckte von neuem das Gefühl, vor einer unerhörten Entdeckung zu stehen. Das Fernsehen, seltsam, hat dieses Gefühl kaum jemals in mir hervorgerufen. „In die Ferne sehen", die Verlängerung des optischen Sinns, war für mich ein Vorgang, den ich viel leichter nachvollziehen konnte, weit weniger rätselhaft als das Hören aus unendlicher Distanz. Auch bleibt der Blick leicht an der Oberfläche, tiefer dringt er erst mit dem Gedanken, und der Gedanke sucht Gehör.

Diese sehr persönliche Empfindung bietet – neben dem ein ganzes Spektrum von Interessen ansprechenden Rundfunkalltag – eine Erklärung dafür, daß dieser Beruf, so wenig er mir ursprünglich vorgeschwebt hatte, mich rasch angezogen und bald auch endgültig gefangengenommen hat. Gewiß habe ich mich, besonders in den letzten Jahren, immer wieder einmal gefragt, ob ich, hätte mich beizeiten jemand engagiert, nicht doch besser zum Theater gegangen wäre – am besten natürlich zu einem Staats-Theater. Aber der Zufall, der mich vorübergehend, wie ich meinte, einer Beschäftigung zugeführt hat, aus der eine lebenslängliche wurde, ist doch wohl keiner gewesen. Das schier unendliche Feld der Themen und Stoffe, die Vielzahl ihnen adäquater Ausdrucksformen von der einfachen Verlautbarung der Person bis zum komplexen künstlerischen Gebilde – ich wüßte nicht, daß ein anderes „Medium" gleiche Vielfalt der Gestaltungsmöglichkeiten böte, keines, das sein Publikum gleichermaßen zum Aufmerken, zu Neugier, Nachdenklichkeit, Besinnung, spielerischer Freude und künstlerischem Empfinden anzuregen, dem einzelnen unter den vielen ein gleiches Maß von Anstößen zum Dialog in der Kommunikation mit anderen zu vermitteln vermöchte. Radio ist, wohl verstanden, ein Instrument der kulturellen Freiheit! Seine Möglichkeiten zur Entfaltung zu bringen, – darin habe ich stets die eigentliche, wichtigste Aufgabe des „Programmdirektors" gesehen. Ich denke, sie bleibt auch künftig so faszinierend wie verpflichtend.

Diese Erinnerungen widme ich deshalb allen Genannten und Ungenannten, mit denen ich daran arbeiten durfte, die mit mir daran gearbeitet haben. Und denen besonders, die es noch tun. Sie sollen sich, allen Behinderungen zum Trotz, nicht entmutigt, sondern ermutigt fühlen, weiter dafür einzutreten und, wie offenkundig unerläßlich, dafür zu streiten.

Personenregister

Die Künstlernamen, die in den Repertoireüberblicken genannt werden, sind nicht verzeichnet.